大学生
创新创业实践

郭 辉 李 英 徐海峰 主 编
史子明 刘金莲 庞雨滨 副主编

DAXUESHENG
CHUANGXIN CHUANGYE SHIJIAN

中国财经出版传媒集团
经济科学出版社
Economic Science Press

图书在版编目（CIP）数据

大学生创新创业实践/郭辉，李英，徐海峰主编．—北京：经济科学出版社，2018.8
ISBN 978-7-5141-9672-6

Ⅰ.①大…　Ⅱ.①郭…②李…③徐…　Ⅲ.①大学-创业-高等学校-教材　Ⅳ.①G647.38

中国版本图书馆CIP数据核字（2018）第194827号

责任编辑：于海汛　李　林
责任校对：隗立娜
责任印制：李　鹏

大学生创新创业实践
郭　辉　李　英　徐海峰　主编
经济科学出版社出版、发行　新华书店经销
社址：北京市海淀区阜成路甲28号　邮编：100142
总编部电话：010-88191217　发行部电话：010-88191522
网址：www.esp.com.cn
电子邮件：esp@esp.com.cn
天猫网店：经济科学出版社旗舰店
网址：http://jjkxcbs.tmall.com
北京密兴印刷有限公司印装
787×1092　16开　23.5印张　430000字
2018年8月第1版　2018年8月第1次印刷
ISBN 978-7-5141-9672-6　定价：58.00元
（图书出现印装问题，本社负责调换。电话：010-88191510）

《大学生创新创业实践》
编辑委员会

序　言

非常欣喜地看到《大学生创新创业实践》付梓成书，这是大连大学创新创业教育工作的又一阶段性成果，标志着我校创新创业教育理论和实践体系更趋完善，这是全校“双创人”共同努力的结晶。

翻阅此书，我仿佛看到了学校创新创业教育工作的发展历史，这是一段主动服务区域需求、实践促进理论思考、总结升华核心思想、设计推动体系建设的奋斗历程。在这个过程中，学校党政高度重视，顶层规划指导，师生积极参与，开创了象牙塔内“大众创业、万众创新”的蓬勃局面，取得了累累硕果。

一是对接区域经济社会发展需求。学校积极响应国家发展战略要求，肩负起服务区域经济发展的历史使命，以“地方大学服务地方”的发展理念为指导，立足大连，服务辽宁，面向全国，尤其是在辽宁省老工业基地新一轮振兴的关键时期，努力为“一带一路”的东北亚航运中心和物流中心建设、辽宁装备制造信息化升级、国际软件和服务外包新领军城市建设，以及生物医药、化工产业升级等大连支柱产业建设培养和提供多元化的创新创业人才给予了智力支持。

二是建立完善保障机制。学校先后出台了《本科生创新创业学分管理办法》《大学生创新创业训练计划项目实施方案》等系列管理与奖励办法，为开展创新创业教育提供了有力的组织保障；整合资源，形成了近200人的校内外导师队伍，其中入选省级及以上优秀创新创业导师人才库7人；新建了条件优良的创新创业教学与实践场所；设立近千万元的专项资金用于“三层次、四平台”体系运行、创新创业奖励和大学生创业实践。

三是建设“三层次”课程体系。学校按能力培养的知识结构三要素建设创新创业课程模块，并以公共选修、专业任选和集中同修的方式嵌入人才培养方案中，形成了“三层次”课程体系。学生可按个人需求和实际能力进行选择，创新创业意愿强和潜质好的学生，能得到相对系统、专门的培养，有助于其快速成长。

四是夯实“四平台”实践体系。学校通过自建、共建与共享模式汇聚多方资源建设多元化开放式“四平台”实践体系，大学生工作室、大创项目、众创空间、产学研政联盟为学生提供了实践体验、能力训练、成果培育和成果升级、转化与孵化等一站式服务，“做中学、学中用、用中练”的理念得到落实，助力创新创业人才成长。

五是创新创业教育成果显著。学校多年来实施“大学生创新创业教育百千万工程”，建成了100余个大学生工作室，每年有千余项大创计划项目在研，近万名学生参与多种类型的创新创业实践活动。近三年，学生获得省级以上各类竞赛奖1200多项；在数学建模、电子设计、智能汽车大赛等竞赛中获多项全国一等奖；在2017年、2018年省“互联网+”大学生创新创业大赛中，获奖总数居全省高校第一；学生公开发表论文1500余篇，专利350余项；以“大连普世蓝农业科技有限公司”等为代表的一批学生自主创业优秀团队，在科技扶贫、服务社会等方面取得了丰硕成果。

十年磨一剑。正因为是十余年来的不辍耕耘和积累，才有我校创新创业教育改革可喜可贺的成果。近年来学校先后获批辽宁省大学生创新创业教育实践基地、辽宁省首批深化创新创业教育改革示范高校、辽宁省大学生创新创业孵化基地等。而今，这本来自于实践基础上的《大学生创新创业实践》的出版，又将直接推动学校创新创业教育迈上一个新的台阶，我非常欣慰！

教育兴则国家兴，教育强则国家强。习近平总书记在党的十九大报告中指出，要“加快一流大学和一流学科建设，实现高等教育内涵式发展”。在加快大连大学的一流地方性大学建设，重点打造支撑辽宁振兴发展的省级一流特色学科和适应产业升级的重点专业的进程中，我们更要解决好高校为谁培养人、培养什么样的人、怎样培养人的问题，特别是在创新创业教育工作中要深入思考、精心设计和巧妙契入。

国家兴亡，匹夫有责；教育兴衰，人人有责。我衷心希望和祝愿每一位教师、每一位读者都成为创新创业教育工作的参与者、支持者、建设者和引领者。让我们怀揣初心，立德树人，“不忘本来，吸收外来，开创未来”，在时代的浪潮中，与同行仁者一起做中华民族伟大复兴的中流砥柱吧！

大连大学校长

前　言

"沉舟侧畔千帆过，病树前头万木春"。2015年，当李克强总理在政府报告中提出"大众创业、万众创新"后，创新创业教育一举冲破过去的思想束缚、手段单一、方法错位、孵化困难、资源分散等弊端，相关培训、书籍、实践等如雨后春笋般纷纷破土而出，迅速成为全社会共同关注的热点。

在这个日新月异的"互联网+"时代，高校对大学生创新创业从各个方面都给予了极大的支持，创新创业成为每个大学生都可能拥有的一次改变人生命运的机会。因此，大学生草根创业者应运而生，虽然已有一些大学生跃跃欲试，但还有不少大学生在观望等待。无论怎样，面向大学生开设创新创业教育课程、进行创新创业通识教育、提高大学生的综合素质是大势所趋、势在必行。实际上，很多高校已经成为行动的领先者。

《大学生创新创业实践》就是在这种大背景下应运而生。本书是面向大学生开设创新创业教育课程的参考教材，结合当前创新创业教育的基本要求和发展趋势，以创新思维引导为切入点，使学生领悟创新思维的本质和特点，开启创新与创意，了解创新产品设计的基本方法；通过创业精神及创业者素质要素的分析，了解创新创业团队建设的重要意义和方法。以创业基础知识和技能为重点，将理论基础、专业技能、实践应用融为一体，通过大量的案例分析、归纳评述，领会创业者所应具有的素质和创业精神，了解创业的基本过程和核心工作任务，掌握解决问题的思路和方法，通过理论学习和模拟实训，使学习者创新思维能力和创业实践能力得以提高。

本书采用模块化结构，在每一章的内容呈现体例上设有：

【学习目标】主旨及学习重难点的高度概括；
【内容框架图】理清思路，便于记忆和理解；
【案例故事】根据内容插入创业案例，活泼生动；
【拓展阅读】补充延伸相关资料，打开思维，开阔眼界；
【案例分析】思辨式学习，深刻思考，鼓励质疑；
【课外实践】课堂外延，将知识转化为行动，再内化为素质。

本书的编写者均是从事大学生创新创业实践工作的一线教师，因此本书有较为鲜明的校本特色。一是实用性较强，理论部分通俗易懂，案例丰富且贴近学生实际生活，本校本土化的创业案例领会性、模仿操作性强，其中部分内容来自编写组所承担的辽宁省教育厅教学改革研究项目及学校教改项目成果；二是内容全面新颖，符合创新创业人才培养规律，从基础理论学习到专业技能培训到创新创业实践探索以及互联网技术的运用，环环相扣；三是注重思想启迪、方法传授、实践体验的有机结合，将创新创业教育与综合素质教育融为一体，提升对学生“创意、创新、创业”的教育引导能力，推进大学生“创学、创研、创投”的项目孵化功能，提高大学生的社会责任感和使命感，进而回归创新创业教育的本质。

“全国万名优秀创新创业导师人才库首批入库导师”郭辉老师担任本书的主编和策划。各章编写人员及分工如下：郭辉编写第一章、第二章，史子明编写第三章，刘金莲编写第四章，徐海峰编写第六章、第八章，李英编写第五章、第七章，庞雨滨编写第九章。全书框架结构图由史子明完成，统稿由郭辉、庞雨滨完成，感谢徐慧、宋丽丽、王亚维等提供部分案例。

本书在编写过程中参考了大量原同类教材、著作以及网络资料，我们做了标注，在此一并感谢作者。由于编者水平及时间、资料等限制，书中可能存在一些不足之处，恳请同行专家及读者提出宝贵意见，敦促我们及时修正。

“问渠哪得清如许，唯有源头活水来”。作为大学生创新创业的一线工作者，我们将秉持空杯心态，虚心学习，勇于实践，积极探索高等学校创新创业教育改革的模式和方法，在实践中不断完善内容体系，为培养一流的“双创”人才，为中国梦的早日实现，为中华民族的伟大复兴，不忘初心，上下求索！

《大学生创新创业实践》教材编写组

二〇一七年十二月

目　录

第一章　创新与创新能力 …………………………………… 1

第一节　认识创新 …………………………………………… 4
第二节　创新能力 …………………………………………… 16
第三节　创新意识 …………………………………………… 24

第二章　创造性思维与运用 ………………………………… 31

第一节　创造性思维 ………………………………………… 34
第二节　创新设计思维 ……………………………………… 43
第三节　创新设计思维运用 ………………………………… 50

第三章　创新方法与实践 …………………………………… 60

第一节　创新方法概述 ……………………………………… 62
第二节　创新设计模式 ……………………………………… 73
第三节　创新产品设计 ……………………………………… 80

第四章　创业者与创业团队 ………………………………… 110

第一节　创业精神及品质 …………………………………… 112
第二节　创业能力及素质 …………………………………… 117
第三节　创业团队组建及管理 ……………………………… 126
第四节　团队心理训练方法 ………………………………… 135

第五章　创业机会与创业资源 ……………………………… 157

第一节　创业机会的识别与选择 …………………………… 159
第二节　创业风险与规避 …………………………………… 163
第三节　创业资源 …………………………………………… 166
第四节　大学生创业政策 …………………………………… 176

第六章　市场调查与营销策略 …… 189
第一节　市场调查 …… 190
第二节　市场预测 …… 197
第三节　营销策略 …… 201
第四节　盈亏平衡分析 …… 223
第七章　商业模式与创业计划 …… 232
第一节　商业模式分析 …… 238
第二节　创业计划书的编写 …… 257
第三节　创业项目路演 …… 260
第八章　新企业创办与融资 …… 269
第一节　企业创办流程 …… 270
第二节　创业融资 …… 280
第三节　企业办税指南 …… 299
第九章　网络营销技术实践 …… 314
第一节　网络营销方式 …… 317
第二节　网络营销技术实践 …… 323
附录 …… 358
参考文献 …… 362

第一章
创新与创新能力

学习目标

1. 理解什么是创新
2. 理解创新的基本特征和基本原理
3. 理解创新能力的构成、价值
4. 了解创新所需要的知识结构、心理素质及精神品质
5. 了解创新意识的特征、价值以及创新意识的培养

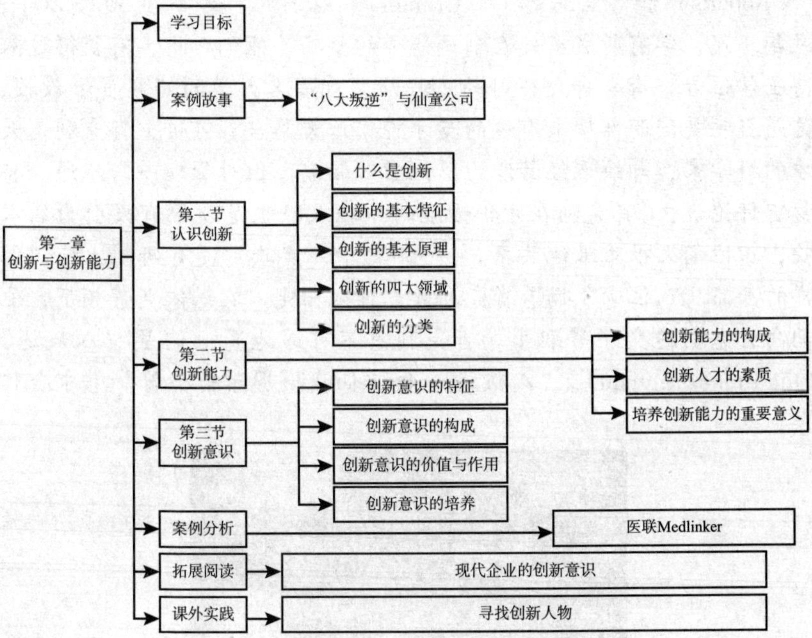

案例故事

“八大叛逆”与仙童公司

许多电脑史学家都认为，要想了解美国硅谷的发展史，就必须了解早期的仙童半导体公司（Fairchild Semiconductor）。这家公司，曾经是世界上最大、最富创新精神和最令人振奋的半导体生产企业，为硅谷的成长奠定了坚实的基础。更重要的是，这家公司还为硅谷孕育了成千上万的技术人才和管理人才，它不愧是电子、电脑业界的“西点军校”，是名副其实的“人才摇篮”。一批又一批精英人才从这里走出和创业，书写了硅谷一段辉煌的历史。

1955年，成就了“本世纪最伟大发明”的“晶体管之父”的肖克利（W. Shockley）博士，离开贝尔实验室返回故乡圣克拉拉，创建“肖克利半导体实验室”。不久，因仰慕“晶体管之父”的大名，求职信像雪片般飞到肖克利办公桌上。第二年，八位年轻的科学家从美国东部陆续到达硅谷，加盟肖克利实验室（如图1－1所示）。他们是：罗伯特·诺伊斯（N. Noyce）、摩尔（R. Moore）、布兰克（J. Blank）、克莱尔（E. Kliner）、赫尔尼（J. Hoerni）、拉斯特（J. Last）、罗伯茨（S. Roberts）和格里尼克（V. Grinich）。他们的年龄都在30岁以下，风华正茂，学有所成，处在创造能力的巅峰。他们之中，有获得过双博士学位者，有来自大公司的工程师，有著名大学的研究员和教授，这是当年美国西部从未有过的英才百家乐大集合。可惜，肖克利是天才的科学家，却缺乏经营能力；他雄心勃勃，但对管理一窍不通。特曼曾评论说：“肖克利在才华横溢的年轻人眼里是非常有吸引力的人物，但他们又很难跟他共事。”一年之中，实验室没有研制出任何像样的产品。八位青年瞒着肖克利开始计划出走。在诺依斯带领下，他们向肖克利递交了辞职书。肖克利怒不可遏地骂他们是“八叛逆”（the traitorous eight）。“八叛逆”向“仙童摄影器材公司”寻求合作

图1－1

并获得了3 600美元的种子基金，以开发和生产商业半导体器件，于是他们在1957年成立了仙童半导体公司。他们确定要制造一种双扩散基型晶体管，以便用硅来取代传统的锗材料，这是他们在肖克利实验室尚未完成并不受肖克利重视的项目。1958年1月他们就得到IBM公司订购100个硅晶体管的第一张订单。到1958年底，“八叛逆”的小小公司已经拥有50万美元销售额和100名员工，依靠技术创新优势，一举成为硅谷成长最快的公司。仙童半导体公司业务迅速发展，同时，一整套先进的制造晶体管的平面处理技术也日趋成熟。它标志着硅晶体管批量生产的一大飞跃，也为“仙童”们打开了一扇奇妙的大门。1960年，仙童半导体公司取得进一步的发展和成功。由于发明集成电路使它名声大振，母公司仙童摄影器材公司决定以300万美元购买其股权，“八叛逆”每人拥有了价值25万美元的股票。1964年，仙童半导体公司创始人之一摩尔博士，以三页纸的短小篇幅，发表了一个奇特的定律。摩尔天才地预言说道，集成电路上能被集成的晶体管数目，将会以每18个月翻一番的速度稳定增长，并在今后数十年内保持着这种势头。摩尔所做的这个预言，因后来集成电路的发展而得以证明，并在较长时期保持了它的有效性，被人誉为“摩尔定律”，成为新兴电子电脑产业的“第一定律”。20世纪60年代的仙童半导体公司进入了它的黄金时期。然而，也就是在这一时期，仙童公司也开始孕育着危机。母公司总经理不断把利润转移到东海岸，去支持仙童摄影器材公司的盈利水平。目睹母公司的不公平，“八叛逆”中的赫尔尼、罗伯茨和克莱尔首先负气出走，成立了阿内尔科公司，赫尔尼后来创办的新公司达12家之多。随后，“八叛逆”另一成员格拉斯也带着几个人脱离仙童创办西格奈蒂克斯半导体公司。1968年，最后离开仙童公司的诺依斯、摩尔、格鲁夫成立了Intel……从此，纷纷涌进仙童的大批人才精英，又纷纷出走自行创业。

正是这“凤凰涅槃”一般的叛逆，成就了今天众所周知的硅谷神话。硅谷大约70家半导体公司的半数，是仙童公司的直接或间接后裔。在仙童公司供职是进入遍布于硅谷各地的半导体业的途径。1969年在森尼维尔举行的一次半导体工程师大会上，400位与会者中，未曾在仙童公司工作过的还不到24人。从这个意义上讲，说仙童半导体公司是“硅谷人才摇篮”毫不为过。“八叛逆”这种勇于挑战权威、敢于开创自己事业的创新创业精神影响深远。正如苹果公司乔布斯形象比喻的那样：“仙童半导体公司就像个成熟了的蒲公英，你一吹它，这种创业精神的种子就随风四处飘扬了。”①

① 本案例选自360百科：仙童半导体公司，https：//baike.so.com/doc/6660666-6874488.html。

第一节 认识创新

一、什么是创新

中文创新一词最早见于《魏书》："革弊创新者，先皇之治也。"[①]后世古籍中也多次出现"创新"一次，大抵与"革新"同义。今天我们谈"创新"，它对各行各业的从业者来说，从不同的角度，不同的认知，理解也是不一样的。那么什么是创新呢？

创新，不是一个独立的新词，它是指以新思维、新发明和新描述为特征的一种概念化过程。创新的常见定义是：以现有的思维模式提出有别于常规或常人思路的见解为导向，利用现有的知识和物质，在特定的环境中，本着理想化需要或为满足社会需求，而改进或创造新的事物、方法、元素、路径、环境等，并能获得一定有益效果的行为。通俗地讲，创新是指通过创造或引入新的技术、知识、观念或创意创造出新的产品、服务、组织、制度等新事务并将之应用于社会以实现其价值的过程，价值包括经济价值、社会价值、学术价值、艺术价值等。因此，可以从以下几个层面来理解什么是创新。

更新：在已有的事物上有所进展，即在现有的基础上改进更新，它可以在任意领域进行。比如现在的果农设法让苹果表皮出现各种祝福的字或图案，结果价格倍增，这就是果农的创新。

改变：创新也可以是一些观点、做法甚至是手段的改变。比如，原本不使用移动互联网支付的零售业，开始使用移动支付，这种改变也认为是创新的一种形式。

创造：创造是创新的最好方式，就是抛开旧的、创造新的。比如电视、互联网、手机等现代发明，从根本上改变了人类生产生活方式，这是让世人受益的创新。

现代创新理论的提出者美籍经济学家约瑟夫·熊彼特认为，所谓创新就是把一种从来没有的关于生产要素和生产条件的"新组合"引进生产体系中去。创新一般有5种情况，即采用一种新的产品、采用一种新的生产方法、开辟一个新的市场、获得或控制原材料或半制成品的一种新的供应来源、实现任何一种工业的新的组织或打破一种垄断地位。这5种创新可以归纳为产品创新、技术创新、市场创新、

① 《魏书》，卷六十二。

资源配置创新、组织创新。到20世纪60年代，随着新技术革命的迅猛发展，美国经济学家华尔特·惠特曼·罗斯托把创新的概念发展为技术创新，将技术创新提高到创新的主体地位。其实创新涵盖多个领域，包括政治、经济、军事、社会、文化、科技等领域。因此，创新也可以分为科技创新、商业创新、文化创新、组织创新等。

我们还可以从不同角度更进一步认识创新。从创新主体的主观反应来看，创新是一种推陈出新、追求创意的鲜明意识，一种勇于思考、积极探求的心理取向，一种善于把握机会的机敏和灵性，一种积极改变自已及改变环境的应变能力。从创新的目的性来看，创新是主体为了生存和发展，在处理和客体的关系时，弃旧图新、破旧立新的独创性活动。

由此看来，创新既不是一个时尚名词，也不是一个遥不可及的概念，它应该是我们每个人随时随地都可以拥有的一项基本能力。人们往往对创新的理解有一些误区，例如创新必须是有创造力，它是属于天才和特殊人群的；创造力必须有扎实的基础和丰富的经验积累；创造力是和智商成正比的等。其实不然，因为大到创造新生事物，小到每个细节的改变和更新，都具有其重要的意义。任何大的发明创造都是从一点一滴的更新和改变开始的。只要我们在学习、生活、工作的各个方面都能够“本着理想化需要或为满足社会需求”而积极地“更新、改变、创造”，从而让大家受益，这就是创新。在解决具体问题时，找到它真正具有创新价值的亮点并开始积极的努力和探索，就是创新能力训练的开始。

二、创新的基本特征

创新是人类特有的活动，是实现社会进步的动力，是有意识的、有规律的实践活动。创新具有以下几个基本特征：

1. 创造性

“创，始造之也”（颜师古语），“修旧曰新”（郑玄语）。顾名思义，创新具有“始创”“修旧”之意。从古今中外的历史来看，“创新”的主要特点是“始创”，即前无古人，独自创造。我国古代三大发明（火药、指南针、印刷术），当时在世界上是首创的；西方国家三大能源发现（蒸汽能、电能、原子能）也是首创的。首创的意义在于第一个揭开了世界某一领域、某一方面的秘密，第一次揭示了某种内在规律或发现、发明某种新理论、新技术、新方法，并引起经济、社会的重大变革。

2. 突破性

凡是创新，必然对原有思想、理论、技术、方法等有重大的突破，并提出新的思想、理论、技术、方法等，也是对已有事物深刻的变革。爱因斯坦突破了牛顿把时间、空间和物质运动割裂开来的绝对的、机械的时空观，揭示了高速条件下时间、空间与物质运动的变化规律，创立了狭义相对论与广义相对论，为日后世界上一系列重大科学技术创新奠定了崭新的理论基础。

3. 理由充分性

任何创新都是建立在充分的根据之上，具备充足的理由，绝不是凭空想象，更不是胡思乱想。作为人类历史上第二次重大科学突破的达尔文进化论的提出，是达尔文在历经 5 年的“贝格尔号”航海环球考察中，悉心观察、收集、分析大量的原始资料，并在莱伊尔的《地质学原理》、马尔萨斯的《人口论》等研究基础上，对物种进化的深入思考并逐渐形成了一个完整的体系。而且达尔文的时代是 19 世纪中后期，正是人类走出蒙昧、提倡科学的前一阶段，在思想和理性上，为达尔文创立自然选择进化论提供了思想依据。

4. 可行性

创新要有大胆离奇的奇思妙想，真正的创新不但要求新颖，更要求正确和有用。北京大学宋子健博士和他的团队发明的“微跑小蛙”是一款“差异性体感游戏机”（如图 1 –2 所示），但却是全球首款专为青少年儿童设计的可穿戴体感游戏机。它小到极致，仅有成人拇指大小。通过蓝牙连接手机、平板和大屏幕设备。利用独特的高精度体感识别算法获取身体动作数据控制游戏角色，同时监测游戏过程中的运动量消耗。能够有效改善孩子因沉迷游戏导致的近视、肥胖、颈椎病、运动不足、体质下降等健康问题。2016 年 5 月 6 日，微跑小蛙登上中央电视台《创业英雄会》，一举拿下该节目有史以来的融资记录 9 800 万元。

图 1 –2　差异性体感游戏机

资料来源：图片选自百度图片。

5. 超前性

创新以求新为灵魂，具有超前性。这种超前是从实际出发、实事求是的超前。埃隆·马斯克是一位生于南非的有志青年，小时候就立志成为“钢铁侠”。他还想飞上太空、拥有最炫酷的电动车、跑得最快的火车、永不枯竭的太阳能等，这些很多人都有的梦想被他一个个变成了事实。他制造了全世界最炫的纯电动汽车“特斯拉”；开了私人火箭公司并于 2015 年实现了人类历史上第一次火箭回收再利用；2016 年初又推出了比飞机还快的超高速列车。这些当初看起来匪夷所思的创意在马斯克和他的团队努力下都变成了现实，这种超前性不得不令人惊叹。

6. 价值性

创新有明显、具体的价值，对经济社会具有一定的效益。创新可以重新组合生产要素，从而改变资源产出，提高组织价值。而对于企业来说，创新利润是最重要、最基础的部分，创新是一个创造财富、产生效益的过程。北京大学博士孟博创办的“微能公司”，以一款能够利用自身运动和环境震动给便携式设备自动充电的微型能量采集器——“LUMEN 夜跑灯”打开市场（如图 1 - 3 所示），并形成自己给自己供电的产品系列，开始在智能家居、运动、交通、安全等领域投放市场，成为一家小有名气的创业企业。

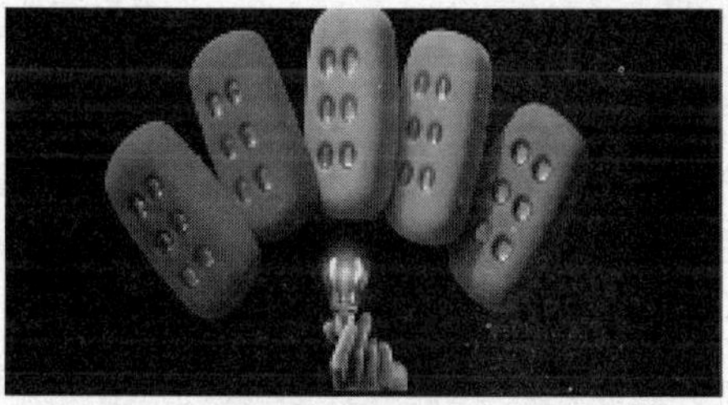

图 1 - 3

资料来源：图片选自百度图片。

7. 风险性

创新可能成功，也可能失败，这种不确定性就构成了创新的风险。因此，在创新过程中，只准成功不许失败的要求，实际上是不切实际的。只能通过科学的设计与严格的实施，尽可能降低创新的风险。

三、创新的基本原理

1. 创新的第一原理：创新是人脑的一种机能和属性——与生俱来

大脑是创新的源泉。人的一切心理现象或者创新意识、创新精神等都是人脑的一种基本功能，是与人类自身进化而同步形成的客观天赋。创新的过程就是人类脑力劳动的过程。比尔·盖茨说：“人与人之间的区别主要是脖子以上的区别——大脑决定一切。”由此可见，脑力劳动是人类社会的主要劳动形式，一切学问均来自于人们大脑的认知、创新与驾驭。

2. 创新第二原理：创新是人类自身的本质属性——人皆有之

人们往往认为那些天资聪颖、考试成绩优异的人有望成为创新人才，而那些学习成绩平平者不可能成为杰出的发明家。然而事实却是“天生其人必有才，天生其人必有用；人乏全才，扬长避短，人人成材”。创新是人的本性，是人类的本质，是人类与自然交互影响中形成的一种自然禀赋。创新是不分时间地点的，只要有创新思维，并将想法付诸实践，就可以进行创新。有人总结出人的最佳创意时间包括坐在马桶上、洗澡或刮胡子、上下班公交车上、快睡着或刚睡醒、参加无聊会议时、休闲阅读时、进行体育锻炼时、从事体力劳动时；等等。创新思维是可以通过培养取得的，从这个角度说，人人都可以拥有创造性思维。教育家陶行知就认为“处处是创造之地，天天是创造之时，人人是创造之人”。

3. 创新的第三原理：创新是可以被某种原因激活或教育培训引发的一种潜在的心理品质——潜力巨大

创新能力是每个正常人所具有的自然属性与内在潜能，普通人与天才之间并无不可逾越的鸿沟。创新并不是高不可攀的事，每个人都有某种创新的能力。人的潜在创新能力一旦被某种因素激活或教育引导，都可能导致巨大创新能量的发挥。创新能力与其他能力一样，是可以通过教育、训练而激发出来，并在实践中不断得到提高发展的。它是人类共有的可开发的财富，是取之不竭，用之不尽的“能源”。勤用脑，就有可能造就天才。事实上，人人都有无尽的创意潜能有待开发。谷歌（Google）、脸书（Facebook）和推特（Twitter）等技术明星就是充分释放了企业员工的创意，改变了数十亿人的生活。今天，从客户服务到财务的各部门员工都有机会去试验新的解决方案。各公司急需全体员工集思广益，因为创意并非个别高管或部门的专利。

四、创新的四大领域

创新一般分为四大领域，即变革创新、市场创新、产品创新、运营创新。

1. 变革创新

变革创新会对社会、国家产生巨大影响，一般会是划时代的标志。比如蒸汽机的发明将手工作坊式生产推进到机械化的大规模生产，也就是工业1.0所开创的“蒸汽时代”（1760～1840年），标志着农耕文明向工业文明的过渡，这是人类发展史上的一个伟大奇迹。第二次工业革命进入了“电气时代”（1840～1950年），使得电力、钢铁、铁路、化工、汽车等重工业兴起，石油成为新能源，并促使交通的迅速发展，世界各国的交流更为频繁，并逐渐形成一个全球化的国际政治、经济体系。第二次世界大战时，计算机的发明开始了第三次工业革命，更是开创了“信息时代”（1950年至今），全球信息和资源交流变得更为迅速，大多数国家和地区都被卷入全球化进程之中，世界政治经济格局进一步确立，人类文明的发达程度也达到空前的高度。第三次信息革命方兴未艾，还在全球扩散和传播。第四次工业革命（工业4.0）是“信息物理系统”的出现，物联网将机器与机器、人与机器、计算机互联网与人之间互相连接，人人可以定制产品或服务，利用移动设备，不需要现场工作或者办公，就可以远程控制智能工厂、智能设备、智能交通、智能生活等。但是，变革创新的同时也会带来很大的风险，变革创新往往是相对于社会而言的。

2. 市场创新

市场创新就是随着社会的发展，企业为了开辟新的市场、扩大市场份额而产生的创新模式。例如电子商务使得营销模式发生了巨大的变化。特别是线上线下的互动（O2O）给企业带来了巨大的销售机会，开辟了新的营销市场。市场创新的风险要比变革创新低得多，市场创新一般是针对企业而言的。

3. 产品创新

产品创新是站在客户的角度发现客户的潜在需求，寻求新的产品；或者发现老产品的问题，研究客户的投诉，客户的真正痛点，从而进行产品创新。产品创新的风险比变革创新、市场创新的风险都要小一些，产品创新是针对企业的产品技术研发活动而言的。以可口可乐的瓶身为例，最早美国的可口可乐所用的还是传统的圆柱式玻璃瓶。奇迹发生在1923年的某天上午。这天美国一玻璃厂的工人路透久别的女友来看望他，没想到当女友出现在他面前时，路透被女友的紧腿裙吸引了，流畅的线条突出了女性身体的线条美。于是路透就设计出了一种流线形的瓶子并申请了专利。当他拿到可口可乐公司去推销时，公司老板史密斯看了大为赞赏，立刻与路透签了合同，每生产12打瓶子付给路透5美分。到目前为止，已生产760亿只可乐瓶子，路透得到专利金额约18亿美元之巨！

4. 运营创新

运营创新是针对企业内部的流程、规范、规章制度等进行变革，其风险是最低的。比如医院由以部门为中心的流程，改造成为以病人为中心的流程。原来病人需要先挂号，再去看医生，如果需要透视、化验，就需要先划价，再交费，然后才能进行透视，等到化验结果出来，再拿着化验结果去看医生。现在的医院对流程进行了改造，利用计算机技术、互联网、物联网技术，只要医生开完化验单，就不需要再进行划价，甚至连交钱都可以在医生旁边的 POS 机上或者扫二维码完成。这样就不需要病人不停地移动，而医院内部的流程则由计算机来完成，大大提高了工作效率，减轻了病人的负担。

人们对创新的最朴实的意识是产品创新，所以才有了以产品创新为主体的世界顶级创意公司 IDEO，才有了产品创新的 TRIZ 方法论。最近几年随着互联网、物联网的崛起，市场创新越来越被重视，像亚马逊、百度以及电子商务就是这样的产物。如何在产品之外进行创新？无论是企业转型、盈利模式、结构重组、留存再造、客户服务、客户体验，还是市场营销、品牌推广、销售渠道都需要创新，这是社会变革提出的要求。大连大米科技有限公司是一家通过物联网智能厨房技术对传统农业供需产业链进行供给侧改革的“互联网 +”企业。大米科技创业团队以技术创新、管理创新、模式创新为驱动力，已经申请了 100 余项国家专利，在智能米桶、智能电饭煲、智能杂粮桶等智能厨房设备领域的技术储备处于国际领先地位。大米科技通过智能厨房硬件产品打通家庭厨房消费入口，大数据精准监测用户用米量，预测用户用米需求，在大米即将用完前通过手机报警，提醒用户买米，并且可以实现手机 App 自动购米，大米科技提供送米上门服务。大米科技通过物联网 + 大数据技术，实现了 C2F（customer to farm）的新农业供应模式，一方面精准服务于大米消费客户，另一方面以市场带动产业链上游，服务于大米的种植、生产、仓储、物流（如图 1 - 4 所示）。

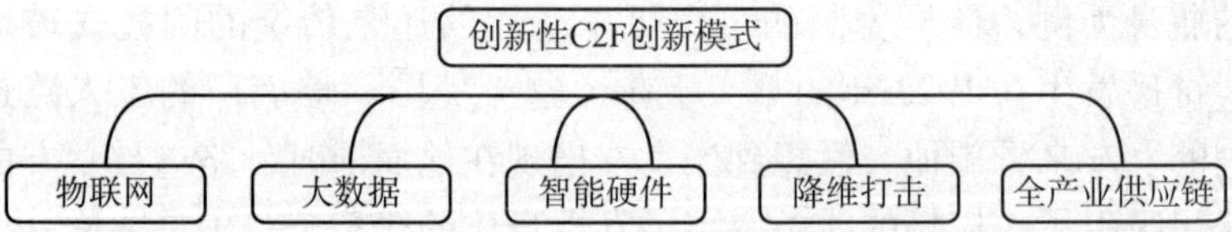

大米科技独创的C2F商业模式，以智能米桶、智能杂粮桶、智能电饭煲等智能厨房家电为信息终端，动态掌握客户家庭用米情况，基于云端大数据分析，精确支配产业链条进行作业，并通过大米科技体验餐厅为依托构建线下服务网络。引导并重构“选米、买米、取米、储米、煮米”的家庭用米习惯。实现从农田到餐桌的全产业链供应，提供安全、方便、好吃的大米服务。

图 1 - 4　大米科技公司的 C2F 商业模式

资料来源：大连大米科技有限公司官网，http://idami.cc/p/48。

案例故事

小小便利贴中的大创新

便利贴（post-it note）的发现十分偶然。20世纪60年代，在3M公司工作的科学家斯宾塞·西尔弗（Spencer Silver）偶然发现了一种有不同寻常特性的黏合剂是一种黏性较弱的弱胶。他的老板非常合理地认为，这种没有粘性的“固有黏性弹性共聚物珠”，也就是通常所说的胶水没有什么用处，于是并没有给他任何支持和鼓励。正当大家感到沮丧的时候，3M公司的阿特·福瑞（Art Fry）从这个实验中发现了它真正的价值。他在参加礼拜时，习惯在歌本内夹张纸条作为标识，但纸条经常在翻页时脱落，他便思考如果有一种胶，有点黏又不会太黏，可以贴在纸条上，又可以重复撕贴，而不会破坏那张纸，那就太完美了！于是这种弱性胶就用在了便条纸上成为了便利贴。然而刚开始便利贴的市场反应不太理想，后来营销人员想到何不把便利贴寄给各大企业的秘书试用，结果反应相当热烈，也为便利贴成功创造出口碑而畅销热卖，变成了一个可以赚取几十亿美元的商机。便利贴至今仍是3M的明星不败商品，并持续演化出其他如无痕挂钩等明星商品。可以说，便利贴的故事还是一个警示案例，他充分说明一个组织机构的胆怯和迟疑可能会扼杀一个非常好的创意或设想。今天，这些无所不在的小纸贴，不只是创新的标志，其本身也变成了创新思维的重要工具。那些点缀着项目工作空间墙壁的小纸贴，已经帮助数不清的设计者思考和捕捉灵感，并将他们以有意义的方式排列组合起来。带有各种清单柔和色彩的便利贴，承担了由发散阶段的灵感之源转变为汇聚阶段的指向解决方案的路线图，从小小便利贴中产生出了大创新。①

五、创新的分类

1. 模仿创新

模仿创新即通过模仿而进行的创新活动，一般包括完全模仿创新，模仿后再创新两种模式，后者是对率先进入市场的产品进行再创造，也即在引入他人技术后，经过消化吸收，不仅达到被模仿产品技术的水平，而且通过创新，超过原来的技术水平。这就要求企业首先掌握被模仿产品的技术诀窍，再进行产品功能、外观和性能等方面的改进，使产品更具市场竞争力。模仿创新优势在于可节约大量研发及市场培育方面的费用，降低投资风险，也回避了市场成长初期的不稳定性，降低了市场开发的风险。但是这种方法难免在技术上受制于

① 本案例选自百度百科，https://baike.baidu.com/item/便利贴/。

人，而且新技术也并不总是能够轻易被模仿的。随着知识产权保护意识的不断增强，专利制度的不断完善，要获得效益显著的技术显然更不容易了。

2. 微型创新

在科技领域，每时每刻都在发生技术突变、模式创新、整合效应等，这些都是微型创新。微型创新是普遍存在的，大到一种新型技术的诞生，小到一种模式的变化，它们不仅来自于大型科技企业，也有很多来自于小的创业团队。就像Pinterest网站通过图片美感这种价值维度创造出一种新的互联网模式，现在它的估值已经高达15亿美元；而手机QQ浏览器在一次更新中，把底层架构与功能拆分，形成“平台+功能插件”的手机软件模式，这些都是非常成功的微型创新。

在科技创新领域，任何一种新型技术或者新型模式的诞生，都有可能会颠覆整个行业生态，甚至对整个互联网系统产生深远影响，这就类似于“蝴蝶效应”，即微小的扰动可能会造成系统巨大的变化。例如360将付费杀毒改变为免费杀毒，仅这一点的变化，就重塑了杀毒行业。因此，微型创新虽然看似微小，其实并不微小。

科技的发展一直都是以持续微型创新的方式前进的，无论是一个软件的升级、新技术的突破，还是新模式的诞生、新观念的形成等，正是众多微型创新在彼此碰撞与组合中诞生了许多伟大的产品，而这些伟大的产品推动了整个人类生活水平的提升。

3. 逆向创新

逆向创新是运用逆向推理，将通常思考问题的思路反转过来，针对现象、问题或解法，分析其相反方面，从另一角度探寻新途径的创新方法。逆向创新也称反向探求。宋代司马光砸缸救小孩就是逆向思维法的典型例子。他不是将小孩拉出来，而是用砸水缸让水流走的办法来救小孩。又如，法拉第从人们公认的“电流产生磁场”的原理出发，设想“磁能产生电”，提出了电磁感应定律，经过9年时间的实验和探索，终于证实了电磁感应现象，根据这一原理研制出世界上第一台发电机。逆向创新要克服思维定式的约束，并对熟悉的事物持陌生的态度，用新的观点、从新的角度去看待事物。如留声机就是根据电话机进行逆向创新的例子。

4. 移植创新

移植创新法是将某一领域的原理、结构、方法、材料等移植到新的领域中，从而创新产品。现代科学技术的飞速发展，使学科之间的概念、理论、方法等相互交叉、移植、渗透，从而产生新的学科、新的理论、新的方法、新的技术，这就大大推动了创新水平的发展。移植法是一种应用非常广泛的创造技法，是一种侧向思维的方法。通过相似联想、相似类比和灵感触发，寻找两种事物间的联系，最终产生新的构想。科学研究中所使用的一些方法如观察法、归纳法、直觉法等可以移植到技术创新中。有许多重要的技术发明是由从事别的领域工作的人搞出来的，也往往是由于自觉或不自觉地采用了移植创新法。液压变矩器和液压联轴节是造船公司的电气工程师发明的，现代复印技术是由一位专利法律师发明的，发明拉链的是一位机械技术员，发明静电吸尘器的是科学家，发明圆珠笔的是画家和化学家，莫尔顿式自行车发明者是一位航空发动机工程师，而最早的自行车是一位医生发明的，等等。

5. 包容创新

包容创新的概念由包容性增长引申而来。包容性增长是指让每个人都能为经济增长做出贡献并享受成果，企业通过创新举措满足低收入消费者各个层次的需求，达到企业和消费者的共赢。追求“共赢”是包容性创新的核心理念。一方面，消费者从包容性创新中获得对产品和服务需求的满足，改善生活质量，乃至提高收入；另一方面，企业通过包容性创新发现新的市场，获得利润，实现持续增长。在实施包容性创新时，企业需要遵循一些基本原则，即瞄准消费者需求，创造价格优势，实现“共赢”。

6. 颠覆创新

颠覆式创新是指在传统创新、破坏式创新和微创新的基础之上，由量变导致质变，从逐渐改变到最终实现颠覆。通过创新，实现从原有的模式，完全蜕变为一种全新的模式和全新的价值链。企业常常以颠覆式创新的方式突破“瓶颈”或是获得新发展。而打破固有格局、具备颠覆创新能力的公司需具备三大核心要素，分别为强大的核心资源能力、创新的盈利模式以及高效的服务吸引力。颠覆性创新是引入新技术、产品或者服务推动变革，并在市场竞争中或取得优势。此处的“颠覆性”不是指中断或者造成混乱，而是替代。在企业中，颠覆性创新具有一定风险，因为它要求员工迅速适应不同的生产开发或者市场宣传方式。通常，对于深思熟虑的产品，颠覆性变革开始似乎会打破当时的设定，但是可以在创造前所未有的新市场机会方面成功证明他们的能力。今天的颠覆性创新案例包括移动电话、数码照相机和电子阅读器。颠覆性创新有时和持续改善的概念有所冲突。持续改善关注完成流程中小型的、逐步增加的变革，目的是提高效率和质量。

7. 原始创新

原始创新是指前所未有的重大科学发现、技术发明、原理性主导技术等创新成果。原始性创新意味着在研究开发方面，特别是在基础研究和高技术研究领域取得独有的发现或发明。原始性创新是最根本的创新，是最能体现智慧的创新，是一个民族对人类文明进步做出贡献的重要体现。也有观点认为，原始创新是指“元创新”，即是一种观念上的根本性创新，由元创新将会带出其他科技创新；也有人打比方，认为原始创新就像是一只“老母鸡”，由它下出许多蛋，孵出大量小鸡来。这只“老母鸡”便是原始创新，它所生出的小鸡都是“衍生创新”。原始创新特别注重人员、物质、制度、人的精神状态、价值观念等各要素之间的动态平衡和最佳组合，需要一种自由宽松并具有浓厚学术氛围的创新环境，更准确地说是创新文化。这种文化鼓励科学上的冒险、创新、竞争并容忍失败，因为创新需要创新者具有强烈的锐意进取、拼搏探索的意识，满怀创造欲望与激情，能够承受在精神、智力和体力上的极大付出以及由此产生的各种风险和心理压力；需要创新者具有一种襟怀，置个人于某个创新组织之中，依靠个人与集体的共同智慧，在实现集体目标的同时实现个人目标与价值追求；需要为创新者的大量聚集营造氛围，例如各国科研组织、教学单位、企业机构广泛采纳的“午后咖啡漫谈会”，需要为创新者提供跨学科自由、宽松的学术思想交流、碰撞以及竞争和合作兼容的环境，学术思想的交流是获取科学研究最新资料的重要方法，是科学发现的重要手段。

拓展阅读

熊彼特的创新理论

熊彼特以“创新理论”解释资本主义的本质特征，解释资本主义发生、发展和趋于灭亡的结局，从而闻名于经济学界，影响颇大。他在《经济发展理论》一书中提出“创新理论”以后，又相继在《经济周期》和《资本主义、社会主义和民主主义》两书中加以运用和发挥，形成了“创新理论”为基础的独特的理论体系。“创新理论”的最大特色，就是强调生产技术的革新和生产方法的变革在经济发展过程中的至高无上的作用。

熊彼特的创新理论主要有以下几个基本观点：

第一，创新是生产过程中内生的。他说：“我们所指的发展只是经济生活中并非从外部强加于它的，而是从内部自行发生的变化。”尽管投入的资本和劳动力数量的变化，能够导致经济生活的变化，但这并不是唯一的经济变化；还有另一种经济变化，它是不能用从外部加于数据的影响来说明的，它是从体系内部发生的。这种变化是那么多的重要经济现象的原因，所以，为它建立一种理论似乎是值得的。这种另一种经济变化就是“创新”。

第二，创新是一种“革命性”变化。熊彼特曾作过这样一个形象的比喻：你不管把多大数量的驿路马车或邮车连续相加，也绝不能得到一条铁路。“而恰恰就是这种‘革命性’变化的发生，才是我们要涉及的问题，也就是在一种非常狭窄和正式意义上的经济发展的问题。”这就充分强调创新的突发性和间断性的特点，主张对经济发展进行“动态”性分析研究。

第三，创新同时意味着毁灭。一般说来，“新组合并不一定要由控制创新过程所代替的生产或商业过程的同一批人去执行”，即并不是驿路马车的所有者去建筑铁路，而恰恰相反，铁路的建筑意味着对驿路马车的否定。所以，在竞争性的经济生活中，新组合意味着对旧组织通过竞争而加以消灭，尽管消灭的方式不同。如在完全竞争状态下的创新和毁灭往往发生在两个不同的经济实体之间；而随着经济的发展，经济实体的扩大，创新更多地转化为一种经济实体内部的自我更新。

第四，创新必须能够创造出新的价值。熊彼特认为，先有发明，后有创新；发明是新工具或新方法的发现，而创新是新工具或新方法的应用。“只要发明还没有得到实际上的应用，那么在经济上就是不起作用的。”因为新工具或新方法的使用在经济发展中起到作用，最重要的含义就是能够创造出新的价值。把发明与创新割裂开来，有其理论自身的缺陷；但强调创新是新工具或新方法的应用，必须产生出新的经济价值，这对于创新理论的研究具有重要的意义。所以，这个思想为此后诸多研究创新理论的学者所继承。

第五，创新是经济发展的本质规定。熊彼特力图引入创新概念以便从机制上解释经济发展。他认为，可以把经济区分为“增长”与“发展”两种情况。所谓经济增长，如果是由人口和资本的增长所导致的，并不能称作发展。“因为它没有产生在质上是新的现象，而只有同一种适应过程，像在自然数据中的变化一样。”“我们所意指的发展是一种特殊的现象，同我们在循环流转中或走向均衡的趋势中可能观察到的完全不同。它是流转渠道中的自发的和间断的变化，是对均衡的干扰，它永远在改变和代替以前存在的均衡状态。我们的发展理论，只不过是对这种现象和伴随它的过程的论述。”所以，“我们所说的发展，可以定义为执行新的组合。”这就是说，发展是经济循环流转过程的中断，也就是实现了创新，创新是发展的本质规定。

第六，创新的主体是“企业家”。熊彼特把“新组合”的实现称之为“企业”，那么以实现这种“新组合”为职业的人们便是“企业家”。因此，企业家的核心职能不是经营或管理，而是看其是否能够执行这种“新组合”。这个核心职能又把真正的企业家活动与其他活动区别开来。每个企业家只有当其实际上实现了某种“新组合”时才是一个名副其实的企业家。这就使得“充当一个企业家并不是一种职业，一般说也不是一种持久的状况，所以企业家并不形成一个从专门意义上讲的社会阶级。”熊彼特对企业家的这种独特的界定，其目的在于突出创新的特殊性，说明创新活动的特殊价值。但是，以能否实际实现某种“新组合”作为企业家的内在规定性，这就过于强调企业家的动态性，这不仅给研究创新主体问题带来困难，而且在实际生活过程中也很难把握。①

第二节　创新能力

创新能力是个体运用已有的基础知识和可以利用的材料，并掌握相关学科的前沿知识，产生某种新颖、独特有社会价值或个人价值的思想、观点、方法和产品的能力。创新能力也是人们应用发明成果开展变革的能力。这个变革活动包括从中产生新思想，到产生新事物，再到将新事物推向社会使社会受益的系列变革活动。创新能力不一定开发出对于这个世界来说是新的东西，它更多的是开发出对于我们自身来说是新的东西。

一、创新能力的构成

创新能力由创新意识、创新思维、创新技能和方法等要素构成。创新意识是创新思维和创新活动的基本前提和条件，是善于独立思考、敢于标新立异，提出新观点、新方法，解决新问题和创造新事物的意识。创新思维是逻辑思维、形象思维、直觉思维、灵感思维等多种思维形式的有机结合，是判断推理敏捷，概括综合准确，分析思考深刻，联想想象新奇的高级智能思维方式。创新技能是指创新主体在开展创新活动时所需要的实践技能，包括信息加工技能、动手操作技能、运用创新技术的技能和表现及物化创新成果的技能等。

爱因斯坦的成功，首先应归功于他正确的思考和创造力。小时候的爱因斯坦一点也看不出来有什么天才，到 3 岁的时候还不会讲话。6 岁上学，在学校里成绩非常差，一上课就是被批评的对象，老师还说他永远也不会有什么大的出息。大家一致认为他是一个天生的笨蛋。但是爱因斯坦在 12 岁的时候，就已经决定献身于解决“那广漠无垠的宇宙”之谜。15 岁那一年，由于历史、地理和语言等都没有考及格，也因为他的无礼态度破坏了秩序和纪律，他被学校开除。16 岁时，他喜欢做白日梦，幻想着自己正骑在一束光上做太空旅行，然后思考：如果这时在出发地有一座钟，从我坐的位置看，它的时间会

① 本案例选自 360 百科：熊彼特的创新理论，https：//baike. so. com/doc/5969936 - 6182893. html。

怎样流逝呢？从此，他便开始了科学远征。他设计了大量理想实验，提出了“光量子”等模型，为相对论和量子论的建立奠定了基础。

爱因斯坦非常重视思考和想象。他说：“想象力比知识更重要。因为知识是有限的，而想象力包括世界上的一切，推动着进步，并且是知识进化的源泉。”灵活地进行思考对一个人的成功是非常必要的。抱持“提出一个问题往往比解决一个问题更重要”的思想，才能不断地提出问题，并在解决这些问题的同时逐渐迈向一个个人生的高峰。

二、创新人才的素质

创新是成为高新人才应具备的基础素质，也是新时代的一张通行证。大学生缺乏创新就会缺乏竞争力，更加谈不上自身价值的提升。因此，创新的重要性是每位大学生都不可忽视的。

创新对大学生个体品格的养成具有重要作用，因为它激发的是一个人最具价值的能力和向人生更高层次发展的直接动力。创新素质教育不仅仅是大学生个体成长成才的内在与长远需要，更是我国各项事业得以迅猛发展的前提和保障。

1. 创新人才的知识结构

一个人创新能力的大小并不完全以读书多少为标准，知识的积累与创新有着不同的规律。一般来讲，知识渊博的人，创造性智能发展程度相对较高。

知识结构是指一个人所拥有的知识体系的构成情况与结合方式。合理的知识结构主要包括基础知识、专业知识和复合知识。创新知识结构模式主要有以下几种：

（1）塔式结构。塔式知识结构把基础理论知识形象地比喻为塔的底部，然后从下往上依次为专业基础知识、专业知识、学科前沿知识。塔的顶部是创新目标。这种创新知识结构一是侧重于基础知识的广博性和宽厚性，二是侧重于专业知识的精深性，三是强调创新目标的明确性。塔式知识结构容易把宽厚的知识集于一点，创新成果。

（2）“T”型结构。大学学习是奠定基础的阶段，有别于一个有实践经验的创新者。由日本学者提出的“T”型知识结构是一种适应性较强，在创新领域有较广应用的知识结构。在“T”型结构中，竖杠是指专业知识，横杠是指一般知识和基础理论知识。其特点是既强调基础知识的宽厚，又强调专业知识的精深。这种知识结构对于大学生来说比较容易构建。

（3）网型知识结构。网型知识结构以本学科的专业知识为网的中心，以专业知识相近、直接与专业知识相关学科的知识作为网的结，以离专业知识较远，间接影响专业的基础理论、一般知识作为网的外围而构成。这种结构既侧重专业知识的核心地位，又侧重广泛知识的互相联系，强调发挥整体知识的协调作用。这种知识结构模式比较形象、直观，有利于大学生通过图解，发现自己知识结构的直观缺陷，以随时调整不同知识的学习时间和精力，保证专业知识的核心作用，能在较大范围内汲取营养，充分发挥其创新潜力。

（4）飞机型知识结构。飞机型知识结构认为机头部分是宏观创新知识理论，机身部分是宏观与微观创新活动的实践经验，机尾部分是微观创新理论。这三部分构成了创新人才知识结构的主体。然后还需要两翼部分，即专业知识和工具知识。这种知识结构把宏观创新理论和创新实践活动经验作为主体，强理论和实践的结合，是一种新颖而全面的创新知识结构模式。

我们看到无论哪种知识结构，在创新实践中都需要扎实的基础知识、精深的专业知识和广博的复合知识。知识基础并不绝对等同于创造性智能，创新需要同学们在以往知识的基础上进行突破。大学生形成一个合理的知识结构尤为重要，侧重改变知识的数量积累与层次分布。我们建议大学生应该从以下几方面优化知识结构：

其一，拓宽知识面，形成范围较宽的人文社会科学、自然科学、思维科学等常识性知识带；

其二，减少熟练性知识积累，熟练性知识应与深刻性知识内容相配合，过多的熟练性知识可能会束缚创新能力；

其三，精选深刻性知识内容，形成一个与创新目标及专业创新工作相适应的深刻性知识圈。

2. 创新人才的心理素质

形成良好的心理素质是能否成为创新型人才的重要条件。

（1）积极的人生态度。积极的人生态度是指一个人健康的人生观和积极的处世态度，在追求进步和真理时有一种坚定的信念并有为之做出贡献甚至牺牲的使命感。积极的人生态度有利于大学生创造性人格的塑造，更是大学生不断追求创新的动力。

（2）良好的自信力。如果没有积极的自我肯定，缺乏自信，就会看不到自己的优势和能力，就会无形中扼杀自己的创新思维。积极的自我承认和自我肯定，能够最大限度地挖掘和利用自我潜能。

（3）较高的动机水平。动机分为内在动机和外在动机，它是一个人坚持去做某件事和不做某件事的直接原因。拥有创新能力的人必定是具有较高的动机水平即高成就动机，会把成就看得比任何东西（包括金钱）都更重要，能克服困难取得成就并从中得到快乐，认为报酬仅仅是衡量自己成就大小的工具，具有强烈的进取精神和事业心，敢冒风险，还能与环境保持一种和谐关系，能及时摆脱不利于创造的负面影响，更是积极进取的现实主义者。

（4）创造性的认知风格。创造性认知是创新的前提。所谓创造性认知一般具有这样的特征：感知敏锐，善于发现别人看不出的问题；好奇心、观察力、注意力集中；感知全面、客观；思维流畅，能够对信息迅速产生连锁反应；善于把握事物的内在联系；记忆准确、广阔；思维灵活，注意力与思路能够适时转换；不受常规答案左右，不循规蹈矩；和别人看同样的事物却能够看出不同；思维开放：宽容对待各种设想和不同甚至对立的想法，从对立中看出新的价值；具有浪漫精神和超现实感；允许暂时实现不了的想法存在；有独立见解，不迷信书本和权威；富有想象力和幽默感，能够略去细节，抓住本质；异中求同，把两个相去甚远的东西联系在一起。

（5）保持积极的情绪状态。创新过程需要保持积极的情绪情感。创新者需要经常保持快乐、良好的心境，对事物的高度热情以及适当的情绪激活水平等。过分的紧张、忧愁、沮丧会导致记忆力、理解力、想象力和自制力的下降，反之，过分松弛也难以产生创新的成果。

3. 创新人才的精神品质

（1）首创精神。首创精神就是敢于主动地提出建议、计划和发明，并加以实施的精神。古典管理理论的主要代表人之一亨利·法约尔（Henry Fayol，1841～1925年）认为，想出一个计划并保证其成功是一个聪明人最大的快乐之一，这也是人类活动最有力的刺激物之一，人的自我实现需求的满足是激励人们的工作热情和工作积极性的最有力的刺激因素。

（2）开拓精神。开拓精神就是开拓进取、勇于创新的精神。它是品格、胆魄、才识的统一。它是一种富有怀疑精神、求实精神、自信心、好奇心、勤奋刻苦和坚韧不拔的品格，又是那种“敢说前人没有说过的话，敢走前人没有走过的路，敢创前人没有开创的新事业”的大无畏的胆略和气魄，还是一种能够从经验、事实、材料中提炼出自己思想的才识。品格是基础，没有开拓创新的品格，就很难产生创新的欲念，即便偶尔产生，也会因缺乏动力支持而昙花一现；有胆魄而无才识，轻则不能成事，重则陷于蛮干而遭受重创；有才识而无胆魄，往往是明知某件事干了大有好处却就是不敢干，结果眼睁睁看着才不及己者屡获成功而春风得意，自己却事败困迫而懊丧不已；当然，如因循守旧，墨守成规，死守教条，品格、胆魄与才识皆无，那更会一事无成。

（3）探索精神。探索精神是指能够主动地研究、发现自然事物的某些规律、联系、属性等的心理倾向。科学作为一种对未知事物的探索，必须突破常识和常规，需要异想天开，需要从传统思维的“范式”中跳出来，需要思维方式的飞跃，需要自由探索的无限空间。因此在科学探索中不要束缚于传统观念，敢于对陈旧理论进行质疑，敢于向权威挑战。在科技发展史上，只有敢于冲破旧传统的束缚，怀疑一切现实的权威，敢闯科学"禁区"的人，才有可能做出开拓性的成就。人们都说科学的魅力来自未知而不是已知，科学的真谛在于否定而非简单的肯定。探索的否定就是"疑"，质疑是探索的起点，不断质疑、释疑就是创新立新的过程。

（4）科学精神。科学精神就是指由科学性质所决定并贯穿于科学活动之中的基本的精神状态和思维方式，是体现在科学知识中的思想或理念。必须坚持理性原则，坚持科学的实践活动是检验科学理论真理性的唯一标准，坚持正确反映客观现实，实事求是，克服主观臆断，要勇于质疑传统、权威，坚持真理，敢于向其挑战。科学精神一方面约束科学家的行为，是科学家在科学领域内取得成功的保证；另一方面，又逐渐地渗入大众的意识深层，是有坚持力、不怕困难、不辞辛劳、勇于创新的精神。

（5）竞争意识。竞争是以个人或团体力量力求压倒或胜过对方的一种心理状态。竞争能使人精神振奋，不甘平庸，追求卓越；能使个人完善，使群体上进，使社会发展，它是现代社会中个人、团体乃至国家发展过程中不可缺少的心态。有竞争的社会，才会有活力，世界才会发展得更快；有竞争意识的人，才会奋发图强，实现自己的理想。竞争不应是狭隘的、自私的，竞争者应具有广阔的胸怀；竞争不应是阴险和狡诈、暗中算计人的，而应是齐头并进，以实力超越；竞争不排除协作，没有良好的协作精神和集体信念，单枪匹马的强者是孤独的，也不容易取得真正的成功。

（6）合作精神。合作是指群体成员一起活动以实现共同目标的行为。这些目标通常是无法通过个人努力而实现的。在合作条件下，彼此之间表现为团结协作、亲密友好的关系，这是个体间协调作用的最高水平的行为。协同合作是任何一个团队不可或缺的精髓，是建立以相互信任基础上的无私奉献，团队成员因此而互补互助。合作精神的要素包括尊重、欣赏、宽容、平等、信任、沟通、负责、诚信等。

拓展阅读

达尔文的科学气质

1858年7月1日，达尔文和华莱士在伦敦林耐学会上分别宣读了他们的关于物种起源的论文，科学的进化论由此诞生。1859年达尔文发表了《物种起源》一书，成为进化论的创立者。以自然选择为核心的达尔文进化论，第一次对整个生物界的发生、发展，做出了唯物的、规律性的解释，推翻了特创论等唯心主义在生物学中的统治地位，从根本上否定了“神创论”“物种不变论”的传统观念，使生物学发生了一个革命变革，并在哲学、社会学、伦理学、经济等领域产生了巨大影响，成为人类历史上第二次重大科学突破。达尔文回顾一生的道路时，曾谈到两种气质对他的帮助。

首先是“保持思想自由”，具体表现为富有怀疑精神和不自满、不保守。19 世纪中叶以前，“神创论”一直占据着生物学的主导地位，虽然有很多科学家先后提出了生物进化的可能性，但是在当时宗教势力的强大压力下，进化论的研究和传播面临巨大困难。达尔文通过多年的研究、考察和标本的采集，在积累了大量令人信服的证据后，借鉴前人的研究基础，提出了生物进化论。这是对宗教神学观的叛逆，也是大胆怀疑的产物。

他一生最感谢和尊重两位导师，一个是汉斯罗，一个是莱伊尔。他恳切地接受导师的指导，这并不妨碍他保持自己的风格，具有自己的思考。例如，汉斯罗认为缠绕植物的运动是由于它们本身具有一种盘旋生长的自然倾向，可是达尔文根据自己对花房中栽培的攀缘植物的观察，提出：“卷须植物或攀缘植物的运动是一种对生活环境的适应，以获取较大的阳光面和较多的空气，利于生存和生长，不这样的话，它们很难生活下去。”又例如，莱伊尔关于珊瑚礁的形成，曾提出一个火山口理论。人们相信莱伊尔，谁也不去怀疑。可是达尔文根据自己的观察提出了疑问：“新的事实似乎不像莱伊尔所说的那样。”他认为珊瑚礁的形成与火山没有必然的联系，它是珊瑚虫长年累月筑成的。

后来他自己成了权威，可这并没有使他变得保守和谨小慎微起来，而是仍然富有怀疑和进取心。有一次，他读着刚出版不久的《血族婚姻》一书，作者引用比利时一位学者发表在权威杂志《比利时皇家学会会报》上的一段实验资料：用近亲的兔子交配许多代，丝毫没有发生有害的后果。人们对权威报刊上的文章，习惯于不去怀疑。达尔文认为，这一实验报告是站不住脚的，于是写信给那家杂志，提出自己的见解，询问实验是否真实。果然，不久他得到回复，那个实验报告是伪造的。

达尔文的第二个重要素质是他的观察能力。他说：“我既没有突出的理解能力，也没有过人的机智，只是在觉察那稍纵即逝的事物并对其进行精细观察的能力上，我可能在众人之上。”这是没有疑问的。从他发表的许多著作中对动植物生态习性的描写，从他对物种与变种在形态与结构上微细差异的比较，我们不禁叹服他的观察能力。当然，这一素质对达尔文的重要性也是不难理解的。对每一个博物学家和当时的进化论者来说，精细观察是进入研究的一个首要的、也是起码的条件。在达尔文，这真是个人能力与工作需要的巧妙适应。

兴趣也是一个科学家应有的重要素质。达尔文自小就有探究自然奥秘的兴趣。童年与少年时代的达尔文热衷于与哥哥去采集标本、旅行、打猎和研究化学。他从爱丁堡大学医学专业转入剑桥大学神学系后，跟着汉斯罗等生物学教授、地质学教授学习了许多地质学、植物学、动物学知识，钻研博物学和自然史，并有幸作为博物学家参加了“贝格尔号”为期五年的环南美洲探险航行，获得了支持进化论理论大量事实依据。正是这种兴趣，给了科学巨匠源源不断的动力，激发出忘我工作的热情。

在自传中，达尔文这样总结自己为创立进化论奋斗的一生，“最重要的是，爱好科学—不厌深思—勤勉观察和收集资料—相当的发明能力和常识”。达尔文的经验之谈，难道不值得我们深思吗?①

三、培养创新能力的重要意义

“为什么我们的学校总是培养不出杰出的人才?”钱学森先生的这惊天一问深深地触及到了中国教育之痛。他认为：现在中国没有完全发展起来，一个重要的原因是没有一所大学能够按照培养科学技术发明创造人才的模式去办学，没有自己独特的创新的东西，老是“冒”不出杰出人才。面对我国今天的高等教育现状和学生的真实情况和能力，以“创新意识、创新技能和创业家精神”为重点，培养与塑造学生的综合创新能力，这是解决我国创新人才匮乏、创业缺乏品质和竞争力的首要之策，也是解决“钱学森之问”的必要途径。这是因为：

1. 创新能力是大学生素质教育的核心

创新能力是个人综合能力的外在表现和内在支柱，它是以深厚的文化底蕴、高度综合化的知识、长期的坚持和训练、个性化的思想和崇高的精神境界为基础的，是一种认识、人格、社会层面的综合体，涉及人的心理、生理、智力、思想、人格等方面的综合素质。每个大学生都应该受到创新能力的基础训练和人生历练。

2. 创新能力是大学生获取知识的关键

在知识经济时代，知识的增长率加快，知识的陈旧周期不断缩短，知识转化的速度猛增。在这种情形下，知识的接受变得并不重要，重要的是知识的选择、整合、转换和操作。学生最需要掌握的是那些覆盖面广、迁移性强、概括程度高的“核心”知识，而这些知识并非是靠言语所能“传授”的，它只能通过学生主动地“构建”和“再创造”去获得，这就需要大学生依靠自己的创新能力在长期

① 本案例选编自百度百科：达尔文进化论，https://baike.baidu.com/item/达尔文进化论/8265437?fr=aladdin。

的实践中主动发挥作用。

3. 创新能力是大学生终身学习的保证

随着高等教育规模的不断扩大，高等教育职能正在由精英教育向素质教育转化，学习也正由阶段教育向终身教育转化，学习将成为个人生存、竞争、发展和完善的第一需要。在知识无限膨胀、陈旧周期迅速缩短的情况下，大学生的社会职业将变得更加不稳定。但是在创新能力的指引下，毕业后的大学生可以利用各种有利条件，根据所从事的工作不断完善自身的知识和能力结构，更好地达到完善自我和适应社会的目的，从而为终身教育打下坚实的基础。

因此，在大学阶段正是培养创新能力和创业家精神的最佳阶段。让每个学生成为具备创新能力、专业技能和创业家精神的金种子，应该成为学校教育和学生自身共同努力的目标，这才是为全社会的进步和发展做的重大贡献。

案例故事

清华高材生的游戏创业故事——将创新进行到底

清华大学建筑系的刘哲在上学期间不仅兼修了数字娱乐设计的双学位，还创建了一个小型的独立游戏工作室，曾经开发过一款名为“魂世界”的桌面游戏，这也坚定了自己毕业后投身游戏之路的决心。毕业之后，刘哲曾先后任职于游卡和 Zynga，分别设计桌游和手游。尽管在这两家公司工作的时间都不长，但他却总结出了一套游戏原型设计的方法论。这套基于性价比、情感满足、数据反馈、脑部分析等多重因素的方法论在保障核心玩法创新度的同时还能大大降低创新的风险，并且伴随着新产品的更新迭代不断完善改进。

因为很多创新理念受限于公司体制而不能完全实现，于是刘哲萌生了自主创业的念头。2012 年 6 月，在拿到了第一轮的天使投资后，一家专注于游戏研发的“魂世界信息技术有限公司”正式成立了。从成立公司的第一天起，刘哲就坚定不移的将“创新”确立为公司最为核心的企业文化。在创始人刘哲的带领下，公司先后已经开发了 5 款产品，其中不乏《天降》这样的知名游戏。

自立门户无疑为“创新”增添了更广阔的施展空间，然而创业之路的艰辛也是不言自明的。“魂世界”的前三款产品涵盖战旗、卡牌、策略等多种类型，在游戏玩法上力求突破并且得到了一定认可，但其市场表现却不够理想。随之而来的是维持公司生存的资金压力与日俱增，然而刘哲对于当时的处境却始终保持着乐观的态度。事实证明，这种乐观并不是盲目乐观，而是基于对创新品质的绝对自信。在充分总结了前三款产品的经验教训后，“魂世界”开发出了第四款集大成之作《天降》。这款产品也正如刘哲所期待的一样收获了成功，最终在海外和国内都卖出了大价钱。这款“从天而降”的及时雨不仅缓解了公司的生存压力，对于公司未来的发展更是具有里程碑意义。按照刘哲本人的定义，正是由于《天降》的启示，公司从凭借个人兴趣进行玩法设计的第一阶段过渡到了针对付费模型进行产品研究的到了第二阶段。为什么要经历这种转变？刘哲对此的回答仍然回归到了“创新”这个原点。游戏行业始终强调创新，呼唤创新，但为什么真正能做到让人眼前一亮的创新产品却越来越少？实际上，尝试创新的开发者大有人在，然而很多产品最终没能得到市场和资本的认可，沦为了倒在创新之路上的尸体。这种不具有可持续性的创新显得并无价值，只有那些“叫好又叫座”的产品才能引起业内的重视，才能真正体现创新的价值。而这正是刘哲长久以来的愿望——努力地让创新可以成功。

刘哲对于自己的创新方法论，也越加拥有了绝对的自信。在保证每一款立项产品都能“叫好”的前提下，为了同时实现“叫座”，“魂世界”在两个方面采取了新的举措。第一点是尝试用新思路改造重度付费模型，旨在颠覆玩家对于策略游戏，对于重度游戏的传统理念。第二点是成立一个专门的小组去做苹果推荐。公司递交了自研的多款产品，均获得了苹果方面的积极反馈。

在一封名为《我们为何而来》的内部邮件中，刘哲向全体员工表达了自己的长远愿景。他希望“魂世界”能成为业内的下一个Valve，不仅能做出优质的游戏，而且能做出可以改变整个行业的事情。刘哲始终坚信游戏行业的发展一定会遵循自然规律，游戏红海终究会有退潮的一天，当整个行业回归理性之时，那些依靠创新修炼了多年内功的公司才会体现出其真正的价值。为了那一天的到来，也为了大家的共同梦想，刘哲和他的小伙伴们正在努力奋斗着。①

第三节　创新意识

创新意识是指人们根据社会和个体生活发展的需要，产生创造前所未有的事物或观念的动机，并在创造活动中表现出意向、愿望和设想，是个体对客观世界的事物和现象，持有一种推崇创新、追求创新、以创新为荣的观念和意识。它是人类意识活动中一种积极的、富有成果性的表现形式，是人们进行创造活动的出发点和内在动力，是

---

① 本案例选编自当乐网：清华高材生的游戏创业故事　将创新进行到底。http：//news. d. cn/news/view－25304. html。

创造性思维和创造力的前提。有了强烈的创新意识的引导，个体才可能产生强烈的创新动机，树立创新目标，充分发挥创新潜力和聪明才智，释放创新激情。

一、创新意识的特征

创新意识具有以下几个特征：

1. 新颖性

创新意识是求新意识，因为创新意识不是为了满足新的社会需求，就是用新的方式更好地满足原来的社会需求。

2. 历史性

创新意识以提高物质生活和精神生活水平为出发点，但这种出发点很大程度上受具体的社会历史条件制约。比如在阶级社会里，创新意识就受到阶级性和道德观影响制约。创新意识激起的创造活动和生产的创造成果，应为人类社会进步服务。因此，创新意识必须考虑社会效果。

3. 个体差异性

人们的创新意识和他们的社会地位、文化素质、兴趣爱好、情感志趣等因素有关，所有这些因素都对创新起着重大的推进作用。而每个人的这些因素又都不尽相同，因此，对于创新意识来讲，既要考察其社会背景，又要考察其文化素养。

二、创新意识的构成

创新意识由创造动机、创造兴趣、创造情感和创造意志四个方面构成。它们在人们的创新过程中具有如下作用：

（1）创造动机是创造活动的动力因素，它激励并推动人们进行创造性活动。

（2）创造兴趣能促进创造活动的成功，是促使人们积极探求新奇事物的一种心理倾向。

（3）创造情感是引起、推进乃至完成创造的心理因素，只有具有正确的创造情感才能使创造得以成功。

（4）创造意志是人们在创造中克服困难，冲破阻碍的心理因素，创造意志具有目的性、顽强性和自制性。

三、创新意识的价值与作用

1. 创新意识是决定一个国家、民族创新能力最直接的精神力量

当今的创新能力是一个国家和民族解决自身生存、发展问题能力

大小的最客观和最重要的标志，它更是一个国家、民族发展能力的代名词。

2. 创新意识可促成社会多种因素的变化，推动社会的全面进步

由于创新意识植根于社会生产方式，因此，它的形成和发展必然推动着社会生产方式的进步，进一步带动经济的飞速发展，从而促使上层建筑的进步，既而推动人类思想的解放，有利于人们形成开拓意识和领先意识，促进社会政治向更加民主、宽容的方向发展。反过来，这些条件又能够促进创新意识的扩展，有利于创新活动的进行。

3. 创新意识能促成人才素质结构的变化，提升人的本质力量

创新实质上确定了一种新的人才标准，它代表着人才素质变化的性质和方向，传递着一种重要的信息：社会需要充满生机和活力的人、有开拓精神的人、有新思想道德素质和现代科学文化素质的人。创新意识客观上引导人们朝这个目标提高自己的素质，激发人的主体性、能动性和创造性的进一步发挥，使人自身的内涵最终获得极大的丰富和扩展。

四、创新意识的培养

创新意识的培养要注重以下几个方面：

1. 培养求知欲

“学而创，创而学”，这是创新的根本途径。青年要具备勤奋求知精神，不断地学习新知识，才能在自主创新中发挥生力军作用。

2. 培养好奇心

将蒙昧时期的好奇心向求知时期的好奇心转化，这是坚持、发展好奇心的重要环节。要对自己接触到的现象保持旺盛的好奇心，要敢于在新奇的现象面前提出问题，不要怕问题简单，不要怕被人耻笑。

3. 培养创造欲

不满足于现成的思想、观点、方法及物体的质量、功能，要经常思考如何在原有基础上创新发明、推陈出新，大脑里经常有“能否换个角度看问题？有没有更简捷有效的方法和途径”等问题盘旋。

4. 培养质疑欲

“学起于思，思源于疑”。有疑问才能促使人们去思考、去探索、去创新。因此，要鼓励青年大胆质疑、提出多种解决问题的方案及最佳方法。从多角度培养青年的思维能力，激励青年创新。鼓励青年提问，大胆质疑，是培养青年创新意识的重要途径。提出问题是取得知识的先导，只有提出问题，才能解决问题，从而认识才能前进。一定要以锐不可当的开拓精神，树立和提高自己的自信心，既要尊重名人和权威，虚心学习他们的丰富知识经验，又要敢于超过他们，在他们

已进行的创造性劳动的基础上，再进行新的创造。

创新意识的培养是一种严肃、严密、严格的创造活动，也要按客观规律办事；不能把创新意识培养简单化、表象化和庸俗化，降低创新精神的科学性和严肃性。在现代人才的规格和素质要求中，创新能力被认为是能力结构层次中最高层的，也是未来人才素质的重要组成部分。大学生创新能力的培养和提高，除了需要有很好的教育环境支持外，更需要大学生自己从以下方面做主观努力：

第一，注重创新个性养成。要树立远大理想和抱负，提高创新欲望；坚信自己具有创新能力，增强自身锐意进取、百折不挠的意志；培养探索问题的敏感性，多问为什么，及时发现和抓住新生事物的苗头，把握住机会；善于开动脑筋，保持思维的独立性，养成独立思考问题、解决问题的习惯。

第二，注重消除主观障碍。要自觉克服受传统观念束缚、不加批判的固执己见、轻信教科书、迷信学术权威的观点、不加甄别地纳入别人的思维轨道、机械地照搬别人的知识等问题，这些都将极大地阻碍创新思维的发展。

第三，注重优化知识结构。任何创新都是对旧的水平、理论、方法、规范的突破，只有很好地继承了前人的知识和技能，才能融会贯通有所突破。因此要力求扎实的基础理论知识并能够融会贯通、化知为智，在拓宽知识面的同时强化真实的系统性和整体效应，注重各学科间的交叉与综合，还要不断进行大容量的新知识储备。

第四，注重掌握创新方法。科学的创新理论和方法是科学家们在长期科学实践中总结出来的，对大学生创新能力提高有重要意义。一方面要掌握正确的世界观和方法论，才能避免在创新实践活动中走弯路、误入歧途；此外要学习有关创造学原理，掌握创新活动的内在机制、基本过程和内容，还应学会创新思维方法以及创新技法。

第五，积极参加创新实践。无论参加社会实践还是科研实践，都有助于大学生了解和掌握现实生活动出现的新问题、新情况和新需求，为寻找创新点、确立创新选题创造条件。在创新实践中，既要坚持实践内容和形式的多样性，又要提高实践的层次性，还要注重在实践活动中相互学习、取长补短、提高自己。

大学生在培养创新意识的过程中一定要注意树立科学的创新理念，明确创新的真实含义，既要面对现状勇于创新，又要防止把创新当时髦，空谈误国，把创新当成没有实质性新内涵的新提法、新名词；即要着眼于解决现有手段不能解决的问题，又要着眼于用发展的眼光、发展的思维制定解决未来可能出现的新情况、新问题的措施。大学生一定要注意把创新精神培养与科学求知态度结合起来，克服重创新的过程，轻创新的结果；克服重创新的数量，轻创新的质量；克服重一般的技术创造，轻科技含量高的、核心技术的创新的思想；要注意把创新精神培养与继承中华民族优秀传统文化紧密结合，“天行健，君子以自强不息”，要增强自己培养创新意识的信心、勇气和能力。

拓展阅读

现代企业的创新意识

史蒂夫·乔布斯有如过山车般的精彩人生和炽热激越的性格成就了一个传奇，一个极具创造力的企业领袖。他的一生都与“创新”一词紧密相连，他追求完美和誓不罢休的激情是个人电脑、动画电影、音乐、移动电话、平板电脑以及数字出版六大产业发生了颠覆性的变革，打造了一个令世界惊叹的苹果帝国。美国总统奥巴马评价说：“乔布斯是美国最伟大的创新家之一。他改变了我们的生活，改变了我们看待世界的方法。”

乔布斯坚信，在21世纪创造价值的最佳方式就是将创造力与技术相结合，因此它的苹果公司融会了源源不断的想象力与非凡的技术成果。乔布斯让苹果成为最受钦佩的科技公司，其创新意识和独特的方法是现代企业都值得借鉴的。

创新决定了你是领袖还是跟随者

乔布斯认为创新是无极限的，有限的是想象力。他认为，如果是一个成长性行业，创新就是要让产品使人更有效率，更容易使用，更容易用来工作。如果是一个萎缩的行业，创新就是要快速地从原有模式退出来，在产品及服务变得过时、不好用之前迅速改变自己。

和最优秀的人一起工作

乔布斯认为，一个创业公司的前十个员工决定了这个公司的水平，因为每个人都要能负担公司1/10的工作。苹果前CEO约翰·斯卡利说：“乔布斯眼光独特，他善于发现人才，并设法将这些人才拉到自己身边来。乔布斯具有一种魅力，使其他人才愿意聚集到他的身边，以共同将乔布斯的产品理念变为现实……乔布斯会经常寻求科技领域最有才能的人，相应挖角行为也是亲自上阵，而不允许别人代劳。”乔布斯坚持不招聘俗套的员工，认为常春藤联盟的毕业生并非能够运营公司的唯一人选。他曾经宣称：能够让Macintosh成为伟大产品的部分因素就得益于从事此产品相关的工作人员都是音乐家、诗人以及艺术家等，甚至还有动物学家和历史学家，巧合的是，他们又是世界上最优秀的电脑科学家。

与竞争对手合作

当苹果与微软在1997年的Macworld展览会上宣布合作时，这是何等的令人惊奇。在经历了12年的财务亏损之后，乔布斯需要让苹果快速地赚钱，为此，乔布斯开始求助比尔·盖茨，在此之后，微软在苹果投资了1.5亿美元。乔布斯曾经宣称："在我看来，苹果与微软之间的竞争时代已经一去不复返了。这将帮助苹果稳健发展，并让苹果能够对科技行业做出巨大贡献，并推动科技业的繁荣与发展。"

注重用户需求和体验

乔布斯没有使用关注焦点人群的方案，相反，他告诉消费者，让消费者说出他们的需求。乔布斯经常从用户体验的角度来看待产品性能。他认为，用户体验必须贯穿苹果所有产品线，无论是苹果台式机还是iTunes音乐服务都是如此，苹果推出iPad的时候，人们都感到非常震惊。在产品制造、供应链环节、市场营销以及专卖店等业务领域，乔布斯都很看重用户体验。

注重质量与美学要素

乔布斯是个完美主义者。他认为，完美的质量没有捷径，必须将优秀的质量定位给自己的承诺，并坚定不移地坚持下去。当对自己要求更高，并关注所有的细节后，产品就会和别人不一样。作为一名伟大的销售员，乔布斯也深知美学的重要性。他认为，产品外观设计是否成功，将决定着产品能否给用户带来良好体验。1998年，乔布斯意识到苹果产品看上去已经过时，乔布斯召开了苹果的一个会议，并提出了这样的问题："你知道苹果产品的问题出在哪儿吗？就是没有美学因素。"如今，苹果已经以最漂亮的技术而著称，例如从多姿多彩的iMac到漂亮的iPad等。乔布斯认为应该重视产品的每一个细节，使产品设计和制造的每一个环节都能做到完美无瑕。

调整原有目标和商业计划

苹果起初只是一家仅生产电脑的公司，但是乔布斯知道，苹果公司要想取得真正的成功，就需要拓宽方法。苹果此后就开始拓展除电脑之外的产品，例如先后推出了Final Cut Pro、MP3播放器、音乐产品、iPhone智能手机和iPad平板电脑等。乔布斯还于2007年，把苹果公司的名称由原来的"苹果电脑"改成"苹果"，以此来突出公司新的多元化的目标。苹果发布了自主创新的产品，但也整合了自己的理念。iPod与iTune进行了完美的融合，iPad和iPhone也与应用商店进行很好的融合。乔布斯认为："创造力就是把所有相关的事物连接起来。""我们绝对是努力研发简单的应用方案，因为人们喜欢简单明了。"

具有远见并相信自己的勇气

史蒂夫·乔布斯曾在斯坦福大学的演讲中宣称："应当拥有追求内心和直觉的勇气，这将决定了你的真正愿望，决定你会真正成什么样的人。"乔布斯认为，计算机最终将成为消费者都有能力购买的产品。这种看法在20世纪80年代可谓十分超前，因为当时绝大多数人认为，所谓个人电脑只是大型计算机的小型版，当时IBM就是持这种看法。另外一些人认为，PC机只不过是用来玩游戏而已。但乔布斯看待事物的角度却与众不同。他认为电脑将改变世界，并认为电脑将成为所谓的“思维自行车”，即电脑能够让公众进行以前根本不敢想象的活动，电脑并不是游戏机，并不是大型计算机的简化版……这些独到的看法决定了苹果多元化产品的开发思路。①

课外实践

寻找创新人物

通过了解自己身边的人物或者通过网络，找到一名令自己赞赏的创新人物，总结其有哪些方面的创新特质，并用事实加以佐证。小组同学间相互分享一起讨论，看看大家的评价和对自己的启发。结合自身实际，对自己的创新素质做客观评价，形成200字左右的独特的自我介绍。

① 此案例选编自乔布斯：最受钦佩科技公司的11种独特方法，腾讯网，http://tech.qq.com/a/20110825/000183.htm。

第二章
创造性思维与运用

学习目标

1. 理解什么是创新思维及其基本特征
2. 了解创新设计思维及其基本特征
3. 了解创新设计思维的运用

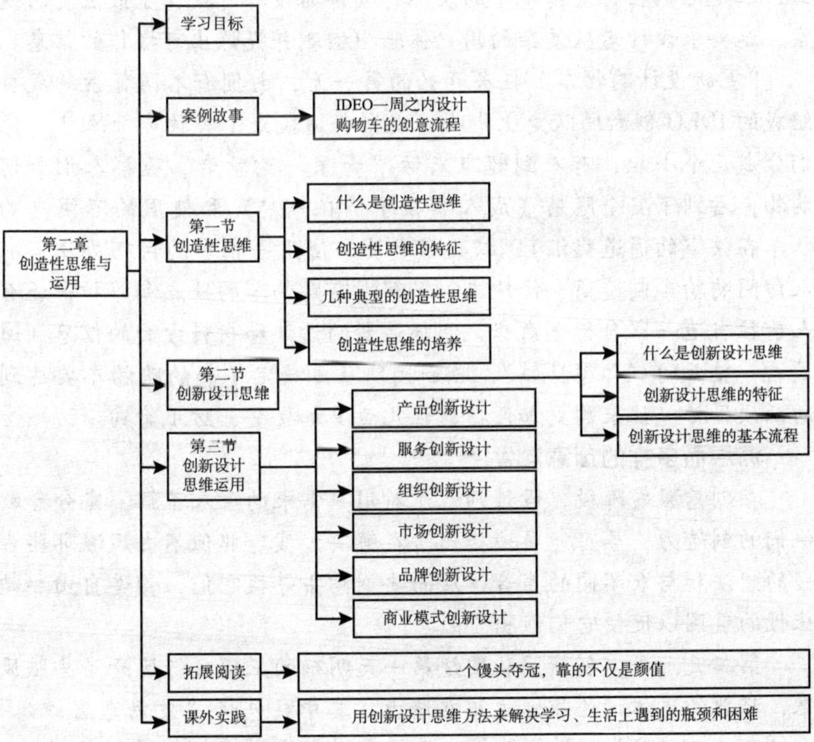

案例故事

IDEO一周之内设计购物车的创意流程

欧洲工商管理学院技术与运营管理副教授曼纽尔·索萨（Manuel Sosa）研究了以IDEO为代表的全球顶尖设计公司，总结出这些公司成功创新的三步流程，同时也是三项核心的组织创新技能（以下简称为“3I”）：以用户为中心的需求洞察（insighting）、深层而多样的创意激发（ideating）、快速且低成本的反复验证（iterating）。

以“设计思维”方法著称的IDEO公司曾经接受美国广播公司（ABC）晚间在线（Nightline）节目的一个挑战，要在短短五天之内重新设计人们日常使用的超市购物车，IDEO公司最终圆满地完成了任务，这个重塑购物车的过程也淋漓尽致地展现了3I创新流程。

以用户为中心的需求洞察

想要以新颖的方式实现创造价值的创新目标，首先必须寻求创新的机会，即发现用户需求。用户可能并不能明确地阐述他们想要什么，但是他们在特定情境下的实际行动却为设计者提供了最宝贵的线索，这要求设计者从复杂的用户体验中检测并提炼出可操作的信息。

“重新设计购物车”任务开始的第一天，由拥有不同背景的成员组成的IDEO创新团队走上街头，观察普通民众、咨询专业人士。他们分成几个小组，有人到超市采访“资深”购物者、观察人们如何购物，看到了安全隐患（成人和孩子挤在一起）和使用的不便（购物车在狭窄的通道交汇），以及超市员工使用手推车的讨巧办法；有人访问购物车制造商、修理工，了解现有购物车的缺点和维护；还有人前往当地一家自行车商店，掌握最新的设计和材料方面的信息。通过这一整天的“体察民情”，创新团队基本确定了新的购物车要达到的三项目标：让采购更加便捷、让儿童更加安全、防止偷窃。

深层而多样的创意激发

在创意激发阶段，设计师基于对用户需求的深入了解，充分释放他们的创造力，尽可能多地提出潜在解决方案。非但不去规避那些古怪的想法和与众不同的声音，反而要刻意去寻找它们，营造自由和趣味性的氛围以促使它们做出贡献。

第二天上午，创新团队围绕第一天明确的三项目标展开了头脑风暴，经典的集体讨论原则被印在墙上，其中就包括“鼓励奇思妙想”和“不妄下结论”。成员们拿出带有各种颜色的便利贴和小玩意儿，以便刺激情绪，让各种新奇的想法充实大家的头脑。经过几个小时的讨论，当几百种奇异的点子和草案挤满了墙壁之后，大家开始投票选举最棒的设计，同时要注意它们不能太过理想化，因为必须在几天之内就能生产出来。

快速且低成本的反复测试

到了这个阶段，设计师可能已经获得了大量创意，但此时这些创意仅仅只是想法而已。设计师们需要将这些抽象的想法用模型具象化，利用快速且低成本的模型来测试创造性的概念，即便是失败的模型，也可以帮助设计师们了解这些概念的优势和弱点，并找到新的方向来搭建下一代模型，以加速项目进程。

在第二天上午投票选取出代表性的创意之后，创新团队重新分组，与 IDEO 的机械师、模型制作师一起，限时 3 小时，开始动手制作第一轮模型。第一轮的几组模型各有千秋，创新团队结合这些模型的优点，就马不停蹄地开始了下一轮的模型制作。经过第三天、第四天的不断修改、迭代，创新团队终于在第五天的早晨交付了令人满意的成果。

当这辆全新设计的购物车出现在 Whole Foods 超市的购物通道上时（如图 2 - 1 所示），赢来了无数惊奇的目光：它不再是四四方方，而是拥有优雅流畅的线条；敞开式的框架使得五个手提篮可以灵活地放置于购物车的上下两层，这样购物者可以把购物车当作存储基地，只需要带着手提篮进入可能会有些拥挤的货架区拿取商品；儿童座位则借鉴了游乐园的安全护栏；车上还有一个用来结账的条码扫描头、两个咖啡杯座和可以巧妙调节方向的后轮；取下手提篮后的购物车只剩下几根铁架子，几乎派不上什么用场，从而可以有效规避被偷盗的风险，要知道以往有许多购物车都被偷走当储物篮或烧烤架了。

图 2 - 1　创新设计的购物车

"重新设计购物车"项目成为了 IDEO 的经典案例，晚间在线的深度报道《深潜（Deep Dive）：一个公司创新的秘密武器》也成为其当年最受欢迎的节目之一，它让许多观众第一次理解了创新究竟意味着什么，以及如何在真实的商业环境中运作起来。IDEO 的创新流程和方法也逐渐被更多的企业所关注和运用，帮助它们实现成功的商业创新。

从这个案例可以看出，创新设计有一个团队完成，其成员首先不是产品的专家。一般来说专家的思维模式相对固化，他们在创新时往往会考虑老产品发现什么问题再进行打补丁的创新。IDEO 的设计团队中没有产品专家，而是由各种不同的专业人才组成，包括心理学家、语言学家、生理学家、营销学家、MBA 学员等。理解客户、超越客户的需求，这就是要做到的独特的创新，五天时间设计全新的购物车，IDEO 公司创新的流程，其秘密武器就是创新设计思维。①

第一节　创造性思维

前面案例中让 IDEO 大获成功的秘密武器就是创新设计思维，它的基础是创造性思维。

一、什么是创造性思维

思维是人脑对客观现实概括的和间接的反映，它反映的是事物的本质和事物间规律性的联系。思维方式是人们大脑活动的内在程式，它对人们的言行起决定性作用。美国哈佛大学校长陆登庭提出：“一个成功者与一个失败者之间的差异，并不在于知识和经验而在于思维方式。”通常人们根据思维是否具有创新性把思维活动分为两种：一种是创新思维（或创造性思维、创造思维），另一种是重复性思维（或再现性思维、常规性创造思维）。重复性思维是一种比较普通的思维形态，它是对已经接收到信息的重复和再现，大脑利用的仅是记忆和存储功能，这种思维模式是相对稳定的；而创造性思维正好相反，它是存储的信息根据需求的重新加工，必须具有思维的创新性。

对于创造性思维的定义，有许多不同的认识和表述。创造性思维就是主体在强烈的创新意识驱使下，通过综合运用各种思维方式，对头脑中的知识、信息进行新的思维加工组合，形成新的思想、新的观点、新的理论的思维过程。简言之，凡是突破传统思维习惯，以新颖独创的方法解决问题的思维过程，都可以称为创造性思维。由此可见，创新是创造性思维概念的核心。

我们可以从广义和狭义两个方面来做进一步的理解。广义的创造性思维是指创造者利用已掌握的知识和经验，从某些事物中寻找新关

① 本案例选编自搜狐网财经频道：购物车玩出新花样，向 IDEO 公司学习创新三步骤，http：//www. sohu. com/a/105848156_264647。

系、新答案，创造新成果的高级的、综合的、复杂的思维活动。狭义的创造性思维可具体地指在思维角度、思维过程的某个或某些方面具有独创性，并由此而产生创造性成果的思维。

创造性思维是发明和发现的前奏，是一种开创性的探索未知事物的高级复杂的思维，是一种有自己的特点、具有创见性的思维，是发散思维和集中思维的辩证统一，是创造想象和现实定向的有机结合，是抽象思维和灵感思维的对立统一。创造性思维并不是某些高智商的才具有的特征，而是任何一个正常人都具备的思维方式。这种思维常使人产生独到的见解和大胆的决策，获得意想不到的效果。

二、创造性思维的特征

作为创新人才智力结构的核心——创造性思维，是社会乃至个人都不可或缺的要素，它的主要特征有：

1. 勇于突破传统

法国作家莫泊桑说："应时时刻刻躲避那走熟了的路，去另寻一条新的路。"创造性思维之所以称之为"创造性"在于它超出思维常规，勇于另辟蹊径。这就意味着在思路的选择、思考的技巧、思维的结论上都具有不同于前人、常人的新见解、新发现、新突破，具有批判性、独创性、求异性、联想性、灵活性和综合性的特点。

创造性思维的批判性体现在敢于用科学的怀疑精神，打破习惯思维，质疑自己和他人的原有知识，包括权威的论断，敢于发掘前所未有的新东西。

独创性是在学习过程中对所学定义、定理、公式、法则、解题思路、解题方法、解题策略等提出自己的观点、见解。

求异性表现出思维的标新立异，对一些知识领域中长期以来形成的思想、方法，能够独树一帜。

联想性是面对某一种情境和现象时，思维能够由此及彼、由表及里、举一反三、融会贯通。

灵活性是思维突破了"定向""系统""规范""模式"的"死板"，具体问题具体对待，迁移灵活。

综合性是思维调节局部与整体、直接与间接、简易与复杂的关系，在诸多的信息中进行概括、整理，把抽象内容具体化，繁杂内容简单化，从中提炼出较系统的经验，用于学习和工作。

2. 触角全面灵活

创造性思维善于全方位思考，思路若遇难题受阻，不拘泥于一种模式，能灵活变换因素，变换新角度思考，找到新的解决办法。创造性思维善于寻优，选择最佳方案，机动灵活，富有成效地解决问题。

（1）多向思维：从不同的方向对一个事物进行思考，更注意从他人没有注意到的角度去思考。苏轼的“横看成岭侧成峰，远近高低各不同”说的就是这个道理。

（2）辐射思维：以一个问题为中心，思维路线向四面八方扩散，形成辐射状，多比较、多权衡，找出尽可能多的答案，扩大优化选择的余地。

（3）转向思维：思维在一个方向停滞时，及时转换到另一个方向。当今学科交叉、边缘学科和横断性学科层出不穷，跨学科研究等就是转向思维的例证。

（4）换元思维：根据事物多种构成因素的特点，变换其中某一要素，以打开新思路与新途径。比如一项科学实验，常常变换不同的材料和数据反复进行，以期更加准确。

（5）对立思维：从对立的方向去思维，从而将两者有机地统一起来。如“一国两制”的构想和香港、澳门成功回归的现实。

（6）连动思维：由此思彼的思维。纵向、逆向、横向思考，由浅入深，触类旁通，举一反三，从而获得新的认识和发现。如“一叶落知天下秋”。

（7）反向思维：从相反的方向去思维，寻找突破的新途径。如电动吸尘器的发明就是从“吹”灰尘的反向角度“吸”灰尘去思考，从而运用真空负压原理制成的。

（8）原点思维：从事物的原点出发，从而找出问题的答案。所谓“解铃还须系铃人”，即是这个道理。

3. 方式综合连贯

任何事物都是由相互联系、相互依存、相互制约的多层次、多方面的因素，按照一定结构组成的系统性的有机整体。因此，创新者多种思维方式综合运用，将事物放在系统中进行思考，进行全方位多层次多方面的分析与综合，找出与事物相互作用、制约、影响的内在联系，运用智慧杂交优势，从个别到一般，由局部到全面，由静态到动态，发挥思维统摄作用，深入分析、把握特点、找出规律，“由综合而创造”，建设出新成果，体现了对已有智慧、知识的杂交和升华。

阿波罗登月计划总指挥韦伯就曾说过：“当今世界，没有什么东西不是通过综合而创造的。”阿波罗庞大计划中就没有一项是新发现的自然科学理论和技术，都是现有技术的运用。关键在于综合，综合就是创造。

在管理学中，系统的综合性原理是指系统目标的多样性与综合性和系统实施方案选择的多样性与综合性，由综合而创造。即管理者既要考察出许多“乱象纷繁”的东西其中的共同性和规律性，综合为新的构思、新的产品、创造出新的系统，又要善于根据其共同性和规律性把复杂的系统分解为最简单的单元去理解和解决。摩托车的诞生就是如此，它是将自行车的灵活性、轻便性和汽车的机动性、高速度合二而一的结果。

创造性思维也是需要训练的，只有勤于思维、善于思考、潜意识活跃，创造的灵感才会不断产生，古今中外的大发明家们无不是如此才获得成功。

所以，创新者平时要善于抓住一切时机进行思维训练，思维才会具有连贯性，才会在各系统运转的瞬间发现和捕捉到灵感，成功是无数看似偶然的因素相遇后创新者发现规律进行选取、统合、创造后的必然。

总之，创造性思维是基于丰富的社会阅历、渊博的知识、永不泯灭的激情、勇于跳出藩篱的“厚积薄发”式顿悟涌出。人与境况是随时变化的，人们在实际生活和工作中的思维状态的灵活与丰富，也是上述特性都无法一下子概括的。我们需要一种主动意识，学会和掌握创造性思维方式，自觉地进行培养和训练，锻铸自己良好的思维功底和思维品质。不怕失败，勇于挑战自己和权威，经过一个个渐悟的过程，才可能适应市场经济的变化，在飞速发展的时代中，成为“笑傲江湖”的弄潮者。

三、几种典型的创造性思维

创造性思维能够突破思维定式思考问题，从新的思路去寻找解决问题的方法，一般包括几种主要方式：发散（扩散）思维、逆向思维、求异思维、类比思维、侧向思维、综合（集中）思维等。

1. 发散思维

单向思维方式思考和解决问题，人们说这是“一根筋”。而发散思维是换成从多个不同角度去考虑，思维扩散的范围愈广，产生的设想越多，解决问题的可能性就越大。发散思维就是围绕一个问题，突破常规思维的束缚，沿不同方向去思考、探索，寻求解决这一问题的各种可能性，这种由一点到多点的思维形式又称扩散思维、辐射思维、多向思维。一个训练有素的创新者在面对新方法、新技术、新规律、新产品、新现象时，会考虑能否有其他更多的用途，制作更多类型的作品，设计新的装置，开创更多新的技术种类，使用到更多的领域等。

2. 逆向思维

简单来说，“倒过来想问题”就是逆向思维，就是突破常规考虑问题的固定思维模式，采用与一般习惯相反的方向进行思考、分析的思维方式。逆向思维可分为结构反转、功能反转、状态反转、因果反转等几种思维方式。当我们用常规方法解决不了问题时，应考虑转换思考角度、缺点逆用，从其因果、功能、结构、状态等反面来重新思维、重新创造。

例如，有个摄影师常拍集体照，对于十人甚至上百人的集体来说，当“一、二、三”快门打开的瞬间，总会有人坚持不住眼时眨了一下，洗出照片就成了“瞎子”，很不好办。摄影师换了一个思路，先让所有人闭上眼睛，喊“一、二、三”时一齐睁眼，结果大获成功，洗出来的照片个个神采奕奕。快来和同学们一起试试吧！

3. 求异思维

“标新立异”“出奇制胜”就是求异思维，这是发明家的共同特征，他们习惯在众人习以为常的工具、用具、方法中独辟蹊径，创出新品。求异思维的重点和核心在于不受任何框架、任何模式的约束，能够突破、跳出传统观念和解决问题的刻板，从与之不一样的角度认识问题，以新的思路和方法创造人类前所未有的更好、更美的东西。

4. 类比思维

培根说：“类比联想支配发明”。类比思维是通过类比已有事物开启创造未知事物的创新思路。它把已有的事物与一些表面看来与之毫不相干的事物联系起来，寻找创新的目标和实现目标的方法。常见的类比方式有：形式类比、功能类比和幻想类比等，发明家们依此模仿鸟的飞行运动制成了飞机、各种机械手等。因为类比思维和联想紧密相连，所以提高联想能力，特别是相似联想，对于提高类比思维能力很关键。培根有句名言：“类比联想支配发明。”培根把类比思维和联想紧密相连，有类比更需要联想，不论是寻找创造目标，还是寻找解决方案都离不开联想的作用。运用好类比思维的重要条件是提高联想能力，特别是掌握相似联想。

5. 侧向思维

如果说逆向思维在许多场合表现为与他人的思维方向相反，但轨迹一致，那么侧向思维就不仅表现在方向不同，在轨迹上也有所不同，更倾向于“另辟蹊径”。说话“旁敲侧击”就是侧向思维的形式之一。达·芬奇创作《最后的晚餐》时，出卖基督的叛徒尤大的形象一直没有合适的构思。他循着正常的思路苦思冥想，始终没有找到理想的尤大原型。直到一天修道院院长前来警告画家，再不动手画就要扣他的酬金。达·芬奇本来就对这个院长的贪婪和丑恶感到厌恶，此刻看到他，达·芬奇转念一想何不以他作为尤大的原型呢？于是他立即动笔把修道院院长画了下来，使这幅不朽名作中每个人都具有准确而鲜明的形象。在一定的情况下，侧向思维能够起到拓宽和启发创作思路的重要作用。

6. 综合思维

把几个不同的想法融合起来，相互补充，用以解决一个难题或者完成一件作品，就是综合思维，又称集中思维。“头脑风暴法”、“三个臭皮匠，顶个诸葛亮”等就是集中思维的具体应用。综合思维与发散思维区别在于：综合思维是由多点集中到一点，而发散思维则由一点扩散到多点。

四、创造性思维的培养

著名喜剧演员卓别林说：“和拉提琴或弹钢琴相似，思考也是需要每天练习的。”创造性思维更是如此，它是在一般思维的基础上发展起来的，是后天培养与训练的结果。无论是学习生活还是创业，创造性思维与我们息息相关，我们都需要有意识、积极主动地对创造性思维进行培养与训练，方法有很多，我们可以从如下几个方面培养自己的创造性思维。

1. 激发永不枯竭的好奇心和求知欲望

好奇心和求知欲是学习和创新的真正动力，也是做一切事情的前提和基础。换句话说，没有强烈的好奇心和求知欲望就不可能有“活到老学到老”的心态，没有这个心态就不可能有创新意识，没有创新意识又怎么可能去有意识地去训练自己的创造性思维呢？

所以，万法归宗——你首先要对学习新事物、对司空见惯的生活始终保持着浓厚的兴趣，当你面对自己懵懂或那一瞬间令你怦然心动的事物、创意火花时，你能否像一个孩童那样，为蚂蚁过马路痴迷半天、为迅速抓住智慧的流痕而废寝忘食？只有在这样永不停息的生活长河中，用你永不枯竭的好奇心和求知欲望，才会开启创造性思维的大门，遨游在创新的大海中，体会其中的乐趣。

苏联著名的教育家苏霍姆林斯基说：“人的内心里有一种根深蒂固的需要，总想着自己是发现者、研究者、探寻者。在儿童的精神世界中，这种需求特别强烈。但如果不向这种需求提供养料，即不积极接触事实和现象，缺乏认识的乐趣，这种需求就会逐渐消失，求知兴趣也与之一道熄灭。”是的，我们都是这样的“儿童”，都天然地爱好发现、研究、探寻，但在岁月的流逝中和已经上大学的心理影响下，却打磨掉了与生俱有的好奇心和求知欲。

因此作为青年学子实在应该做的是：明确自己想要的目标，激发自己的需求心、好奇心和创造性学习的欲望，积极主动地为目标的实现去进行创造性思维训练。同时，在探索研究学习过程中，又会不断的有新的发现更激起自己的好奇心和求知欲，如此使之不枯不竭，形成良性循环。

当我们的学习心理，总处于这样“新鲜活跃”状态的时候，我们的学习、创造性思维训练过程才会变成一个积极主动的“自动求索”过程。这样的学习和训练，就不仅是知识和技能的获得，更能在“惯性”中不断探索未知，发现和创造新领域、新事物、新见解、新做法。这是走向成功的基础、第一步，也是一个人终身的学习、生活态度，如此才能使生命绚烂多彩，充实而有意义。

2. 打破僵化单一的思维定式

“思维定式”作为一种心理学概念，是人们从事某项心理活动的一种心理准备状态，也是人在走向创新时第一道障碍物，因为在没有用“意识”的有意跨越下，人们很容易就落入习惯的思维模式中，即思维定式。而思维定式又从以往的学习、工作、生活中得来的，具有经验性、习惯性，甚至惰性，往往是较之时代的变化来说，具有单一性和僵化性。所以，思维作为创新的源头，大学生想要进行创造性思维训练，操练之开始就必须要时时设法打破思维定式。

首先，排除“成功经验”的障碍。我们一生积累了很多经验，凭经验快速和顺利办事已成了习惯，这个习惯会使大脑处于僵化状态，凭以往的经验办事，有时的确是容易“成功”，然而有时会导致错误，比如我们熟知的“守株待兔”的故事。这个故事说明了经验丰富固然有可取性，但是运用经验来解决问题必须同时考虑时间条件、地点、人物、事件等具体情况的变化，若想当然地凭经验生搬硬套，就势必会遇到困难，经验反而成了解决问题的障碍。因此，我们青年学子在进行创造性思维训练时要多跳出以往的“成功经验”。

其次，排除“权威结论”的障碍。大部分的普通人都会比较尊重、敬畏各种“专家”，所以在日常的学习、工作、生活中，如果发现某一个问题已有专家的“定论”，通常就会终止探索。实际上，因为时代、仪器、专家的思维和实验局限等，他们的“定论”不一定是最终正确的。然而，挑战权威是需要莫大的勇气和实力的，一般人轻易不敢挑战。有几个人能敢于像伽利略那样在比萨斜塔的顶上抛下铁球证明权威的亚里士多德“落体的速度和它的重量成正比”的定论是错误的？然而要想打破思维的定式，要想训练出一流的创造性思维，就必须敢于跨越这道障碍。因此，大学生们应该勇敢地针对问题深入研究下去，勇敢地得出自己的结论，如果研究结果与专家的定论有出入，就勇敢地反复论证，就要像伽利略那样敢说敢挑战，在尊重的前提下，向权威、向世人表达自己的发现，从而推动科学、社会的进步。

再次，用“搁置法”跨越习惯性思维的障碍。对于已经形成习惯性思维的人，可以用“搁置法”来跨越障碍。在日常生活当中我们都有这样的经验：当论文刚写完或者实验遇到棘手的问题受阻时，放置一段时间再读、再做，以冷静的旁观者心态重新进入，往往能够发现从前没有发现的新问题或者有了新的思路。所以，从打破思维定式的角度来说，有时把研究的“纠结”的问题放一下，反而有利于消除习惯性思维痕迹的影响，有利于思维重新进行新创意。

最后，通过团队合作跨越思维定式。现代的创新创业都趋向于团队合作了，团队作战的好处多多，知识互补、资源共享、扬长避短、作战力强等。在创造思维训练中，更能善于观察到别人存在的问题，有利于打破各人的思维定式。比如，团队中负责销售的外行人可能从客户需要的角度，对产品研发者提出问题和建议，反而可以搅动研发者的习惯性思维，产生新思路，发现设计和现象之间的新联系。

3. 多种思维方式成为随时随需随组合的“泉水”

前文讲述了几种典型性创造性思维，如何培养这几种创造性思维？关键是如何让创造性思维像“泉水”一样：既是流之四方，又是源头常新，又是根据需者所用。宋代大诗人朱熹说“唯有源头活水来”，说的就是这个道理，要培养我们的思维流畅性、灵活性和独创性。

各种思维方式之间虽有区别但有时又是触类旁通的，能够掌握各种思维特点又能灵活地综合运用解决问题，是我们培养创造性思维的一个终极目标，下面就相关联的思维举例说明怎样进行训练和培养。

其一，集中思维与发散思维“组团训练”。集中思维的特点是在众多的现象、线索、信息中，使思维始终集中于同一方向，使思维条理化、简明化、逻辑化、规律化，即“多到一”；发散思维是为了解决某个问题，从这一问题出发，想更多的办法与途径解决问题，即“一到多”。二者是手心手背，对立的统一，互补不可偏废，完全可以“组团”攻克难题。比如，集中思维可以先进行充分的发散思维，在发散思维的众多好主意的基础上再进行集中，从若干种方法中选出一种最佳方法，同时注意将其他方法中的优点补充进来，加以完善，围绕这个最佳方法进行创造。洗衣机的发明就是首先围绕“洗”这个关键问题，发散出各种各样的洗涤方法：古代的棒槌敲打、现代的刷子刷洗、洗衣板搓洗、山区的在河中漂洗、城市的用自来水洗等等，然后再进行集中思维，对各种洗涤方法进行分析和综合，充分参考各种方法的优点，根据现有的技术条件，制订出最佳的设计方案，然后不断改进，就制造出了洗衣机。

其二，纵向思维和横向思维“组团训练”。纵向思维是逻辑思维的思考形态呈垂直纵向走向，而横向思维则可以创造多点切入，甚至可以从终点返回起点式的思考。纵向思维会促使人能深入思考，横向思维会促使人举一反三；纵向思维有时会让人“一条路走到黑”，而横向思维会促使思维往更宽广的领域拓展；纵向思维有时以为“山重水复疑无路”，横向思维往往因为肆意创新而“柳暗花明又一村”。是横是纵，要看具体情况而灵活创造。

其三，正向思维与逆向思维“组团训练”。正向思维是指常规的、常识的、公认的或习惯的思维模式；逆向思维也就是反向思维，是对传统、惯例、常识、常规的反叛和挑战。由于受以往的经验影响，人们经常看到的是熟悉和习惯的方面，而对另一方面却容易忽略。逆向思维恰恰是能克服这一障碍，有时反而会出奇制胜。就像爱迪生在实验改进电话时发现传话器里的间膜随着说话的声音引起相应的颤动。他就思考：如果反过来同样的颤动能不能转换为原来的声音呢？结果“留声机”就这样在正反向思维的联合下发明成功了。

其四，抽象思维与形象思维“组团训练”。同学们都有高中时代的回忆，理科生更多使用的是抽象思维，文科生更多使用的是形象思维。而在创造性思维训练过程中，两者不可或缺，但要有意识地多开发形象思维。形象思维是“人们在形象信息所传递的客观形象体系中进行感受、储存以后，结合个人主观的认识和情感进行审美判断和科学判断等的识别，并用一定的形式、手段和工具（包括绘画线条色彩、文学语言、音响节奏旋律及操作工具等），去创造和描述形象（包括艺术形象和科学形象，达·芬奇很早就曾画出飞机设计图）的一种基本的思维形式”。形象思维因为形象性、非逻辑性、粗略性、想象性的特点，会帮助创业者在激烈而又复杂的市场竞争中获取更多更全面的信息，迸发出更多的创意，做出正确的决策。

其五，海绵式思维与批判性思维“组团训练”。“吸收”是海绵式思维风格最大特点，也是中国式教育比较典型的学习和思维模式，显著优点在于吸收的知识越多，越为以后更复杂的思维提供了基础；显著缺点是不能等提供一种方法来确定哪些信息和观点值得相信，哪些应该反对。批判性思维则可以弥补海绵式思维的不足，它可以帮助人们进行自我检测、规范、指导和较正，它会促使我们具有批判精神和理性美德，成为具有良好思维品质和思维技能的思考者。

总之，我们要在生活中做个有心人，认真观察、体会学习、生活及兼职工作中的细节，思考如何运用创造性思维换一个角度来分析、解决遇到的一切问题，不断有意识地探索、尝试、研究，提出创新思路，使自己的创造性思维得到全面提升。

第二节 创新设计思维

案例故事

关于抹茶的一万种可能

食品消费品创业并不是一件容易的事情，产品、市场、品牌、运营、渠道、供应链、团队等必须得面面俱到。其中，除了团队之外最先需要考虑的便是产品，这也是作为一家初创公司最核心的一部分。不论品牌如何、渠道如何、供应链如何，这些都需要放到产品之后再进行考虑，随着消费环境的变化，消费者占主导权，现在食品消费品的竞争是从产品开始的。

某家食品创业公司有没有增长潜力，看产品的形态以及产品的定位，拿到市场上是否能够分食品巨头以及其他大大小小食品公司的份额，以及基于现有的产品是否能够从小品类做到大市场。从“关茶”品牌的创立可见一斑。

小关2014年本科毕业于清华大学经管学院金融系。在法国留学期间，她选择入学巴黎蓝带厨艺学院学习法式西点。随后，她赴日本学茶，寻找最好的抹茶。2016年初，她回到北京创立品牌“关茶”。“关茶”定位于健康、美味、创意的抹茶零食品牌，不添加任何香精和人工色素，保证款款都有正统的抹茶绿色和浓郁抹茶口味，立志以世界级优质原料自主研发，探索关于抹茶的一万种可能，梦想着将抹茶文化在中国复兴。短短两年，关茶已开发线上线下共40余单品，获得数百万天使轮投资，并于2017年1月完成了千万级Pre－A轮融资。目前集合了预包装食品和现制抹茶甜品、饮品、冰淇淋的关茶品牌体验店于2017年6月份在北京三里屯盈科中心开业，第一个月就实现盈利。

一个新品牌如何能在这么短的时间成长起来？第一是产品质量。关茶坚持选用最优质的抹茶原料纯天然无人工添加，不添加香精、人工色素、奶精，严格的质量控制管理与当今消费者注重绿色健康生活理念的十分契合。第二是产品技术创新，关茶以研发富含茶多酚的抹茶创意零食为主打产品，在不到两年的时间里先后开发出包括醇厚抹茶牛奶酱、抹茶拿铁、抹茶牛轧糖、抹茶生巧克力、抹茶巧心米果等多种抹茶零食，其独特的配方和良好的口感及外形设计，完全不同于市场上的同类产品，博得众多青年消费者的青睐。值得一提的是，关茶不仅在产品原料和工艺上进行技术创新，还将用户体验与先进技术相结合，立志将每一款产品的细节做到完美。例如：关茶的第2款产品抹茶拿铁，采用了国内首创AB连包的包装形式，将抹茶与糖包分离，标识多维度糖分刻度。将用户体验放到企业研发产品的重要维度，也是关茶备受大众好评的原因之一。第三是商业模式创新，创始人小关在创业起步之初首先以青年烘焙爱好者为对象，通过微信群、公众号传播烘焙技艺和烘焙文化，写下了《清华女的巴黎学厨日记》系列文章，汇聚了近十万粉丝，对她的创业动态也充满了期待；在产品研发阶段，采用限额试吃、现场体验等方式和活动，加之有效的媒介宣传，让众多消费者产生了极大的购买欲望；当第一个产品醇厚抹茶牛奶酱成品后，即刻出现供不应求的局面；随后“北京关雎饮食文化有限公司”注册成立，产品研发、生产销售、仓储物流市场拓展等一系列工作有序开展，市场覆盖到代餐健身、办公室下午茶、家庭DIY等不同的人群和消费场景，开展了多种形式的企业文化宣传活动，加之在北京所具有的商业文化中心背景，短时间内名声突起，产生了明显的品牌效应。2016年“双十一”即出现日销售50多万元的业绩。2017年“关茶”天猫旗舰店运营半年后经历了两次大考，“6·18”当天22分钟突破10万元，“双十一”不到一小时破100万元，关茶跟德芙、费列罗、好利来、好时等知名品牌共同排在同类产品前10名。

由小关著述的畅销书《向前一步，就不再怕了》，详细记载了创业的心路历程，正如她自己所说：“我的人生不按计划来，来吧未来！”①

一、什么是创新设计思维

1. 设计思维

设计思维也称为设计思考，就是指从客户的角度出发，对产品、项目、流程等对产生的各种问题进行综合调查、获取资讯、分析各种因素，通过头脑风暴、模型预演等方式，设定解决方案的目标、方法和处理流程。与普通的产品、规划等设计不同的是：设计思维作为一种思维的方式，具有创新性、颠覆性、短时间内综合处理能力的特点。

这样看概念可能觉得不够形象，我们可以从产生思维的大脑和思维的关系，左右脑思维和商业、设计思维的关系，进一步理解设计思维定义。

2. 左脑思维和右脑思维

人的大脑分左右脑，分工各有侧重。左脑是人的“意识脑”，用语言文字思考，所以又被称为“语言脑”，主要功能是计算、逻辑分

① 本案例由编者根据相关内容原创自编而成。

析、语言、分类、书写、知性、知识、理解、思考、判断、推理、抑制、五感（视、听、嗅、触、味觉）等；右脑是人的“本能脑和潜意识脑”，负责感性，主要控制图像、企划、创造、想象记忆、感知觉、美术、舞蹈、灵感、音乐节奏等。

左脑倾向于逻辑思维，理性思考；右脑倾向于艺术思维，感性思考。比如让人头疼的塞车，左脑人想的是修轻轨、地铁，右脑人想的是怎样不上班还能完成工作；左脑经常是反复分析计算比较难下决断，右脑是经常激情感性靠直觉早下结论；左脑会使我们更准确更精准，右脑会使我们更有趣味更直接……因此，在各有利弊的左、右脑面前，人要做的是同时启用左、右脑思维。然而在应试教育影响下，我们在学生时代用得最多的还是左脑，以至工作以后还是习惯于用左脑思维居多。现在大家普遍都意识到右脑的重要性，所以社会上才出现那么多的右脑开发中心、全脑开发中心等。

3. 左、右脑思维和商业、设计思维

那么左、右脑思维和商业、设计思维又有什么关系呢？

如果客户对产品和服务的使用、体验过程当中，产生的不满投诉及问题，传统价值链会对产品进行研发设计改进，制作形成新的产品或者服务，一般是在产品的形状、颜色上加以改进，再进行营销策划，这种微创新属于“头痛医头”的方法，这就是商业思维模式，它是基于现状来思考问题，属于逻辑思维，属于左脑思维。

如果将自己化身为客户的角色，以客户为中心来思考问题，从客户碰到的难点问题出发进行探索，发现客户隐藏的需求，采用全新的商业模式，短时间内实现产品及服务等富有创造性的变革，甚至超越客户原本的需求，这种颠覆性的设计创新属于“头痛医脚”，这就是创新价值链，就是设计思维模式，它是基于客户来思考问题，属于形象思维，属于右脑思维。

由此可见：为了在市场上立于不败之地，就必须规避商业思维的短板，合理运用大脑，让右脑的设计思维发挥更大的“创意”作用。这样我们再来理解上面“设计思维”的定义就简单明了了，对创新设计思维的理解也就水到渠成了。

4. 创新设计思维

乔布斯说过：“并不是每个人都需要种植自己的粮食，也不是每个人都需要做自己穿的衣服，我们说别人发明的语言，使用别人发明的数学……我们一直在使用别人的成果，使用人类的已有经验和知识来进行发明创造，是一件很了不起的事情。”因此，在原有商业思维和设计思维的基础上，将两者联袂组合加以发扬光大，就产生了创新设计思维。

创新设计思维是一种极为注重人性的科学。它是一种“将客观的、合理的、按照逻辑推理的、追求相对稳定的、利用分析和相应规划实现的商业思维，与主观的、换位思考的、按照感情探索的、追求新奇的、利用体验和行动解决的设计思维紧密地结合起来，再加上忘掉现状和问题而寻求美好未来三者平衡”的一种新的思维模式。

IDEO设计公司总裁蒂姆·布朗（Tim Brown）曾在《哈佛商业评论》定义设计思维：“设计思考是以人为本的设计精神与方法，考虑人的需求、行为，也考量科技或商业的可行性。”创新设计思维主要通过直觉、建构创意、实现情感共鸣和实用，以及通过文字和符号之外的方式来表达自我。不过在残酷的市场竞争中，仅凭设计思维的感觉直觉、激情和灵感或者仅凭商业思维的理性和分析都是无法管理好企业的。所以，创新设计思维就是左、右脑思维优势的组合，就是逻辑思维和形象思维的优势组合，就是商业思维和设计思维的优势组合，是善于观察、明确目标、付诸行动的，能够快速高效高质量解决问题的第三只眼和道路。

二、创新设计思维的特征

创新设计思维有很多明显特征，我们可以将其概括为9个方面：

1. 客户中心（同理心态）

创新设计思维的首要是以客户为中心。同理心态就是把自己当成客户，进行换位，完全站在客户的角度考虑问题，进入客户的境界和情感来体会他们的心理想法和需求。随着时代的发展，当前的营销模式已从原来以企业为中心的4P模式（产品、价格、促销、渠道），转变成以客户为中心的4C模式（客户、成本、沟通、便捷）。为什么网购那么受欢迎？方便、快捷、可选范围大等是首因。“美团”“饿了么”等美食外送又为什么诞生？年轻人没时间做饭午休时间短、周末的早晨睡个懒觉甚至就是懒等，商家站在客户的角度发现这些需要，在传统商业思维的基础上，融合设计思维，出现创新设计思维起到的神奇商业效果。

2. 目标导向（顶层设计）

“顶层设计”是我们做策划或者写总结时，使用率非常高的一个词。在创新设计思维的范畴内理解它就是：站在最终用户的角度设计一个美好的未来，而不是以纯粹逻辑思维解决现在的瓶颈问题。比如图书馆希望设计一个以师生为中心的图书借阅流程，先要避免惯性思维，不考虑现在的借阅流程是什么样，而是站在未来的角度考虑。站在未来的角度设计图书借阅的安全、方便、快捷等，然后再找一找现在和未来的差距在哪里，如何做能解决这些问题等，一步步回推找到解决问题的答案。

3. 天马行空（右脑思维）

右脑思维可以产生无数的创意，如果希望更有新意、更离奇、更实用的创新设计能“击中”客户的心，那就需要天马行空式地发挥右脑的想象。比如，彩色纸在超市货架卖法是比较常规的，但是当你看到一个创意小店挂着琳琅满目的用各种材质彩色纸做的各式风铃，桌子上摆着用不同材质彩色纸做的各种人物、风景、玩具等，你就情不自禁要走进去询问，然而店家告诉你，不卖纸不卖作品，付费报名学习课程同时可以将作品带走，于是纸、服务、创意一起高价卖出，客户还很欣喜，很想跃跃欲试。乔布斯在1995年回归苹果前的访谈里曾被提问，他觉得他是极客还是嬉皮士？乔布斯毫不犹豫地说，他是嬉皮士——充满理想主义、追求自由的艺术家。你如何理解世界、如何理解人性，你就会如何设计你的产品，产品功能仅仅是产品最表象的东西，产品的内核则来源于你的人生哲学。如果你明白了这个道理，你就会明白为何乔布斯是第一个嗅出个人电脑有美好未来的人，而不是身为极客并造出第一台个人电脑的沃兹尼亚克。

4. 民主集中（广积精取）

这是创新设计思维发挥右脑发散思维和集中思维非常典型的一个特征。先广泛征集大家的意见和建议，通常我们叫“头脑风暴”，在这个过程中先注重汇总，基本原则是：不分参与者的身份和年龄、不进行评论和价值判断、不进行榜样暗示、不否定任何想法、充分发挥想象、全身心参与等。在这样的“民主”下，创意会短时间内喷涌而出，然后再进行集中、比较、完善，最后快速精取出最有合理最有用的创意，这就是创新设计的民主集中特征。

5. 万事皆可（开放心态）

要有强烈的创新自信：一起皆有可能！你相信的，必然会发生。我们在创新设计思维的过程当中，一定要具有开放的心态，千万不能批评、贬损、否定任何人包括自己的创意。神一样的创意一定会在后续的不断完善和改进中成为“不是神话”的现实：谁会想到人类真的和嫦娥一样能“飞到”月球？谁能想到会有掌上“电子书”？谁能想到物联网技术能发展到今天这样？所以，创新的真正开始和目标是将不可能变成可能！

6. 变换角度（重新审视）

当我们的讨论主题陷入瓶颈时，我们可以换一个角度来进行思考，往往就可能获得意想不到的好创意。比如某种商品客户认为产品价格太高时，通常大家会选择开始打折进行价格战，可是如果我们重新审视客户的需要，换一种新的模式，不降价而是增加客户的增值服务，可能反而更有竞争力。比如笔者楼下的饺子馆在菜没有上来前都会给顾客送上一小筐炸虾片，这样食客一边回忆小时候吃虾片的美好，一边打发了无聊的等待时光，所以饺子馆在附近几家饭店中入座率算是最高的。

7. 打破常规（超越现实）

在很多情况下，大家都认为是不可能的时候，打破常规，可以将事情做成。中国古代有一个非常典型的创新设计思维案例：大将军田忌和齐威王赛马时，由于田忌的顾问孙膑先生擅长观察，敢于突破惯例，用田忌的下等马和对方的上等马竞赛，用上等马和对方的中等马竞赛，用中等马和对方的下等马竞赛，这样三局两胜，虽然先输一局，最终却反败为胜。这就是著名的“田忌赛马”故事，非常典型的打破常规进行比赛，对我们现代竞技运动项目和商战都有启发意义。

8. 众商团队（群策群力）

古谚说“一个好汉三个帮”。同样，在创新设计思维的过程当中，尤其是在头脑风暴阶段必须要集思广益，必须有不同行业不同专业的人员组成设计团队，就像 IDEO 公司“手推车”项目组那样，从 IQ（智商）走向 WEQ（众商），在群体的参与下，群策群力，每个人都毫无顾忌地畅谈自己的想法，然后投票得到结果，这就是众商。

9. 原型设计（做成做好）

原型设计的核心是先动手将事情做“成”，然后将事情做“好”。就是说用草图、橡皮泥、沙盘、乐高、绘画等多种方式将创意出来的好点子，快速做出原型。然后在后续过程当中进行调整和优化，这样就避免了反复论证中竞争对手早已占领了市场。这种在每个节点先看一看、想一想、做一做的非线性迭代模式也很值得我们在现实生活中运用。

三、创新设计思维的基本流程

第二章开头案例故事提到，欧洲工商管理学院技术与运营管理副教授曼纽尔·索萨（Manuel Sosa）研究了以 IDEO 为代表的全球顶尖设计公司，总结出这些公司成功创新的三步流程，同时也是三项核心的组织创新技能（简称为“3I”）：以用户为中心的需求洞察（insighting）、深层而多样的创意激发（ideating）、快速且低成本的反复验证（iterating）。

以“设计思维”方法著称的 IDEO 公司曾经接受美国广播公司（ABC）晚间在线（Nightline）节目的一个挑战，要在短短五天之内重新设计人们日常使用的超市购物车，IDEO 公司最终圆满地完成了任务，这个重塑购物车的过程也淋漓尽致地展现了 3I 创新流程。

第一阶段：洞察启发。先对各种现状和现象进行观察，对产品、服务、流程等方面的问题能进行总结，洞察出问题的焦点、客户的现实和潜在需要等。然后启发讨论，将问题进行归类，将大问题下的子主题进行明确，即"为谁、在什么条件下、完成什么任务"。

第二阶段：创意激发。"众商"式头脑风暴，将大家的各种想法、创意进行大问题、子主题的分类，列出解决顺序，然后快速做出原型，进行测试和调整、完善。

第三阶段：验证实施。通过设计团队、用户反馈、客户体验等进行多渠道验证，将原型进一步完善到最佳状态，实现设计的产品、管理战略、流程等进入落地实施阶段。同时，在实践过程中不断总结经验加以改进。

创新设计思维始终强调"以人为本"，一般需要六个步骤来实施。

1. 分析理解

根据客户的投诉和要求、存在的问题或某些现状、企业发展的需要等，设定需要研究的主题，分析、理解问题产生原因及解决对策，制订研究主题、解决方案的范围。

2. 观察总结

通过多种渠道资料、亲身体验、调研等一系列模式的观察和探索，快速了解和总结现状和存在的问题、客户的期望，对欲解决的问题和观察结果进行分类、总结、排序。

3. 头脑风暴

利用头脑风暴构思更多新的想法，转换角度，站在设计者的角度，满足客户的期望，进行可行性研究，将新点子和方法进行合并、分类、排列，哪些方法可以优先解决哪些方案。在这里需要注意的是一定要聚焦主题，平等发表观点，没有老师和学生之分，专家和普通人之分，不指责，不判断，不扼杀。

4. 原型创作

利用乐高、积木、画草图、橡皮泥等道具，运用视觉艺术，设计出直观方案，快速制作出原型，这个过程不断调整和完善，同样是需要大家共同来完成。

5. 沟通验证

原型完成之后进入测试，在这个过程当中可以让客户参与，发现问题，再接着进行完善，然后再循环头脑风暴，完成原型的精益求精。此后用此原型与最终客户或要求设计的用户进行沟通，看看与大家的期望相差在哪里，然后在此基础再进行改进。

6. 实施完善

将设计方案和设计出来的原型作品，进落地实施，最终在推广的过程当中，也要保持和客户的密切联系，随时发现使用当中出现的问题并加以完善。

第三节　创新设计思维运用

案例故事

“火爆全球”Mate 9 让世界认可华为创新

如果盘点 2016 年最令人难忘的科技圈大事件，华为携 P9、Mate 9 在全球掀起的徕卡双摄风潮绝对是浓墨重彩的一笔。市场数据机构 IDC 报告显示，2016 年第一季度，华为智能手机在芬兰市场上的销量达到了苹果手机的十倍，芬兰作为诺基亚的故乡，很早就成为苹果和三星的地盘，然而在过去的一年里，华为却异军突起。

IDC 公布 2016 年智能手机出货量排名显示，在第一季度的快速上升后，到了 2016 年 10 月，华为智能手机市占率已经成功超越三星。同样，在葡萄牙和荷兰市场，华为手机销量也已经蹿升到第一，意大利、波兰、匈牙利以及西班牙的手机市场上，华为产品销量也达到了第二。

2015 年，华为手机销量破亿，2016 年这一数字再次增长 30%，达到 1.4 亿台。市场调研机构 Gartner 的分析师表示：“华为发展如此神速，它也是近几年最为成功的中国品牌。”笑傲欧洲之后，华为剑指美国，在 2017 年 1 月的 CES 展会上，官方正式宣布其旗下最新旗舰机型 Mate 9 将登陆美国市场。在相继拿下欧洲高地后，Mate 9 正式开启美国市场的高端收割节奏。

麒麟 960 的发布，可谓汇集了华为全球科学家和工程师共同协作、辛勤研发近十年的成果，其不仅拥有了更强的爆发力、耐力、视力、听力、沟通力、保护力，更在 GPU 和 CDMA 基带集成方面全面爆发。

得益于麒麟 960 将 CPU、GPU、Memory 等全新升级到最新 A73、MaliG71、UFS2.1 的爆发力，Mate 9 的多线程处理能力超越高通、苹果，领跑整个智能手机领域，单线程处理能力也是安卓阵营内头名，还彻底解放了 GPU，使其整体性能提升 180% 的同时，通过支持的 VULKAN 图形标准，再让 GPU 图像处理速度提升 4 倍，使得麒麟 960 具有强劲的爆发力。

麒麟 960 全新高能效的设计，给 Mate 9 带来了更强的续航能力，解决了用户对于传统大屏智能手机续航能力的担忧。麒麟 960 在沟通力上的进一步完善，令 Mate 9 对于全模全频的支持更加完善，令苹果 iPhone 多频段支持的优势荡然无存，全网通、全球双卡无缝漫游，给用户带来了真正可以一机走遍全球的通信解决方案。

值得一提的是，麒麟 960 的创新突破还受到了世界互联网大会的认可，在 2016 年 11 月第三届世界互联网大会上，网信办和工信部公布了 2016 年世界互联网领先科技成果奖，华为自研的 Mate9 麒麟 960 芯片成为手机领域唯一获奖的硬件。作为华为最新一代智能终端旗舰处理器，麒麟 960 从全球众多优秀科技成果中脱颖而出，体现了其创新性与卓越性。

除此之外，麒麟 960 采用了全面升级的双摄技术，加载了第二代徕卡双镜头的 Mate 9，能够模拟人眼深度感知 3D 对焦，能够瞬间捕捉清晰图像，1 200 万像素的彩色和 2 000 万像素黑白双镜头在拍照时，模拟人类双眼的视物原理，双摄像头同时工作，彩色摄像头模拟人眼锥状细胞捕捉红蓝绿色彩，黑白摄像头则像是人眼杆状细胞侦测光线明暗，最后再通过借助徕卡带来的百年光学硬件水准和画质调校经验，将黑白和彩色照片信息进行合成优化，以使每一张照片达到徕卡品质成像标准。

而且，第二代徕卡双镜头更将景深表现提升一步，大光圈效果 2.0 中，仿生双镜头类似人眼的三角测距，真实还原主体与背景的远近，使得最终成像边缘过渡更准确，主体更突出，光斑形状清晰明亮，层次感丰富。

相继拿下多国高地市场，正是得益于华为始终以消费者为核心，聚焦有意义的创新，并且携手全球顶尖人才共同努力的结果。华为仍在不断努力与全球领先的合作伙伴协作创新，通过 Mate 9 再进一步的全球化，为消费者带来越来越多、越来越优质的智慧体验。①

创新有四大领域：变革创新、市场创新、产品创新和运营创新，创新设计思维则需要在这些领域中得到具体运用。

一、产品创新设计

产品创新指的是创造某种新产品或对某一新产品或老产品的功能进行创新，改善或创造产品，进一步满足顾客需求或开辟新的市场。产品创新可分为全新产品创新和改进产品创新。全新产品创新是指产品用途及其原理有显著的变化。改进产品创新是指在技术原理没有重

① 本案例选自和讯网科技频道：“火爆全球” Mate 9 让世界认可华为创新。http://tech.hexun.com/2017-02-10/188072472.html.

大变化的情况下，基于市场需要对现有产品所做的功能上的扩展和技术上的改进。产品创新源于客户和市场的需求，通过技术活动实现。

创新思维指导下的产品创新必然会使企业赢得市场。海尔价值观的核心和灵魂就是两个字——创新。海尔坚持“市场设计产品”的观念，比如，以开发巴基斯坦市场为例，通过观察，海尔发现由于民族信仰和习惯，信奉伊斯兰教的巴基斯坦人不论男女，都身着长袍，洗这种长袍，需要大功率洗衣机。所以，海尔马上开发了适合当地的大功率洗衣机，结果立即占领了市场。

因为不断的创新，海尔洗衣机入选世界优秀专利技术成果精品库，海尔洗衣机的创新技术在世界范围内受到普遍关注，海尔“手搓式”等七款高科技洗衣机精品在国际发明展览会上囊括洗衣机类7项大奖，作为目前全球唯一一家可同时规模生产亚洲波轮式、欧洲滚筒式、美洲搅拌式洗衣机的生产企业，海尔洗衣机的产品品种从1.5千克到10千克，每递增0.2千克就有一款产品，以其突出的整体优势为其满足全球范围内消费者的个性化需求奠定了坚实的基础。

二、服务创新设计

服务创新是指根据市场和客户的需要，将新的设想、新的技术手段转变成新的或者改进的服务方式和服务途径，使服务对象感受到不同于从前项目带来的不同感受和收获。

服务创新同样是贯彻“以客户为中心”导向，客户的需要和期望是不断变化的，要跟得上客户的需求变化，就要不断地进行服务创新，以新的服务适应客户新的物质、精神、心理等需要和期望。客户购买的不仅仅是商品或者服务，更重要的是商品或服务中的利益、价值甚至尊重和情感。

现在几乎各行各业都在“挖空心思”搞服务创新。比如，三亚凤凰国际机场配载室通过率先安装使用护照扫描仪、移动自助值机设备、头等舱休息卡打印机、启用移动4G终端设备、微信查询、利用云办公平台查询不正常行李等创新服务措施，将办理乘机手续的工作效率提高了50%，有效减少了旅客排队等候时间，为旅客的出行提供了更高效、更细微的服务。凤凰机场值机配载室以创新的管理体系、完善的服务标准，获得“金典奖·全国服务业优秀十佳创新案例”。

三、组织创新设计

任何组织机构，都如生物的机体一样，必须随着外部环境和内部条件的变化而不断地进行调整和变革，才能顺利地成长、发展，避免老化和死亡，应用行为科学的知识和方法，把人的成长和发展希望与组织目标结合起来，通过调整和变革组织结构及管理方式，使其能够适应外部环境及组织内部条件的变化，从而提高组织活动效益的过程，就是所谓的组织创新，也称组织开发。

组织创新的内容随着环境因子的变动与组织管理需求发展方向等等而各不相同。一般可涉及以下方面：功能体系的变动，即根据新的任务目标来划分组织的功能，对所有管理活动进行重新设计；管理结构的变动，对职位和部门设置进行调整，改进工作流程与内部信息联系；管理体制的变动，包括管理人员的重新安排、职责权限的重新划分等；管理行为的变动，包括各种规章制度的变革等。

上述组织创新往往需要经历一定的时间，从旧结构到新结构也不是一个断然切换的简单过程，一般需较长的过渡、转型时期。但是作为领导者要善于抓住时机，发现组织变革的征兆，及时地进行组织开发工作。比如春兰集团的组织创新。

春兰（集团）公司是集制造、科研、投资、贸易于一体的多元化、高科技、国际化的大型现代公司，是中国最大的企业集团之一。下辖42个独立子公司，其中制造公司18家，并设有春兰研究院、春兰学院、博士后工作站和国家级技术开发中心。在“第八届中国机械行业企业管理现代化创新成果奖”大会上，“春兰创新型矩阵管理”夺得中华人民共和国成立以来我国企业管理领域评选的唯一特等奖。①

春兰的创新型矩阵管理有一个“16字方针”，主要内容是“横向立法、纵向运行、资源共享、合成作战”。前8个字重点解决集团和产业公司集权与分权的矛盾，力求放而不乱，提高运行效率。所谓“纵向运行”，指保留“扁平化”按产业公司运行的特点，以产业为纵向；“横向立法”，是指针对原来管理有所失控的问题，将集团的法律、人力、投资、财务、信息等部门划为横向部门，负责制定运行的规则，并依据规则对纵向运行部门实施监管。这样一来，横向部门“立法”并监管，纵向部门依然大权在握，能充分发挥主观能动性和积极性，不过是在“法”定的圈子里，要依“法”运行。“16字方针”中的后8个字，重点解决原来资源不能共享的问题。把横向职能部门划分为A系列和B系列，制定运行规则，“立法”的是横向中的A系列；B系列则负责实现对春兰内部资源的共享，为产业公司提供专家支持和优质服务。比如春兰的整个法律事务，在公司总部设一名法律副总裁，分管法律事务工作，对首席执行官负责；集团下设法

① 资料来源：http：//20v80. cn/shgz/201210/62. html。创新管理案例：春兰的创新型矩阵管理。

务处，在法律副总裁的领导下，具体实施对集团所属各子公司法务工作的指导和管理；集团所属子公司根据工作需要设立法务部门，在子公司负责人领导下开展本单位的法务工作，业务上接受集团公司法务处的指导和管理。按照原先的运行制度，48 个部门都需要律师。而根据矩阵管理模式现在只设立一个法律顾问组，为集团所有部门使用，大大节约了管理成本，而且容易规范化。

新的矩阵管理具有良好的前瞻性和可扩展性、灵活性，有利于步调一致，针对同样的情况采取统一的策略。进行这样组织创新后的春兰集团发展得更加快速而稳健。

四、市场创新设计

市场创新是指企业从微观的角度促进市场构成的变动和市场机制的创造以及伴随新产品的开发对新市场的开拓、占领，从而满足新需求的行为。

市场创新不同于工艺创新和产品创新，属于较为广义的创新范畴，它是市场各要素之间的新组合，既包括产品创新和市场领域的创新，也包括营销手段的创新，还包括营销观念的创新。

比如，四季沐歌“[①]飞天”系列太阳能产品的腾空上市。在成为太阳能行业唯一“中国航天事业合作伙伴”之后，四季沐歌通过开发利用航天技术、支持航天事业，创造出了一个以航天为中心的营销平台，以“买飞天、送神六、赴航天城看现场发射”为活动主题，“飞天”系列太阳能产品在全国同步上市。其火爆销售业绩再次证实了四季沐歌科技品牌的魅力，初入市场的“飞天”凭借其独特的卖点和绝对性优势在竞争激烈的太阳能产品市场脱颖而出，赢得了广大消费者的青睐。

不仅如此，他们的市场创新还牢牢地和消费者建立起密切的联系和情感的连接：2008 年，“买四季沐歌太阳能逛北京看 2008 赛场”的幸运消费者游览了长城、故宫等旅游胜地，还到北大、清华感受了全国最高学府的氛围，而水立方、鸟巢等奥运会场馆更是让消费者们大饱眼福。一位教师当即赋诗一首：紧紧跟随王导游，吃喝玩乐不用愁，北京景点玩个遍，全团老少乐悠悠。四季沐歌太阳能，一年四季沐春风，科技领先惠国人，倡导环保又节能！

这样高段位的市场创新方式，可以说更有人情味、更有品牌的民族自豪感，也更容易树立国货的亲切形象。

---

① 资料来源：360 百科：四季沐歌太阳能词条。

五、品牌创新设计

品牌创新，即通过技术、质量、商业模式和企业文化创新，赋予品牌要素以创造价值的新能力的行为，不断增强品牌生命力。品牌创新可分为质量（管理）创新、技术创新、商业模式创新和企业文化创新。

品牌创新是一个动态的过程。比如美国苹果公司，我们知道苹果最初是做电脑的，在20世纪80年代早期，苹果通过不断地推出新产品和技术革新来占据市场份额，后来因为造价高昂而被竞争对手IBM击败，但苹果并没有消沉，而是迅速推出了Apple Lisa和Apple Mac，而后者就获得了巨大的成功。这是苹果品牌第一次比较大的自我更新；第二次的飞跃就是2010年推出iPhone 4智能手机，它使得苹果的知名度在全世界大大地提高了，乔布斯不仅让一个品牌“名垂商史”，更逐渐形成了一股苹果文化，也让乔布斯的个人故事成为一段传奇。当然，苹果相对高昂的售价、频繁曝光的负面消息以及有点不靠谱的售后等不利竞争因素，会随着安卓手机的逐步发展壮大而越发显现出来，苹果的下一次品牌创新也势在必行。

六、商业模式创新设计

商业模式，是指企业价值创造的基本逻辑，即企业在一定的价值链或价值网络中如何向客户提供产品和服务并获取利润的，通俗地说，就是企业如何赚钱的。

商业模式的革新，是跟互联网的出现密切相关，一批基于它的新型企业应运而生。如亚马逊（Amazon）仅用短短几年就发展为世界上最大的图书零售商，给传统书店带来严峻挑战。这些新型商业模式显示出强大的生命力与竞争力，许多人也随即成为超级富翁，他们的赚钱方式明显有别于传统企业，“商业模式”一词就在这种背景下开始流行了。

商业模式创新的特点包括：一是依旧“以客户为中心”，更注重“客户价值最大化”为追求目标，视角更为外向和开放，更多注重和涉及企业经济方面的因素；二是商业模式创新表现得更为系统化，它不是单一因素的变化，常常涉及商业模式多个要素同时的大的变化，需要企业组织较大战略调整，是一种集成创新；三是商业模式创新如果提供全新的产品或服务，就可能开创了一个全新的可盈利产业领域，即便提供已有的产品或服务，也更能给企业带来更持久的盈利能力与更大的竞争优势。

领先商业模式创新实践的国家是美国，美国政府甚至对商业模式创新通过授予专利及立法等给予积极的鼓励与保护。近些年，商业模式创新在我国也引起商业界、学术机构及一些政府部门的重视。如商业模式创新是中国科学院创新发展研究中心的重要研究内容；在杭州，商业模式创新企业可评为高科技企业或软件企业，享受相应优惠政策，它还发挥市创投服务中心平台作用，推动风投机构与项目对接。

综上，我们可以看到这几种创新领域、内容和形式，既有不同又有内在的联系，他们的确是一个“系统”。一个环节变动，必然会带动其他环节变动。问题就是如何让它“动”起来，怎样“动”才会更有效益，才会更有发展。天、地、人哪个因素都不可或缺，或许中国古老的智慧能给予答案，就像《易经》的核心思想就是系统思考，就像《孙子兵法》成为西方商家的必修课程，就像乔布斯在禅坐时，脑海中掠过的那一刹那间的灵感。

拓展阅读

一个馒头夺冠，靠的可不仅是颜值

在第三届中国“互联网+”大学生创新创业大赛上，云南大学滇池学院凭借“红糖馒头”项目成为金奖团队，展现出“小产品大市场”的独特魅力。

在所有项目中被评论最多的，也许要属“罗小馒，云南目前最火的‘罗三长红糖馒头’”项目。正如媒体之前的报道：一个开花的红糖馒头，它更合适的位置应该是早餐桌上……但当它出现在大学生双创大赛的舞台上，并且赋予了一个稍微文艺的“罗三长和馒头的创业‘罗馒史’”名字，更多人会莞尔一笑。卖馒头也能获得创新创业金奖，这对同学们触动很大，大家对这件事讨论激烈。有的同学认为这个项目技术含量低，对生活创新度低，不能算是创新；也有同学认为，创新不管是大还是小，只要对生活有好处，就是有价值的。

“一个馒头，它有多少的故事可说?”可是当创业者罗三长口中溜出一串数字，很多人记住了。“罗小馒红糖馒头”2015年11月成立至今，在云南已经拥有136家门店。以每个门店每天要销售1 200～1 500个馒头来算，仅一天的时间就能制作19.5万个馒头，以每个馒头1.5元算，所有门店每天的流水就能达到29.25万元。借全国总决赛的舞台，罗三长还发起了《全国高校500+小馒人合伙加盟计划》推动大学生就业，他同时表示计划将他的馒头覆盖到更多省份。“它才不是一个没有故事的红糖馒头。”大赛榜单评审点评：馒头项目也有科研精神。梧桐高创资本CEO蒋楠见证了“罗小馒”的成长过程。

在蒋楠看来，餐饮是个万亿级的传统产业，但随着中国消费水平的升级，有品牌思维、互联网思维的餐饮企业会有更广阔的市场。蒋楠说："罗三长的馒头不仅有独家工艺，还有逐步走向成熟的品牌包装运营。他打造的呆萌有趣的品牌人物形象能迎合'90后'甚至'00后'群体的喜好。更值得一提的是，他的品牌是有故事、有温度的，展现了新时代的大学生自立自强的精神，从而更能打动消费者。"

"我是个很能折腾的人！"用罗三长的话来讲，只有"折腾"，才能不断获得机会与能力，我们来看看这位"红糖馒头哥"的故事。

2008年以前，罗三长是住在江西的留守儿童，很少见到父母，一个人生活、吃饭、洗衣、上学、种地；

2008年，父亲去世，问遍了所有亲戚，都没有借够父亲的丧葬费，从那时起，让他明白，所有的事情必须靠自己；

2009年，上了高中，成为学生会主席，成立了一家人力派遣公司，积累了人生中宝贵的经验；

2012年，外出务工时遇到黑中介，虽然最后工资追回了三万二，但八万被坑；

上大学之后，罗三长也利用寒暑假的时间打工，2014年在云南省德克士总部打工、2015年去了广东省石碣市龙地村模具厂……

2014年，罗三长考到了云南大学滇池学院，一向独立的他，并没有因为来到了象牙塔，而放弃自己的"折腾"。

很快，他就在学校食堂的一家店面做起了兼职，因为做事勤快、为人热情，在这家店一待就是两年，不仅有了生活费，也渐渐起了创业的念头。

在一次项目考察中，罗三长与老板一同到台湾取了"红糖馒头"制作的经，回云南之后就以合伙人的身份，和老板筹划开红糖馒头店的事情。

2016年8月，攒够了一定的经验后，罗三长在学校食堂租赁了店铺，开起了第一家店。从选店铺谈租金到店里的扫帚钢丝球购买，都由他亲力亲为，而多年生活积累经验，让他做起这些来特别顺手。

"自己的做事原则就是该做要拼命做，做好、做细、做强。"刚开店那会儿，罗三长也没有想太多，因为创业资金都是自己打工时积攒的，没付房租的情况下，投入了一万多元，罗三长就把所有的"赌注"都压在了开店后的资金回收上。所幸，开店第一天就盈利1 050元，接着一个月的营业额就是6万多。

云南原有的红糖馒头用的是砂红糖，口感太黏、太甜，不太适合大多数人的口味。为了做出好吃的红糖馒头，罗三长用从台湾学到的技术，做了一百多次的试验，都失败了。做馒头用什么样的水？什么样的红糖？配比是多少？罗三长红糖馒头选自钙、铁、叶酸含量是普通红糖数倍的云南特级无沙红糖以及口感更为筋道特精面粉。200余次的配比改良，500多批次的工艺实验，不断地推倒重来，罗三长红糖馒头终于实现了松软香甜的独家味觉。

2016年罗三长的第一家红糖馒头旗舰店也开张了，他给自己的店取名为“红糖馒头”。他还记得开张的第一天，路过的市民好奇地问他红糖馒头是什么样子的。在品尝过后，客人们都对他竖起了大拇指。尽管离那个“毕业之后开创自己品牌的餐饮公司”的梦想还有一段距离，但罗三长已经在学校里尝试着推广自己。

当了解到有很多老师都是很早赶着校车来杨林上课，没有时间吃早餐的情况后，罗三长就绞尽脑汁地想：如何能解决老师早餐问题的同时，也把自己的店推出去。于是，爱心早餐的计划出炉，就是给所有上班的老师送一杯豆浆、一个馒头、一张名片，是为了推广品牌和获得更多的支持。被问及活动反响的时候，他笑着说：还行，不仅自己的红糖馒头店在校内人人皆知，而且还有很多老师一天不落地来店里买馒头。罗三长的红糖馒头渐渐有了名气，自营店也从1家开到了5家，找他加盟的人络绎不绝，甚至还有人专门从上海来找他谈加盟。

“在创业过程中，我遭遇过很多挫折，而且现在还只是个学生，还需要多学习和积累社会经验。我今天的成功，是与我的坚持分不开。太多人把小事不当事，大事当作麻烦事，最后一事无成。”罗三长认为，他最大的成功就是敢想敢做，且善于不断总结经验教训。

单品爆红后，一个“南馒入侵”的规划图在罗三长心里逐渐清晰起来。红糖馒头要想走向全国，就必须围绕品牌、销售、产品、管理”进行全面战略升级。按照罗三长的品牌发展规划，他正在注册“罗小馒”商标。红糖馒头还推出了以罗三长本人为原型的全新品牌标识罗小馒，打造了“LOGO馒”的系列人物动画、漫画、微信表情等系列形象，统一升级了所有门店、包装物料的视觉标识。与此同时，罗三长尝试开发新品种，推出针对女性、儿童等人群的细分产品，抓住“85后”群体的消费心理和口味，研发出适合女性的“小蛮腰”、适合男性的“小蛮牛”、适合小朋友的“小蛮萌”等产品。目前他正与技术人员研发红糖奶黄包、红糖发糕等。他希望有更多甘蔗、小麦种植户加盟他的红糖馒头品牌，从原材料环节进行把控，让红糖馒头能够走出云南。

罗三长满是自信：“我坚信小产品也有大市场。跟传统的小作坊、夫妻店完全不同，我们更强调互联网产品思维和追求极致的工匠精神，专注生产好吃、营养、放心的新中式系列面食。”这是一个大学生创业的例子，或许你会觉得他的故事励志，或许你也会有疑问：创业会不会影响大学课程的学习？要知道，这位“红糖馒头哥”在校园中，已获得过学院奖学金、学习优秀奖、创新奖、国家励志奖学金。①

课外实践

思考题：

1. 你对罗三长的创业实例作何评价？

2. 就你现在学习、生活上遇到的瓶颈和困难，试用本章所讲的创新设计思维方法来解决。

① 本案例由编者根据多篇相关报道汇编而成。

第三章
创新方法与实践

学习目标

1. 学习并运用创新方法为目的，在学习头脑风暴、信息交合法、和田十二法和 TRIZ 等创新方法的基础上，灵活运用一切已知信息，包括已有的知识和经验等，开展创新探索

2. 通过案例分析，分析问题并在小组项目的设计实施中提供解决方案

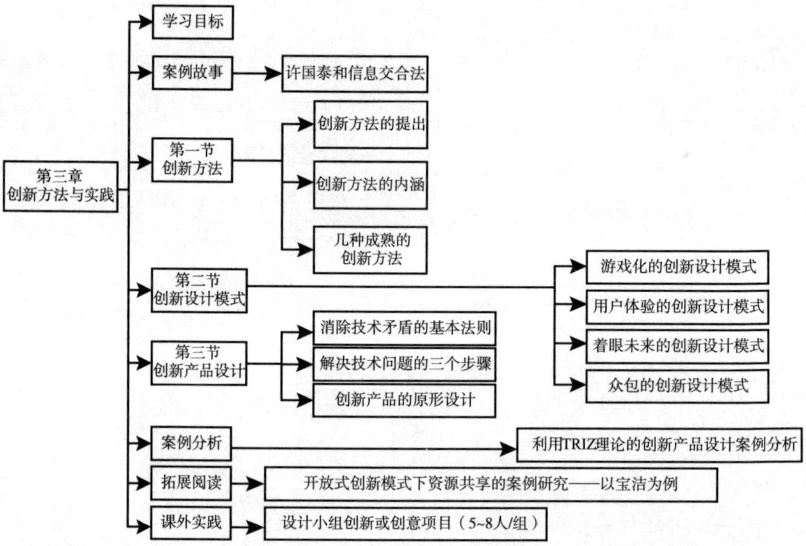

案例故事

谈到创新方法与实践，我们就一定要谈华夏研究院思维技能研究所所长许国泰副教授和信息交合法的故事。

许国泰副教授和信息交合法

那是 1983 年 7 月，中国创造学第一届学术讨论会在南宁召开。会上除了国内诸多学者、名流参加外，还请了日本专家村上幸雄与会。村上先生给大家作了精彩的演讲，演讲中，他突然拿出一把曲别针说："请大家想一想，尽量放开思路来想，曲别针有多少种用途?"与会代表七嘴八舌议论开了："曲别针可用来别东西——别相片、别稿纸、别床单、别衣物。"有人想的要奇特一点："纽扣掉了，可用曲别针拉长，连接东西。""可将曲别针磨尖，去钓鱼。"……归纳起来，大家说出了 20 来种用途。在大家议论的时候，有代表问村上："先生，那你能讲出多少种?"村上故作神秘地莞尔一笑，然后伸出三个指头。代表问："30 种?"村上自豪他说："不！300 种！"人们一下子愣住了，真的！村上先生拿出早已准备好的幻灯片，展示了曲别针的诸种用途。在与会代表中就有许国泰，看着村上先生颇为自负的神态，他心里泛起浪潮：在硬件方面，或许我们暂还赶不上你们，但是，在软件上——在思维能力即聪慧上，咱们倒可以一试高低！与会期间，他向村上先生说："对曲别针的用途，我能说出 3 千种、3 万种！"人们更惊诧了："这不是吹牛吗?"许国泰登上讲台，在黑板上画出了图，然后，他指着图说，"村上先生讲的用途可用勾、挂、别、连 4 个字概括，要突破这种格局，就要借助一种新思维工具——信息标与信息反应场。"他首先把曲别针的若干信息加以排序：如材质、重量、体积、长度、截面、韧性、颜色、弹性、硬度、直边、弧，等等，这些信息组成了信息标 X 轴。然后，他又把与曲别针相关的人类实践加以排序：如数学、文字、物理化学、磁、电、音乐、美术，等等，并将它们也连成信息标 Y 轴。两轴相交并垂直延伸，就组成了"信息反应场"。现在，只要我们将两轴各点上的要素依次"相交合"，就会产生出人们意想不到的无数的新信息来。比如，将 Y 轴的数学点，与 X 轴上的材质点相交，曲别针可弯成 123456……+、−、×、÷等数字和符号，用来进行四则运算。同理，Y 轴上的文字点与 X 轴上材质、直边、弧等点相交，曲别针可做成英、俄、法等做成英、俄、法等各国字母。再比如，Y 轴上的电与 X 轴上的长度相交，曲别针就可以变成导线、开关、铁绳……

于是，一种全新的创造发明技法"信息交合法"诞生了，有人说这简直是思维魔球、是真正的点金术。许国泰还因创造的"信息交合法”荣获过联合国开发署资助的“青年爱迪生发明奖”。①

“信息交合”的思维方法，能使人们的联想从无序状态转入有序状态，使思维方法改进为用图表直观表达，帮助我们突破旧的思维定式，推出新构思、新设计、新产品、新选题，进行有效的创造性思维。

第一节　创新方法概述

我国上千年的教育发展史，闪烁着一些简单而朴素的创新能力培养的思想和方法。例如，两千多年前，老子就在《道德经》中提出“天下万物生于有，有生于无”的创造思想；孔子则提出要“因材施教”以及“不愤不启，不悱不发。举一隅不以三隅反，则不复也。”1919 年，我国著名教育家陶行知先生第一次把“创造”引入教育领域。他在《第一流教育家》一文中提出要培养具有“创造精神”和“开辟精神”的人才，培养学生的创新能力对国家富强和民族兴亡有重要意义。1998 年 11 月 24 日，江泽民同志在新西伯利亚科学城会见科技界人士时曾指出：“创新是一个民族进步的灵魂，是一个国家兴旺发达的不竭动力。创新的关键在人才，人才的成长靠教育。”②以此次讲话为契机，我国将大学生创新能力的培养作为教育改革的重要目标；在 2014 年 9 月的夏季达沃斯论坛上，李克强总理提出，要在 960 万平方公里的土地上掀起“大众创业”“草根创业”的新浪潮，形成“万众创新”“人人创新”的新势态；③ 2015 年李克强总理在政府工作报告又提出：“大众创业，万众创新”。政府工作报告中如此表述：推动大众创业、万众创新，“既可以扩大就业、增加居民收入，又有利于促进社会纵向流动和公平正义”。④ 自此，大众创业、万众创新的理念日益深入人心。随着各地各部门认真贯彻落实，业界学界纷纷响应，各种新产业、新模式、新业态不断涌现，有效激发了社会活力，释放了巨大创造力，成为经济发展的一大亮点。创新需要方法，创新方法决定了创新效率。

纵观当代企业，唯有不断创新，才能在竞争中占据主动，立于不败之地。早在 20 世纪美国企业家李·艾柯卡就企业创新的意义讲过

① 本案例选自百度百科：信息交合法 https：//baike. baidu. com/item/信息交合法/747349？fr = aladdin。

② 引自外交部，http：//www. fmprc. gov. cn/web/gjhdq_676201/gjhdqzz_681964/lhg_683384/zyjh_683394/t6790. shtml。

③ 引自新华网，http：//www. xinhuanet. com/fortune/zhibo/2014dwslt_zb1/wzsl. htm。

④ 引自中国政府网，http：//www. gov. cn/guowuyuan/2015 -03/16/content_2835101. htm。

一句名言：不创新，就死亡。

进入新时期以来，我国的发展面临着调整经济结构、转变经济增长方式的巨大挑战。要实现科学发展，变资源依赖型为驱动型，首先就要改变科研工作和技术创新方式，即由跟踪模仿型转变为创造创新型。科技部的一项研究结果表明，众多的诺贝尔获奖者的成功途径，一靠科学发现；二靠科学仪器；三靠科学方法。其科学方法的核心是创新方法。随着自主创新的浪潮不断掀起，我们清醒地认识到自主创新，方法必行。

一、创新方法的提出

2007 年 6 月 28 日，三位老科学家联名向温家宝总理（时任）提出了《关于加强创新方法工作的建议》，指出“自主创新，方法先行，创新方法是自主创新的根本之源”，这一建议受到国务院领导的高度重视。2007 年 10 月，科技部、国家发改委、教育部和中国科协联合作了《关于大力推进创新方法的报告》，国务院领导再次作出重要批示，要求尽快落实创新方法工作，从根本上提高科技自主创新能力，从而为建设创新型国家做出应有的贡献。2008 年，科技部、发改委、教育部和中国科协四部门联合印发《关于加强创新方法工作的若干意见》，创新方法专项工作正式启动。

二、创新方法的内涵

科技部、发改委、教育部和中国科协四部委《关于加强创新方法工作的若干意见》指出，创新方法包括科学思维、科学方法和科学工具，这种说法不是严格按照学理分析给出的概念界定，而是从工作层面给出的定义，这种定义方式基本能够涵盖创新链条的各个环节。从更规范的学术角度来理解创新方法的概念内涵，必须回到对“创新”概念的理解。我国当前在战略层面所说的“创新”，沿用的是熊彼特意义的经济学概念，即认为创新是一个由创意产生到实现商业价值的过程。也就是说，创新是一个完整的价值增值链，包括创意的产生、科学研究、技术开发、生产制造和实现商业化等多个环节，每一个环节都对应着一定的方法。如在创意产生环节有科学思维方法，在科学研究阶段有知识管理方法，在技术开发阶段有帮助研发人员快速产生专利的 TRIZ 方法，在生产制造环节有工业工程方法等（当然，工业工程不只应用于生产制造的现场控制），除此之外，还有贯通了几个环节的系统工程方法。这些方法组成的方法集或称方法体系即为创新方法。

三、几种成熟的创新方法

创新方法包括多种方法，其中有一些方法理论上相对完整、技术上相对成熟且在实践中行之有效。本节选取五种比较有代表性的方法逐一介绍。

1. 头脑风暴法

头脑风暴法是由美国学者、创造工程的奠基人奥斯本在20世纪30年代创立的，后经过一些科学技术学家的丰富和发展，形成了一种具有一定规则的方法。其主要规则有：在思想形成阶段不允许批评别人提出的设想，以防止节外生枝，转换论题；提倡无拘束的自由思考，无论多么富于幻想的怪诞意见都需记录在案；尽量多提设想，多多益善，会上不做任何结论；鼓励把各种设想结合起来，并加以延伸和发展。

头脑风暴法的流程如图3－1所示。确定要讨论的问题，准备会场，组织人员，宣布主题，进行头脑风暴，整理问题、找出重点，进行评价。

图3－1　头脑风暴法流程

资料来源：张海霞：《创新工程实践》，高等教育出版社2016年版。

头脑风暴法的规则。

（1）鼓励异想天开。真正的好点子，往往是想破脑袋、几乎绝望的时候想出来。但是前面要有一定的积累。轻易就能想出来的解决方法往往不值钱，你能想出来，别人也能，没啥稀罕的。

（2）推迟判断。其实成年人比儿童更具备创新能力，因为成年人有知识、有见识、有经验，也有判断力。不要急于否定别人的想法，也许可以给你新的启发！

（3）延续他人的创意。让别人把话说完，最好顺着他的思路探讨一下，他为什么会有这样的想法？别人不同的想法是宝贵的，我们不是经常顺着别人的思路说："这个主意不错，我们还可以……"

（4）追求数量。不同的理解方式越多，好主意就越多。俗话说，你不知道哪朵云彩会下雨，但是有一点是肯定的，碧空万里无云，肯定不会下雨……天上积累的云朵多了，总有可以下雨的，不是吗？

（5）聚焦主题。要一直围绕一个主题探讨，由于想法太多，大家探讨过程中非常容易跑题。主持人必须及时把大家的思路拉回来，千万不要扯远了，都忘了聚集大家讨论什么问题了。

（6）可视化。尽可能地造一个简单的小模型，让别人理解你的想法。在人的感官里，视觉带给人的信息量是最大的，一个好的想法可能要很多解释、描述的话语，但你给别人看一眼模型，对方很容易就都明白了。所谓“一图抵万言”也是这个道理。比如这个防盗背包项目，同学们利用笔和纸迅速地画出了这样的示意图（如图3－2所示）。

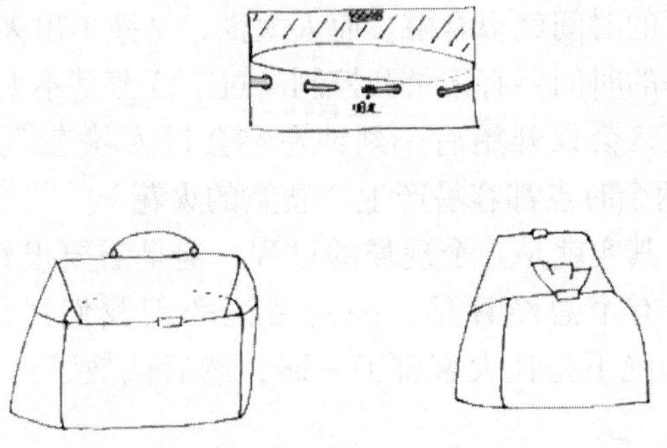

图3－2 防盗背包项目示意图

资料来源：大连大学创业实践班大学生创新训练项目。

（7）一个声音。进行头脑风暴，必须要有一个主持人，而且还需要是一个强有力的主持人。没有主持人的情况下，头脑风暴就会出现争吵、拖沓、跑题甚至不欢而散。主持人要制定规则，控制每人每次的发言时间，一般不超过30秒，然后请下一个人发言；不能同时站起几个人来讲话，每次只能有一个在说话；禁止人身攻击，不能说别人的发言是胡说；控制场面，该思考的时候，大家都保持安静思考，写下来，交给主持人。头脑风暴的主持人控制场面的能力是非常重要的，决定了讨论效率和成败。

对于产生的好想法要学会归类。头脑风暴，针对每个问题，大家用每一张便笺纸写一个你的好点子，多多益善。统一交给主持人后，由助理人员帮助贴到墙上（如图3－3所示）。

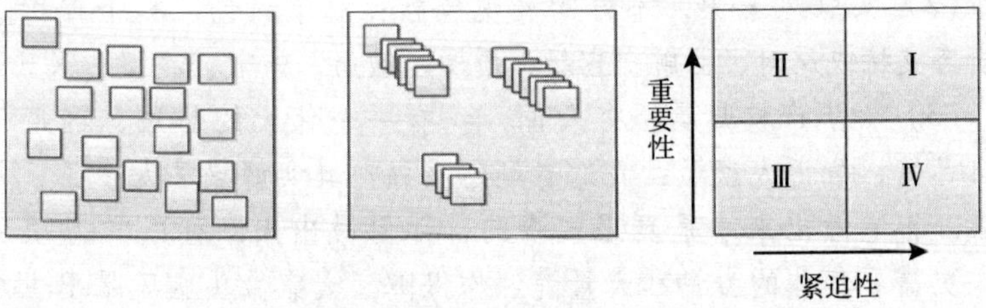

图3－3 摆放头脑风暴贴纸

资料来源：张海霞：《创新工程实践》，高等教育出版社2016年版。

• 先随意粘贴，不遮挡即可；

• 归类整理；

• 按照重要性、紧迫性，优先排序。图3－4中第Ⅰ象限，属于“既重要又紧急”的事项，先做。

组织了一场头脑风暴后，还要看看过程中丢弃在“垃圾桶”里的东西，其实讨论过程中，并不是真的扔掉了，最后会有机会看看的，沙子里头也许会有一两粒金子，甚至就是你要淘的那一粒。

参加头脑风暴的人不要太多，每组最好在8人左右。人过多的话，轮流发言的时间就很有限。而人太少，又撞不出火花来。

头脑风暴的时间要有记录和控制。过于疲劳是不太合适头脑风暴的，一般情况，会议开始后一刻钟左右会进入状态，疲劳的峰值在45分钟。这两个时点都容易产生“智慧的火花”。

头脑风暴其实就是一个现场的过程，但是需要很好的准备工作。讨论以后，要有个总结评估，一定要说今天我们讨论的结果怎样了。头脑风暴绝不是让大家聊了一通，然后就散了。必须整理出讨论结果。

方法小贴士

（1）不要过于依赖讨论，要给个人思考留下时间。头脑风暴每一轮限定5分钟，5分钟之内就是很安静地想和写，互相别说话交流。写好了交给主持人，贴出来，然后在主持人引导下轮流发言、交流、讨论，然后再进行下一轮5分钟的思考和写便笺纸，如此循环2～3次。

积极参与，轮流发言。既然来参加头脑风暴，就不许有安静的“睡鸟”，当然也不许出现某个人说起来没完的“霸王龙”。主持人要控制好每个人的发言时间。一定要做到轮流发言。

平等、开放、尊重，不要笑话别人。领导或老师就作为普通成员参加，不能搞特殊。主持人要公正地给每个人机会，也要注意，主持人自己不霸占过多时间。

（2）头脑风暴中，不好的表现包括：私下讨论、私下评价、过早表态支持或反对、曲解、宣扬、质疑、皱眉、咳嗽、冷漠、叹气等。

（3）知识产权归属。有人说，我有一个伟大的想法，这是属于我自己的，告诉大家了，我的专利怎么办？其实好点子太多了，并不值钱。把它做出来才是真正宝贵的，如何做出来，可以学习项目管理，更需要集体的力量和大量资源作保障。大家做头脑风暴出主意提点子的时候，不要有过多的顾虑。头脑风暴的成果是归项目小组集体所有的。

(4) 此时的节省未必是件好事。每张便笺纸写一条想法，不要为了节省，把你的几条想法写在一张便笺纸上，否则会给后面分类和优先排序带来麻烦。

(5) 黏性便笺纸一定要用质量好的。劣质便笺纸就会卷曲易脱落，影响讨论效率，也容易二次粘贴到错误位置，引起混淆和错误。

(6) 头脑风暴的工具很多，比如脑路图等，选择最简单的，就是最适合的。现在网上也有一些App应用，纯电子的“便笺纸”，可以实现无纸化讨论，也挺环保，不过需要大家熟悉操作。否则，工具不顺手，也会影响智慧发挥，不利于集中精力思考问题，大家可以自己斟酌。

2. 信息交合法

信息交合法是中国思维魔王许国泰所创造的，该法是通过某种方式，把不同信息联系起来的方法，这种方法不是随心所欲，瞎拼乱凑，要遵循一定的原则。

许国泰[①]认为：人的思维活动的实质，是大脑对信息及其联系的输入反映、运行过程和结果表达，一切创造活动都是创造者对自己掌握的信息进行重新认识、联系的组合过程。把信息元素有意识地组成信息标系统，使它们在“信息反应场”中交合，就会引出系列的新信息组合（信息组合的物化是产品、信息组合及推导即是构思），导出技术发明、技术革新等成果。

信息交合法的实施，一般分为四步（如图3－4所示）：

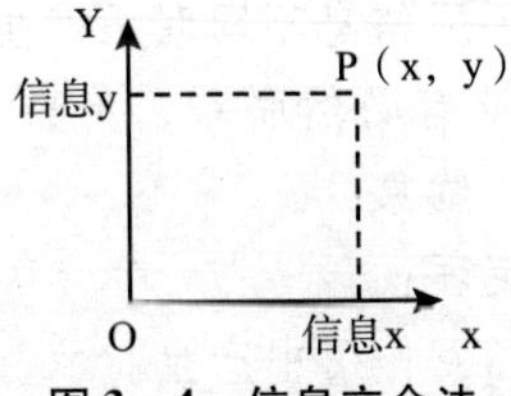

图3－4 信息交合法

第一步，确定一个中心，即零坐标（原点）；

第二步，给出若干标线（信息标），即串起来的信息序列；

第三步，在信息标上注明有关信息点；

第四步，若干信息标形成信息反应场，信息在信息反应场中交合，引出新信息。

信息交合法的三条原则：

① 资料来源：创造技法之信息交合法，http：//cxw. xmu. edu. cn/admin/cms/content? artId = f20f298a－8eb9－45af－897c－dc6ae075ad71。

(1) 整体分解原则。先把对象及其相关条件整体加以分解，按序列得出要素。

(2) 信息交合原则。各轴的每个要素逐一与另一轴的各个标的相交合。

(3) 结晶筛选原则。通过对方案的筛选，找出更好的方案。如果研究的是新产品开发问题，那么，在筛选时应注意新产品的实用性、经济性、易生产性、市场可接受性等。

方法小贴士

信息交合法第一个公理：

不同信息的交合可产生新信息。

信息交合法第二个公理：

不同联系的交合可产生新联系。

两个公理告诉我们，世界是相互联系的，而信息则是联系的印记。在联系的相互作用中，不断地产生着新信息、新联系。任何事物均有一定的条件限制。

信息交合法第一个定理：

心理世界的构象即人脑中勾勒的印象，由信息和联系组成。

定理1表明：其一，不同信息、相同联系所产生的构象。比如轮子与喇叭是两个不同信息，但交合在一起组成了汽车，轮子可行走，喇叭则发出声音表示“警告”。其二，相同信息，不同联系产生的构象。比如，同样是“灯”，可吊、可挂、可随身携带（手电筒），也可作成无影灯。其三，不同信息不同联系产生的构象，比如，独轮自行车本来与盒、碗、勺没有必然联系，但杂技演员将它们交合在一起，构成了杂技节目这一物象。

信息交合法第二个定理：

新信息、新联系在相互作用中产生。

定理2则表明：没有相互作用就不能产生新信息、新联系。所以“相互作用”（即一定条件）是中介。当然，只要有了这种一定条件，任何的信息均可以进行联系。比如，手杖与枪是风马牛不相及的信息，但是，在战争范畴（条件）内，则可以交合成“手杖式枪支”。

信息交合法第三个定理：

具体的信息和联系均有一定的时空限制性。

信息交合法也不是万能的，它只不过是一种较有实用价值的思维技巧。它不可能取代所有的人类的思维技巧，更不可能取代人类的任何思维活动。

3. 和田十二法

和田十二法是我国学者许立言、张福奎在奥斯本稽核问题表基础上，借用其基本原理，加以创造而提出的一种思维技法。“和田十二法”又叫“和田创新法则”（和田创新十二法），即指人们在观察、认识一个事物时，可以考虑是否可以：

加一加：加高、加厚、加多、组合等。在原有的基础上改进就是创新。

减一减：减轻、减少、省略等。减轻、减少、省略不必要的。

扩一扩：放大、扩大、提高功效等。功能、用途、使用领域。

变一变：变形状、颜色、气味、音响、次序等。方式、手段、程序等。

改一改：改缺点、改不便、不足之处。针对现有的做法提出意见、建议，做得更好。

缩一缩：压缩、缩小、微型化。压缩、缩小、降低。

联一联：原因和结果有何联系，把某些东西联系起来。看看事物之间有什么联系。

学一学：模仿形状、结构、方法，学习先进。就是借鉴、综合。

代一代：用别的材料代替，用别的方法代替。用别的工具、方法、材料能不能代替。

搬一搬：移作他用。就是移动。

反一反：能否颠倒一下。将上下顺序倒过来，说不定更好。

定一定：定个界限、标准，能提高工作效率。将界限、标准规定明确。

该法既是对奥斯本检核表法的一种继承，又是一种大胆的创新。比如，其中的“联一联”“定一定”等，就是一种新发展。同时该法更通俗易懂，简便易行，便于推广。

方法小贴士

生活处处有加法。

饼干＋钙片＝补钙食品；

日历＋唐诗＝唐诗日历；

剪刀＋开瓶装置＝多用剪刀；

白酒＋曹雪芹＝曹雪芹家酒。

4. 5W1H 法

5W1H 法是由美国陆军首创的。这种创新技法，主要是通过对某种先行的方法或者现有的产品提出六个问题，构成设想方案的制约条件，并设法满足这些条件，以获得创新方案。这六个问题是：why（为什么）、what（做什么）、who（何人）、when（何时）、where（何地）、how（怎样）

方法小贴士

5W1H 法的问题提示

（1）为什么（why）。为什么发光？为什么漆成红色？为什么要做成这个形状？为什么不用机械代替人力？为什么产品制造的环节这么多？为什么要这么做？

（2）做什么（what）。条件是什么？目的是什么？重点是什么？功能是什么？规范是什么？要素是什么？

（3）谁（who）。谁来办合适？谁能做？谁不宜加入？谁是顾客？谁支持？谁来决策？忽略了谁？

（4）何时（when）。何时完成？何时安装？何时销售？何时产量最高？何时最切时宜？需要几天为合适？

（5）何地（where）。何地最适宜种植？何处做才最经济？从何处去买？卖到什么地方？安装在哪里最恰当？何地有资源？

（6）怎样（how）。怎样做最省力？怎样做最快？怎样效率最高？怎样改进？怎样避免失败？怎样求发展？怎样扩大销路？怎样改善外观？怎样方便使用？

对于最后一问 how，有时可扩展为两个问题：怎样（how to）与多少（how much），此即 5W2H 法。

5. TRIZ 理论

TRIZ 原理是苏联根里奇・阿奇舒勒在研究分析成千上万例从世界上顶尖工程技术领域中产生的专利的过程中，通过分析这些专利中最有效解决问题的例子，总结归纳对技术系统进化趋势的规律，奠定了他创立解决发明性问题的分析方法的基础，然后成为 TRIZ 创造性解决问题的理论基础。

（1）核心思想。现代 TRIZ 理论的核心思想主要体现在三个方面。

首先，无论是一个简单产品还是复杂的技术系统，其核心技术的发展都是遵循着客观的规律发展演变的，即具有客观的进化规律和模式。

其次，各种技术难题、冲突和矛盾的不断解决是推动这种进化过程的动力。

最后，技术系统发展的理想状态是用尽量少的资源实现尽量多的功能。

（2）基本哲理。TRIZ 理论的基本哲理包括以下六条：

①所有的工程系统服从相同的发展规则。这一规则可以用来研究创造发明问题的有效解，也可用来评价与预测如何求解一个工程系统（包括新产品与新服务系统）的解决方案。

②像社会系统一样，工程系统可以通过解决冲突而得到发展。

③任何一个发明或创新的问题都可以表示为需求和不能（或不再能）满足这些需求的原型系统之间的冲突。所以，“求解发明问题”与“寻找发明问题的解决方案”就意味着在利用折中与调和不能被采纳时对冲突的求解。

④为探索冲突问题的解决方案，有必要利用专业工程师尚不知道或不熟悉的物理或其他科学与工程的知识。技术功能和可能实现该功能的物理学、化学、生物学等效应对应的分类知识库可以成为探索冲突问题解的指针。

⑤存在评价每项发明创造的可靠判据。这些判据是：

第一，该项发明创造是否是建立在大量专利信息基础上的？基于偶然发现的少数事例的发明项目不是严肃的研究成果。事实证明，一项重大或重要的发明项目通常是建立在不少于1万到2万项专利（或知产权/版权）研究的基础上。

第二，发明人或研究者是否考虑过发明问题的级别？大量低水平的发明不如一项或少量高水平的发明。因为，低水平的发明只能在简单的情况下运用。

第三，该项发明是否是从大量高水平的试验中提炼出来的结论或建议？

⑥在大多数情况下，理论的寿命与机器的发展规律是一致的。因而，“试凑”法很难产生两种或两种以上的系统解。

（3）理论体系。现代TRIZ理论体系主要包括以下几个方面的内容：

①创新思维方法与问题分析方法。TRIZ理论中提供了如何系统分析问题的科学方法，如多屏幕法等；而对于复杂问题的分析，则包含了科学的问题分析建模方法——物—场分析法，它可以帮助快速确认核心问题，发现根本矛盾所在。

②技术系统进化法则。针对技术系统进化演变规律，在大量专利分析的基础上TRIZ理论总结提炼出八个基本进化法则。利用这些进化法则，可以分析确认当前产品的技术状态，并预测未来发展趋势，开发富有竞争力的新产品。

③技术矛盾解决原理。不同的发明创造往往遵循共同的规律。TRIZ理论将这些共同的规律归纳成40个创新原理，针对具体的技术矛盾，可以基于这些创新原理、结合工程实际寻求具体的解决方案。

④创新问题标准解法。针对具体问题的物—场模型的不同特征，

分别对应有标准的模型处理方法，包括模型的修整、转换、物质与场的添加等。

⑤发明问题解决算法 ARIZ。主要针对问题情境复杂，矛盾及其相关部件不明确的技术系统。它是一个对初始问题进行一系列变形及再定义等非计算性的逻辑过程，实现对问题的逐步深入分析，问题转化，直至问题的解决。

⑥基于物理、化学、几何学等工程学原理而构建的知识库。基于物理、化学、几何学等领域的数百万项发明专利的分析结果而构建的知识库可以为技术创新提供丰富的方案来源。

（4）创新设计问题解决工具。TRIZ 理论的创新设计问题解决工具。

阿利赫舒列尔和他的 TRIZ 研究机构 50 多年来提出了 TRIZ 系列的多种工具，如冲突矩阵、76 标准解答、ARIZ、AFD、物质—场分析、ISQ、DE、8 种演化类型、科学效应、40 个创新原理，39 个工程技术特性，物理学、化学、几何学等工程学原理知识库等，常用的有基于宏观的矛盾矩阵法（冲突矩阵法）和基于微观的物场变换法。事实上 TRIZ 针对输入输出的关系（效应）、冲突和技术进化都有比较完善的理论。这些工具为创新理论软件化提供了基础，从而为 TRIZ 的实际应用提供了条件。

该方法较为复杂，在第三节创新产品设计中详细介绍，这里只加以简述。

方法小贴士

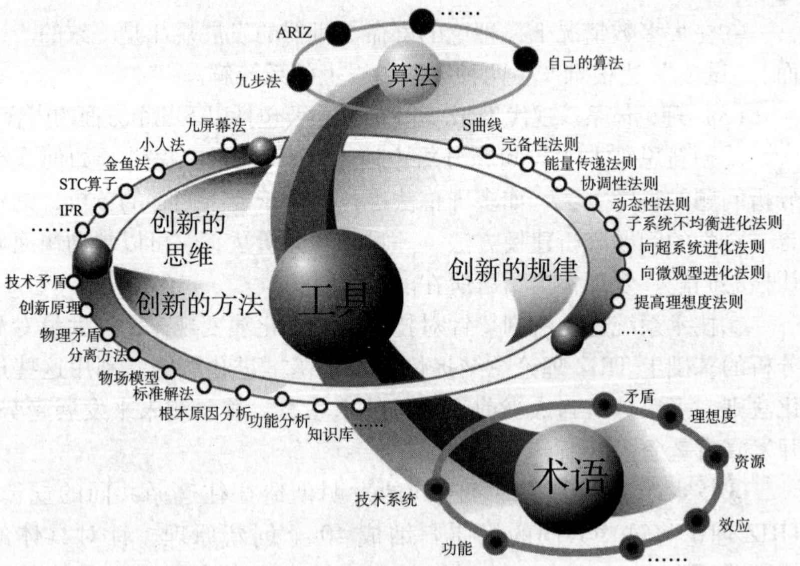

图 3－5　TRIZ 理论基本体系

资料来源：TRIZ 理论体系结构图，http://www.360doc.com/content/11/0521/15/629987_118349203.shtml。

第二节 创新设计模式

无论是产品设计、服装设计还是服务设计都有它们各自的创新设计模式，这些设计中都包含了大量创新的过程和结果。在市场瞬息万变的今天，用户需求是设计存在的立足点，设计行业只有通过创新不断地去满足用户需求，才能更好地发展下去。游戏化的创新设计模式、用户体验的创新设计模式、着眼未来的创新设计模式和众包的创新设计模式是几种主要的创新设计模式。

一、游戏化的创新设计模式

（一）游戏化的定义

“游戏化”词语意思可能被误解为真正游戏的运用在现实世界，但游戏化应该解读为是“在非游戏的情景中使用游戏元素以及游戏设计的技术”。从游戏中提取如何改变行为的模式并运用非游戏化的情景中。游戏化与游戏最大的区别在于，游戏化是带有目的“游戏”。游戏化始终是为本身任务服务的，游戏化必须考虑本源的核心价值，达成本来产品的目标。“游戏化”可以作用于商业的过程（例如增加潜在用户），也可以作用于商业的成果（例如销售量），更重要的是，游戏化提供有趣的体验能够使用户（或者说玩家）融入企业中，建立与产品的情感联系。

（二）游戏化理论支持

游戏化最根本的理论依据是自我决定理论。自我决定理论作为现代心理学分支，强调自我在动机过程中的能动作用，关注人类与生俱来的潜能和天生对精神的需求。自我决定理论将人的动机一分为二，内在动机和外在动机。内在动机解释为人会自主的开始一项活动，因为活动有趣并能满足人精神需求。外在动机则相反，是由外在条件（例如薪水）驱动。自主需求理论核心理论提出了个体存在发展必要的三种需求：自主需求，胜任需求，归属需求。当某项活动激发三项需求的某一项或多项时，人们会主动地去完成该项活动，而不需要任何附加的外在条件。

游戏化设计让用户有相对的自由感，不让用户感觉带有强迫性质和完成工作的色彩，满足用户的自主需要。游戏化机制，比如通过具象的数值作为用户行为反馈——直观并且动态，让用户感受到对周围环境的控制，满足用户的胜任需求。游戏化社交活动作为归属需要的补充。游戏化能够激活个体发展必要的精神需求，促使个体主动去接触产品，使用产品。更重要的是，游戏化可以激活个体有机整合动机——内化。

（三）游戏化的创新设计模式

游戏化的创新设计模式有六种，分别是挑战赛、快速反馈系统、模拟与发现、身份马拉松、商业博弈和变现与表达。

1. 挑战赛

通常是有现金奖励的高调公开的比赛。

例如京东游戏冠名 WCA2017 全球总决赛中国区预选赛。

2. 快速反馈系统

借助快速反馈，实时塑造用户行为。

例如你本来就对飞行感到沮丧或担惊受怕，赚取更多的里程是不会让你更快活的。你需要的是内在奖励项目，有两个专门针对空中旅客的游戏向我们展示了该如何实现它：《喷气人》，全世界第一款针对机场的视频游戏；《云中日》，一款飞机内部的寻宝游戏，用于在 3 000 米高空上飞行的飞机之间玩耍。

3. 模拟与发现

原则上用于教学目的。

例如肖盾和刘畅一起创办的网络在线学习平台——“一起作业网”。

4. 身份马拉松

由阶梯式身份成长和奖励组成的长线体系。

例如盛大网络实行的经验值管理模式和星巴克咖啡的用户升级概念。

5. 商业博弈

企业借助游戏化的营销平台建立与消费者之间的感性关系，让消费者可以在玩游戏过程体验品牌的魅力；借助游戏化的培训体系设定与受训者之间的理性关系，让受训者可以在培训过程中感受知识的价值；借助游戏化的管理思想嵌入与员工之间的人性关系，让员工可以喜爱上工作，愿意接受让工作成为工作的奖励。

例如中粮集团的“中粮生产队”社区游戏和微软 Xbox 游戏机模拟培训。

6. 变现与表达

在用户当中促进创造力、个性化和情感满足。

例如快创互娱的 H5 游戏开发云平台。

二、用户体验的创新设计模式

（一）用户体验的定义

用户体验（user experience，UX 或 UE）是指用户使用产品（包括物质产品和非物质产品）或者享用服务的过程中建立起来的心理感受，涉及人与产品、程序或者系统交互过程中的所有方面（Tullis and Albert，2008）。对于产品生命周期的商业价值实现，用户体验是产品成功与否的关键，这里的体验包含了产品和由产品产生的服务与用户互动所产生的所有体验。

用户体验的概念最早兴起于 20 世纪 40 年代的人机交互设计领域，以可用性（usability）和“以用户为中心的设计（user-center design，UCD）”为基础。在 ISO 9241 – 11（ISO9241 – 11，1998）可用性指南中，把可用性定义为“产品在特定使用情境下被特定用户用于特定用途时所具有的有效性、效率和用户主观满意度”。但是可用性概念本身的模糊性和情境依存性依然存在，为了产品的可用性目标，UCD 是业界目前常采用的方法。UCD 已被国际标准化组织（ISO）作为正式标准——以人为中心的交互系统设计过程（ISO13407，1999）而发布。UCD 方法的主要特征是用户的积极参与，在设计中可以邀请用户对即将发布或已经发布的产品以及设计原型进行评估，并通过对评估数据的分析进行迭代式设计直至达到可用性目标。

2004 年，罗伯特·鲁比诺（Robert Rubinoff）将用户体验分为四个要素：品牌（branding）、可用性（usability）、功能性（functionality）和内容（content），并整合运用这四个要素来对产品的用户体验设计进行评价，如图 3 – 6 所示。

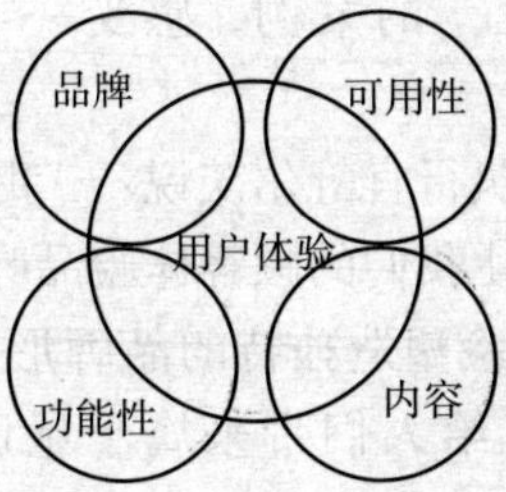

图 3 – 6　罗伯特·鲁比诺提出的用户体验四要素

资料来源：用户体验与产品创新设计。http：//doc. mbalib. com/view/51f37b8a494690d3ba6e789f2fe13c27. html。

营销专家贝恩特·施密特通过“人脑模块分析”和心理社会学

说研究了消费者的体验，提出了感官、思考、创新、行为和关联五大体验体系（牟峰等，2008），如图 3 - 7 所示。

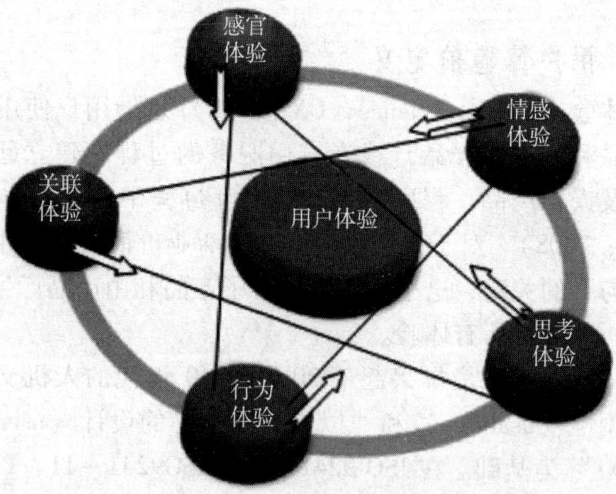

图 3 - 7　贝恩特 · 施密特的用户体验体系

资料来源：用户体验与产品创新设计。http：//doc. mbalib. com/view/51f37b8a494690d3ba6e789f2fe13c27. html。

感官体验是诉诸视觉、听觉、触觉、味觉和嗅觉的体验；情感体验是顾客内心的感觉和情感创造；思考体验是顾客创造认知和解决问题的体验；行为体验是影响身体体验、生活方式并与消费者产生互动的体验；关联体验则包含了感官、情感、思考、与行动体验的很多方面。然而，关联体验又超越了个人感情、个性，加上“个人体验”，而且使个人与理想自我、他人，或是文化产生关联。

（二）用户体验的创新设计模式

下面通过“星巴克”的案例，感受一下用户体验的创新设计模式。

正如星巴克的首席执行官舒尔茨说：“我们追求的不是最大限度的销售规模，我们试图让我们的顾客体验品味咖啡时的浪漫。”①

星巴克通过用户体验塑造独特的品牌形象以及品牌文化，建立系统的品牌识别系统，给人们带来属于星巴克的文化体验，它有利于顾客满意，留住顾客，形成忠诚度，并影响他人（如图 3 - 8 所示）。

① 资料来源：星巴克 vs 中国茶馆，https：//www. globrand. com/2007/65041. shtml。

图 3-8 星巴克咖啡店形象

用户体验的创新设计模式是一项包含了产品设计、服务、活动与环境等多个因素的综合性设计模式，每一项因素都是基于个人或群体需要、愿望、信念、知识、技能、经验和看法的考量。在这个过程中，用户不再是被动地等待设计，而是直接参与并影响设计，以保证设计真正符合用户的需要，其特征在于参与设计的互动性和以用户体验为中心，以提供良好的感觉为目的。

三、着眼未来的创新设计模式

本书给着眼未来的创新设计模式定义为 GCA 模式。GCA 即 Generator - Conjecture - Analysis（生成—猜想—分析）的缩写。它由建筑师达克（Darke）由“猜想—分析”模式发展而来。GCA 模式认为，首先，在进行有形或无形产品设计时，先有一个特殊的“生成”阶段。Generator 从字面上可理解为一种“发生器”。“生成”所涉及的是产生某个解决方案的概念或是假设模型。这些概念或假设模型是进入某个设计方向的起点。任何一个特殊的生成起点都可以在设计过程中通过理性分析来判断它的可行性。类似于我们在设计起步之时有自己不同的方法，但我们在绝大部分时候都可以依随我们自己的“发生器”分析下去，做下去。这种“发生器”在刚刚进入设计过程中时，往往只是设计师自己加诸于自己的某种限制，这里所说的限制其实是某种提示，因为对于设计而言有很多时候，没有限制才是最大的限制。这样的“发生器”并不需要十分明确，它不是某个具体的设计，而是产生这一设计背后的概念或假设。

“猜想”涉及设计问题的架构，其实也就是最初的设计。“猜想”

不是基于对已有资料的分析，而是大部分基于设计师个人已存在的认知能力。在最初的设计里，设计所需的资料及设计本身都是不完全的，而且也不可能是完全的。因此，以生成——猜想这样的方式来理解设计则更加能令人信服。"生成"和"猜想"这两个阶段实际是一种重要的设计策略，它将某个设计任务的无数可能性降低至设计师可以把握的数量范畴，使设计真正成为设计师能主动控制的活动，而不是寄希望于广阔而空泛的基础调查研究而自然"推导"出某个设计结果。

"生成"阶段的某些假设，我们可以通过阅读科幻小说来获得灵感。例如儒勒·凡尔纳的书《海底两万里》出版于1870年，该小说提前90年预测了电动潜艇的出现（如图3－9所示）。儒勒·凡尔纳还提前100年预测了很多事物，例如登月舱和太阳帆。这些存在于科幻小说中的假设现在都成了现实。

图3－9　海底两万里预测发现电动潜艇

资料来源：大卫芬奇（DAVID FINCHER）筹拍的《海底两万里》。http：//mkv. cn/4749/david－fincher－wants－to－take－brad－pitt－20000－leagues－under－the－sea。

四、众包的创新设计模式

产品设计正在快速成为团队活动，它不仅涉及负责物理设计和制造的人员，还涉及消费者、业余爱好者和准发明家。这种新兴的趋势称为设计的民主化，现在已经得到了一定程度的推动，这部分归功于Internet以及新的社交工具和网络，因为它们将公司与客户和市场联系得更为紧密。

将任务外包给一个大型团队或"一群"人（通常通过Internet）的过程称为众包，这有可能会显著改变公司获得创新渠道的方式。众包为公司提供了在投放产品前了解其在市场中是否会获得成功的方法。先制造产品再观望市场反响好坏的日子一去不复返了。

但是，众包的作用不止于此。它能够让组织利用大众的智慧和创造力来提升自己的创新能力。它迫使公司重新思考自己的内部创新过程，以认识到可以从大众身上学习各种知识，然后努力提供创新来回馈大众。

五、初创企业提供众包平台

最近几年，有很多初创企业如雨后春笋般地出现，这为很多公司提供了从仅靠内部人员解决问题向与外部人员共同解决问题转变的平台，同时也为大众提供了参与解决这些问题的机会。预算不足、无法自行挖掘客户或更广大的受众的需求的小型公司也可以通过与众包专家或平台的协作来做好这项工作。

利用这些基于软件的平台，个人和组织都能通过以下的分为三步的过程与“大众”开展协作：用户提交难题；公司与“解决者”网络协作制订解决方案；如果解决方案被接受，解决者将获得相应的工作报酬。您可以在 Board of Innovation 网站上查找所有开放式创新和众包平台的列表。

企业巨头通用电气（General Electric）与这类众包平台中的 Quirky 建立了合作关系来创建 Inspiration Platform，这是一个邀请人们对 GE 开发的技术进行创新的论坛。该网站提供了发明者可以访问并应用于消费产品的专利的列表。Quirky 和 GE 联合发起了一项名为“Wink：Instantly Connected”的开发计划，借以打造一系列支持应用的产品。

尽管这两家公司都表示，他们乐于接受任何新的构想，但这项计划主要针对的是家庭自动化技术，如智能手机控制的设备和“物联网”。发明者可以提交构想并利用 GE 的大量安全和健康相关专利。

六、众包产品获得市场认可

尽管无意赘述过多内容，但我还是想举出一些公司因为将设计工作委托给大众而获得巨大成功的真实案例。

Fiat Mio。2009 年，Fiat Brazil 邀请外部人员帮助设计其下一款汽车，世界上第一款众包汽车由此诞生。结果：有 120 个国家/地区的人员通过社交平台提交了 11 000 个以上的构想。2010 年，Mio 概念车首次亮相，自那时起，该产品获得了无数车展奖项。

V－Moda Crossfade M－100 耳机。这款耳机由 200 多位艺术家联合打造，并由 10 000 名音乐爱好者投票通过。该公司与 200 多人（由编辑、艺术家、DJ、音乐家和音响爱好者组成）合作打造了这款耳机。

雷蛇（Razer）的“Razer Edge” Windows 8 游戏平板电脑，是由游戏玩家设计。该公司要求他们通过社交平台发表他们对提议的平板电脑的规格要求。超过 10 000 人对终端游戏芯片组、重量/厚度、功能和他们愿意支付的价格等因素进行了评估。

图 3-10 Fiat Mio

资料来源：Fiat Mio（FCC III）| Concept Cars | Diseno - Art http://www.diseno-art.com/encyclopedia/concept_cars/fiat_mio.html。

第三节　创新产品设计

产品设计是一个创造性的综合信息处理过程，通过多种元素（如线条、符号、数字、色彩的方式）的组合把产品的形状以平面或立体的形式展现出来。它是将人的某种目的或需要转换为一个具体的物理或工具的过程；是把一种计划、规划设想、问题解决的方法，通过具体的操作，以理想的形式表现出来的过程。

下面来介绍如何做产品设计，创新产品设计的重点不在于产品生产，而在于整个创新解决方案的形成。对于产品设计的过程也是有它的流程和趋势的，在这里介绍 TRIZ。[①] 简单来说它是将所有以前申请过专利的产品进行研究、分类，发现他们整个的流程、过程进行总结，然后提出类似产品设计的原则和方法。

我们有时在为有形产品设计方案时，可以借鉴 TRIZ 的思想，我们在这里通过对 TRIZ 理论的介绍、案例分析和创新产品的原型实现，带领大家进入创新产品设计的世界。

一、解决技术矛盾的基本法则

用来解决技术矛盾的工具叫作法则。法则是向一个技术系统或在技术系统内部进行操作的最根本的方法。

① TRIZ 的俄文拼写为 теории решения изобрет-ательских задач，俄语缩写“ТРИЗ”，翻译为“发明问题解决理论”，按 ISO/R9-1968E 规定，转换成拉丁文 Teoriya Resheniya Izobreatatelskikh Zadatch 的词头缩写。

这里我们向大家着重介绍“TRIZ 技术创新 40 法”，这就是我们用来解决技术矛盾的基本法则。

（一）TRIZ 技术创新 40 法目录

TRIZ 技术创新 40 法

1. 分离法
2. 提取法
3. 局部质量改善法
4. 非对称法
5. 组合法
6. 一物多用法
7. 套叠法
8. 巧提重物法
9. 预先反作用法
10. 预先作用法
11. 预置防范法
12. 等势法
13. 逆向运作法
14. 曲线、曲面化法
15. 动态法
16. 部分超越法
17. 多维运作法
18. 机械振动法
19. 离散法
20. 有效运作持续法
21. 快速法
22. 变害为利法
23. 反馈法
24. 中介法
25. 自服务法
26. 复制法
27. 替代法
28. 系统替代法
29. 压力法
30. 柔化法
31. 孔化法
32. 色彩法
33. 同化法
34. 自生自弃法
35. 性能转换法
36. 相变法
37. 热膨胀法
38. 逐级氧化法
39. 惰性环境法
40. 复合材料法

（二）TRIZ 技术创新 40 法详解①

1. 分离法

（1）将一物体分成互相独立的部分。

（2）将一物体分成几部分（便于安装和拆卸）。

临时交通灯的电杆是由可以折叠的部分组成，以便运输和安装（如图 3 – 11 所示）。

（3）提高与物体的分离性。

2. 提取法

（1）去掉一物体中的干扰部分或特性。

---

① ［苏］阿奇舒勒等，《创新 40 法：TRIZ 创造性解决技术问题的诀窍》，西南交通大学出版社 2004 年版。

图 3－11　临时交通灯

（2）只抽取物体中必要的部分或特性。

矿区救援队过去要背负沉重的冷却箱，现在冷却箱改成了分体式并可置于地面（如图 3－12 所示）。

图 3－12　矿区救援队冷却箱

3. 局部质量改善法

（1）将一物体的共性结构转换成异性结构或环境（行动）；

矿井中为减少粉尘，用喷水装置向采掘机和运煤机喷出锥状水雾。

水雾越细，防尘效果越好，但是太细的水雾阻碍工作。解决方案：在细雾之外加一束较粗的水雾（如图 3－13 所示）。

图 3－13　矿井喷水装置

（2）物体中不同的部分应起不同的作用；

（3）物体的每一部分都应处于促进整体运作的状态。

4. 非对称法

（1）用非对称性代替对称性。

滑雪车的驱动鼓以适当的角度安装在车体下面，以便更好地在雪地上行驶（如图 3 - 14 所示）。

图 3 - 14　滑雪车

（2）如果一物体已经不对称，可进一步增强其不对称程度。

5. 组合法

（1）在空间上将有共性的物体和需要连续操作的物体组合起来。

三体船船体间波浪的干扰，可减轻水对船的摩擦力（如图 3 - 15 所示）。

图 3 - 15　三体船

（2）从时间上将有共性的部分和需要持续操作的部分组合起来。

6. 一物多用法

一物体能够起多种不同的作用，因此，其他部分可以除去。

机帆船装上沉重的电池除了起到必要的压仓作用外，用帆航行时，推进器给电池充电；无风时，电池使推进器工作（如图 3 - 16 所示）。

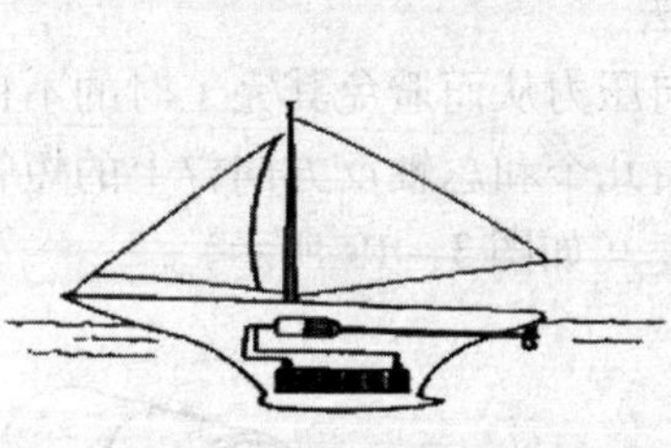

图 3 - 16　机帆船

7. 套叠法

（1）　物体套在另一物体内，并可形成重重叠叠。

一个悬浮式储油箱能够同时存储不同型号的原油（如图 3－17 所示）。

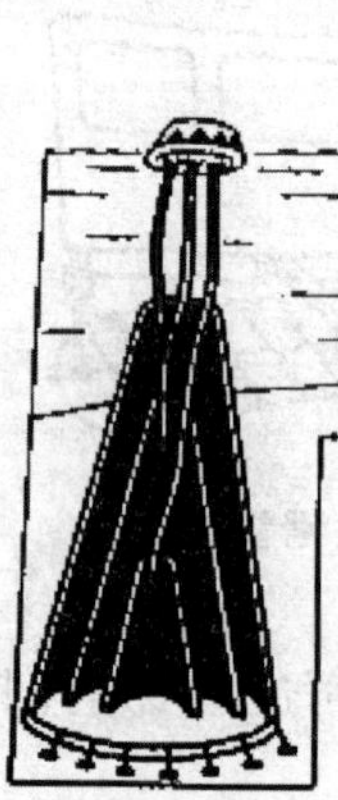

图 3－17　悬浮式储油箱

（2）一物体穿过另一物体。

8. 巧提重物法

（1）将需提起的重物和有上升性质的物体结合起来。

用气球使电缆临时跨越河流（如图 3－18 所示）。

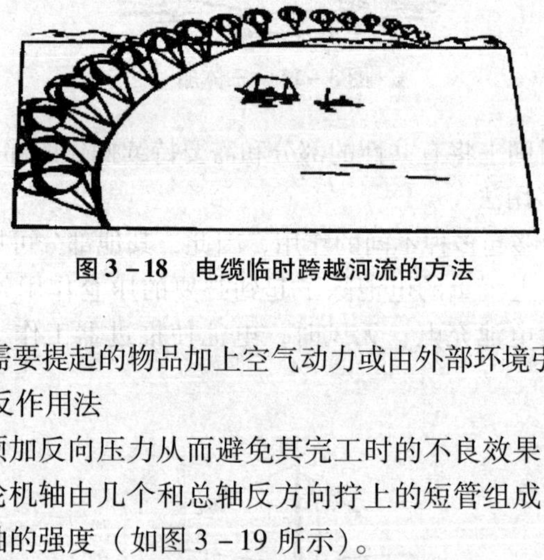

图 3－18　电缆临时跨越河流的方法

（2）给需要提起的物品加上空气动力或由外部环境引起的水动力。

9. 预先反作用法

对物体预加反向压力从而避免其完工时的不良效果。

组合涡轮机轴由几个和总轴反方向拧上的短管组成。这样可减轻重量并提高轴的强度（如图 3－19 所示）。

图 3－19　组合涡轮机轴

10. 预先作用法

(1) 部分或全部地预先施加所需的改变。

(2) 将有用的物体预置，使其在必要时能立即在最方便的位置起作用。

打石膏时预置锯片，以便取石膏时既方便又不会伤及皮肤（如图 3 – 20 所示）。

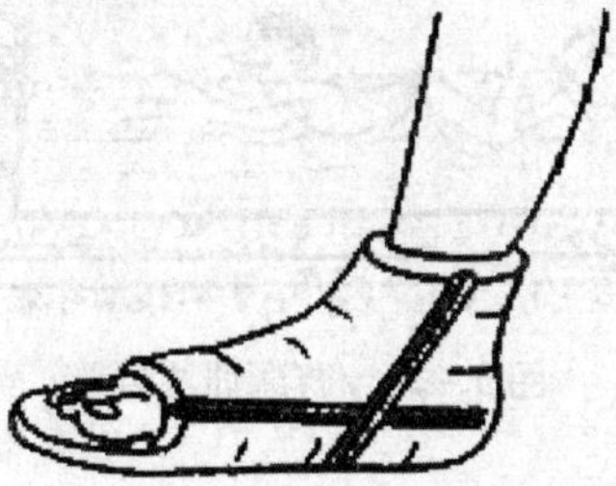

图 3 – 20 石膏固定装置

11. 预置防范法

对具有较低可靠性的物品预置紧急防范措施。

在路的急拐弯处放上旧轮胎以防止事故（如图 3 – 21 所示）。

图 3 – 21 急拐弯事故防护装置

12. 等势法

改变工作状态而不必升高或降低物品。

集装箱不是被直接吊起装上卡车，而是用液压机稍微顶起即推入卡车内（如图 3 – 22 所示）。

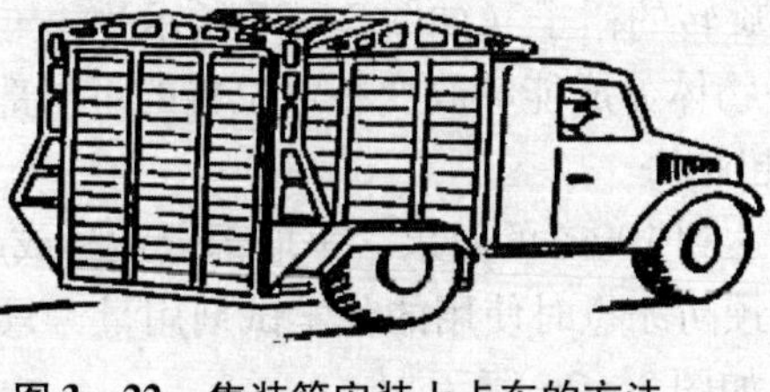

图 3 – 22 集装箱安装上卡车的方法

13. 逆向运作法

（1）不用常规的解决方法，而是反其道行之（如需加热时反用冷却法）。

（2）使通常运动的部分或环境静止，而让通常静止的部分运动。

一个游泳训练装置，让水流动而游泳者位置不变（如图 3－23 所示）。

图 3－23　游泳训练装置

（3）将物体倒过来放置。

14. 曲线、曲面化法

（1）将直线变成曲线，平面变成曲面，方形变成球形。

机场中的圆形跑道有无限的长度（如图 3－24 所示）。

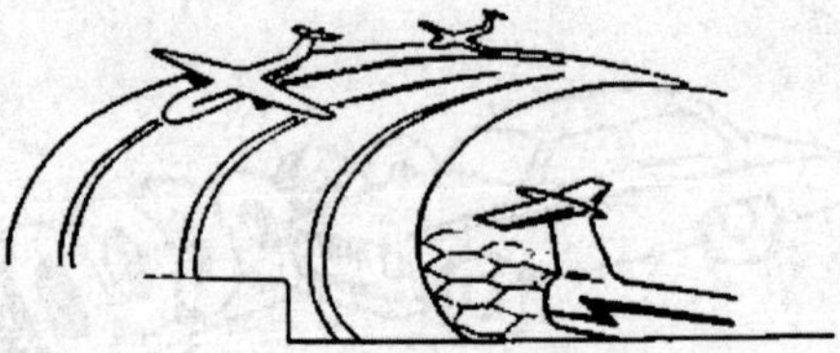

图 3－24　机场跑道

（2）利用滚筒、球体和螺旋体；

（3）利用向心力将线性运动变成圆周运动。

15. 动态法

（1）改变物体的性质或外部环境，以使操作的每一步都能达到最佳效果。

（2）将非运动物体变为动态的，增加其运动性。

跳舞时能旋转的裙子（如图 3－25 所示）。

（3）将一物体分成能够改变相对位置的不同部分。

16. 部分超越法

如果不能达到 100% 的效果，争取部分达到或超过理想效果。

为了减少预防冰雹时使用的化学试剂用量，只攻击将形成冰雹的那部分云层（如图 3－26 所示）。

图 3-25　裙子

图 3-26　预防冰雹的方法

17. 多维运作法

（1）将物体的运动或布置由一维变为二维，或将二维变为三维。

溜冰场中的扫雪装置安装在扫雪车的下部，而不是前部（如图 3-27 所示）。

图 3-27　扫雪车

（2）利用物体的多层结构。

（3）将物体竖置。

（4）利用物体相反的一面。

（5）将光线照到物体相邻的区域或物体的反面。

18. 机械振动法

（1）利用振荡作用。

（2）如已有振动存在，提高振动频率以达超音速。

（3）应用共振的频率。

（4）用压电振动代替机械振动。

（5）将超音速振动和电磁场结合运用。

在手术中采用超声波接骨法（如图3－28所示）。

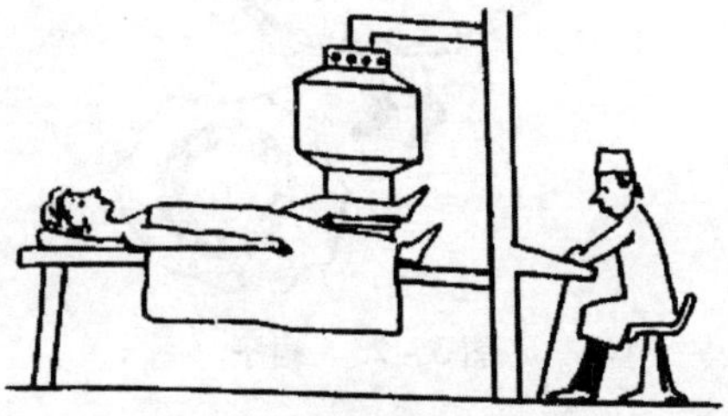

图3－28　超声波接骨法

19. 离散法

（1）将持续运动变成间隙运动（脉冲法）；

脉冲加压的灌溉机喷出的水对土壤伤害较小（如图3－29所示）。

图3－29　脉冲加压的灌溉机

（2）如果运动已经是间隙性的，改变间隙频率。

（3）利用间隙提供附加作用。

20. 有效运作持续法

（1）不间断持续动作，一物体的各组成部分应持续保持其全能状态运行。

（2）去除闲置和间歇的部分。

（3）将“来回”运动改为“转动”（如图3－30所示）。

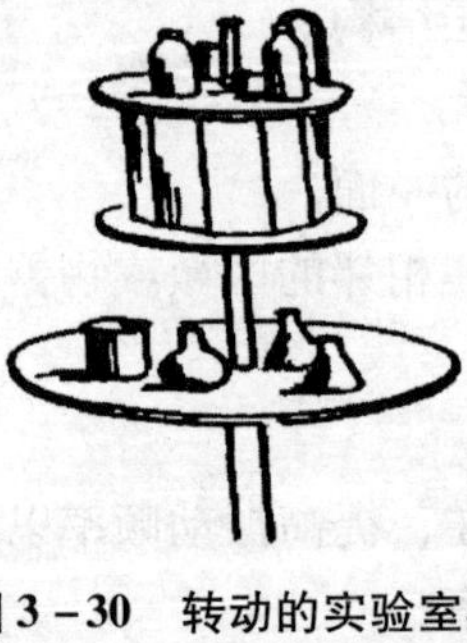

图3－30　转动的实验室桌

21. 快速法

极快速运行有害而冒险的操作。

在卸掉驳船上装载的原木时，必须将船体倾斜至不安全的角度。减少危险的方法是将船倾斜至仍然安全的角度，然后猛地倾卸。此法可以通过从助卸器中将水快速泵出而实现（如图 3－31 所示）。

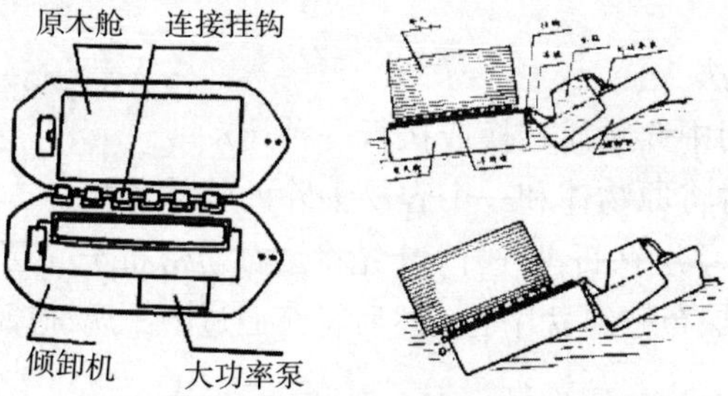

图 3－31　卸掉驳船上装载原木的安全方法

22. 变害为利法

（1）利用有害因素，特别是环境方面的有害因素来获取有益结果。

（2）将一有害因素与另一有害因素结合，抵消有害因素。

在炸毁旧房子之前，为降低冲击波危害，先在周围挖一道深沟。爆炸时，振动波到达深沟时，即会反射回来从而抵消冲击波（如图 3－32 所示）。

图 3－32　炸楼时抵消冲击波的方法

（3）提高有害运作的程度以达无害状态。

23. 反馈法

（1）引入反馈法。

（2）如果反馈已经存在，将其改善。

汽化器中的燃料通过燃料箱中的浮筒自我调节高度（如图 3－33 所示）。

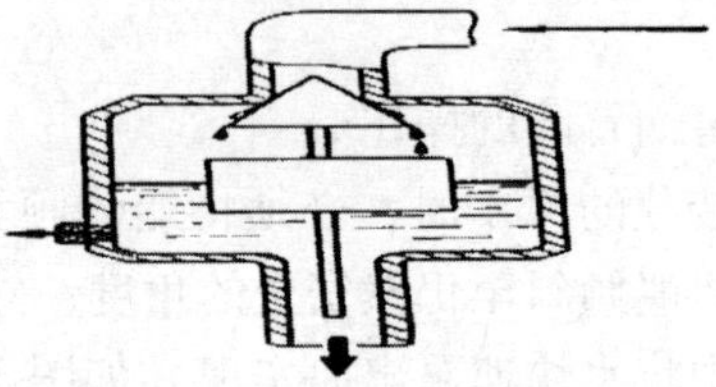

图 3-33　汽化器中的燃料自我调节高度的方法

24. 中介法

（1）利用中介物质转换或执行一种运动。

（2）临时将原物体和一个容易去除的物体连接。

为了生产单层钻石盘（片），先将钻石粉密布于一层布上，再将沾了钻石粉的这层布粘到盘片上，然后将布通过丙酮腐蚀掉（如图 3-34 所示）。

图 3-34　单层钻石盘（片）的生产方法

25. 自服务法

（1）一物体能服务于自我，并能执行辅助和修理的功能。

（2）利用废物和废弃的能量。

传送带的擦刮器磨损很快。理想的擦刮器应永不磨损。建议：增加擦刮器和传送带之间的间隙。松散物质上的粉粒会掉落在擦刮盘上，从而减少空隙而起到擦刮作用（如图 3-35 所示）。

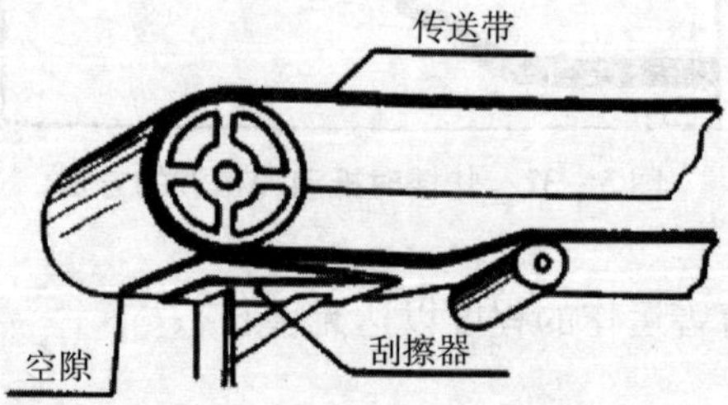

图 3-35　延长传送带的擦刮器寿命的建议

26. 复制法

（1）不便于操作的易损、易碎物，应由简易的和便宜的复制品替代。

（2）可见光仪器可由红外线或紫外线仪器替代。

（3）用光学图像替代单件物品或系列物品，然后图像可以放大和缩小。

为测量正在运行的货车上的圆木，可以通过对所运圆木拍照，然后根据照片进行测量和计算（如图3－36所示）。

图3－36　测量正在运行货车上的圆木的方法

27. 替代法

用便宜的物品代替贵重的物品，对性能稍做让步（如图3－37所示）。

图3－37　纸衣裙/服装

28. 系统替代法

（1）用光学、声学、热学及味觉系统代替机械系统。

用电热器加热金属棒，使显微镜下的物质做微量运动（如图3－38所示）。

（2）运用电场、磁场和电磁场和一物体进行相互作用。

（3）转换下列场：

- 用运动场代替静止场。
- 用随时间变化的场代替静止不变的场。

图 3－38　替代机械系统的一种方法

• 用有组织的场代替随机的场。

（4）利用场和强磁性物质。

29. 压力法

用气体或液体替代物体的固体部分，从而可利用空气或水产生膨胀，或利用气压和液压起缓冲作用。

可充气的塑料护体代替传统的固定用石膏（如图 3－39 所示）。

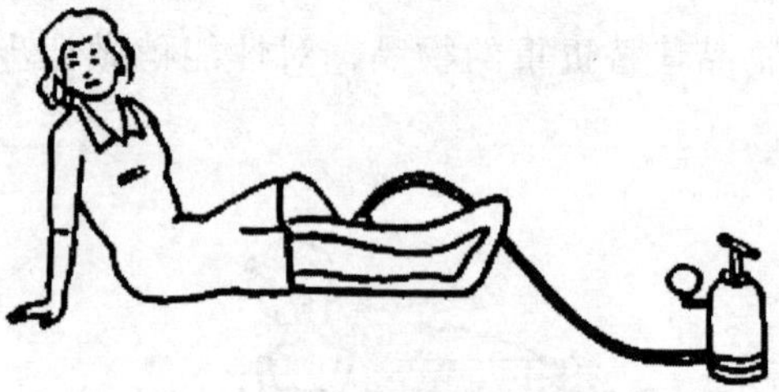

图 3－39　固定用石膏的替代品

30. 柔化法

（1）用灵活的或薄膜表面代替通常结构。

可调整焦距的镜子由镜子加上很薄的可调表面组成。在可调表面和镜子之间充入气体，就会改变镜子表面的曲率（如图 3－40 所示）。

图 3－40　可调整焦距的镜子

（2）用可调的表面或薄膜表层将物体和外部环境隔开。

31. 孔化法

（1）给物体加孔，或运用有孔的辅助物。

为防止表面沾染硬物或杂质，物体壁用有孔物制作以便将特殊液体随孔泵出，清除表面杂质（如图3－41所示）。

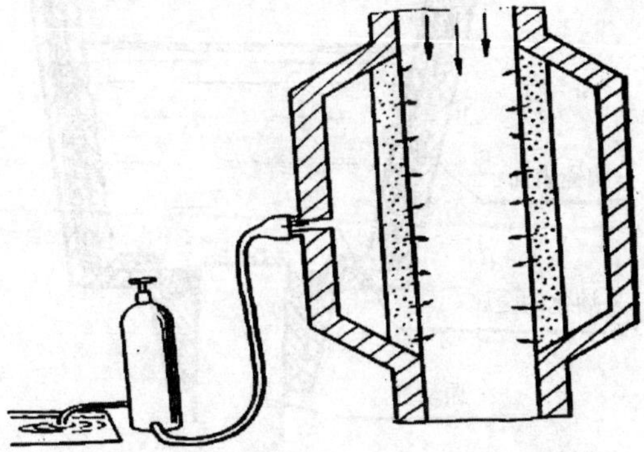

图3－41　利用有孔物清除表面杂质的方法

（2）如果一物体已经有孔，事先向孔中充入相应物质。

32. 色彩法

（1）改变物体或环境的颜色；

（2）改变物体和环境的透明度；

绷带由透明物质做成，以便观察伤口的变化情况（如图3－42所示）。

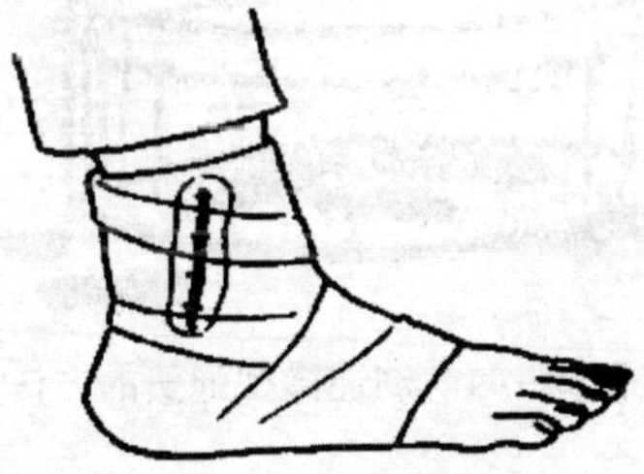

图3－42　透明绷带

（3）在物体中加上颜色添加剂，用以观察难以看到的物体或过程；

（4）如果已经用了添加剂，则考虑增加发光成分。

33. 同化法

和主要物体相互作用的物体应该用同样的材料做成，或具有相同的性质。

在熔化的钢水中，传递超声波的振动杆会脱落一些成分到钢水中，为防止污染钢水，振动杆选用和钢水一样的材料（如图 3 - 43 所示）。

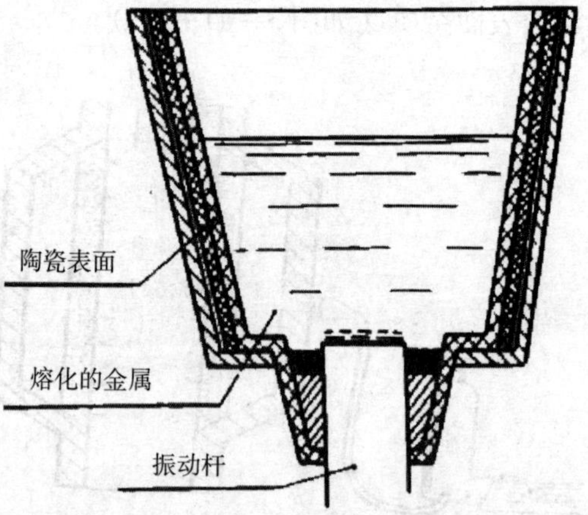

图 3 - 43　炼钢过程中振动杆的选材

34. 自生自弃法

（1）当作用完成后或物体本身不再有用时，物体中的一部分自动消失，或在操作过程中自动调整。

制造微型弹簧的方法是在弹性芯上绕弹簧，而后在液体中将芯融化（如图 3 - 44 所示）。

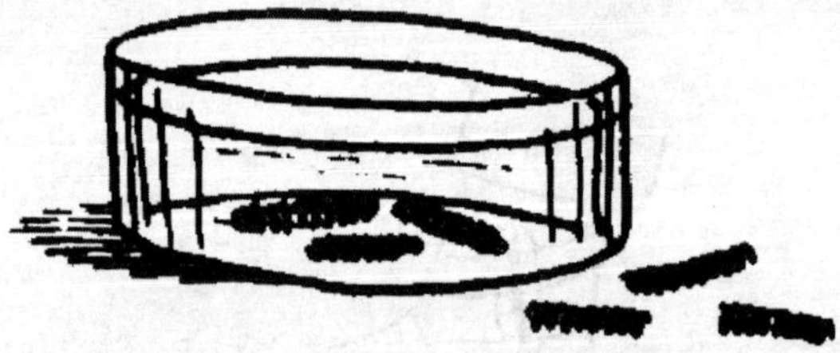

图 3 - 44　制造微型弹簧的方法

（2）物体中用过的零件应在工作过程中重新发挥作用。

35. 性能转换法

（1）改变系统的物理状态。

（2）改变浓度或密度。

电弧焊接过程中，电棒通过电磁泵产生液态金属流（如图 3 - 45 所示）。

（3）改变灵活程度。

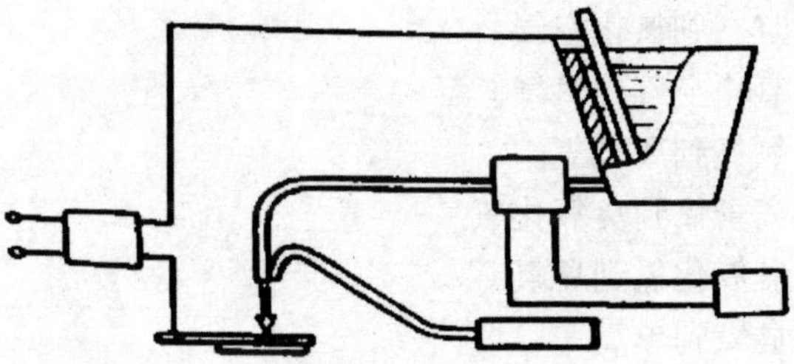

图 3-45　电弧焊接过程

（4）改变温度或体积。

36. 相变法

运用物态转换（如释放或吸收热量等）。

使外保护层的一部分蒸发掉，以保护太空飞船不致过热（如图 3-46 所示）。

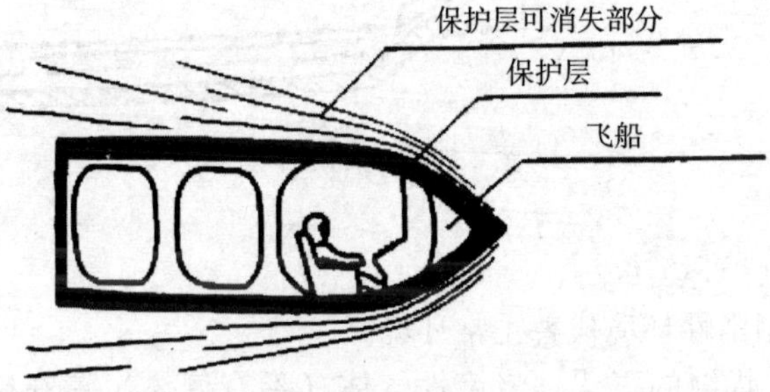

图 3-46　太空飞船外保护层

37. 热膨胀法

（1）改变温度，利用物体的热胀冷缩性。

用两个金属条制作温度计（如图 3-47 所示）。

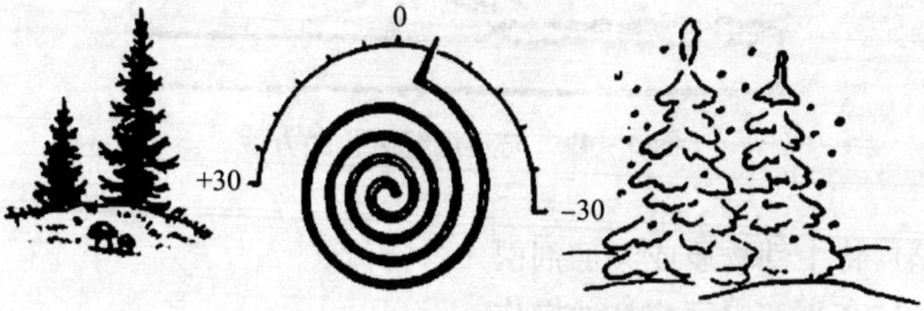

图 3-47　金属条温度计

（2）利用不同材料之间不同的热膨胀系数。

38. 逐级氧化法

利用从一级向更高一级的氧化转换。

（1）从空气到氧化空气。

（2）从氧化空气到氧气。

（3）从氧气到离子氧。

（4）从离子氧到臭氧化氧。

（5）从臭氧化氧到臭氧。

（6）从臭氧到单氧。

在炼铁炉中加入纯氧，可直接将液体金属制成铸铁（如图 3－48 所示）。

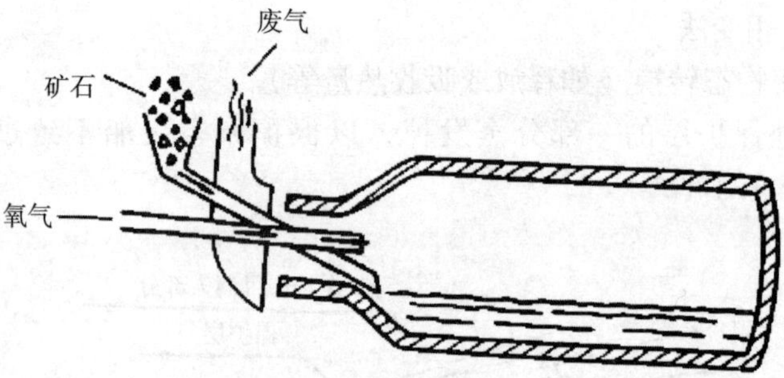

图 3－48　铸铁冶炼

39. 惰性环境法

（1）用惰性环境代替正常环境。

为防止焊缝的氧化，将惰性气体（稀有气体）罩在电弧上（如图 3－49 所示）。

图 3－49　防止焊缝氧化的方法

（2）将中性物质或添加剂引入一物体。

（3）在真空中完成某种操作。

40. 复合材料法

用组合物质来代替同类物质。

内层有波纹纸的包装盒（箱）能承受高强度挤压（如图 3－50 所示）。

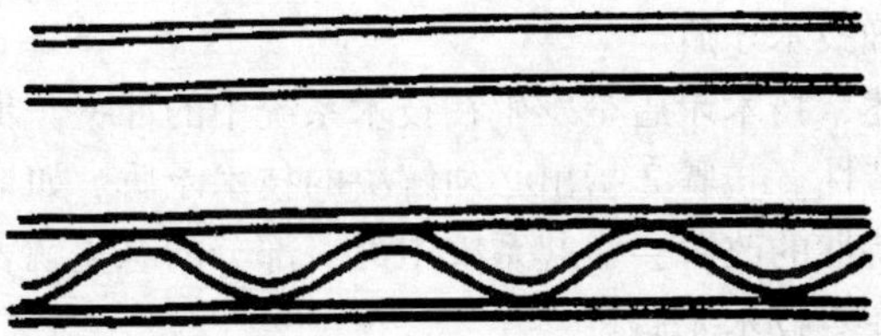

图 3-50　内层有波纹纸的包装盒（箱）

二、解决技术问题的三个步骤

1. 分析技术系统（步骤 1）

这一步骤确定需要改善的系统特性（描述系统物理状态、性能的变量）。

步骤 1 中有三个不同的阶段。第一阶段需要确定系统中各单独成分。第二阶段需要找出最原始的问题。第三阶段要明确需要改善的那一部分的特性。

对技术问题的了解始于对技术系统的分析。通过分析可以了解组成系统的各个部分（子系统），系统所从属的上级系统以及问题本身的根源。

当对这些成分有了足够的理解，就能够了解整个系统的持续情况：系统的过去、现在以及将来在各个子系统和上级系统可以发展的情况。

消除引起问题的原因比消除问题所造成的影响要容易和有效得多。头脑中设想一个系统向前发展或向后倒退所能起的作用使我们理解系统的工作条件。理解技术系统的将来也会揭示出新型的、不可预见的、没有目前问题的工作条件——从而使问题自动得到解决。

头脑中对系统的过程进行一番审视，查出可否在技术发展过程中的上一步就将问题解决。在不少情况下，这种分析会揭示问题的解决方法或使问题整体消除。

最后，步骤 1 包含着改变技术系统特性的两个选择：

（1）提高现存的正面特性。如将船（技术系统）的速度从 10 海里/小时提高到 30 海里/小时。①

（2）消除（淡化）负面特性。一个技术系统有可能在起正面作用的同时起到一些有害作用。步骤 1 的目的是要消除或淡化有害作用。如消除由于提高船的速度而引起的噪声。

“需改善的特性描述清单”可以帮助我们完成步骤 1（见附表 1）。

2. 指出技术矛盾（步骤 2）

如果技术系统中有一部分得到改善，指出哪个相应部分会因之恶

① 注：1 海里/小时 = 1.85 千米/小时。

化，从而明确技术矛盾。

如前所述，技术矛盾是发生在技术系统中的冲突。步骤1已确定必须改善的特性。步骤2指出必须解决的技术矛盾。如果对技术系统中某一部分特性的改善会引起系统中另一部分的恶化就表明存在着冲突，亦即存在着技术矛盾。

“技术矛盾描述清单”给你提供这个过程的具体指导（见附表2）。

3. 解决技术矛盾（步骤3）

这一步是利用40项法则和矛盾矩阵表来解决（消除）技术矛盾。

当明确了技术矛盾后，40项法则和矛盾矩阵表（见附表3）就变得很有用了。

任何技术系统都可由39种普通技术特性来描述。需要改善的特性排列在表的左列，可能变差（恶化）的特性列在表的上面一行。

表的上面一行的特性和表的左边一列的特性完全相同。只是上面一行并未列出每一特性的具体内容而是用数字来代替。为方便起见，40项法则依次排列在表中右边的一列中。每项法则的解释可参考书中40项法则部分的内容。用这些法则和矩阵表进行工作时，请记住这些法则可以提出解决技术矛盾的最佳方案。当接受某一方案会引起另一问题时，不要马上自动放弃这一方案，找出解决另一问题的方法——如果必要的话，解决另外附属的问题。这种方法通常用来解决复杂的问题。

有两种解决技术矛盾的途径：

（1）利用矛盾矩阵表找出最有效的法则。

（2）熟悉每一法则，找出最适合的法则。

技术矛盾矩阵表的应用：

（1）从附表3-2中，指出技术矛盾中运用1a或2a作为欲改善或取消的特色，从表的左边一列中找出最接近的意思。

（2）用1c或2c作为变差（恶化）的特性，从表的上面一行找出最适合的意思。

（3）在行和列的交叉处列出来的即是适合的法则。因为特性是普遍性的，可能选用两个或多个法则，阅读每个相应的法则，尝试将该法则运用于技术系统。不要反对某种法则，不管看起来多么滑稽可笑，努力利用它。如果所有给出的法则都完全不能应用，则需重新确定技术矛盾，再做一遍，直到找出可操作的解决方案为止。

三、创新产品的原型设计

原型设计是创新产品设计非常重要的一个环节，以App产品设计为例，App产品原型就是App产品设计成形之前的一个简单框架，即将页面模块、元素进行粗放式的排版和布局，同时加入一些交互性的元素，使其更加形象具体。也就是说，原型的设计是将想法（抽象信息）转化为线条和图形（具象信息）的过程，最终以产品框架的形式呈现。

（一）草图设计到原型设计

对于很多设计的概念，大家不一定理解是什么意思，这时利用简单的草图说明，使得大家很快理解设计师提出的创意是什么。比如当年在设计鼠标的时候，设计者提出可以设计一个东西，在桌面上移动，电脑屏幕上就会跟着动，在电脑屏幕上设计一个事先定义好需要工作的内容，只要点击它，就会自动的运行指定的内容。大家根本没有听懂他在讲什么，这时他发现设计室中有一个废弃的滚珠，捡起来，放在桌子上，然后找到一个小泡沫纸板，放到滚珠上面，演示了他的说法，大家都懂了他的意思。

草图设计分为以下四种。

1. 概念草图

概念草图一般是指设计初始阶段的设计雏形，以线条为主，多是思考性质的，一般比较潦草，记录设计的灵感与原始意念，不追求效果和准确性。

2. 解释性草图

解释性草图是以说明产品的使用和结构为宗旨。基本以线条为主，附以简单的颜色，为加强轮廓，经常会引入一些说明性的语言。偶尔还有运用卡通式语言的草绘方式。多为演示用而非方案比较，画得较清晰，关系明确即可。

3. 结构草图

结构草图多要画透视线，辅以阴影表达，主要目的是表明产品的特征、机构、组合方式以便沟通和思考（多为设计师之间研究探讨用）。

4. 效果式草图

设计师比较设计方案和设计效果时常用效果式草图，它也用在评审，用以表达事物的清楚结构、材质、色彩，有时为加强主题还会顾及使用环境和使用者。

草图设计完，我们就要用到原型设计工具进行原型设计。

（二）原型设计工具

这里我们还是以 App 产品开发为例，介绍一些近年来常用的六款原型设计工具。

1. Axure RP

难度：★★★★

价格：

标准版—289 美元一个注册码

专业版—589 美元一个注册码

Axure RP 是美国 Axure Software Solution 公司旗舰产品，是一款专业的原型设计工具（如图 3－51 所示），让负责定义需求和规格、设计功能和界面的专家能够快速创建应用软件或 Web 网站的线框图、流程图、原型和规格说明文档。这是一款非常专业的工具，但是学习成本也非常高。如果你是一位专业的交互设计师，并且需要设计复杂是交互，你可以使用这款工具。

图 3－51　AxureRP

资料来源：2016 年值得一试的七款原型设计利器 http：//www. zhishizhan. net/newarc－130797373270. html。

2. Mockplus（摩客）

难度：★

价格：

基础版—永久免费

专业版—10RMB/月

摩客是一款简洁高效的原型图设计工具，有别于 Axure 的繁复，摩客致力于快速创建原型。无论你是产品小白，还是大牛，摩客都能满足你的需求。摩客的设计理念就是关注设计，而非工具。如果你时间有限，那你不能错过摩客，因为几乎不需要学习，你就可以上手这款工具。摩客提供了丰富的组件库和图标库，创建原型，你只需拖一拖。摩客发布 2.1 新版之后，交互也成为其一大亮点，她将交互设计可视化，只需要拖一拖鼠标，即可完成交互的设计，所见所得，没有复杂的参数，更无须编程。封装好的一些系列交互组件，比如弹出面板、抽屉、内容面板等，让设计交互几乎可以全程“无脑”操作。演示也很简单，直接二维码扫描即可，同时支持发布到云和导出演示包（如图 3－52 所示）。

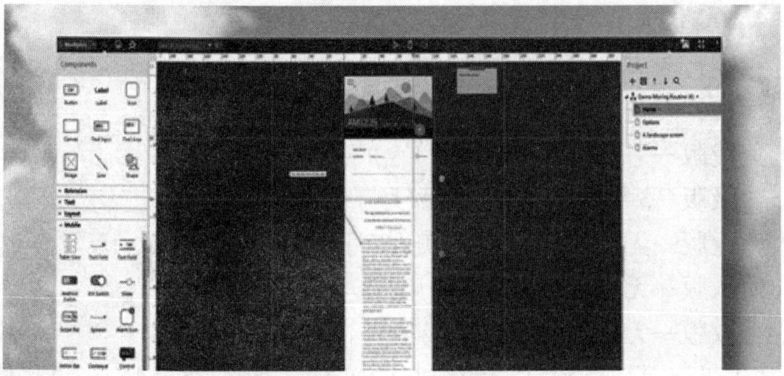

图 3 - 52 Mockplus

资料来源：Axure vs Mockplus vs Balsamiq - Wireframing Design Tool Comparison http：//www. th7. cn/web/js/201511/134455. shtml。

3. Justinmind

难度：★★★★★

价格：

试用期—30 天

专业版本—29 美元/月（包年 19 美元/月）

JustinMind 是由西班牙 JustinMind 公司出品的原型制作工具，主要致力于高保真原型（如图 3 - 53 所示）。它提供的功能有绘图工具、拖放位置、大小、格式和导出/导入的小部件。你还可以自定义小组件，创建自定义组件库，并进行分类，提供丰富的动画支持。如果你要创建复杂的高保真原型，可以尝试这款工具。缺点就是需要一定的学习成本，程序启动也比较慢。

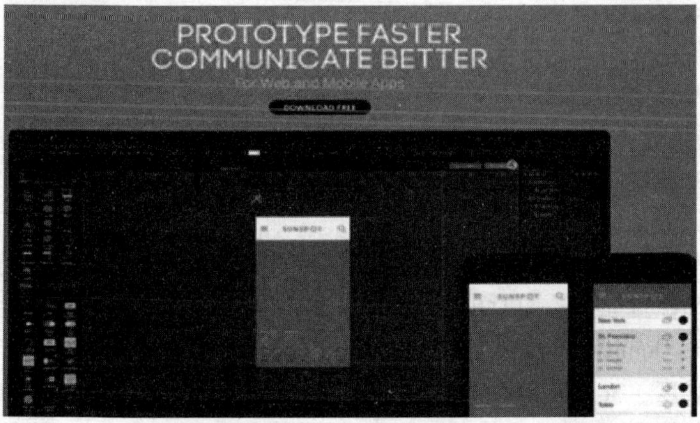

图 3 - 53 Justinmind

资料来源：2016 年值得一试的七款原型设计利器，http：//www. zhishizhan. net/newarc - 130797373270. html。

4. InVision

难度：★★★

价格：

免费版——一个项目

初级版—3 个项目 = 15 美元/月

专业版—无项目限制 = 25 美元/月

团队版—无项目限制，5 个用户 = 100 美元/月

企业版—无项目限制，高级功能

InVision 是一款设计原型交互的工具（如图 3－54 所示）。使用 InVision 可以很好地实现团队之间的协作，也便于收集反馈意见。它可以让你将静态的网页，移动 App 设计图快速地变成可以点击，具有交互效果的动态原型。让你的设计"活"起来。

图 3－54　InVision

资料来源：2016 年值得一试的七款原型设计利器，http：//www. zhishizhan. net/newarc－130797373270. html。

5. UXPin

难度：★★★

价格：

基础版—19 美元/月

专业版—29 美元/月

专业版 + —49 美元/月

UXPin 是一款在线原型设计工具（如图 3－55 所示）。你可以通过拖曳的方式快速创建原型，无须敲一行代码。通过 UXpin，你可以创建高保真原型，同时也支持从 Sketch 和 Photoshop 导入你的设计。

6. OmniGraffle

难度：★★★

价格：

Mac

标准版—99. 99 美元/注册码

专业版—199. 99 美元/注册码

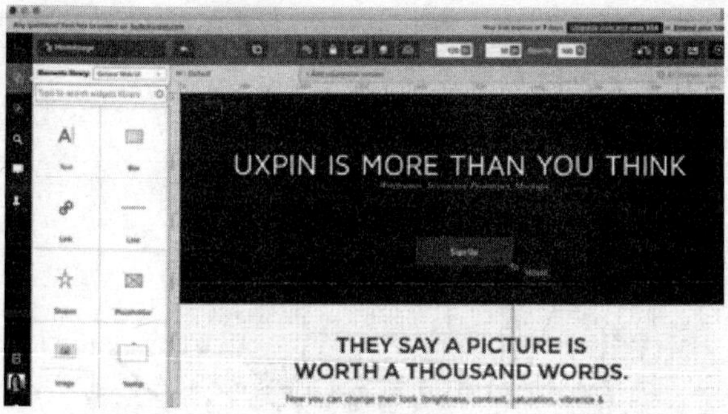

图 3-55 UXPin

资料来源：2016 年值得一试的七款原型设计利器，http：//www. zhishizhan. net/newarc - 130797373270. html。

iOS

标准版—49. 99 美元/注册码

专业版—99. 98 美元/注册码

OmniGraffle 是由来自美国的 The Omni Group 制作的一款原型设计工具（如图 3-56 所示），这款工具只针对苹果用户，有 OSX 版和 iOS 版。它曾获得 2002 年的苹果设计奖。可以使用它快速绘制线框图、图表、流程图等。用 Origami 创建 iPhone 和 iPad 原型是比较好的选择。

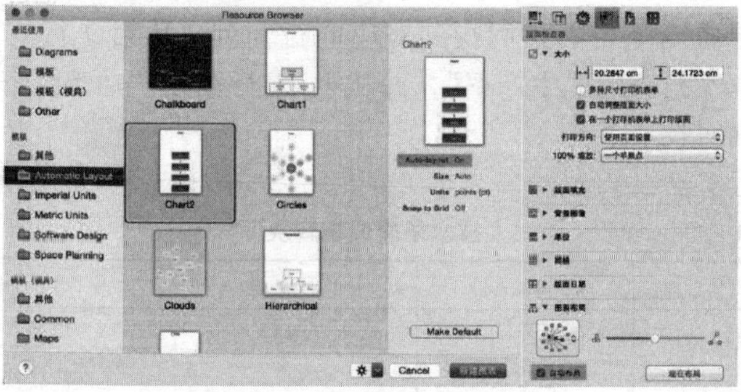

图 3-56 OmniGraffle

资料来源：2016 年值得一试的七款原型设计利器，http：//www. zhishizhan. net/newarc - 130797373270. html。

案例分析

破冰船的创新

冬天必须在 10 英尺厚的冰封航道上运送货物（如图 3-57 所示）。传统方式是由破冰船在前面破出一条航道，然后由其他轮船跟随前进。破冰船每小时只行驶 2 千米。我们需要将速度提至每小时 6

千米，如果再高一些更好。其他运输方式是不可取的。通过调查了解到破冰船的引擎是当时功率最高的。

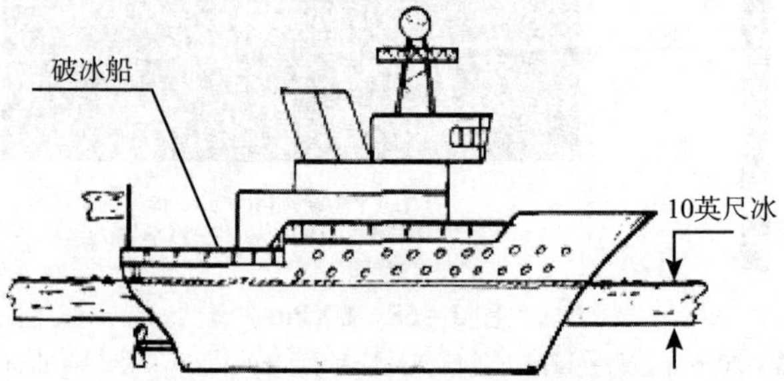

图 3-57　现有破冰船

我们用 TRIZ 解决问题的目的是提出可能的工程设计的方向。

本案例主要目的是要将船的速度从 2 千米/小时提高到至少 6 千米/小时（亦即提高船的生产性）。通常的方法是提高轮船发动机的动力，但是提高马力会对轮船的其他部件产生连锁反应——容纳发动机的空间，轮船的重量等。这些改变都是不理想的。

因此，当前的技术矛盾是：

技术矛盾 1："速度" 相对于 "动力"；

技术矛盾 2："生产性" 相对于 "动力"。

在矛盾矩阵表中我们找到对应的行和列，从第 9 行查到 "速度"，第 39 行查到 "生产率"，并从第 21 行查到 "功率"。表 3-1 标明这两对技术矛盾。

表 3-1　技术矛盾分析解决

技术矛盾	表中交叉点	推荐原理	原理名称
1. 速度/功率	9×21	19	离散法
		35	性能转换法
		38	逐级氧化法
		2	提取法
2. 生产率/功率	39×21	35	性能转换法
		20	有效运作持续法
		10	预先作用法

资料来源：附表 3 中的数据。

让我们来分析一下所推荐的原理，黑体表示 "最佳" 选择。

1. 原理 19 "**离散法**" 表明：

(1) 将持续运动变成间隙运动（脉冲法）；

（2）如果动作已是间隙性的，改变间隙频率；

（3）利用间隙提供附加作用。

用上述原理之一可以得到破冰的效果。例如：让轮船不是直接破冰前进，而是通过振动来破冰，然后前进。

2. 原理35“**性能转换法**”表明：

（1）改变系统的物理状态；

（2）改变浓度或密度；

（3）改变灵活程度；

（4）改变温度或体积。

这些原理提出改变和冰接触那部分的轮船的物理状态或密度。这项建议在两个矛盾陈述中都被提及。船的密度和物理状态怎么得到改变呢？我们稍后将讨论这个问题，现在让我们研究一下原理2。

3. 原理2“**提取法**”表明：

（1）去掉一物体中的干扰部分或特性；

（2）只抽取物体中必要的部分或特性。

这个原理建议将与冰互相干扰的那一部分去掉。

4. 原理10“**预先作用法**”表明：

（1）部分或全部地预先施加所需的改变；

（2）将有用的物体预置，使其在必要时能立即在最方便的位置起作用。

原理10建议在船和冰互相作用之前做出一些行动。

结论：大部分的原理建议改变轮船和冰接触的部分，将这一部分全部去除，会使船自如地从冰中驶出——只不过那一部分轮船会沉到海底。为防止此类情况发生，船的上部和下部安装两排薄型竖直刀片，可以很容易地破冰。将轮船尽量做小，会在破冰时减少拖力。轮船的底部位于冰层下面，装载货物。破冰船同时又是货船（如图3－58所示）。

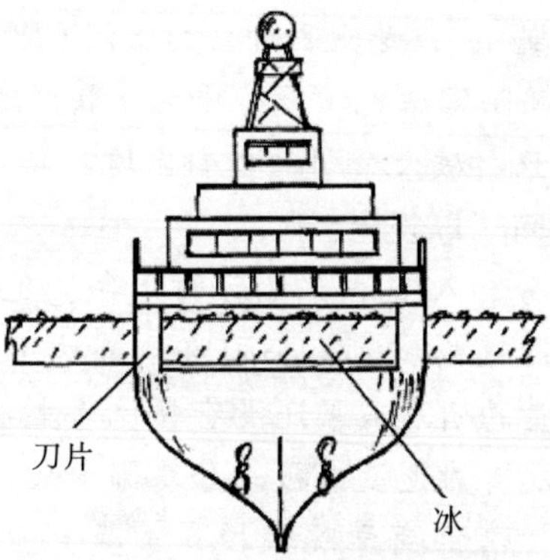

图3－58　破冰船的新解决方案

拓展阅读

开放式创新模式下创新资源共享的案例研究
——以宝洁为例

企业的上下游客户、消费者，甚至是不相关的外部力量都可能成为智慧的支持，成为企业创新的源泉。

从传统的“封闭式创新”转向互联网时代的“开放式创新”，越来越多的跨国企业在寻找新的发展模式。宝洁通过“C+D”（联发）模式在网上公布创新需求清单，表明了宝洁是“开放式创新”的抢先获利者。

宝洁的这一创新实践，无疑对国内企业界具有较大的借鉴价值。

通过“C+D”（联发）模式在网上公布创新需求清单，宝洁从研发向“联发”演进。

宝洁，推倒实验室的围墙

唇彩看似简单，但如何能让唇彩持久闪亮？却是个困扰了宝洁许久的问题。至今，宝洁依然没有能找到解决的办法。于是，宝洁向外界发出了求助信息：

现今的唇彩一般一次只能持续1~2个小时的闪亮，若要实现4小时以上的闪亮，需要某种新的材料或工艺。而新型材料或技术应能够满足以下标准：长时间持久闪亮（光亮保持力）；不影响感觉（感觉、水分、涂抹能力）；便于涂抹。

在宝洁“联系+发展”（Connect+Develop，以下简称“C+D”）的中文网站上，类似的求助信息已有上百条。“现在，宝洁50%以上的创新都来自于外部力量”，宝洁大中华区“联系与发展”部门经理金浩芳博士说，宝洁将这种方式称为“开放式创新”，而“C+D”网站就是其中的一个实现路径，这一网站的中文版已于2009年3月26日正式开通。

事实上，对于宝洁来说，从传统意义上的产品“研发”走向借助外部力量的“联发”，正是刚刚卸任的宝洁CEO雷富礼试图打破企业围墙的一大尝试，而宝洁也希望能借助互联网凝聚社会的智慧，通过“开放式创新”来打破大公司的创新困境。

从“研发”转向“联发”

1997年，金浩芳加入宝洁。之后的两年，她在亲身体验宝洁研发实力的同时，也隐隐感觉到：公司在创新方面还有很大的提升空间，因为内部有大量的研发成果还没有转化为上市产品，许多专利尚有待充分利用，研发潜力也没有被充分发掘出来。

就在这一期间，哈佛商学院教授克莱曼克里斯坦森的著作《创新者的困境》出版。克里斯坦森认为，越是成熟的大企业，越容易被新进入市场的小企业逼上绝路，并最终陷入困境。这一观点令金浩芳产生了些许担忧，许多宝洁员工也与金浩芳有着同样感受，但是却找不到解决问题的办法。

直到2000年，雷富礼被任命为宝洁公司新的CEO，而此时的宝洁正深陷困境。雷富礼上任后，第一件事就是大刀阔斧地整顿宝洁的研发部门。摆在雷富礼面前的是一道难题：要么重整研发部门，让宝洁拥有旺盛的创造力；要么削减研发成本。

在公司的其他高管看来，这是一个二选一的问题。但雷富礼却认为，可以做到两者兼而有之。于是，他提出了"开放式创新"的概念，将宝洁的心脏——研发（Research & Develop）改名为联发（Connect-Develop），即打开公司围墙，联合外部松散的非宝洁员工组成群体智慧，按照消费者的需求进行有目的的创新，然后再通过技术信息平台，让各项创新提案在全球范围内得到最优的配置。

在雷富礼眼中，宝洁公司不只是拥有9 000多名研发人员，他把散落在世界各地的大约180万名研发人员也看做自己的员工，如此一来，宝洁就拥有了180.9万名研发人员。"企业外部也许恰好有人知道如何解决你的企业所面临的特殊问题，或者能够比你更好地把握现在你面临的机遇。你必须找到他们，找到一种和他们合作的机会。"雷富礼说。当时，他制定的目标是到2010年引入50%以上的外部创新，但是在2006年时，就已经实现了既定目标；并且，"由于从外部引入了更多的高端产品和技术思想，宝洁公司的研发成功率提高了85%。"金浩芳说。

搭建创新资产集市

在"C+D"理念下，宝洁需要解决的第一个问题是：如何将自己的需求告知散布在世界各地的研发人员？起初，宝洁找到一家类似于创意集市的网站，在上面发布寻找解决办法的信息，之后就可以得到回应。虽然这已经令宝洁获得了许多外部的创新方案，但宝洁同时也发现：这种方法存在一些缺陷。由于只是宝洁单项的、订单式的沟通，外部潜在的合作伙伴如果想跟拥有庞大组织结构的宝洁沟通，通路并不顺畅。例如，外部的研发人员如果拥有一项美白面膜的专利配方，既想让这款面膜投入市场，但又苦于没有资金，并且不愿花太多精力在经营品牌或生意上，那他应该怎么办呢？他又如何跟宝洁沟通呢？

为此，宝洁在2007年自己建立了"C+D"英文网站，这实际上相当于宝洁的创新资产集市。在这里，你可以浏览宝洁的需求及创新成果。若手上的创新成果刚好符合宝洁的需求，便可以根据提示提交方案，并在8周内获得回复。在未收到回复前，你可以随时登录系统查询方案审核情况。这种模式推出后，得到了积极响应，网站在上线后一年半，就收到了来自全球各地的3 700多个创新方案。

然而，这些方案大多来自英语国家。这时，宝洁又发现，语言成为很多创新资产所有者参与“C+D”的障碍。于是，在2009年3月26日，“C+D”中文网站正式启动。“3个月后，注册访问量已经超过2万，有效的创新方案达到了129个，其中不乏有望与宝洁达成合作的创新方案。”金浩芳说，她觉得自己的部门就像一个“创新猎头”团队，每一天，都会对创新方案进行筛选，并在承诺的时间内回复。而对那些满足要求的创新方案，再安排专业人员进行审核，并在遴选通过后与提交者确定合作细节。

中科院昆明动植物所的刘存宝，就是宝洁这一创新活动的参与者之一。如今，他已养成经常上“C+D”网站的习惯，“看看宝洁又有什么最新需求，有了这个网站，庞大的宝洁变得不再遥不可及，随时随地都可以向宝洁展示自己的才华。”刘存宝表示，他的团队通过仿生学的创新，从两栖类动物中分离了100个以上生物多肽，并证实这些生物多肽是再好不过的具有抗微生物和抗氧化功能的天然材料，从而获得了宝洁2009年微生物技术创新大赛的金奖。

金浩芳用了一组数字来描述“开放式创新”给宝洁带来的利益：从2004年到2008年，公司的研发投入不断增加，而这些投入占销售额比例反而从3.1%降低到2.6%。

除了征求创新方案外，宝洁也会在这个网站上出售自己的专利，这同样也是雷富礼的创意。雷富礼在20世纪90年代末宝洁的一次内部调查中发现，公司投入了15亿美元研发资金，研制出了约2.7万项专利，但其中只有10%用在了企业的产品上。于是，雷富礼决定把那些宝洁用不到的好点子放到“创意集市”，让它们在合适的地方实现价值，同时也能为宝洁带来可见的获利。“如果你正在寻找获得许可使用宝洁的商标、技术等其他创新资产的机会，登录这个网站，很可能就会找到和宝洁合作的商机，将共同的生意做到世界各地。”金浩芳说。

“C+D”模式下的全球协作

金浩芳还通过一个故事更形象地讲述了宝洁的开放式创新。2005年，远在美国的宝洁研发人员正在为纺必适（宝洁旗下品牌）品牌下的一款新产品的设计开动脑筋。由于重视环保，研发人员不打算选用传统的塑料作为容器材料，而是倾向于使用竹木等自然材质。但是，竹制品的研发和生产制造并不是宝洁的强项。本着“C+D”的理念，宝洁开始到处寻觅竹木加工的解决方案和制造商，但这一过程并不像想象中那么简单。

很关键的原因有三：一是竹制产品含水率问题较难解决，易受原材料及加工存储环境的影响等；二是竹材料纯天然，纹理各异，外加手工制造，产品精度很难控制；三是宝洁对器具误差的要求是0.5毫米，比普通一张纸的厚度还薄。并且，宝洁要求的量往往是几百万件，这种大规模生产对于往往是小作坊式手工制造的竹制品企业来说是很大的挑战。

寻觅两年，宝洁始终没有找到能解决上述问题的合作伙伴。很快，这一问题上升到需要全球协作的高度。

2007年4月，宝洁广州办公室的一位员工通过阿里巴巴找到了远在浙江仙居县的味老大。不过，在中国竹制工艺品行业，产品精度的误差平均是3毫米左右。味老大的几万件批量的出厂标准是误差1到2毫米，这已经非常难得。但是，宝洁的要求是0.5毫米以下，显然还存在一定的差距。最终，在宝洁与味老大的多次磨合后，味老大的工艺达到了宝洁的要求。

这显然是一个双赢的局面。现在，许多这样的故事正在宝洁上演。①

课外实践

实践活动一

通过前三章的学习，大家对创新有一定的认识了，现在需要大家完成一个任务，这个任务关系到大家的期末成绩。

同学们需要在学校内或者通过高中同学找到5~8名不同专业并且志同道合的同学形成一个创新小组，将自己的创意通过创新设计思维方法和创新设计模式，形成自己的创新产品设计原型或创意设计，并将相关的文档、视频上传至我们的邮箱，我们将组织专家组从中评选出最佳创意奖、最佳团队奖等校级奖项，并将证书颁发给相关小组。

实践活动二

除了上面的学习任务外，还有一个创新团队游戏——多人踩报纸。

游戏目标：让同学们练习如何不断改进团队精神，培训创新意识。

游戏工具：一张报纸（篇幅要求16开）。

游戏方法：要求每组5人，在3分钟内小组中的所有成员都要站到16开的报纸上，站稳后要坚持10秒钟以上（特别说明，全部的脚不能站出报纸的边界）。

游戏全程录像，并将近景和全景录像上传至我们的邮箱，文件名以小组命名，我们将在微信平台上以视频提交时间排行榜和坚持最久时间排行榜的形式分别将大家的成绩展示出来，各榜前5名有奖励，违规的视频将不参与排行。

---

① 本案例选自吴晓燕：《开放式创新：从公司外部寻找创意》，载于《中国经营报》，2010年1月10日。

第四章
创业者与创业团队

学习目标

1. 创业与创业精神
2. 创业者及其应具备的创业能力和素质
3. 了解创业团队的含义、对创业成功的意义
4. 学习并掌握创业团队的组建方法
5. 管理原则和策略
6. 了解团体心理训练对创业者及创业团队的作用、方法及效果

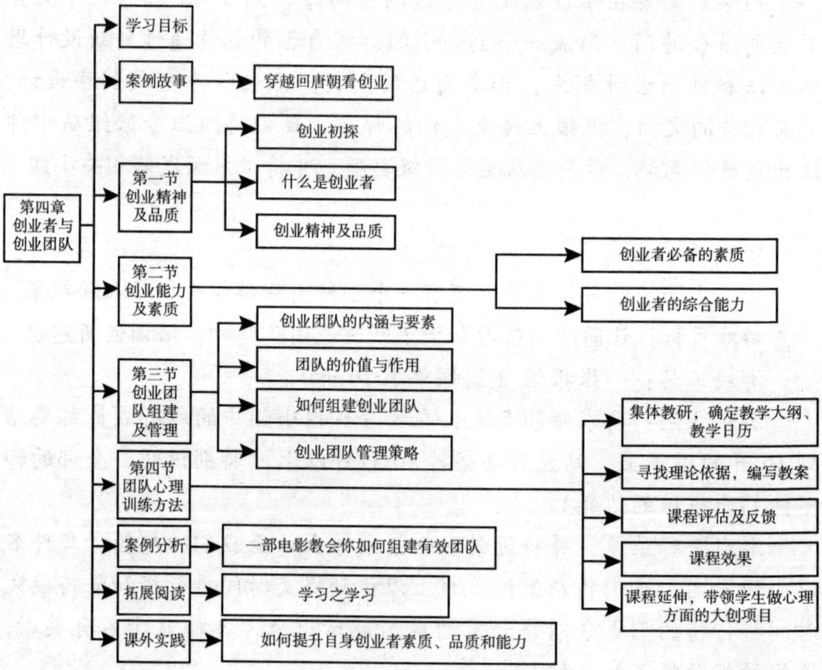

案例故事

穿越回唐朝看创业

如今的科技创业圈常常感慨："创业难，守业更难。"这是一种思考也是一种指引。

《资治通鉴·唐纪》记载：贞观年间，唐太宗李世民和身边的侍臣聊起了管理话题："创业与守业哪个难?"房玄龄回答说："建国之前，与各路英雄一起角逐争斗而使他们臣服，是创业难!"魏徵则说："自古以来的帝王，没有不是艰难地取得天下，又在安逸中失去天下，是守业难!"唐太宗总结了二人的观点："玄龄与我共同打天下，经百死得一生，更知道到创业的艰难。魏徵与我共同安定天下，常常担心富贵引发骄奢，忘乎所以而产生祸乱，所以知道守业难。但是创业的艰难，已经成为过去，守业的艰难，正应当与诸公慎重对待。"房玄龄魏徵等人拜谢说："陛下说的这些话，是天下的福气!"

《贞观政要》是一部更为详尽记录唐太宗日常言行的典籍，其中有注："自古创业而失之者寡，守成而失之者多。"

古为今用，约1 400年前的帝王都悟出了创业守成的辩证关系，在如今这样一个创业绽放的时代，唐太宗的结论就更值得我们深思了。初创企业的管理者必须清醒地认识到企业是处在创业期还是守业期。如果是创业期，那么就必须以创业的解决方式来解决问题，如果是守业期，那么就得用守业期的解决方式来解决问题。

也有观点认为，创业期或守业期与企业创立成长的时间长短并没有直接的关系，有的企业过了十年二十年还处在创业期，而有的企业不到三年五载就步入了守业期。企业如何来衡量呢?

创业，永远没有终点。

世界经理人明星经理人博主牛根生认为创业永远没有终点，创业和守业不是前后关系，不是并列关系，而是包含与被包含的关系：创业是永恒的，守业是相对的；守业是创业的另一种表现形式，一切守业都是创业的子集。

许多人误解创业是需要"动"的，守业是需要"静"的；创业是需要"激情"的，守业是需要"寂寞"的；创业是需要"扩张"的，守业是需要"内敛"的；创业是需要"大刀阔斧"的，守业是需要"平平淡淡"的……一句话：创业比守业离创造更近，守业比创业离激情更远。

这个世界只有"创业态"，没有"守业态"。创业是唯一的"长生不老"药，当你不再创业而妄想"守业"的时候，前面的路只剩下一条：萎缩，衰落，死亡。要么自我革命，要么被人革命，没有第三条道路!

翻开厚重的历史，我们也可以清晰地看见曾经的诺基亚、柯达的陨落源于故步自封、抱残守缺、不思进取，曾经利润丰厚、家喻户晓的巨头企业，倒下仅仅也只是瞬间发生的事情。

对于企业管理者而言，不论是创业还是守业，都需要一种创业精神——不断学习开创性思考、锐意进取永远不满足，这样的企业才有坚强的生命力。守业是创业另外一种形式的存在。①

这个案例看似是唐太宗和臣子们的对话，“挂靠”创业团队说事博人眼球，但却与本章的核心学习内容密切相关，高度一致。

如果没有不断学习开创性思考、锐意进取的创业精神，唐太宗就不会提出那个“头脑风暴”问题；如果没有一定的创业能力和素质，唐太宗和他的团队早就“出师未捷身先死”了；如果不是拥有一支文武人才兼备、志同道合、共生入死、分工明确的团队，唐太宗也不可能夺得天下和坐稳天下。在传奇一样繁华、迷乱的大唐尤其是面对皇位之争、外敌入侵等困境面前，唐太宗和他的团队成员坚韧不拔、敢于冒险、勇于直面一个个绝境，以强大的心理素质和品质获得最后的胜利，并在后续创业期以“未雨绸缪”的心态进行守业“风险”预测评估，调整治国方案……所有这些，都涵盖了本章学习重点：创业精神及品质、创业能力及素质、创业团队组建及管理、创业团队的心理建设。

第一节　创业精神及品质

一、创业初探

何谓“创业”?《现代汉语词典》是这样解释的：创办事业。

而事业是指人所从事的具有一定的目标、规模和系统，并对社会发展有影响的经济活动。也就是说它实际上是一个经济活动，因此通俗地说创业，就是创办跟经济有关的事儿。

狭义上讲的创业，其概念源于“Entepreneur”一词，从经济学的视角来说，通常是特指个人或团队自主创办企业，将团队成员所掌握的知识技能和社会资本进行最高效益的调动和配置，创造性地为消费

---

① 本案例选自郁伟:《世界经理人》。http://www.ceconline.com/leadership/ma/8800086834/01/。

者提供产品或服务的赚钱过程。

我们现在所说的创业一般是指创业者灵活运用当前的各种资源，寻求商业机会进行价值创造的行为过程。

案例故事

从知名大公司的员工到创业公司的 CEO

——大连大学创业典型李勤伟的创业之路

李勤伟，2010 年毕业于大连大学，是一名连续创业者。早在大学二年级，即 2007 年，他就开始了第一次创业。他说服了几个学长、学姐和同一专业的同学搭建了一个考研社区，社区运营两年发展到了注册会员几十万人。之后该社区与中科院和中国自动化学会合作联合主办了 MathorCup 数学建模竞赛等重大赛事。目前，该项目已经转交中科院管理。2014 年，李勤伟创建“环球赛乐（北京）科技有限公司”。2015 年 9 月，在辽宁省首届“互联网 +”大学生创新创业大赛中获得金奖，在教育部首届“互联网 +”大学生创新创业大赛中获得三等奖。

大学毕业后，李勤伟曾先后就职于新浪网、赶集网、百度等互联网巨头公司。记得刚毕业，尽管在校期间学习成绩优秀，也在很多竞赛中获了奖，但当他来到新浪面试，忐忑地向人力资源经理报出 5 000 元的预期月薪时，经理立马回答“明天赶紧来上班”。受宠若惊的他工作许久后才明白面试官表情的含义。如今的他清楚地意识到求职过程中招聘方与求职者的痛点：一方面互联网公司很难招到合适的技术人才，尤其是缺乏经验丰富的储备人才以及清晰明确的考核机制；另一方面，毕业生们尤其是像他一样从非名牌大学毕业的学生，很难有一个平台来证明自己的能力。

因此，他从百度离开进行了第二次创业。创业项目的名字叫“赛氪”，是一个服务于精英大学生的互联网社区。所谓精英大学生是指在不同领域表现出卓越能力的学生，比如数学建模竞赛、ACM、机器人大赛成绩优秀者，创业成功的大学生，就职于名企的职场精英等都是精英学生群体。通过社区将精英大学生连接起来，给予所有有志青年一个能够既轻松又方便地交流学习经验、知识技能和人生理想的平台。

积累了高质量的“学霸”人才以后，他们的发展方向可谓清晰可见。目前，“赛氪”已经计划推出大学生的求职招聘了。为此，“赛氪”设计了一套自己的算法：根据每个人参赛、得奖、分享经验和听课的情况计算得分、排名，从而得出一个中肯的评价数据；另一方面引入大量企业，让企业通过入驻社区近距离地和优秀的学生们接触，发现并录用人才。通过这个平台让大学中那些努力学习，将来有潜力成为企业乃至国家栋梁之材的好学生有一个光明的前途，使真正的人才不再被埋没。

目前市场上有非常多的校园社区类产品，同质化非常严重。他们不做泛型社区，他们要做的是精英大学生群体的社区，打造正向引导的校园类产品。目前他们完成了种子期、天使期融资，已获得300万元天使投资。公司由15名来自BAT（百度、阿里巴巴、腾讯）的互联网人才组成。

从知名大公司的员工到创业公司的CEO，创业中的他经历了太多的酸甜苦辣，但也完成了自己人生的一次华丽蜕变。一方面，他感受到了国家日益繁荣，给创业者提供了更多强有力的政策与资金的扶持，让大学生们有了更好的创业条件去实现自己的梦想。另一方面，也实实在在感受到了创业中的艰辛与孤独。正如《创业维艰》中的一句话：创业就是让创业者体验两种情绪——欢乐和恐惧。但他坚信他的创业是欢乐的，因为赛氪团队正在做的是一件正能量的事，并且它还会继续做下去，去造福于更多渴望成长，渴望变得更优秀的莘莘学子。

他一直都相信：人才是未来最宝贵的资源。“赛氪”正以不懈的努力拥抱人才，拥抱未来，他们一定会做到，这一天并不遥远！①

创业包含三个要素：资源、商业机会、价值创造。从李勤伟的创业故事可看出创业内涵大致包括：

（1）创业的主体是个人或者是小规模的成员群体。

（2）创业者是专业知识、能力、社会资本等资源的拥有者。

（3）创业者又是将资金、技术、人员、机会等资源进行灵活组合的配置者。

（4）创业是需要打破原有的就业模式，创立新的社会经济单元。

（5）创业是一个创造性的过程，具有创新性。

（6）创业是一定要将所提供的产品和服务在市场上转化为商品。

（7）创业具有明确的目的性，增加个人精神和物质的财富。

二、什么是创业者

创业是由人来完成的，我们称之为“创业者”。1755年，法国经济学家坎蒂隆首次将创业者的概念引入经济学的领域。此后，不同的经济学家对创业者分别做了不同的释义。

正如一千个人读《哈姆雷特》就会有一千个“哈姆雷特”。创业

① 本案例选自大连大学创新创业学院创业典型风采集。

者也同样，由于人们所站的角度以及看法的不同，使人们对创业者的解读也略有不同。

一致比较公认的创业者是这样的人：具有高超的商业运营才能，不仅创办了企业，还能够成功的做决策，使企业获得最大利润，不断发展壮大成为具有影响力的企业集团，同时有可能创立新的商业模式，并为其他企业提供创业榜样，比如我们耳熟能详的马云、比尔·盖茨，等等。

创业者是创业过程当中处于核心地位的个人或团队，他是创业的主体，创业者在创业过程当中起着最关键的推动和领导作用，包括识别商业机会、寻找创业合伙人、融资、协调各方关系、创建企业、开发新产品、发现和获取有效资源、广结人缘、开拓新市场等，同时他还是一个团队文化的缔造者、创业精神的引领者。如缔造神奇“苹果”的乔布斯，他们是各种优秀创业品质的集大成者，在他们身上都具备着极大的人格魅力。

三、创业精神及品质

创业精神及品质指的是什么？对想做创业者的大学生而言，这些精神和品质又如何培养和提高呢？

（一）创业精神

创业精神，是创业者在市场竞争中开拓进取，创造新价值的精神，创业精神的本质在于创新，为消费者创造出新的产品、新的价值、新的体会、新的收获。

现代管理学之父德鲁克对于创业的定义更侧重于创新，他认为企业家的创业精神就是在不断变革的经济生活中寻求和利用机会。

创业精神是创业者在创业过程中重要行为特征的高度概括。概括起来说，主要包含以下几点：

1. 创新精神

现代管理学家都指出：企业家精神中最重要的就是创新。创新是创业精神的灵魂，没有创新就没有创业；没有创新，创业就很容易走不下去；创新停止，创业也就终止了。

2. 合作精神

单枪匹马的创业成功少而又少，任何创业者成功的背后都有一支志同道合的创业团队。如果没有合作精神，没有团队意识，没有齐心协力，没有共赢和彼此利益的最大化，创业也不可能成功。

3. 冒险精神

敢为天下先，做别人没有做过的事情，能够去承担创业过程当中遇到的挑战和风险，是创业精神当中重要的组成部分。可以说，不敢冒险，便没有创业。

4. 坚韧不拔

任何创业绝对不是一帆风顺的，坎坷曲折、艰辛困苦等等考验，无不随时包围在创业者的身边，创业者能否突出重围，坚持不懈以执着的精神战斗到底，是创业成功的基本保障。

5. 社会责任

我们发现越是伟大的创业者，越是将自己的财富和大家一起分享的成功者。一个成功的创业者应当以“社会企业家”的姿态，“取之于民，用之于民”，这是值得80后、90后创业者深思和学习的。

（二）创业者品质

关于创业者的心理品质，通过大连大学《创新创业团体心理训练》课程过程中与大学生探讨总结得出这样结论：因人而体现出千变万化的不同，同时又有一些共同的特征。表现如下：

1. 独立思考、果敢行动

创业是谋生和立业。创业者首先走上独立的生活道路，因此，独立性是创业者最基本的个性品质。这种品质主要体现在：独立思考、判断、整合、选择等等，一旦认准了，就能果断付诸行动。

2. 善于交流、多赢合作

创业之路无冤家，成功的创业者一定具备与人合作与交往的高超能力。通过语言、文字、肢体、网络等多种形式与客户、媒体、员工、竞争对手、政府工作人员等各种群体进行有效的交流与沟通，排除障碍，化解矛盾，增加互相的信任度，推进创业的发展，实现合作多赢。

3. 敢于冒险、勇于担当

创业，机会与风险共存。创业活动随时伴随某种风险，事业的范围和规模越大，取得的成就越大，伴随的风险也越大，需要承受风险的心理负担也就越大。因此，敢闯敢干、敢于实践、敢冒风险的敢为性是每一个创业者都必须具备的积极的心理状态。

4. 克己制贪、知足回馈

创业者要具备社会责任感，善于克制过贪之念，创业过程中要遵守法律，合法创业、合法经营、依法行事；同时，要具备较高的社会责任心，恪守职业道德，诚信经营，不做有损社会大众的事情，甚至当企业盈利较多的时候，应当做公益事业回报社会。

5. 坚韧不拔、不屈不挠

百折不挠、坚持不懈的毅力和意志，是成功的心理保证。知难而退、三心二意，创业根本不可能成功。在方向目标确定后，创业者就要朝着既定的目标走下去，纵有千难万险，也不改初心，直至成功。

6. 自我调节、适应性强

市场是变化多端的，竞争是激烈的，创业者能否具有远见，敏锐地观察当下形势，抓住机遇，灵活地适应变化，成为创业成功的关键所在。同时善于进行自我调节，用积极的态度和科学的方法来看待和处理来自工作和生活的压力，保持良好的心理，对于创业成功也至关重要。

综上所述，再思考唐太宗和他臣子们的对话，就会深刻理解“对于企业管理者而言，不论是创业还是守业，都需要一种创业精神——不断学习开创性思考、锐意进取永远不满足，这样的企业才有坚强的生命力”这段话的含义。对于想创业的大学生们来说，必须对创业精神有深刻的领悟，创业品质也必须要通过学习磨炼，才能得到培育，虽然目前还谈不上守业，连创业可能还都在萌芽阶段，但至少来说我们应当知道以一种什么样的创业精神来引领自己在这条路上走下去。

第二节　创业能力及素质

有了良好的创业精神和品质，还需要有一定能力和素质去实现。因为人是创业成功的首要因素，而创业者发挥的是最核心的作用，要想创业成功，不仅要拥有优秀的创业品质和创业精神，更需要具备解决和处理整个创业过程中随时出现的各种挑战和问题的综合素质和能力。那么具体需要什么样的能力和素质呢？

案例故事

创业，为了兴邦

郭鹏鹏，2002 年毕业于大连大学建筑工程学院土木工程专业，创办大连梦幻海洋学校，任校长。

郭鹏鹏，字家兴，亦有国家兴盛之意。在校期间，他就注重培养实际工作能力，创办大连大学建筑学院“计算机辅助制图工作协会”，组织协会成员长期开展技术交流和研讨活动，并积极参与和带领协会成员参与多项实际工程设计工作，受到学校和学院领导、老师的一致认可。在这个协会里，郭鹏鹏提高了组织、管理、运营等多方面能力，积累了一定的工作经验，为毕业工作进行了积极充分的准备。

毕业后，郭鹏鹏考虑再三，最终决定选择向自己的兴趣爱好方向发展，从事CG（电脑动画）领域的研究和工作。于是，他南下深圳，进入了亚洲最大的动画生产机构“环球数码”（IDMP）深造和工作。

在环球数码学习期间，郭鹏鹏很不习惯南方潮湿炎热的气候以及和北方截然不同的饮食。为了学习，他克服了气候与生活方面的不习惯，早出晚归，勤学苦练，几乎每天都是两三点才睡觉。毕业时，郭鹏鹏以优异的成绩经过层层筛选，从一百多名学员中脱颖而出，优先录取到公司技术培训部门工作。

在工作期间，郭鹏鹏得到部门领导的大力赏识，得到学生们的认可和爱戴，是学生公认的杰出教师。学员多次在公司内部论坛发帖称赞。并且郭鹏鹏也有幸参与了国内首部高清全CG动画电影《魔比斯环》的生产制作，法国长篇动画片《penshel》等国内外项目的制作。经过这些磨炼，郭鹏鹏熟悉了影视高端级别动画生产的流程工艺，成为走在中国设计动画最前沿的一批人。郭鹏鹏所培养的学员目前已成为环球数码生产线主要技术力量，有很多已成为国内各大动画公司的核心力量，为中国的CG动画产业的发展作出了重要的贡献。2004年，郭鹏鹏又与北京电影学院等机构合作参与《高等院校动画专业教材》的编写工作，该套教材现在已成为各大高等院校多媒体动画专业应用最广泛的教材，受到多方好评。

2005年，郭鹏鹏回到大连。一种使命感在他心中升起。那就是致力于高端动画人才的培养，使大连的动漫产业得到长足的发展。郭鹏鹏回来后做的第一件事就是找工作，找工作之前虽然他对大连的动漫市场有一个初步的印象，但是并没有很深入的了解，当时也考虑到自己要创业，但是他认为时机还没有成熟，希望能够找一家比较不错的动漫公司先做一段时间，全面了解一下大连的市场，再做打算。但是找工作的事情进行得并不是很顺利，他并不是没有单位可去，而是对所应聘的公司不是很满意。他不是看现在的待遇如何，而是注重这个公司的结构体系、管理模式、生产模式和定位，以及将来的发展前景。

经历这样一段时间后，没有满意的公司，郭鹏鹏开始考虑自己创业了。很多问题也随之而来，市场、时机、资金、手续等问题都摆在眼前，其中最主要的问题就是资金问题，首先要做的是深入市场才能深入了解市场，才能进一步制定有吸引力的策划，才能吸引到资金。于是郭鹏鹏开始了市场调研工作，大连的动漫市场不大，但是要一个人跑，还是很辛苦的。当时没有别人可以帮忙，个人资金也很有限，不可能委托市场调研机构来做。而且郭鹏鹏认为必须要亲自去了解，才能从中感受到一些微妙的细节，发现一些更深层次的问题。

通过对大连的动漫行业细致地调查和分析，他了解到大连现有的动漫培训机构和生产机构情况，主要媒体机构情况以及大连周边的软环境情况。根据调查，郭鹏鹏发现，大连的动漫市场才刚刚起步，市场有待开发，技术力量与深圳、上海、杭州、北京等动漫产业发达地区有很大的差距，没有成规模的正规动漫制作机构，现有动漫机构大多处于摸索阶段，这样的环境下创业毕竟是一件很艰苦的事情，但是却也因此充满了机会和希望。

根据所做的市场调查情况和分析结果，结合自身情况，郭鹏鹏对比分析总结各方的优势和劣势。然后进一步进行定位，参考和借鉴国内其他地区的发展经验，最后结合自身的优势，决定定位自己要向高端品牌方向发展。

郭鹏鹏做了一份详尽的项目策划书，阐述了自己的构想和实行方案，然后通过各种渠道找到了现在的董事会。他认为梦幻海洋能够得到董事会投资，除了这个行业的光明前景和自身的优势之外，最主要的一个原因在于他做的计划书是一份全局的规划，而不单单是简单的可行性分析。这份规划包括公司的定位、发展方向、远期目标、近期目标、风险分析及规避等等一系列切实可行的方案和构想。“梦幻海洋”定位在高端品牌方向，即以最终拥有高端生产技术，具有从事高端动画片生产制作能力，并且能起到地区产业核心作用这样一个目标。

得到投资以后，下一步的方案实施就开始紧锣密鼓的进行了，策划方案再好，是否成功还是要看执行。创办之初的困难也有很多，办理教育局、行政中心、税务等等各种手续，招聘人才，企业管理等等，郭鹏鹏边探索边实践。

经过郭鹏鹏的不懈努力，在短短的一年多时间里取得了令人振奋的成绩。梦幻海洋电脑学校已经是大连市动画行业内公认的佼佼者，无论是技术水平还是教学质量都得到了大家的认可，踏踏实实，规范的办学得到了市教育局、信息产业、局劳动局等相关主管部门的一致好评，同时也得到了学员和同行们的尊敬，已经形成了很高的市场知名度和品牌效应。

梦幻海洋已经开始对外承揽外包业务，同时自行开发的原创项目得到了多家机构的青睐。

郭鹏鹏的目标是做中国的迪士尼。

郭鹏鹏的使命是振兴民族动画产业。

正是因为有着“兴邦”这样伟大的使命感，郭鹏鹏的创业才会越做越强！①

① 本案例选自大连大学招生就业指导中心主办的《大连大学创业学子风采录》。

郭鹏鹏的创业故事告诉我们：创业者能力与素质的高低，直接决定创业成功与否。

素质与能力两者的关系是什么呢？素质与能力两者有共通之处：能力，是完成一项目标或者任务所体现出来的素质；素质，指一个人的修养，包括道德品质、外表形象、知识水平与能力等各个方面。但两者又有不同：能力是人外在的表现，素质则是人内在的品质修养；能力是直接影响活动效率，并使活动顺利完成的个性心理特征，素质是由训练和实践而获得的一种修养。在创业过程中，创业素质和能力向来是一体化、不分家，综合素质高必能力强，综合能力强素质也一定高，两者相辅相成。

一、创业者必备的素质

1. 饱满的创业激情和强烈的创业动机

对于创业这件事情来说，如果没有强烈的激情和意识的话是不可能付诸行动的。可以说，饱满的创业激情和强烈的创业动机是创业者成功的驱动因素之一。

但是创业激情并不是一蹴而就，也不是说今天有激情，下个月有激情，明年就没有激情。创业激情是需要始终如一的保持，哪怕创业的前方是千沟万壑，也依旧“一往情深”勇往直前！

而对于创业动机来说，创业者首先要具有不满足于平庸的生活、渴望追求高品质生活和人生境界的这样一种强烈的创业意识和动机，有了这样的意识和动机，才有可能审视自己人生的走向，进行开放性的思考，留心和寻找身边的资源，进行创业的各种准备。机会总是垂青于有准备的人，可以说有创业意识的人才会抓住这样的机会。

郭鹏鹏就是这样一个充满饱满的创业激情和强烈的创业动机的人，不满足于和自己不匹配的公司，过规规矩矩的职员生活，发现了大连动漫市场的空白，在这样强烈的创业动机驱使下，满怀创业激情开始走市场、搞调研、做各项前期准备，开始走向创业成功的第一步。

2. 可操作的创业梦想和自信自强自主自立的创业精神

很多大学生有自己的创业梦想，但这些梦想往往可能与实践、社会生活的实际需要是脱节的，往往可能是“幻想”。这样的创业梦想不对接市场，不接地气，当然无法操作也就无法实现了。郭鹏鹏的“梦幻海洋”之所以成功，是他有扎实的专业和技术基础，对市场有详细的调研，有非常详细的创业计划书等等，这些操作性极强的每一个环节打动了后来的董事会成员进行投资，才有了“梦幻海洋”的实质性诞生。

郭鹏鹏创业案例值得强调的是创业者对自身优势的强烈自信、对使命的强烈自强、对选择的强烈自主和对行动的强烈自立。

自信心能够赋予人积极主动的人生态度和进取精神，会让我们不再守株待兔，郭鹏鹏相信自己的专业能力和素质，相信自己能够开创自己的事业；在这个自信的基础之上，他不满足于平淡的生活，自强不息，要做大连动漫事业的开拓者，而他既然选择了自己的道路，就要详细的规划公司和自己的未来，并采取相应的行动，用聪明的大脑和勤劳的双手，凭借努力和奋斗，打拼自己的一片天下。

3. 必备的创业专业知识素养和优秀的创业人格品质

很多同学认为创业跟自己所学的专业没有关系，而实际上在大学里的专业学习对于创业是有直接或间接关系的，而且作为企业的经营者和领导者，如果自身不是这方面专家的话，你就没法进行创业和营销。郭鹏鹏本科是建筑工程，结果却创办了电脑培训学校，这就是一个最典型的例证。他如果没有在学校的“计算机辅助制图工作协会”将所学建筑专业与计算机技术相结合的锤炼和后来在“环球数码”（IDMP）深造，也不可能打造专业性如此强的梦幻海洋电脑学校。

也有的同学可能会说我们的专业与工商学科一点不搭界，就像学文史的跟创业又有什么关系呢？事实上，只要找对方向，几乎任何能想到的专业都能帮助你成功创建一家中小企业。

比如外语、文学类专业，只要受过四年专业训练，靠自己的技能完全可以大放异彩，在搜索引擎优化、网络写作和科技写作领域绝对是优势，当需要起草微信平台文章、商业计划或通过电子邮件招徕境外投资者时，你会有明显的领先优势。如果又有在大学生创新工作室或社团从事过新媒体工作的经验，你对新媒体运营的整个流程是了解的，那么专门开办一个承办各公司的微信平台运营工作的新媒体专业公司是完全不在话下的。

所以，创业需要专业技术知识的同时，还需要经营管理知识、综合性知识等。良好的知识结构对于成功创业也有着非常重要的作用，掌握必备的现代科学、文学、艺术、经济学、社会学、心理学和管理科学知识，从而完成创业必要的知识储备。

因此说因为创业就不考虑自己的专业学习，在大学的宝贵学习时间里，消耗到无谓的吃喝玩乐中，是最得不偿失的。这就不得不提到创业者的人格品质，创业人格品质是创业行为的原动力和精神内核。通过郭鹏鹏的创业案例，重点学习的是他的使命责任和创新冒险。

要想成为一名成功的创业者，必须要有强烈的使命感，实际上正是因为有着“兴邦”这样伟大的使命感，郭鹏鹏的创业背景才更广阔，才会越做越强，越走越远。目光狭小，只看得到个人的眼前利益，看不到员工、顾客、供应商乃至社会、国家的利益，缺乏这样一种整体责任和使命，在现代社会中可能赢得一时，却未必能够赢得人们持久的信任和尊重。人品好，创业的成功和可持续发展是必然的，任正非的民族责任感、打造民族品牌意识以及李嘉诚的尽量让利于合作方、勇于救市等经典案例都说明了这一点。

敢于冒险第一个吃螃蟹，才能够获得别人敢想不敢做的成功。创业的核心因素之一是创新，在创业意识的指引下，需要对商业机会的发现和创意形成创造性的思维，对整合商业模式的定位和设计，也更是创业者创新能力的一个集中体现。然而，这种开创性需要胆识和冒险精神，如果没有冒险精神的话，只能停留在原地。郭鹏鹏的成功是当他看到大连动漫产业处于空白的时候，他敢于冒险，敢于创新去开办高端定位的电脑培训学校，这是他优秀的创业人格品质中的最突出的表现。

4. 强烈的竞争意识和良好的人际关系

商场如战场。竞争是市场经济最重要的特征之一，也是企业不断发展的基础。竞争无处不在，尤其是在创业的过程当中，竞争本身就意味着企业实力的不断提高。竞争不单纯是产品的竞争，也不单纯是利益集团的竞争，更多的是综合实力的竞争，甚至是企业文化的竞争。不敢竞争，就相当于放弃了自己生存的勇气，只有善于竞争、敢于竞争，才能够取得创业的成功。

郭鹏鹏的案例告诉我们：当小区域——大连的动漫市场有待开发、大多处于摸索阶段时，行业发展在大连的前景如何并不明朗，竞争的状况也不是特别清楚，如果没有十足的竞争意识和胆魄的话，就不能够下定决心走入这个行业，和大家一样站在起跑线上竞争。郭鹏鹏从调研结果中看到的不是困难而是机会和希望，并定位在高端服务，这是他善于竞争的体现。

在创业的过程当中，人际关系起着非常重要的作用。对于创业者个人而言，你遇到了困难，却有志同合的朋友在支持你，这会让你能在艰难的环境下坚持走下去；对于家庭而言，他们无私奉献，给你一个稳定的大后方；对于团队而言，可以帮助创业团队沟通无碍，会降低工作难度，更好地完成任务；对于客户而言，在与客户建立良好的关系过程当中，既能服务新客户，增加扩大老客户，又能提高企业的成功率；对于竞争者而言，同行并不是冤家，有时候强强联手或者是有利大家一起赚，反而会交到更多的朋友。总之，一个创业者的综合人际交往能力是企业游刃有余在各个群体间的有效润滑剂。

5. 良好的心理素质和身体素质

有创业必然有风险，有风险必然有失败，有失败必然就要学会担当，如果不能够担当风险，在失败面前一蹶不振的话，创业就永远不会成功。任何创业一定与失误挫折相共行，艰辛的创业之路，向来是创业成功的必经之路。

例如我们都非常熟知的周瑜，在他的创业大计和与诸葛亮展开的一系列竞争当中，因本身心量狭小而中计，明知中计又不能够快速做出应对改进措施，反而气得一命呜呼，这是非常可惜的，如果能谈笑风云、懂得调节自己的心理状态的话，三国如何鼎立、风云如何变幻还不一定呢。

所以对一个创业者来讲，在变化莫测的市场竞争面前能够快速作出反应，正确地解决问题和矛盾，需要创业者具有非常强的心理调控能力和稳定的心理状态。当一个创业者拥有良好的创业心理品质的时候，他对创业会起到非常关键的稳定和推动作用。创业者的独立性、敢为性、坚韧性、克制性、适应性和合作性，会将创业者个人的魅力发挥到极致，这些良好的心理素质，会促使创业者在创业之路上能够越走越远。

创业的过程当中充满了艰辛，充满了各种付出，充满了各种意想不到的挑战，当身心无法保持健康的时候，创业也意味着将会退步或者失败。创业意味着创业者必须要更加努力的工作，也将失去更多的休息时间。身体是否健康，是否能够承受创业高强度的体力和精神压力，是要准备创业的大学生们必须考虑的。如果身体状况不是特别好，那在从事创业的时候可能就会面临更多的困难。

所以如果想要创业，那首先要在身心上，对自己的状况多加了解，进行科学测评，分析自己的人格特质、气质类型、心理健康程度、身体现状等等，在对自己要进行创业的过程当中能够承受多大压力进行考量，自己的人格性格适合在什么领域创业，自己的身体和心理能够承受什么样程度的工作强度和难度，这些都明晰后再去行动创业会更加稳妥，对自己对家庭对事业会更加有利。

二、创业者的综合能力

一个成功的创业者，需要多方面的能力。从郭鹏鹏身上我们看到，他具有良好的把握机遇的能力、专业技术能力、信息加工处理能力、交往公关能力、创新能力、领导与决策能力、学习能力等等，这些能力如果一个人都具备的话，当然更好，如果不能够具备的话，那么他必须要具有刘备那样高水平的用人能力，即管理能力一定要强。

1. 把握机遇的能力

这个故事大家可能都看过：美国一家制鞋公司正在寻找国外市场，公司总裁派一个推销员到非洲一个国家，让他去了解那里的市场，这个推销员到非洲后发回一封电报：“这里的人不穿鞋，没有市场。”于是公司派出了第二名推销员，他在那里考察了一个星期后发回了电报：“这里人不穿鞋，市场巨大。”

这个故事常常被人们用来说明市场销售人员应该如何发现、抓住市场机会。第一位推销员思维方式消极，目光短浅，很容易丢失市场机会；第二位推销员思维方式积极，头脑灵活，善于发掘市场机会。

郭鹏鹏和第二位推销员一样，正是看到了大连动漫企业正处于起步阶段这样的一个机会，他抓住了，通过实践、坚持，他成功了。

2. 专业技术能力

创业模式有很多，通常来讲，除了电商等，目前比较多的还是以自己的服务式产品为社会做贡献，其实这里边需要一个精通专业操作为基础。

一个拥有丰富经验和较高专业水平的经营管理者，他能够了解这一专业的特殊性，他就能够更好地发挥经营管理的能力；如果他精通了其中的某项专业能力，还能够节省人力资本，自己本身就是成本资源。就像郭鹏鹏，他自己本身就是培训师，至少在培训这一块，就可以省去人力成本；而且他对自己这个专业领域是非常了解，这对他的决策与管理又起着非常重要的作用。

3. 信息加工处理能力

人类的生产和生活很大程度上依赖于信息的收集、处理和传送。获取信息并对它进行加工处理，使之成为有用信息并发布出去的过程，称为信息处理。信息处理的过程主要包括信息的获取、储存、加工、发布和表示。

可以说，任何一场创业在前期一定要做充分的市场调研，要"知己知彼，百战不殆"，不可能说没有经过任何的调研就盲目去做。调研可以是自己去做，也可以通过电视、网络、报纸等渠道了解，也可以经过他人信息获得等等，如何整合多方的信息和资源，如何提取有效信息，如何形成对于创业有意义的内容进行发布和表达，直接显示出了一个创业者的信息获取加工处理能力的高低。能力高，意味着获取更多的资源和机会，成功的可能性更大。

郭鹏鹏的成功就是在于他做了充分的调研，写出了详尽的项目策划书，阐述了自己的构想和实行方案，得到董事会的投资。"他认为梦幻海洋能够得到董事会投资，除了这个行业的光明前景和自身的优势之外，最主要的一个原因在于他做的计划书是一份全局的规划，而不单单是简单的可行性分析。这份规划包括公司的定位、发展方向、远期目标、近期目标、风险分析及规避等一系列切实可行的方案和构想"。这份项目策划书充分体现了郭鹏鹏过人的信息加工处理能力。

4. 交往公关能力

如果一个创业者具有非常强的交往公关能力，他会使企业在社会各个阶层当中的关系能够左右逢源。而公关工作不是公关人员的专利，在创业人手不足时，每一个创业者都是公关人员。而公关工作中的本质属性是管理，通过公关工作促进企业目标的实现，没有良好的组织能力是很难顺利做好工作的。因此创业者首先应具备激励员工积极性、协调各类公众关系、收集信息、制定公关计划与方案、组织实施，进行有效传播沟通的公关管理能力。

其次，成功的创业者一定是语言表达能力比较强的，尤其是领导者，郭鹏鹏能说服董事会进行投资，与他良好的表达能力也是分不开的，任何投资人都不会把钱交给一个连话都说不明白、连基本的书面表达都不清晰的人。

最后，成功的创业者还应具备公众交往能力，能正确认识员工、客户等有工作联系的公众，熟悉并会灵活运用交往的技巧、艺术和原则，能广结良缘，在企业和员工、客户等公众间架起沟通的“桥梁”，形成“天时地利人和”的氛围和环境。除了创业者本身的交往公关能力，他能否把员工变成为企业发展而自觉“游说”的力量，就实在是一种本事。因为在许多情况下，普通员工比 CEO 更可信和更有影响力。但是如果企业内部没有领导者、人力资源部门和员工沟通工作的协调一致，普通员工的力量是很难得到有效发挥的。这一点，马云是绝好的正面例子，他一出场演讲，他的员工山呼海应，不能不说是他高超的公关能力积淀多年后形成的个人魅力产生了“明星效应”。

5. 学习能力

生命不止，学习不息。创业与创新同在，如果一个创业者不愿意学习或者学习方法不得当，在当今信息爆炸的时代很容易被淘汰，也有可能付出很多时间和精力，却事半功倍，在市场竞争当中有可能被竞争出局。学习，就要学习“高人”的学习意识、学习精神、学习模式、学习方法。

“中国网络媒体十年百人风云人物”、酷 6 网的创始人兼 CEO 李善友先生，曾先后在摩托罗拉、美国铝业集团、博士伦公司等大型外企以及在国内极具影响力的门户网站搜狐任职，具有十几年的管理培训经验，被誉为“京城十大培训师之一”。

李善友在长春大学做演讲的时候说：什么是“金饭碗”？这个世界上没有什么“金饭碗”。那么怎样才会有持续赚钱的能力？只有一个，那就是“学习”的能力。只有学习的能力才能适用于一生，才能使我们真正成为一个“有钱人”，让我们的妻儿老小过上体面的生活，让我们在社会上能够昂首挺胸，不必过向别人溜须拍马的日子。

李善友本人就是一枚学霸，南开大学数学系的高材生、保研生，他说毕业后所学的数学“知识”忘得差不多了，但学会了数学的思维模式，积累了思维框架的能力，以后想学别的知识的时候，他很快就能够学到。比如他在国内顶尖的工商管理学院中欧国际工商管理学院学习的时候担任班级学习委员，在他独特的思维模式和学习思想指导下，他把老师讲过的东西整理出要点，找出它们之间的逻辑关系，画出一张关系图来，然后再讲给同学来听，同学的考试通过率就高了很多，他的复讲课比教授还受欢迎。他总结研发了自己一套独特的学习方法，写了《学习之学习》一文，发布在他的博客上。他在演讲当中说，利用这些学习方法，他学习国学、传统文化、电脑、互联网新闻写作等等，无不在短时间内就变成了行家。

由此可见学习方法的重要性。所以作为一个创业者，一定要有强烈的学习动机和意愿，然后再掌握了很好的学习方法，这样各方面能力和素质都会得到非常好的提升。而且，领导者带领自己的团队有了这样的学习精神、学习意识、学习方法，再去学习那些成功的创业者及企业的运营成功经验，会更快捷地理清思路，会更容易创造出自己的特色，会更容易成功。

总之，综合来看，无论哪个企业想要生存和发展，创业者尤其是领导者必须具有全面的综合素质和能力，才能将经营管理能力发挥到最佳水平。现实中，由于管理者创新精神和品质、创业素质和能力，以及经营经验、企业发展阶段等的主客观局限各有不同，许多企业在企业战略决策、战略规划、资源整合、企业管理等方面出现偏差，以至于盲目经营、低效经营、封闭发展，甚至走很多弯路。

作为一位创业者，一定要不断努力学习，完善和提高自己，对自己、对内、对外管理人、财、物的等各种商业资源，能有合理流通、全盘指挥、微宏观掌控等本领。如何获取最大的利益，如何调动每位员工的积极性，如何让自己的产品和项目得到社会的认可，如何让自己的产品得到客户的欢迎……这些，是时时面临的考验，也是时时需要学习的经验。

第三节　创业团队组建及管理

从古到今，任何一项事业的成功都不可能依靠一个人的力量。“没有完美的个人，但是却有可能有完美的团队”，当将众人的智慧与力量集合在一起的时候，团队就会迸发出无穷的发展潜能。

案例故事

俞敏洪这样来组建创业团队

其貌不扬的俞敏洪，历经磨难考上北京大学西语系的俞敏洪，创造新东方神话的俞敏洪，四处发表励志演讲的俞敏洪……他的创业故事成为许多创业类书籍的经典案例。他和创业团队的目标和情怀是什么？他又是如何组建和管理“牛人”云集的创业团队？他和创业团队的故事对青年大学生的创新创业一定会有深刻的启发意义。

创业目标

“从绝望中寻找希望”是新东方的校训，这个校训的来由是：1993年，俞敏洪创办了新东方培训学校，创业伊始，俞敏洪单枪匹马，仅有一个不足十平方米的漏风的办公室里，零下十几度的天气，自己拎着浆糊桶到大街上张贴广告，招揽学员。

正是凭借着这种不怕吃苦、勇于克服困难的精神，一年后，新东方已经有几千名学员，在北京已经成为一个响亮的牌子。

俞敏洪首先是老师，他喜欢教书，他说：我这辈子什么都可以离开，就是不可以离开讲台。对教师职业的热爱和看到培训市场的商机，让他决定后半生的奋斗目标是：不仅要做一个教师，一个校长，还要做一个教育家和企业家。因为，要提高一个人、一个民族的素质唯有投资教育！

感召人才

当时北京与新东方竞争的还有三四所同类学校，学员们多是以出国留学为目的。新东方能做到的，其他学校也能做到，要有自己的竞争优势，把新东方做大做强，俞敏洪认识到英语培训行业必须要感召到有留学经历为最好的一流师资。

俞敏洪首先想到的是远在美国的王强、加拿大的徐小平等人，实际上这也是俞敏洪思考了很久所做的决定——这些人不仅符合业务扩展的要求，更重要的是这些人作为自己在北大时期的同学、好友，在思维上有着一定的共性，肯定比其他人能更好地理解并认同自己的办学理念，合作也会更坚固和长久。

1994年，国外生活时间长并和俞敏洪有着共同梦想的朋友杜子华，听他讲述了新东方的创业和发展、未来的构想、自己的理想、对人才的渴望后，毅然决定在新东方实现自己的追求和梦想。

1995年，俞敏洪来到加拿大温哥华，找到曾在北大共事、在温哥华已工作10年的朋友徐小平。俞敏洪不经意的讲述自己创办新东方的经历，文雅而富有激情的徐小平突然激动起来：“敏洪，你真是创造了一个奇迹啊！就冲你那1 000人的大课堂，我也要回国做点事！”

随后，俞敏洪又来到美国，找到当时已经进入贝尔实验室工作的同学王强。1990年，王强凭借自己的教育背景，3年就拿下了计算机硕士学位，并成功进入著名的贝尔实验室，可以说是留学生中成功的典型。白天王强陪着俞敏洪参观普林斯顿大学，让他震惊的是，只要碰上一个黑头发的中国留学生，竟都会向俞敏洪叫一声“俞老师”，这里可是世界著名的大学啊。王强后来谈到这件事时说自己当时很震惊，受到了很大的刺激，俞敏洪说，你不妨回来吧，回国做点自己想做的事情。

就这样，徐小平和王强都站在了新东方的讲台上。1997 年，俞敏洪的另一个同学包凡一也从加拿大赶回来加入了新东方，新东方就像一个磁场，凝聚起一个个年轻的梦想，这群在不同土地上为了求学，洗过盘子、贴过广告、做过推销、当过保姆的年轻人，终于找到一个突破口，年轻人身上积蓄的需要爆发的能量在新东方充分得到了释放。

就这样，从 1994 年到 2000 年，杜子华、徐小平、王强、胡敏、包凡一、何庆权、钱永强、江博、周成刚等人陆续被俞敏洪感召到了新东方的门下。

团队构建

作为教育行业，师资构成了新东方的核心竞争力，但是如何让这支高精尖的队伍最大限度地发挥作用，俞敏洪从学员需求出发，秉持着一种“比别人多做一点，比别人做得好一点”的朴素的创新思维，合理架构自己的团队，寻找和抓住英语培训市场上别人不能提供或者忽略的服务，使新东方的业务体系得以不断完善。

比如，当时新东方就开辟了一块由一个加拿大人主持的出国咨询业务，学员可以就近咨询，获得包括一些基本申请步骤、各个国家对待留学生的区别、各个大学颁发奖学金的流程和决策有何不同、读研究生和读博士生的区别在什么地方等必要知识。

1995 年，俞敏洪逐渐意识到，学生们对于英语培训的需求已经不只限于出国考试。比如，1995 年加入新东方的胡敏就应这种需求，开发出了雅思英语考试培训，大受欢迎，胡敏本人也因此被称为“胡雅思”。

徐小平、王强、包凡一、钱永强等人分别在出国咨询、基础英语、出版、网络等领域各尽所能，为新东方搭起了一条顺畅的产品链。徐小平开设的“美国签证哲学”课，把出国留学过程中一个大家关心的重要程序问题，上升到一种人生哲学的高度，让学员在会心大笑中思路大开；王强开创的“美语思维”训练法，突破了一对一的口语训练模式；杜子华的“电影视听培训法”已经成为国内外语教学培训极有影响力的教学方法，新东方的老师很多都根据自己教学中的经验和心得著书立说，并形成了自身独有的特色，让新东方成为一个有思想有创造力的地方。

俞敏洪的成功之处是为新东方组建了一支年轻而又充满激情和智慧的团队，俞敏洪的温厚，王强的爽直，徐小平的激情，杜子华的洒脱，包凡一的稳重，五个人的鲜明个性让新东方总是处在一种不甘平庸的氛围当中。

但是，创业路上，并没有那么巧的机缘和条件，能幸运地集聚到这样四个不同性格的人。徐小平曾是俞敏洪在北大时的老师，王强、包凡一同是俞敏洪北京大学西语系80级的同班同学，王强是班长，包凡一是大学时代睡在俞敏洪上铺的兄弟。这些人个个都是能人、牛人，每个人都很有才华，而个性却都很独立。俞敏洪曾坦言：论学问，王强出自书香门第，家里藏书超过5万册；论思想，包凡一擅长冷笑话；论特长，徐小平梦想用他沙哑的嗓音做校园民谣。他们都比我厉害。

俞敏洪敢于选择这帮“牛人”作为创业伙伴，并且真的在一起做成了大事，成就了一个新东方传奇，从这一点来说，他是一个成功的创业团队领导者。他知道新东方人多是性情中人，从来不掩饰自己的情绪，也不愿迎合他人的想法，打交道都是直来直去，有话直说。因此，新东方形成了一种批判和宽容相结合的文化氛围，批判使新东方人敢于互相指责，纠正错误；宽容使新东方人在批判之后能够互相谅解，互相合作。这就是新东方人的特点：大家互相之间不记仇，不记恨，只计较到底谁对谁错谁公正。

这种源自北大精神的自由文化，是新东方成功的关键因素之一。而另一个关键因素就是俞敏洪本人所具备的包容性，帮助他带领着一帮比他厉害的“牛人”，不仅将新东方从小做大，还完成了让局外人都为之捏了一把汗的股权改制。最令人意料不到的是，俞敏洪居然还将新东方带到了美国的资本市场，成为中国第一个在海外成功上市的民营教育机构。这一份成绩虽然还不能定义为最终的胜利，但是仍然有着非同寻常的意义，即它告诉了人们，对于中国教育来说，一切价值正有待重估。

有人曾这样评价过新东方：“在中国，任何一个企业都不可能像新东方这样，站在几十万青年命运的转折点上，站在东西方交流的转折点上，对中国社会进步发挥如此直接而重大的作用。”

正如张超在《新东方管理模式》一书中写的那样：新东方不仅仅为成千上万来这里接受出国培训的学生传授考试的技巧，帮助他们渡过各种考试难关，赢得走向世界的通行证，更重要的是它向学生们注入了一支“励志强心针”，鼓舞了很多深陷困境的学生奋勇前行。很多人，不单纯地将新东方当作一个学校，而是将它当作自己的梦工厂。在这里，他们可以探索人生的真谛，规划自己的未来。

无疑，俞敏洪和他的新东方团队秉持初心，完成了自己的创业情怀和目标。①

① 本案例根据第一文库网（www.wenku1.com）相关内容改编。

一、创业团队的内涵与要素

美国著名的管理学教授、组织行为学的权威斯蒂芬·P. 罗宾斯（Stephen P. Robbins）在《组织行为学》一书中解释“团队”就是：由两个或者两个以上的，相互作用、相互依赖的个体，为了特定目标而按照一定规则结合在一起的组织。

我们通过新东方创业团队的案例就可以看到：所谓的创业团队就是指在创业初期，有一些技能互补、责任共同担当、愿意为共同的创业目标而奋斗的人所组成的一个商业性团体。

通常来说，创业团队需要具备五个重要的团队组成要素，简称为5P。

1. 目标（purpose）

目标是指团队有一个共同的既定目标，就像新东方投资教育，提升国民和民族素质。这个既定目标，为团队成员指明奋斗的方向。因为有这个目标，团队才有存在的价值。目标的完成过程是所有团员共同努力的过程。

2. 人（people）

在一个团队当中，人是构成创业团队的最核心的力量。人力资源是所有创业资源中最活跃、最重要、最易变化的资源。如何管理这些人力资源，如何来选取技能最优、经验最丰富、最有创业能力的人作为创业团队成员是创业领导者的一个大课题。显然，俞敏洪绝对是善用人才的优秀领导者。

3. 定位（place）

创业团队的定位包含两层意思。一是创业团队在企业的定位，由谁选择和决定团队的成员，创业团队最终应该对谁负责。二是创业者的定位。成员在创业团队当中扮演什么角色，制订计划、评估、实施，是大家共同出资委派某个人参与管理，还是大家共同出资共同参与管理，或者是共同出资聘请第三方管理等等。我们可以看到，新东方采取的是发起者来选择和决定团队成员，根据特长合理分工，最终成为中国大陆第一家在英国上市的教育机构。

4. 权限（power）

权限是指新企业当中职、责、权的划分与管理。一般来说，创业团队比较成熟，核心领导者的权限相对来说会降低，现在更多的是民主的管理方式。新东方是俞敏洪的宽厚包容加之北大精神的自由文化，使他们能强强合作，将新东方从小做大。

5. 计划（plan）

计划有两层含义，一方面是指为确保目标的实现而制定的具体实施方案，计划是为达成目标的具体工作程序。另一方面在实施中又分解出细节性的计划，责任明确，需要团队共同努力完成。

五个要素之间是相互影响的，相互作用，缺一不可。

二、团队的价值与作用

在市场经济大潮当中，一个人“弄潮”，很容易被淹死，但是如果是共同创业的话，就会将创业的失败风险分散开来，增加创业的成功率。

现代企业活动绝非个人英雄主义的表演，即使是马云那样的精神领袖，也绝对不可能完全靠他个人完成创业，而马云、俞敏洪们的成功恰恰证明了创始人首先拿出方案和创意，必须要找跟他志同道合的伙伴形成一个团队，才有可能走得更壮阔。

因此，团队对创业成功有着不可替代的价值与作用。

1. 团队有利于将共同的价值观、目标和标准落实到实践

团队成员之所以能够聚在一起，是因为大家有着共同的价值观，有着共同的目标和共同的标准，当这种力量拧成一股绳时，“团结就是力量”，这种创业的动力就会在实践中势不可当。

2. 团队能把成员的技能和经验最大化进行互补和组合

通过新东方的创业故事可以看到，主要五位核心成员都有着不同的特长、技能以及成功经验，所以当他们进行强强组合的时候就会进行优势互补，使之发挥出最大的能量与效率，远远超过其中任何一个人的技能和经验。

3. 团队有利于集思广益，灵活应对市场竞争的变化

团队的交流方式是即时性的，更多人一起集思广益解决共同目标下出现的问题，办法会更多，灵活性会更强，而且会比个人更为快速、高效地完成大型活动的组织网络。在团队中，人们更容易在“头脑风暴”中找到企业发展的好办法。

4. 轻松愉快的团队工作模式会使人们在团队中成长得更快更完善

团队中容易“卧虎藏龙”，与能人共事会使人成长很快；团队往往是因为共同的奋斗目标吸引志同道合的人在一起创业，这样的工作环境和愿景，会使人工作起来更有朝气、愉悦；团队工作形式犹如一面巨大的镜子，每个人都可以通过别人看到自己的优势和短板，聪明大气的团队成员，会扬长改短，不断完善自己的人格，提高自己的能力和素质。

三、如何组建创业团队

创业团队的组建没有固定的模板，因为创业类型的不同以及创业

领导者与团队成员的合作关系建立的不同而不同。一般包括如下流程：

1. 确定创业目标

这是要创业的第一步，也是以此来招募志同道合的创业者的重要愿景，因此，目标一定是清晰、可操作、可预期有成功概率的。目标也可以分为长远的终极目标和短期的分段目标，给成员明确不同时期的目标和任务。

2. 制订创业计划

创业计划书是保证创业目标能够进入实际操作和实现成功的前提，必须有对市场的详尽分析、风险评估、预警措施、人力资源开发与管理、销售与售后、市场开拓等等，包括了创业具体的每个环节以及当中可能出现的问题及应对方法。

3. 招募团队成员

这是成功的创业团队至关重要的一步。人是创业成功的执行者，因此招募合适集体创业的人，必须要考虑以下几个方面：

（1）有共同的价值观和理想。因为共同的价值观走到一起，为了共同的理想可以充满创业激情地同甘共苦、加班加点、无怨无悔，这是团队能持久发展下去的根本原因，唐太宗、俞敏洪等“成功人士”的团队成员无不是基于这一点才汇聚在一起打“天下”的。

（2）团队成员要具备互补性。通常来说，团队成员不必要求个个都是“全能选手”，那可能谁都不服谁，理想的是优势互补。互补的一定包含专业、技术方面，也更可能是性格、观念、做事风格、甚至性别等等。一般来说，创业团队应该至少需要管理、技术、营销、服务四个方面的人才，只有这四方面进行无碍的合作与交流，才有可能实现团队的稳定与高效协作。

（3）初始创业团队人数适当。不必人数过多，一般2~12人就可以，当然因为创业团队的性质不同，也可能不尽相同。尽量避免过少团队的价值和优势发挥不出来、过多带来沟通和管理成本的增加。

4. 职权的定位和划分

当成员固定下来后，自然就要进行团队成员的职责与权力的定位和划分了。通常在民主协商的情况下，根据出资多少、性格特长、专业技术等等进行合理分配。

5. 建立团队制度体系

团队制度体系包括了考核、奖惩、权利等多方面约定，使团队走向制度化，“法治”会比“人治”让团队走得更持久。

6. 团队磨合期

随着团队的建立和运作，大家在配合方面、制度设计、职权分配等方面的问题会一点点暴露出来，这需要进行团队的重新评估和调整，这个过程始终是动态的。

四、创业团队管理策略

一个企业在创业初期很可能非常关注的是招揽客户、生产销售、服务稳定，很有可能是忽视了团队的管理，因为人数较少的初始创业团队很有可能是朋友、同事、亲戚等组合成的，在磨合创业的过程中实际上难免会产生利益分配、工作方法、思维模式、处世风格的不同等等原因，导致团队的凝聚力和战斗力下降，如果想要企业很好地发展下去，就必须加强创业团队的管理。

1. 明确各个角色的作用

首先，在管理上，要明确团队成员的角色。通常来讲，决策者的角色一般由企业的拥有者或者说创业领导者承担，团队在执行一项重大决定时，决策者一定要在决策前召开团队成员会议，讨论解决方案，并对方案的可行性进行商讨以及修改，公司发展的长期目标、阶段的计划，与公司发展相关的重大决策等等，决策者不能一意孤行。本章开篇唐太宗就是杰出的管理者、决策者，他善于听取魏徵等诤臣的优良建议，所以才有“贞观之治”的出现。

执行者是根据公司制定的业务计划和目标，从职能领域安排自己的工作和计划，细化量化自己的工作，具体执行决策者的决策。在新创企业中有时会遇到团队成员职、责、权混淆的情况，这时就需要制定出规范化的企业制度，保证团队成员的工作分工明确有序进行。

决策者和执行者的角色不一定是一成不变的，决策者首先是从一个执行者的角度来要求自己，自己制定的决策能够完成才能够交给其他执行者去完成；反之，执行者在执行过程遇到的问题也应该及时向决策者反馈，这样及时调整决策，使团队能够朝着良性方向发展。

角色的分工与定位，主要依据共同的约定，比如出资多少、兴趣特长、专业技能等等。

2. 团队坦诚的沟通和及时的反馈

团队成员之间要互相坦诚，因为大家是共同的理想信念才走到一起，要提出富有建设性的建议，要鼓励多元性发散性的思维和方法，尤其是那些富有实战经验并有技能的队员，他们的反馈往往是专业的，并且是经过深思熟虑和实践检验的。

3. 团队思想与行动一致

凡事客户至上、有利于客户的团队才能够塑造出一个积极拼搏的团队，一个团队需要保持一致，推动团队思想和行动保持一致，一起工作，向同一个方向共同努力，这样比各自为政要好得多。

另外，合作第一。不仅要对内保持一致，对客户、对社会等不同公众群体也要保持一致。对于重要公关事件或者牵涉到公司利益时，公司应该制定一套比较标准的规章和流程，大家都遵守这个规则制度进行对外答复，这样不至于A员工是这样一个说法，B员工出于私心或者理解偏差又是另外一个说法，给人感觉不知道这个公司究竟是一个什么样的态度。

4. 一定要注重团队凝聚力建设

团队凝聚力是创业成功的最关键的因素之一，主要表现在团队成员对于团队所设定的目标任务具有高度的认同性、依从性、服从性和归属性。团队所有成员能够认同并遵守约定，紧密团结合作，将团队的利益高于某一个单独成员的利益，如果团队成员能够为团队的利益舍弃小我，超强的团队凝聚力就会极大加强创业成功的可能性。所以，作为团队领导者一定要想各种办法加强团队的凝聚力建设。

5. 物质与精神利益均沾，共享经营成果

共享创业成果，这是能够留住人才，并且吸引新人参与创业当中很关键的一个因素。初创团队如何分配股份，又留出多少给后来的新的团队成员，要有明确的计划。

另外，除了有金钱利益的分享，还要有理念、观点、工作艺术、企业文化等的分享，能够让成员在企业这个工作的过程当中得到技能、思想、心灵等方面的成长，这也是让有更高追求的员工在这个企业愿意待下去的一个重要理由。

6. 绩效考核制度明确

任何公司在管理中非常重要的一部分就是绩效管理，这是有“法”可依的奖惩参照标准。在制度面前，每位员工都是平等的。

绩效是给评估者和被评估者提供所需要的评价标准，以便客观地讨论、监督、衡量绩效。绩效管理可以让团队成员进一步明确自己的职、责、权，对团队的目标和计划会有更深刻的理解，在执行的过程中会明确自己的角色定位和承担起该干的工作与责任。有了制度，员工可以根据自己的角色和价值对自己的薪资有所要求，公司也可以向员工要求承诺能够完成绩效制度内员工必须和应该完成的任务。

以上是创业团队管理比较共性的一些策略。创业团队的管理并没有非常统一的、一成不变的规程。实际上，创业团队都有自己一些特色的管理经验，这些经验和策略也不一定是完全都可以复制的。很多时候创业者能够聚到一起创业，多是各方面的因缘汇合而成，所以在管理上可能就有疏有密，有比较随意有比较严格的。能使企业无障碍、高效率、高效益运转就是最合适的。

第四节　团队心理训练方法

团体心理训练也叫团体心理行为训练。它是基于心理学、团体动力学等原理，以团体为单位，以活动为载体，通过情景体验，引导成员积极参与、主动交往、观察模仿、调动潜能、宣泄情绪、改变认知、调整行为等，从而提高受训者心理健康水平和心理素质。团体心理训练在大连大学有着比较扎实的应用基础，大学生心理健康教育咨询中心的老师们每年都给新生辅导员、心理委员以及所负责学院的不同层次的学生们做团体心理训练，深受学生们的欢迎。

本节详细介绍大连大学创业实践班首次探索开设团体心理训练课的流程、内容、方法和效果，以期为“双创”工作提供开创式的探索实践和经验积累。

一、集体教研，确定教学大纲、教学日历

创新创业学院的领导们根据学校“双创”工作的整体安排，就隶属于实验中心负责开设和管理的创业实践班所开设的课程，进行了考证研究，提出创业者心理品质培养必须纳入课程体系中，这对于学生未来走向创业具有非常重要的意义。

召开集体教研会，大家共同探讨如何开设这门特色课程。基于学校相关工作要求，考虑实验中心硬件设施、师资力量以及创业实践班学生组成、学习情况等现状，决定通过团体心理训练的形式来提高创业学生的心理素质、心理品质和心理能量，在未来的创业中能以健康的心理应对所遇到的种种挑战。

制定了《创新创业团队心理训练教学大纲》。该大纲明确了该课程是创新创业团队的必修课，其目的是培育大学生良好的创新创业心理品质。课程的内容包括：团队功能体验、团队性格塑造、合作和沟通能力培养、自信心培养、意志力培养、职业生涯规划等。主要采用团体心理训练的形式，通过一系列的训练活动，激发大学生的创业兴趣和创业动力，培养大学生的自信心和克服困难的顽强意志，培养大学生敢于开拓新道路的精神和敢于承担责任的勇气，培养大学生独立思考、自主抉择、富于创新、善于沟通、交流、合作的心理品质，以及敢冒险、敢拼搏、百折不挠、坚持不懈的意志品质；优化团队结构，增强创新创业团队资源共享的合作精神和团队凝聚力。主要内容

如下：

第一，无领导小组讨论。组织无领导小组讨论，使学生了解无领导小组讨论的过程，了解自己及成员的组织协调能力、口头表达能力，辩论的说服能力等各方面的能力和素质，以及自信程度、进取心、情绪稳定性、反应灵活性等个性特点是否符合创业团队的团体气氛。

第二，团队性格塑造。在分析个人 MBTI 人格类型及人格特点基础上，以创业团队为单位，分析团队性格，引导学生了解所在团队的运作特点和决策方式，帮助创业团队学生更好地塑造团队性格，以期获得创业的成功。

第三，领导力无领导小组讨论。了解自己在团队中的位置，是领导者，还是决策者，或者参与者。如何做一个高效的组织者，有做决策的能力时如何去做，最终形成团队合力，引导团队走向成功。

第四，沟通与合作训练（管理七巧板）。培养团队成员主动沟通的意识，体验有效的沟通渠道和沟通方法，强调团队的信息与资源共享，通过加强资源的合理配置来提高整体价值，体会团队成员之间加强合作的重要性。

第五，韧性训练。通过实际操练，使学生真实体验执行任务中的挫折和困难，培养对挫折进行正确归因的方法和态度，增强团队战胜挫折的信心和勇气。

第六，意志力训练。通过一系列活动，磨炼团队成员的意志力，当面对困难时，有坚持下去的决心和毅力。

第七，财商思考方式体验。通过“沙漠掘金”主题训练活动，对团队运作时可能出现的执行、合作、沟通、竞争、压力及冲突等问题进行深度挖掘、分析和找到解决方法，透过游戏的体验引导，发掘出团队做好目标设定及目标管理的重要性，体验资源的不当使用所造成团队或公司的影响及破坏，对于公司主管可以训练领导和决策能力，对于公司员工可以训练执行能力。

第八，综合分享。通过“职业生涯幻游”放松冥想训练，让学生对自己未来的职业生涯有一个潜意识的规划和确定，激励学生在经过前五次课程的学习当中，能更清晰地看到自己的优劣势、动机、梦想和奋斗方向。组织队员进行活动体验的分享，深刻体会活动带来的心理和行为上的变化。

二、寻找理论依据，编写教案

国内团队训练技术缔造者是清华大学的樊富珉教授，她于 2002 年将团训课程引入清华大学，迅速在全国得到推广，深受师生们的欢迎。

樊教授认为团体心理训练是成员通过平等沟通交流（罗杰斯的人本主义思想），认识自我潜力（弗洛伊德精神分析学派），解构自我认知体系（贝克为代表的认知学派），从而改变行为动机（以华生、斯金纳为代表的行为学派）的训练过程。

根据这些理论，教师具体设计每一堂课的内容、目标、方法和教学手段，将团训的情境性、前瞻性、发展性、修正性、高效性等特点，在创业实践班的团训课程中尽可能地体现出来，完成团训课要达到的预期目标。

当然，这些课程在“创新创业”这一具体要求的背景下，是有着独特的内容要求，与以往的别的团训主题还不一样，因此还处在探索阶段。创业实践班的团训课训练目的、内容、手段、规则、要求、实施流程等如何设计和实行，以其中一节团训课为例说明。

《创新创业团队心理训练》课程　抗挫折韧性训练

一、团队名称：直面挫折，我能行！

二、活动目的

本训练项目使参训学员真实体验执行任务中的挫折与困难，培养对挫折进行正确归因的方法和态度，增强团队战胜挫折的信心和勇气。

三、团体对象与规模：创业班大学生 30 人

四、活动时间：3 小时

五、活动场地：512 教室

六、理论依据：樊富珉教授团体心理训练系列理论；维纳的归因理论。美国的心理学家伯纳德·维纳认为，人们对行为成败原因的分析可归纳为六个方面：能力、努力、任务难度、运气、身心状态、其他因素。我们对成功和失败的解释会对以后的行为产生重大的影响。

七、活动道具

道具“荆棘排雷”一套，包括直径 10 毫米，长 20 米登山绳两根，棉绳圈 18 米一根，眼罩 3 个，不锈钢杯一个。

八、活动流程：

（一）热身活动

1. 兔子舞

2. 滚雪球相识

3. 水果蹲

4. 人椅训练

5. 按摩

（二）活动场地的准备

1. 开始前准备好场地，用蜡细绳围一个直径为 5 ~ 6 米的圆圈，中心放一个装九成满水的杯子。

2. 所有队员在圈外站好，培训师也站在圈外。

（三）活动介绍

荆棘排雷又名“雷区取水”，这是一个无器械保护的项目，也是一个个人挑战兼团队协作的项目，要求团队成员在规定的时间内把雷区中间的雷（用盛有水的杯子模拟雷）取出来。

（四）布置任务

绳圈内相当于雷区，绳圈中心有一杯水，相当于雷，我们要在 40 分钟内将水杯拿出来，并且不洒。如果在移动中，有水洒出，视为无效工作。

（五）活动规则

1. 每次只允许一个工兵进入雷区，只有工兵可以进入雷区。

2. 凡是进入雷区内取水的人都必须戴眼罩。

3. 代替“雷”的水不能从容器中洒出来。

4. 容器一旦脱离地面就不能再放下。

5. 违反上述规则的任何一项则，任务失败，重新开始。

6. 每人只有一次排雷的机会。

7. 人及所利用的工具都不可以触及雷区内的地面。

（六）开始活动

1. 将团队带到雷区周围。

2. 将两根登山绳、眼罩交给团队，讲解眼罩的正确使用。

3. 宣布活动开始。

（七）活动监控

1. 眼罩的使用方法要正确。

2. 注意时刻保护戴好眼罩进圈取水学员的安全。

3. 严格控制，有触犯规则的，就要重新开始。

（八）总结

全体队员进行交流，交流感受和体会。

交流内容：

1. 活动开始，是有计划进行，还是盲目行动。

2. 在排雷过程中，是遵守规则还是无视规则。

3. 长时间没有有效方法时，是否会去寻找规则的漏洞。

4. 反复失败时，你是怎样的心理状态？

5. 反复失败后，情绪有波动，有人互相埋怨时，你如何去做？

九、团体评估：大学生创业团训课程意见反馈单

三、课程评估及反馈

我们为了科学地了解课程开设是否成功、对学生会有哪些提高和改变、今后开课应该注意吸取哪些方面的经验教训以及带大学生创新工作室做好大创项目，故对团训课程做了调查问卷，第一次是课程前测，最后一次放在课程结束后。

调查问卷

亲爱的同学：

您好！为了对大学生创业心理品质进行研究，我们开展了此项调查。问卷中所有问题不存在对错之分，请您按照提示，根据个人的实际情况和真实想法做出回答即可。所提供的回答仅供研究分析。您的回答将对我们提供很大的帮助，因此烦请您认真如实填写。最后，衷心地感谢您对我们工作的大力支持！

（请在每道题后的括号中填上所选答案的编号，除特别标明的题为多选题外，其余都为单选题）

一、基本情况调查：

所在学院：　　　　专业：　　　　姓名：

1. 您的性别：(　　)

A 男　　B 女

2. 您所在年级：(　　)

A 大一　　B 大二　　C 大三　　D 大四

3. 您来自：(　　)

A 城市　　B 村镇

4. 您是否是独生子女：(　　)

A 是　　B 否

5. 您是否有过创业经历：(　　)

A 有过　　B 没有

6. 您是否参加过学校的创业培训或其他相关活动：(　　)

A 是　　B 否

二、具体情况调查

1. 您对创业感兴趣吗？(　　)

A 很感兴趣　　B 比较感兴趣　　C 没感觉　　D 不感兴趣

2. 您是否认为创业心理品质是影响大学生的创业能力和创业成败最为关键的因素？(　　)

A 是　　B 否　　C 两者关系一般

3. 总的来说，您认为创业心理品质包括哪些方面？(多选)(　　)

A 创业意识　　　　　　　　　B 不屈不挠的创业意志
C 创业能力　　　　　　　　　D 独特的创业个性

4. 具体来说，您认为以下哪些属于创业所需的心理品质？(多选)(　　)

A 诚实守信　B 自信心强　C 意志坚定　D 冷静理性
E 敢于创新　F 沟通合作　G 百折不挠　H 责任感强
I 善于自我调整　　　　　　　J 适应性强
K 心态务实　　　　　　　　　L 其他

5. 您认为自身现阶段具备创业心理品质吗？(　　)

A 完全具备　B 基本具备　C 稍微具备　D 完全不具备

6. 对自身的创业能力和素质有过全面的分析吗？(　　)

A 经常分析　B 偶尔分析　C 从不分析

7. 您认为是否有强大的动力支撑自己创业？(　　)

A 有　B 一般　C 没有

8. 您认为作为创业者，应承担起哪几方面责任？(多选)(　　)

A 对自我的责任 B 家庭责任　C 社会责任

9. 如果创业，您的最终目的是什么？(多选)(　　)

A 赚钱　B 解决就业　C 提升素质　D 为社会做贡献
E 证明自己

10. 如果选择创业，您对自己有十足的信心吗？(　　)

A 非常有　B 比较有　C 没有

11. 您对自己创业的前景有何预测？(　　)

A 有压力　B 迷茫　C 乐观

12. 若选择创业，您是否能坚定不移地在创业道路上走下去，直到成功？(　　)

A 能　B 不确定　C 不能

13. 在创业中遇到困难，您是否具备战胜困难的勇气？(　　)

A 能　B 很难说　C 不能

14. 如果在创业历程中遭遇挫折，您将会以何种心态来应对？(　　)

A 积极应对　B 逃避问题　C 消极应对　D 顺其自然

15. 如果您在创业中不断遇到客观上的干扰因素，你会如何应对？(　　)

A 排除干扰，一路坚持　　　　B 不堪压力而放弃
C 其他

16. 您能否将创业理论知识灵活运用到实践当中？(　　)

A 能　B 不完全能　C 不能

17. 您是否懂得一定的经营管理理论和具备一定的实践能力？

( )

A 是 B 略微懂得和具备

C 完全不懂得和具备

18. 您分析事物和掌控事物的能力如何？( )

A 很好 B 一般 C 不好

19. 您能否细致入微的对某事物进行观察并对其发展方向进行准确判断？( )

A 能 B 不完全能 C 完全不能

20. 您认为自身在工作和生活中的沟通协调能力如何？( )

A 很好 B 一般 C 不好

21. 在创业中如有需要，您能否主动与他人沟通，争取成功？( )

A 能 B 基本能 C 不能

22. 事物发展过程中所产生的波折，您是否能预见到并勇敢的承担其后果？( )

A 是 B 不是 C 不知道

23. 创业需要面对较为复杂的社会环境，作为一名刚刚步入社会的大学生，您能否适应？( )

A 能 B 基本能 C 不能

24. 一旦创业，你能否适应不规律的作息时间和忙碌的生活状态？( )

A 能 B 基本能 C 不能

25. 您在遇到挫折后，能够自我将情绪和心理调整到好的状态吗？( )

A 能 B 不能 C 不清楚

26. 如果创业，你能做到在任何情况下都坚持原则、诚实守信吗？( )

A 能 B 一般能 C 不能

27. 面对工作和生活中的问题，您是否具备尝试新的解决思路的勇气和胆识？( )

A 具备 B 略微具备 C 不具备

28. 如果创业，在创业项目选择上，您有何打算？( )

A 选择发展的比较成熟的项目

B 选择处在发展初期，但较有前途的项目

C 根据对市场的分析和判断，勇敢开发新项目

29. 如果创业，在经营模式上您如何选择？( )

A 完全遵循固有模式 B 基本遵循固有模式

C 勇于开创新模式

30. 在一般情况下，遇到问题，您是否能通过独立的分析和思考找到解决方法？(　　)

A 能　　B 一般能　　C 不能

31. 如果在生活和工作中需要对某件事做决定时，您会有何反应？(　　)

A 果断决策　　B 犹豫不决　　C 其他

32. 您是否敢于对自己的一切行为负责，并敢于承担因自己行为所造成的一切后果？(　　)

A 是　　B 否　　C 不知道

33. 您是否能够做到对每件自己决定要做的事都认真投入，不被外界因素干扰？(　　)

A 能　　B 不完全能　　C 不能

34. 在创业中，如遇突发情况，您会怎样应对和处理？(　　)

A 冷静理性的应对和处理　　B 烦躁不安，不知所措

C 其他

35. 您觉得下面哪种途径最能获得创业方面的知识和技能？(　　)

A 专家的论坛、讲座　　B 亲身创业

C 活动及训练　　D 创业课程

36. 如果学校开设创业指导课程，您是否会选修？(　　)

A 一定会　　B 不会　　C 有时间会　　D 没考虑过

37. 以下哪些方式可以帮助您更好地培养创业心理品质和提高创业能力？(多选)(　　)

A 专家的讲座、论坛　　B 实习

C 课堂学习　　D 参加创业大赛

E 创业性的社团　　F 网络、电视、报刊等

同时，每一次课后都要填写反馈单，及时跟踪学生们对课程的反馈情况，及时调整下一次课程的内容、方法、教学手段、仪器设备等。

大学生团体心理训练课程意见反馈单

1. 你觉得本训练的选题是否合适？(是/否)
2. 如果满分是10分，你觉得该训练能得几分？
3. 你认为该训练是否应该增加（减少）什么环节？为什么？
4. 你对该训练有什么建议或意见？
5. 在大学学习期间，你希望受到哪些训练？使自己的心理品质得到提升（该题仅限第一次课后回答）。

6. 这个训练，你最大的成长是什么？(要求500字以上)

四、课程效果

课程中设计的团队功能体验、团队性格塑造、沟通与合作训练、抗挫韧性训练、财商思考方式体验等以真实的“游戏”模拟的心理团训，让同学们在开心中了解创业者应该具备的品质、理解所在团队的运作特点和决策方式、掌握人际沟通的技巧和方法、学会在压力和困境等逆境中实现自我疗愈和超越、体验团队中的角色定位及行使自身角色对团队造成的影响。这些精心设计的课程，让原本不是特别熟悉的同学，彼此结下了深厚的友谊，为团队的成功欢呼，为自己的表现而带来的内心触动而静静思考……实实在在地激发起同学们的创业兴趣和创业动力，自信心、顽强意志、开拓精神、勇于承担、团结合作、尊重、善良等等，在充分打开胸襟后，在开心与反省交织中体验出来。

同学们的课程反馈案例

“鲁迅说过‘悲剧就是将人生的有价值的东西毁灭给人看’。有些实训项目由于各种各样的原因，我们完成得不好或者失败或者‘死掉’了，这样更能让大家思考和学到更多。比如，团队能走多远要看大家的分工与合作，在这个过程中最多的问题还是大家都想提出自己的意见，为集体贡献自己的力量，CEO要分析团队成员性格、优化团队结构、增强创新创业团队资源共享的合作精神和团队凝聚力，在活动中要高瞻远瞩”。

“我一直以为创业是件孤独的事情，今天最大的收获就是认识了一群志同道合的小伙伴，最大的感触就是有伙伴的感觉真是太好了。拍手的游戏教会了我配合的重要性，风吹杨柳的游戏让我明白信任的力量，蛋变成人的游戏让我感受到机遇的不可预期性。一个个看似欢乐的游戏背后却有着深刻的意义。其实这些道理不仅仅适用于创业，人生何尝不是如此？如果没有伙伴，我们或许会一直生活在孤独中；如果没有信任，我们或许一直处于一种战战兢兢的状态……不要担心自己一直时运不济，努力的充实自己，当自己变得足够优秀的时候有些东西自然而然就会得到，就像那句话说的一样，越努力越幸运。这次的活动趣味性很强，而且很有意义，棒棒哒……很高兴能够有机会认识新的小伙伴！会一直参与的，很棒的活动”！

“开心才能开悟！在这学期的训练中收获最多的还是能够了解自己的性格，因为在开心的游戏中最能表现出一个人的各种性格与能力。很多东西都潜移默化地流露出来。也看到了大家在里面的成长，从刚开始做游戏的拖拖拉拉，毫无纪律到后来的高效率完成，有了一个量到质的变化。老师教我们不能把它当成一个简单的游戏，这些也是生活中可能遇到的问题，输赢的结果固然重要，但我们也不能缺少人的温度与感情”。

“风吹杨柳的游戏，我其实刚开始是拒绝的，因为真的觉得很没有安全感，后来慢慢地放松自己，选择相信其他人，才感觉轻松多了。觉得真的是一个团队的互相信任互相合作很重要，就像在我们的日常生活中，我们很难将后背留给别人，可是当我们有了一个共同的目标时，其实我们是可以选择相信的。当一个人想要心无旁骛地达到一个目标，其实所有的事情都很简单”。

“第一层次的交流，我能表达清楚；第二层次的交流，你能听明白我的表达；第三层次的交流，我们达成共识。交流并不难，难的是你们的交流能达到什么效果。通过这次活动，慢慢领悟，自己开始明白真正的交流是什么，希望自己的交流能通过这样的磨炼达到最好，在创业或未来职场的人际交往中能做到有效交流”。

“在挫折面前，创新性还有待提高。遵守规则的前提下可以大胆发散思考。当然，别人说的面对权威不敢出声的问题，在我这不存在自傲，但我应该思考，如果自己就是所谓的权威的时候，自己的团队中是否会有这种有想法但是不敢说出来的队友呢？所以，多站在别人的角度思考问题是我现阶段急需学会和改变的，以一种别人更容易接受的方式交流，而不是自己认为对的方式，一个好的团队，一个好的领导者，需要付出和学会更多”。

“在其位谋其政——队友们推举我担任 CEO，说心里话，我当时是硬着头皮接下来的，接下来就开始游戏，大家都在叽叽喳喳讨论着，意见想法很多，迟迟不能决定，这时身为 CEO 的我就拍板定下一个策略，然后开始着手准备，避免了浪费时间。我的同伴们也都很快进入角色，开始各自的工作，一切开始渐渐步入‘正轨’。而且，因为不跟大流，在别人都去金山挖宝藏的时候，我们改变策略，开始赚挖宝藏的人的钱，这样我们的竞争压力小了好多，游刃有余地‘活着’回来了。联系到创业，感触和第一堂课的‘蛋变人’一样，就是在别人都激情飞扬盲目寻找的时候，自己应该先冷静下来，观察一下具体情况，然后做出最恰当的决策”。

“成功的方法有多种，要善于发现，善于总结，同时，不论是创业还是人生，存在着很大的不确定性，既要懂得未雨绸缪，又要做到处变不惊；在创业中，最基本的，活下来最重要，只有在这个基础上才能去创造利益。所以，创业初期，要懂得怎么让自己的团队生存下去；团队成员职责的安排，用人问题，要了解什么人该在什么位置上”。

“作为理科生，去年看到创业实践班的招生简章时，就想这么好的资源怎么就只限于学经济的同学？咱们也可以试试啊，所以不为了学分也来报了创业实践班。结果‘创业一入深似海，从此萧郎是路人’，深深地喜欢上了这个创业实践班的系列课程。这些课程真是包罗万象，既可以学到其他专业书本上的知识，又有很多课外的知识，还可以出去参观，和创业者面对面的交流。或许你暂时没有创业的想法，但在这里你能学到很多有用的知识，开阔视野，结交朋友，发现真实的自己！真的很感谢学校给我们提供这么好的环境，感谢任课老师们的辛苦付出”！

这些发自同学们肺腑的言语，说明了这门课程开设非常有意义，达到了预期的效果。

五、课程延伸，带领学生做心理方面的大创项目

以实验中心心悦成长工作室师生为项目实施团体，以“心理训练对大学生创新创业心理品质培育研究”为项目名称，申请了“大连大学大学生创新创业训练计划项目——创新训练项目”，对课程做延伸研究。

1. 项目研究意义、价值、目的、应用前景等

研究的意义：以往的大学生创新创业教育，重视的是对学生理论知识的传授和特定技能的培养，忽视了对大学生心理的指导和心理品质的培养。本项目拟根据大学生创新创业应具备的心理品质，设计大学生创新创业心理品质调查问卷，考察团体心理训练对大学生创新创业心理品质的培养。此研究是开展大学生创新创业教育，培养大学生创新创业心理品质的重要环节。

价值：为大学生创新创业心理品质的培养提供参考，为大学生创新创业教育课程的开设提供理论依据。

目的：探讨团体心理训练对大学生创新创业心理品质的培育。

应用前景：先在创业实践班实施并进行研究，为我校及其他学校开展大学生创新创业教育，进行团体心理训练提供理论依据和实践参考。

2. 研究目标、研究内容和拟解决的关键问题

研究的目标：研究团体心理训练对大学生创新创业心理品质的培养，考察团体心理训练前后，大学生创新创业心理品质的变化。

研究的内容：在校图书馆免费万方数据库查阅资料，了解大学生创新创业教育和团体心理辅导的相关研究。借鉴黄硕“大学生创业心理品质培养调查研究”中的大学生创新创业心理品质问卷，自编问卷。在指导教师为培养大学生创新创业心理品质、实施团体心理训

练的团体中，进行团训前后的调查，研究团体心理训练对大学生创新创业心理品质的培养效果。

难点：设计大学生创新创业心理品质调查问卷。

拟解决难点的办法：查阅资料，了解大学生创新创业心理品质培养的主要内容。借鉴以往的调查问卷，设计出相应的调查问卷。

3. 完成项目的条件和保证

本项目依托于文科综合实践教学中心进行，中心有沙盘游戏系统、绘画分析软件、团体训练包等心理设备、仪器和训练器材，这样就方便了项目的开展。

项目的成员都是心理学爱好者，也曾经参与过团队心理训练，所以对团队心理训练有一定的掌握。指导教师是国家二级心理咨询师，多年来一直从事有关心理方面的研究，老师对项目给予一定的指导。学生还可以充分利用学校的图书馆网站进行资料的查询，对后续调查问卷的设计编制非常有帮助。

另外，指导教师会同步带领项目组成员进行团队心理训练，同学们可以学习到很多心理知识，对同学们完成项目和个人成长有很大的帮助。

案例分析

一部电影教会你如何组建有效团队

创业是九死一生的事情，希望大家能战胜“九死”，成为那个“一生”。这么多年，从我的个人视角来看，创业是一个事业初期的阶段。我们三个月、一年可以叫创业，你能一直在创业吗？即便是经营开始的阶段，也需要日常扎实地经营和管理，这是一个永远的功课，一分钟都停不了。

如何把常态化的工作真正扎实做到位？这就是我们要研究的事。

今天的第一个主题就是“团队”，创业的时候有方向、定位、资金的问题，这些事都得人来干，所以“团队”并不是一个新鲜词，特别值得我们仔细研究。在管理中，“有效”这个词是特别重要的，很多时候我们做了一个管理的动作，用“有效”来审视，什么叫有效？

首先，要有成果。

其次，这个成果要更有效果，要低成本，花同样的钱办更多的事，同样的事情用的时间成本最短。

管理是个庞大的学科，我们不讨论更多理论的问题，我们更多地要讨论如何行动。如何操作？“概念”很重要，但“行动”更关键。

一、从一部电影看如何组建团队

1. 任务 VS 团队

大家创业时都各有业务，都有不同的产品、生意、服务，比如

Uber 和滴滴、平安和中国人寿、创维和海尔，你能不能看出当中的不同？

这些都是垂直领域相关的知识，往上提高一步，在一个更高的角度来看，他们都是一个商业的问题，那就是任何一家企业终究要有自己的产品和服务。这是你可以从市场中拿回钱的根本依据，然后你要找到特定需要的人群，这叫客户。

然后需要一个方式和客户连接起来，传统的叫渠道，现在可能借助互联网平台，打法不一样，但是本质是一样的。因为商业的本质是不会改变的。

商业、军事、政治再往上追溯，其本质都是如何管理人，在这里我们讨论一个小案例：

《拯救大兵瑞恩》中上尉寻找翻译人选的片段，比较适合做翻译的士兵都阵亡了，只找到一个会法语、德语，但是没有上过战场的士兵。

现在我想问大家一件事，在影片里，这位士兵到底是合格还是不合格的？

我们要看这个人到底合格不合格，要先把两件事情弄清楚：

第一，这人到底是什么样的人？这就需要看到一个人的行为，听到他的言谈，判断他是否合适，这是对人的了解最有效的方法；

第二，要判断合格不合格是基于什么的基准？——任务和环境。

从任务来看，在这个片子里首先上尉需要找个翻译，要会法语。这个士兵不仅法语不错，德语也很好，从这个角度来讲他不仅是合格，甚至是远超期望的。

但是上尉为什么会一脸无奈呢？

因为他虽然说是要找个翻译员，但是他内心真正的标准是一个翻译 + 士兵？是单一要求就行了，还是要复合要求？为什么要满足复合要求？关键点在于我们要看整体的要求，往上放到团队的层面去考虑这个问题。

上尉在做什么？在组建团队。建立团队，你要判断这个事需要几个人搞定，一个人不能搞定就得组团，组团多个人的事情就复杂得多。

什么叫团队？

团队是一个针对任务的概念。没有任务，不存在团队的说法。你要把一个好的想法实现，一个人不行，所以你要组建团队，需要不同的人组合在一起，才能完成一个事儿。并不是因为要创业、完成业务来组建团队，相对事业而言，团队是一个比较长期的概念，也是一个随时的概念，随时有一个任务要干，就要随时组建一个团队。

在创业过程中，要在某一个区域开发新的市场，或是加一个功能，要找几个人去干，那就随时出现任务，随时要组建团队去干。对于经营者而言，团队建设是随时随地需要干的事。只要任务一变，即便是成员没变，这个团队也是会变的，因为要干的任务是不一样的。任务和以前是不一样的，团队就是不一样的。

团队应该是什么样？并不是当头的说了算，而是由任务决定的，组建一个什么样的团队，找什么人组建这个团队，工作任务是有客观性要求，团队成员应该是什么样，是由工作任务决定的。

从环境来看，同样的事儿，在不同环境下去做，影响是不一样的，所以工作干法也不一样。任务和环境，共同影响到我们应该搭建一个什么样的团队。

2. 如何组建团队

第一，选人标准。

影片里米勒上尉说：挑最好的跟着我！

这就是定义加入团队的基本标准，要根据任务的难度来选择。深入敌军的战场上找一个大兵，这个难度是非常高的，任务的难度决定了对于团队成员的要求，肯定要找最好的士兵！

第二，怎么落实？

上尉的做法是一个一个点名，作为一个头，你要对你的团队成员特别了解，当任务出来，你要立马想到适合任务的人是谁，在你头脑里有没有排序？1234 谁最适合？

事情一变，需要把新的任务再做排序，排序不能一概而论，要根据不同任务来定。

所以你对你的人有多深入的了解很关键，不然很难定位他的位置。所以上尉在选择翻译时，先点出×××，阵亡了，那就再点×××，又阵亡了，还得去找，于是翻译出现缺口。

但是为什么光是翻译不行？为什么要说这个士兵不合格？

因为这里要求的不只是翻译，还要求是个士兵，这是由任务的环境决定的。他们要去敌区的战场上寻找一个士兵，这个环境要求什么？要求他们潜入敌人内部，悄悄地前进，下手要狠、跑得要快，这就要求团队的战斗力要求相当好才行。

如果这个士兵的战斗能力不行，会有什么影响？

首先就会出现隐患，他不足以胜任他的工作，你期望他干的事儿，他干不了、交付不了相应的成果，团队就达不成相应的任务；

其次，不但任务面临隐患，对别人也会产生横向的影响，别人还要照顾他，这就会牵扯他人的精力，对整个团队的产生不好的影响；

最后的影响，你会发现当领导的，一旦找了个不太合格的下手，就需要更多的培训与管理，相当于给自己找了好多的另外的工作。找一个称职的人或不称职的人差别是很大的。

所以这个士兵是一个不合格的人选，因此上尉脸色是很勉强的。不合格就可以不要，但是为什么又必须选择他？

我们想要找一个最合适的人，但现实中你能不能找到他？要付出多大的代价去找？这期间要付出时间资源、精力资源等。在影片里上尉已经没有时间去找，这个任务是有时间限制的。这就是在决策中我们面临一个难题，随着时间的推移，做决策的正确的可能性是提高的，但随着时间的推移，决策的价值是在下降的。

如果你此刻知道明天股市收盘，你现在做的决定就相当有价值，如果你明天在股市收盘之后做出的决定，人人都知道的，其价值就没有意义了。所以作为决策者，在一定的时间区间之内要做出决策，否则就毫无意义了。

除了时间的因素，还有一个因素是可选项。在这个影片里你看到几个候选人？这个电影中，只有一个候选人，是没得选的。所以在你的团队中，如果出现“别无选择”的情况，那就只能给自己留下一个很大的隐患。你要选择一个人，那就要找几个可选择的人，作为备选。选过就比没得选胜算要大。

总结一下，从这个电影片段可以看出组建团队的一条逻辑线：

1. 根源是任务。不同层级的任务，都有需要动用到团队。

2. 如果需要动用团队，你会发现任务会提出客观性要求，团队应该是什么样的，以及加入团队的人应该符合什么标准。

3. 怎么分析任务？

4. 面对一个人选时，怎么判断他是不是合格？基于任务找出基本用人标准，看可选资源是否合适，如果不合适，要在哪些方面作出调整。

二、分析任务的工具

怎么能把工作任务分析清楚？要看任务对人有哪些要求？

在这里给大家推荐一些工具：三层次叠加法。彻底理解任务，理清对人的要求，三层次叠加法涉及位置、场景、效果。

第一，位置。

大家都看过很多公司的组织架构图，你会发现每个公司做的业务不一样，但是组织架构是差不多的，在审视一个岗位时是有些帮助，但是其他的用处就比较低了。再给大家推荐一个组织运行图，可以根据公司或部门是怎么运营的来做。

组织运行图：

第一层是按照职能来划分的：比如招聘经理、培训发展经理、薪酬绩效经理，大家各就各位，各干各的，组织架构图是讲清楚这件事的。

第二层是按照项目来划分，在组织部门中会有各种项目，根据项目需要让不同的人加入进来。项目开始进来，项目结束就散了，不同的岗位进到项目里，可以做跟自己职责不同的工作，对于所有人来说，职责所在的工作和此刻操作的项目都是你的工作。

第三层是这个部门有两层托板，第一层托板是部门秘书，是综合，第二层托板是部门经理，是头。只要有这两个人在，部门的运转是不成问题的。

这样就是一个公司的组织运行图。当你找人时，你就可以看到你将要找的一个人，他是在哪个位置上，这个位置对他有哪些要求。

第二，场景。

除了刚才讲的在组织运行图中的位置，第二个关键点是他一旦开始工作之后，他的工作场景是什么样的。

举个例子，可以想象一个画面，设计他是怎么干工作的。

1. 专职司机，工作场景：开车。

2. 民营公司老板的专职司机，工作场景：等候，开车。

在这个场景里，“等候”这一点就不是所有人都能做到，很多人宁可开车，也干不了“等候”这个事情，等到什么时候？不确定，没有时间。

3. 从山西往北京运煤的大货车司机，工作场景：野外、长途驾驶、夜晚开车。

这个场景有了，对于担当人员有什么要求：吃苦耐劳、精力、体力要好，眼神要好。

所以，把工作的画面场景设想出来，对担当者的要求就又进了一步。

第三，成果。

在找一个人之前，只想清楚位置和成果还不行，还要想清楚在最近一段时间里，他必须完成的任务，或需要交回的成果是什么？这个答案至关重要。

刚才的电影里，任陆军总参谋长的是马歇尔。第二次世界大战期间，有一次，马歇尔要任命一个师长，下属给他找了几个候选人的资料。

马歇尔看完之后，问下属：你觉得我是要找一个什么人呢？下属说，将军您亲自下达的命令是找一个师长。

马歇尔说：找一个师长，有可能是来面对一个新兵师，也有可能是接收从前线撤下的被打残了的部队，还有可能是面对马上就要上战场的师长。只有知道这要面对的是什么情况的，才能找到对的人选。这次他们是要找一个新兵师的师长，肯定是要找一个擅长新兵训练的人选。

一个人选上任后，在你关注的时间之内，需要完成任务、交回什么成果？你对某位候选人是不是有信心相信他能交回这个成果？这就是基于成果去考虑一个人是否胜任。

把这三个层次，一层一层深入地推进，越来越具体，我们就能看出需要找的人，应该是什么样的人。三层次叠加法的主要功能是帮你把工作要求找出来，看一个人合不合适。

三、识人之长、用人之长

刚才研究的是“事”，接下来帮助大家研究“人”。你怎么看待电影翻译合格不合格？用T型表分析一下这个人的优缺点：优点打对号，缺点画圈。

优点：法语、德语、服从、努力、年轻、绘图；弱点：作战经验、抗压、胆小、瘦弱。

这些优缺点是分析一个人的基础，并不是结论，结论要接受以下几个规则的检验。

（一）相关性原则

什么是相关性原则？

举个例子，你看我算是浓眉大眼吗？是！那我可不可以凭着我的浓眉大眼去NBA混饭吃？

浓眉大眼算是优点，但与NBA毫不相关，所以这个优点就不符合我们的相关性原则。即便在静态分析你有某个优点长处，但还需要和任务联系起来，这就是相关性原则。

优点的几点中，哪些是相关的？我们去掉不相关的，留下相关的。在这个相关原则之前要明确一个更基础的问题，“长处”，什么是长处？分析什么是“长处”，我们要借助于一个概念——“优势”。

（二）优势

一个人做一个件事，有“稳定”并且“卓越”的表现，那他在这件事上就是有优势的。“稳定”和“卓越”是两个关键词。“卓越”就是干得比别人好，“稳定”就是一直干得比别人好！

构成优势的三要素：

第一，知识。有些人只有知识，没有技能和才干，比如《天龙八部》中的王语嫣，知道各种武功，但都不会练。

第二，技能。知道并且会做，能操作，技能是体现在行为上。

第三，才干。才干指的是一个人感知、思维、行为三方面的模式。

感知：认知，你是怎么感知这个世界的，婴儿通过触觉和口唇感知外界，成人多通过听、看来感知世界。

思维：分为积极的思维模式、消极的思维模式，举个例子：半瓶水，你看到的是“只剩半瓶水”，还是“还有半瓶水”？这就体现出思维模式的不同，有的人比较积极，性格里会比较冒险一些，有的人比较消极，那就比较保守一些。

行为：行动派是听到就行动速度快；思考派却是先琢磨方法再行动；无所谓哪个更好，我们最终要看结果。

知识技能是可以通过勤奋习得，才干是先天的。虽然后天可以通过学习知识、苦练技能来加强能力，但勤学苦练解决不了才干高低和多少的问题。

知乎上有一个比较著名的问题，是天赋重要还是努力重要？有一个回答比较经典：

“有天赋相当于地下金矿，勤学苦练相当于挖掘过程。努力决定了你能达到的下限，天赋决定了你能达到的上限。很多人努力程度之低，根本没达到需要拼天赋的程度。”

我们分析一个人的长处，知道优势代表了长处，知道了长处分为知识、技能和才干。

那我们回过头来分析这个士兵，你会发现他哪里行，哪里不行。有些不行的地方，是可以通过训练来习得的。比如枪法不好，可以训练。但是不稳当、不机灵，这些属于天赋方面的，是无法通过训练得来的。没有人会百分百符合任务的需求，能符合五成就非常不错，能符合六成那就要满足了。

当我们选择一个人才时，要看欠缺的那几成是什么，如果是知识、技能，那可以通过后天培训来获得，如果是才干，那就没治了。把优势三要素结合我们T型表，就可以分析出一个人，他的知识、技能和才干，是否符合你的任务的需求。

（三）长处

被绩效证明的长处方可视为真的长处，这是德鲁克一贯的思想。一个人学历高、人品好、口碑好、有潜力重不重要？这些都很重要，但是这些所有一切，必须转化为绩效，要干出结果来。

如果一个人拥有再多，不能转化为扎实的成果，对于经营管理来说就没有意义，只有被绩效证明的长处方可视为真的长处。

作为一个创始人、一个团队的管理者，当你面对具体人员进行选拔时，应该怎么用？识人之长，用人之长可以用到下面五个问题。

德鲁克用人五问：

1. 此前哪方面的工作他确实做得很好？

招聘时，要从他过去的工作中找出他的优势，通过问的方式，把他过去的表现重现出来。这就是基于行为的面试，用行为面试法，会问到应聘者：遇到过去哪些问题你会怎么处理，以此来印证应聘者的某些长处和优势。

2. 这些出色表现所展现出的能力是什么？才干是什么？你哪方面做得好，是通过什么支撑？

3. 哪方面的新工作他可能做得更好？当一个人才干和能力是相

同的，那他的能力能否支撑他胜任新的工作？

4. 为了发挥他的长处，他还应该再学习或获得哪些知识、技能？这都是可习得的部分，为了让他在新的任务上有所发挥，他还需要在知识和技能方面有哪些补充性学习？

5. 这些需要重新学习的知识有可学习的途径吗？他能学会吗？这几个答案如果都能确认下来，那你的考虑就会比较完善。

德鲁克就是通过这五个问题，把选人、用人的核心问题给想清楚了。

拓展阅读

学习之学习

我是一个蠢笨的人，为了不被别人落得太远，只好努力学习；可怎么学也不得要领，不见长进。后遇高人指点得知一二学习之道，才恍然大悟这学习也是需要学习的，唯学会了学习之道，学习起来才能事半功倍。于是心中茅塞顿开，宛若开启了一扇神奇之门。

1. Study 与 Learn

首先，我们必须了解两个概念：Study 与 Learn。这两个概念有所区别。高人告之，所谓 Study，指的是“攻读”，以知识为基础，易于忘却。所谓 Learn，指的是“学习”，以过程为基础，能够保持终生。

高人又言，有的人集一生精力来“攻读”，也许学富五车，可到头来可能一无所获，因为他的方法不对。而真正智慧的人不一定无所不知，但他们能将所知化为所用，因为他们获得的不仅是“知识”，而主要是“能力”，一种关于“如何学习”的能力；一种刺激自己继续获得知识的能力。

高人的话让我如坠云雾之中，可转而一想便欣欣然若有所得了。就拿自己的经历来说吧，我大学时“攻读（study）”的是数学，可是到现在我已把过去学过的什么数理统计、微积分、高等数学等忘得干干净净。可正因为我“学习（learn）”的是数学，所以到现在我还在运用数学中的逻辑、归纳、想象等能力，而这些能力恰恰是我的长处所在；也是我每天工作所离不开的程序。

知道了学习的意义和真正学习的对象之后，下一个问题自然变成了“如何学得更快”。因为在这个信息时代，新知识层出不穷，只有学得更快的人才能永远领先一步，独秀于林。

2. 思维模块（thinking module）

要想学得更快，就必须在你脑中建立“思维模块”。思维模块包括两个部分：一部分是“原则（principle）”，另一部分是“脑中图画

(mental picture)”。

什么是原则呢？原则是人们经过思考、观察和反思后，对某一问题形成的观点，原则可作为人们制定决策做出判断的初步指导方针。

举例说明，在《市场营销学》课程中我们可以学到很多重要原则：

——获取更大利润的捷径是尽量不失去现有客户。

——你报价越晚，取得的价格越高。

——人们愿意为不失去什么而冒险（如果你不做手术，你会少活3年）。

——某人帮你一次小忙后，他也会愿意帮你一次大忙（卖洗尘器之前先要一杯冰水喝）。

在我从高人那里学到这一点之后，就开始思索自己的人生原则，并一一记录在案。比如我信奉“不知为不知”的原则，所以遇到不明之事我就去问，而不管别人是否会耻笑我的无知。久而久之，居然发现自己口袋里的东西越来越多，不禁颇得意于自己的求知之道。比如我还信奉“奉献就是所得”，所以在一个集体中我愿意多做一点，多分享一点，如果我做的事情能够对别人有所帮助，朋友的笑容就是我最大的幸福。

当然，有了原则还不够，原则可以指导你做方向性的判断，帮你做“正确”的事（do right things），可是，如果想把事情做对，做好“正确”的事，还需“脑中图画”的帮助。

脑中图画是什么呢？

高人说，脑中图画就是一个人基于自己或他人过去成功决策或解决问题的经验，在自己脑中形成的浓缩的图、表或画面，它能帮助我们更好地记忆、掌握和理解所学过的信息。脑中图画和原则结合起来就帮助我们建立了自己的思维模式，我们才开始有了自己“系统的”而非“零碎的”思想。

其实在MBA的学习中充满了脑中图画的例子，如《管理概论》中的“管理框架3模式”——任务、人和环境；如《管理经济学》中的“市场需求与供给曲线”；如《财务会计学》中的“T型账户”；如《组织行为学》中的“7S模型”；如《市场营销》中的“4P”等。西方人的思维是喜欢把一切管理问题模式化，这样做的好处是思考问题简单，有逻辑结构，而且不会疏漏任何问题。比如，当我们要考虑一个公司的结构状况时，我们就直接套用7S就好了，考虑营销问题就直接套用4P。

脑中图画的方法对我帮助极大。在做一件新的工作的时候，比如要帮助一家新公司建立人力资源管理体系时，我首先要做的一件事情就是画出整个项目的工作结构图。有了这张结构图之后，以后的工作真的是清楚无比，简洁无比——我知道我要往哪里去，我也知道我现在在哪里。

我也把这种方法应用到 MBA 的学习之中。每次课程之后，我都会总结一些学过的内容，一是跟大家分享，另外也是为了更好地学习和理解。我总结的方法其实非常简单，就是做两件事情：（1）用 PowerPoint 画一张图，总结出学习内容的逻辑结构和关键点；（2）用 Word 文件把学过的一些原则、要点、主要内容总结下来。其实这些就是原则和脑中图画。

3. 脑中模拟（mental simutation）

在思维模式的动作中，原则和脑中图画还只是基础，要想真的挥洒自如，还需要懂得“脑中模拟”。所谓脑中模拟，指的是当一个人遇到新的信息、碰到新的情况需要判断时，可以将新的信息与过去储存在脑中的画面相结合，从而快速做出决策的过程。一个人的思维模式越饱满，储存的原则和画面越多，他做判断的速度就越快，正确率就高。

前面提过，一些成功的高层人士做判断时凭借的是“直觉”，其实，那不是完全的直觉，而是脑中模拟的过程。脑中模拟和脑中图画比直觉科学得多，而它们却需要通过大量的学习、正确的学习才能获得。

我有一位好朋友，他的经历足以引鉴：先在一家大公司工作，学习了许多先进的观念的方法，后又在几家稍小的公司里实践了自己的想法，完成了许多项目，改善了这些公司的管理状况；最近，他开始将自己学过的、见过的、做过的事情一点一点的归拢起来，用原则和图画的方法写出来，汇集成册。写完之后，他觉得自己有了一种升华，有了一种“一览众山小”的感觉。

原则的好处是，当我们在遇到类似的情形时，我们可以很容易依据这些原则作出正确的判断；脑中图画的好处是，做出判断之后可以依据这些图画迅速采取行动。我们生活在一个竞争激烈的时代，如果我们判断的正确率能够比别人高1%，我们采取行动的时间能够比别人早1分钟，我们成功的概率就会多50%。

出于对高人的感激，对这种学习方法的崇仰，现与各位同学分享此学习之学习，以管窥天，一家之言，如是而已。①

课外实践

本章开篇唐太宗与大臣关于“创业”与“守业”的头脑风暴，对你有什么启发？你认为自己是否具有创业者必备的素质、品质和能

① 资料来源于选自李善友博文：http://blog.sina.com.cn/s/blog_4a4b47f1010007qs.html。

力？还应该从哪些方面提升自己？对于个人的心理建设，有什么困惑和期许？带着这些思考，寻找答案，然后采访一位身边的学生创业者，听听他们的创业故事，为自己做一份职业生涯规划，字数300字以上。

第五章

创业机会与创业资源

学习目标

1. 掌握创业机会的识别与选择
2. 了解创业风险与规避
3. 掌握创业资源
4. 了解大学生创业政策

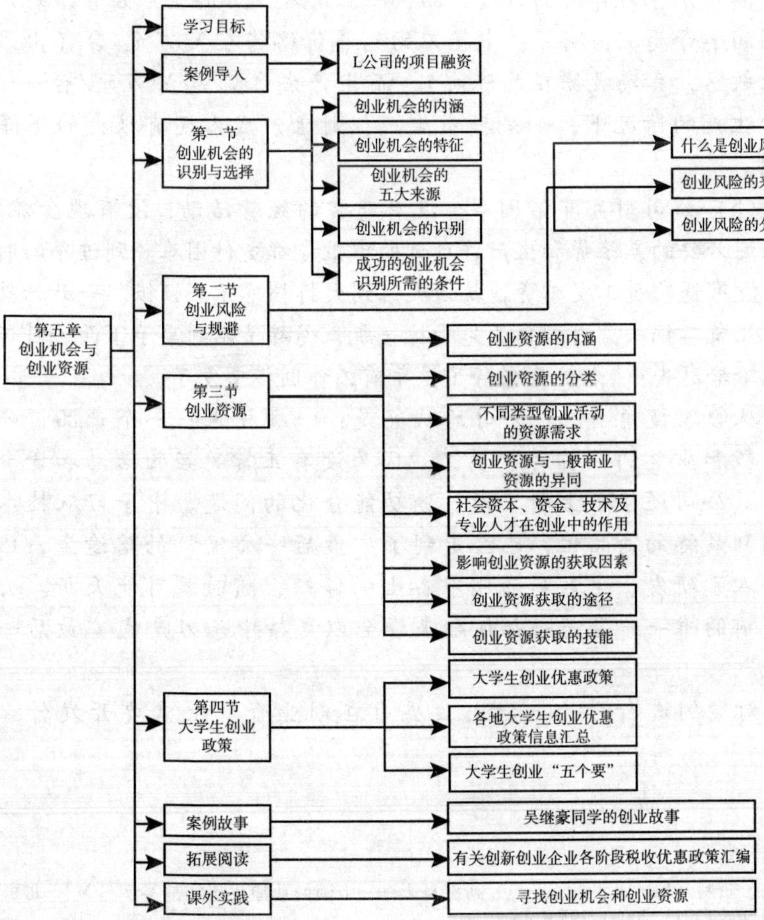

案例故事

L公司的项目融资

深圳L公司是中子刀的技术发明人和所有人。公司创业以来，一直围绕中子刀的研发、完善、生产和临床试验进行运营，一路艰难前行。在启动融资之前，除了中子刀项目外，L公司没有其他业务，公司的基本情况如下。

(1) 中子刀技术在国内和世界肿瘤医疗界和科技界已经名声大振，其技术前卫性好治疗前景逐步得到业界承认。

(2) 技术已经实现了产品化，第一台中子刀已经制成并投入重庆某三甲医院临床试用，试用的治疗效果良好，病例积累已经开始进行中。

(3) L公司正在向国家有关监管部门申请中子刀的生产许可证，但尚未最后取得生产许可证。据L公司讲，最终取得生产许可证是确定无疑的，只是时间迟早的问题。

(4) 中子刀作为高科技产品，一旦进入正常的生产经营，则产品利润率奇高。据测算，中子刀的销售价格将在X万元/台（出于商业敏感，真实数据在此隐去），而生产成本则是Y万元/台——单台生产的情况下，如果批量生产，则生产成本还有很大的下降空间。

(5) 公司财务非常困难。没有正常的经营活动，没有现金流，甚至连必要的差旅费和生产许可证的申报费都支付困难。到过年的时候，没有钱给员工发工资，就请大家到大排档吃了一顿饭。一开始就上来几瓶二锅头，老板自己先干掉一瓶，喝醉了钻到桌子下面，员工只好纷纷离去："老板又喝醉了，年前工资别指望发了。"

从管理视角看，L公司的状况是：一项技术，一个产品，一个老板和少量的"临时"员工。因为没有正常的经营活动和资金支持，公司还谈不上研、产、销功能分化的问题。中子刀从技术发明到最终的商品化，已经走到了"最后一公里"的路途上，已经陷入了研发、生产和营销准备上的停顿，随时就可能夭折。公司目前的唯一命题是：如何融来资金以支持中子刀走完"最后一公里"。

对案例进行讨论，指出L公司在创业资源上需要开发什么资源？①

---

① 资料来源：王明夫，王丰．高手身影——中国商业原生态实战案例［M］．北京：机械工业出版社，2008：293－304。

第一节　创业机会的识别与选择

一、创业机会的内涵

创业机会是指有利于创业的一组条件的形成情况。这组条件至少包含以下要素：

第一，某个细分市场存在或新形成了某种持续性需求；

第二，拟创业者开发了或持有着有助于满足前述市场需求的创意；

第三，创业者有能力、有资源，可实施所持有的创意；

第四，创业者将自己的创意转变为具体的产品或服务，不需要大规模的资金（所谓轻资产）和团队（所谓小团队）。

当这四个要素都得到满足之时，才可认为客观上形成了某种创业机会。

二、创业机会的特征

有的创业者认为自己有很好的想法和点子，对创业充满信心。有想法有点子固然重要，但是并不是每个大胆的想法和新异的点子都能转化为创业机会的。许多创业者因为仅仅凭想法去创业而失败了。那么如何判断一个好的商业机会呢？《21 世纪创业》的作者杰夫里 · A. 第莫斯教授提出，好的商业机会有以下四个特征：

第一，它很能吸引顾客；

第二，它能在你的商业环境中行得通；

第三，它必须在机会之窗存在的期间被实施（注：机会之窗是指商业想法推广到市场上去所花的时间，若竞争者已经有了同样的思想，并把产品已推向市场，那么机会之窗也就关闭了）；

第四，你必须有资源（人、财、物、信息、时间）和技能才可创立业务。

三、创业机会的五大来源

1. 痛点

创业的根本目的是满足顾客需求。而顾客需求在没有满足前就是痛点。寻找创业机会的一个重要途径是善于去发现和体会自己和他人在需求方面的痛点或生活中的难处。比如，上海有一位大学毕业生发现远在郊区的本校师生往返市区交通十分不便，创办了一家客运公司，就是把痛点转化为创业机会的成功案例。

2. 变化

创业机会大都产生于不断变化的市场环境，环境变化了，市场需求、市场结构必然发生变化。著名管理大师彼得·德鲁克将创业者定义为那些能“寻找变化，并积极反应，把它当作机会充分利用起来的人”。这种变化主要来自于产业结构的变动、消费结构升级、城市化加速、人口思想观念的变化、政府政策的变化、人口结构的变化、居民收入水平提高、全球化趋势等诸多方面。比如居民收入水平提高，私人轿车的拥有量将不断增加，这就会派生出汽车销售、修理、配件、清洁、装潢、二手车交易、陪驾等诸多创业机会。

3. 创造发明

创造发明提供了新产品、新服务，更好地满足顾客需求，同时也带来了创业机会。比如随着电脑的诞生，电脑维修、软件开发、电脑操作的培训、图文制作、信息服务、网上开店等创业机会随之而来，即使你不发明新的东西，你也能成为销售和推广新产品的人，从而给你带来商机。

4. 竞争

如果你能弥补竞争对手的缺陷和不足，这也将成为你的创业机会。看看你周围的公司，你能比他们更快、更可靠、更便宜地提供产品或服务吗？你能做得更好吗？若能，你也许就找到了机会。

5. 新知识、新技术的产生

例如随着健康知识的普及和技术的进步，围绕“水”就带来了许多创业机会，上海就有不少创业者加盟“都市清泉”而走上了创业之路。

四、创业机会的识别

创业机会识别是创业领域的关键问题之一。从创业过程角度来看，它是创业的起点。创业过程就是围绕着机会进行识别、开发、利用的过程。识别正确的创业机会是创业者应当具备的重要技能。

创业机会以不同形式出现。虽然以前的研究中，焦点多集中在产品的市场机会上，但是在生产要素市场上也存在机会，如新的原材料的发现等。许多好的商业机会并不是突然出现的，而是对于“一个有准备的头脑”的一种“回报”。在机会识别阶段，创业者需要弄清楚机会在哪里和怎样去寻找。

1. 现有的市场机会

对创业者来说，在现有的市场中发现创业机会，是很自然和较经济的选择。一方面，它与我们的生活息息相关，能真实地感觉到市场机会的存在；另一方面，由于总有尚未全部满足的需求，在现有市场中创业，能减少机会的搜寻成本，降低创业风险，有利于成功创业。现有的创业机会存在于：不完全竞争下的市场空隙、规模经济下的市场空间、企业集群下的市场空缺等。

（1）不完全竞争下的市场空隙。不完全竞争理论或不完全市场理论认为，企业之间或者产业内部的不完全竞争状态，导致市场存在各种现实需求，大企业不可能完全满足市场需求，必然使中小企业具有市场生存空间。中小企业与大企业互补，满足市场上不同的需求。大中小企业在竞争中生存，市场对产品差异化的需求是大中小企业并存的理由，细分市场以及系列化生产使得小企业的存在更有价值。

（2）规模经济下的市场空间。规模经济理论认为，无论任何行业都存在企业的最佳规模或者最适度规模的问题，超越这个规模，必然带来效率低下和管理成本的提升。产业不同，企业所需要的最经济、最优成本的规模也不同，企业从事的不同行业决定了企业的最佳规模，大小企业最终要适应这一规律，发展适合自身的产业。

（3）企业集群下的市场空缺。企业集群主要指地方企业集群，是一组在地理上靠近的相互联系的公司和关联的结构，它们同处在一个特定的产业领域，由于具有共性和互补性而联系在一起。集群内中小企业彼此间发展高效的竞争与合作关系，形成高度灵活专业化的生产协作网络，具有极强的内生发展动力，依靠不竭的创新能力保持地方产业的竞争优势。

2. 潜在的市场机会

潜在的创业机会来自于新科技应用和人们需求的多样化等。成功的创业者能敏锐地感知社会大众的需求变化，并能够从中捕捉市场机会。

新科技应用可能改变人们的工作和生活方式，出现新的市场机会。通信技术的发展，使人们在家里办公成为可能；互联网的出现，改变了人们工作、生活、交友的方式；网络游戏的出现，使成千上万的人痴迷其中，乐此不疲；网上购物、网络教育的快速发展，使信息的获取和共享日益重要。

需求的多样化源自于人的本性，人类的欲望是很难得到满足的。在细分市场里，可以发掘尚未满足的潜在市场机会。一方面，根据消费潮流的变化，捕捉可能出现的市场机会；另一方面，根据消费者的心理，通过产品和服务的创新，引导需求并满足需求，从而创造一个全新的市场。

3. 衍生的市场机会

衍生的市场机会来自于经济活动的多样化和产业结构的调整等方面。

首先，经济活动的多样化为创业拓展了新途径。一方面，第三产业的发展为中小企业提供了非常多的成长点，现代社会人们对信息情报、咨询、文化教育、金融、服务、修理、运输、娱乐等行业提出了更多更高的需求，从而使社会经济活动中的第三产业日益发展。由于第三产业一般不需要大规模的设备投资，它的发展为中小企业的经营和发展提供了广阔的空间。另一方面，社会需求的易变性、高级化、多样化和个性化，使产品向优质化、多品种、小批量、更新快等方面发展，也有力地刺激了中小企业的发展。

其次，产业结构的调整与国企改革为创业提供了新契机。党的十六大报告指出，“要深化国有企业改革，进一步探索公有制特别是国有制的多种有效实现形式，大力推进企业的体制、技术和管理创新。除极少数必须有国家独资经营的企业外，积极推进股份制，发展混合所有制经济。”因此，随着国企改革的推进，民营中小企业除了涉足制造业、商贸餐饮服务业、房地产等传统业务领域外，将逐步介入中介服务、生物医药、大型制造等有更多创业机会的领域。

五、成功的创业机会识别所需的条件

面对具有相同期望值的创业机会，并非所有潜在创业者都能把握。成功的机会识别是创业愿望、创业能力和创业环境等多因素综合作用的结果。

首先，创业的愿望是机会识别的前提。创业愿望是创业的原动力，它推动创业者去发现和识别市场机会。没有创业意愿，再好的创业机会也会视而不见，或失之交臂。

其次，创业能力是机会识别的基础。识别创业机会在很大程度上取决于创业者的个人（团队）能力，这一点在《当代中国社会流动报告》中得到了部分佐证。报告通过对 1993 年以后私营企业主阶层变迁的分析发现，私营企业主的社会来源越来越以各领域精英为主，经济精英的转化尤为明显，而普通百姓转化为私营企业主的机会越来越少。国内外研究和调查显示，与创业机会识别相关的能力主要有：远见与洞察能力、信息获取能力、技术发展趋势预测能力、模仿与创新能力、建立各种关系的能力等。

最后，创业环境的支持是机会识别的关键。创业环境是创业过程中多种因素的组合，包括政府政策、社会经济条件、创业和管理技能、创业资金和非资金支持等方面。一般来说，如果社会对创业失败比较宽容，有浓厚的创业氛围；国家对个人财富创造比较推崇，有各种渠道的金融支持和完善的创业服务体系；产业有公平、公正的竞争环境，那就会鼓励更多的人创业。

第二节 创业风险与规避

一、什么是创业风险

创业风险是指在企业创业过程中存在的风险，是指由于创业环境的不确定性、创业机会与创业企业的复杂性，创业者、创业团队与创业投资者的能力与实力的有限性而导致创业活动偏离预期目标的可能性。

二、创业风险的来源

创业环境的不确定性，创业机会与创业企业的复杂性，创业者、创业团队与创业投资者的能力与实力的有限性，是创业风险的根本来源。研究表明，由于创业的过程往往是将某一构想或技术转化为具体的产品或服务的过程，在这一过程中，存在着几个基本的、相互联系的缺口，它们是不确定性、复杂性和有限性的主要来源，也就是说，创业风险在给定的宏观条件下，往往就直接来源于这些缺口。

1. 融资缺口

融资缺口存在于学术支持和商业支持之间，是研究基金和投资基金之间存在的断层。其中，研究基金通常来自个人、政府机构或公司研究机构，它既支持概念的创建，还支持概念可行性的最初证实；投资基金则将概念转化为有市场的产品原型（这种产品原型有令人满意的性能，对其生产成本有足够的了解并且能够识别其是否有足够的市场）。创业者可以证明其构想的可行性，但往往没有足够的资金将其实现商品化，从而给创业带来一定的风险。通常，只有极少数基金愿意鼓励创业者跨越这个缺口，如富有的个人专门进行早期项目的风险投资，以及政府资助计划等。

2. 研究缺口

研究缺口主要存在于仅凭个人兴趣所做的研究判断和基于市场潜力的商业判断之间。当一个创业者最初证明一个特定的科学突破或技术突破可能成为商业产品基础时，他仅仅停留在自己满意的论证程度上。然而，这种程度的论证后来不可行了，在将预想的产品真正转化为商业化产品（大量生产的产品）的过程中，即具备有效的性能、低廉的成本和高质量的产品，在能从市场竞争中生存下来的过程中，需要大量复杂而且可能耗资巨大的研究工作（有时需要几年时间），从而形成创业风险。

3. 信息和信任缺口

信息和信任缺口存在于技术专家和管理者（投资者）之间。也就是说，在创业中，存在两种不同类型的人：一是技术专家；二是管理者（投资者）。这两种人接受不同的教育，对创业有不同的预期、信息来源和表达方式。技术专家知道哪些内容在科学上是有趣的，哪些内容在技术层上是可行的，哪些内容根本就是无法实现的。在失败案例中，技术专家要承担的风险一般表现在学术上、声誉上受到影响，以及没有金钱上的回报。管理者（投资者）通常比较了解将新产品引进市场的程序，但当涉及具体项目的技术部分时，他们不得不相信技术专家，可以说管理者（投资者）是在拿别人的钱冒险。如果技术专家和管理者（投资者）不能充分信任对方，或者不能够进行有效的交流，那么这一缺口将会变得更深，带来更大的风险。

4. 资源缺口

资源与创业者之间的关系就如颜料和画笔之与艺术家之间的关系。没有了颜料和画笔，艺术家即使有了构思也无从实现。创业也是如此。没有所需的资源，创业者将一筹莫展，创业也就无从谈起。在大多数情况下，创业者不一定也不可能拥有所需的全部资源，这就形成了资源缺口。如果创业者没有能力弥补相应的资源缺口，要么创业无法起步，要么在创业中受制于人。

5. 管理缺口

管理缺口是指创业者并不一定是出色的企业家，不一定具备出色的管理才能。进行创业活动主要有两种：一是创业者利用某一新技术进行创业，他可能是技术方面的专业人才，但却不一定具备专业的管理才能，从而形成管理缺口；二是创业者往往有某种“奇思妙想”，可能是新的商业点子，但在战略规划上不具备出色的才能，或不擅长管理具体的事务，从而形成管理缺口。

三、创业风险的分类

1. 按风险来源的主客观划分

按风险来源的主客观性划分，可分为主观创业风险和客观创业风险。

主观创业风险，是指在创业阶段，由于创业者的身体与心理素质等主观方面的因素导致创业失败的可能性。

客观创业风险，是指在创业阶段，由于客观因素导致创业失败的可能性，如市场的变动、政策的变化、竞争对手的出现、创业资金缺乏等。

2. 按创业风险的内容划分

按创业风险的内容划分，可分为技术风险、市场风险、政治风险、管理风险、生产风险和经济风险

技术风险，是指由于技术方面的因素及其变化的不确定性而导致创业失败的可能性。

市场风险，是指由于市场情况的不确定性导致创业者或创业企业损失的可能性。

政治风险，是指由于战争、国际关系变化或有关国家政权更迭、政策改变而导致创业者或企业蒙受损失的可能性。

管理风险，是指因创业企业管理不善产生的风险。

生产风险，是指创业企业提供的产品或服务从小批试制到大批生产的风险。

经济风险，是指由于宏观经济环境发生大幅度波动或调整而使创业者或创业投资者蒙受损失的风险。

3. 按风险对所投入资金即创业投资的影响程度划分，可分为安全性风险、收益性风险和流动性风险

创业投资的投资方包括专业投资者与投入自身财产的创业者。

安全性风险，是指从创业投资的安全性角度来看，不仅预期实际收益有损失的可能，而且专业投资者与创业者自身投入的其他财产也可能蒙受损失，即投资方财产的安全存在危险。

收益性风险，是指创业投资的投资方的资本和其他财产不会蒙受损失，但预期实际收益有损失的可能性。

流动性风险，是指投资方的资本、其他财产以及预期实际收益不会蒙受损失，但资金有可能不能按期转移或支付，造成资金运营的停滞，使投资方蒙受损失的可能性。

4. 按创业过程划分，可分为机会的识别与评估风险、准备与撰写创业计划风险、确定并获取创业资源风险和新创企业管理风险

创业活动须经历一定的过程，一般而言，可将创业过程分为四个阶段：识别与评估机会；准备与撰写创业计划；确定并获取创业资源；新创企业管理。

机会的识别与评估，指在机会的识别与评估过程中，由于各种主客观因素，如信息获取量不足，把握不准确或推理偏误等使创业一开始就面临方向错误的风险。另外，机会风险的存在，即由于创业而放弃了原有的职业所面临的机会成本风险，也是该阶段存在的风险之一。

准备与撰写创业计划风险，指创业计划的准备与撰写过程带来的风险。创业计划往往是创业投资者决定是否投资的依据，因此创业计划是否合适将对具体的创业产生影响。创业计划制定过程中各种不确定性因素与制定者自身能力的限制，也会给创业活动带来风险。

确定并获取资源风险，指由于存在资源缺口，无法获得所需的关键资源，或即使可获得，但获得的成本较高，从而给创业活动带来一定风险。

新创企业管理风险，主要包括管理方式，企业文化的选取与创建，发展战略的制定、组织、技术、营销等各方面的管理中存在的风险。

第三节 创业资源

创业资源的学习能让学生们了解到创业过程中的资源需求和资源获取途径，特别是创造性整合资源的途径，认识创业资金筹募渠道和风险，掌握创业资源管理的技巧和策略。

一、创业资源的内涵

1. 创业资源的定义

创业的前提条件之一就是创业者拥有或者能够支配一定的资源。所谓资源，是企业在向社会提供产品或服务的过程中，所拥有的或者所能够支配的用以实现自己目标的各种要素以及要素组合。

创业资源是企业创立以及成长过程中所需要的各种生产要素和支撑条件。对于创业者而言，只要是对其创业项目和新创企业发展有所帮助的要素，都可归入创业资源的范畴。

创业资源之于创业活动的重要意义不仅仅局限在单纯的量的积累上，应当看到创业过程实质上是各类创业资源的重新整合，支持企业获取竞争优势的过程。从这一角度看，创业活动本身是一种资源的重新整合。

2. 创业资源在创业过程中的作用

（1）机会识别过程。机会识别与创业资源密不可分。从直观的含义上看，机会识别是要分析、考察。评价可能的潜在创业机会。柯兹纳（Kirzner，1973）认为，机会代表着一种通过资源整合、满足市场需求以实现市场价值的可能性。因此，创业机会的存在本质上是部分创业者能够发现其他人未能发现的特定资源的价值的现象。例如，在同样的产品或者盈利模式下，一些人会付诸行动去创业，其他人却往往放任机会流失；有的人会经营得很成功，而另一些人却会遭受损失。对后者来说，往往是缺乏必要创业资源的缘故。

（2）企业成长过程。企业创立之后，一方面，创业者仍需要积极地从外界获取创业资源，另一方面已经获取的创业资源在企业发展过程中逐渐被整合、利用。资源整合对于创业过程的促进作用是通过创业战略的制定和实施来实现的。丰富的创业资源是企业战略制定和实施的基础和保障，同时，充分的创业资源还可以适当校正企业的战略方向，帮助新创企业选择正确的创业战略。

二、创业资源的分类

目前，学术界对创业资源的分类大致有以下五种类型。

1. 创业资源按其来源分类

创业资源按其来源可以分为自有资源和外部资源。自有资源是指创业者或创业团队自身所拥有的可用于创业的资源，如自有资金、技术、创业机会信息等。外部资源是指创业者从外部获取的各种资源，包括从朋友、亲戚、商务伙伴或其他投资者筹集到的投资资金、经营空间、设备或其他原材料等。自有资源的拥有状况（特别是技术和人力资源）会影响外部资源的获得和运用。

2. 创业资源按其存在形态分类

创业资源按其存在形态可以分为有形资源和无形资源。有形资源是具有物质形态的、价值可用货币度量的资源，如组织赖以存在的自然资源以及建筑物、机器设备、原材料、产品、资金等。无形资源是具有非物质形态的、价值难以用货币精确度量的资源，如信息资源、人力资源、政策资源以及企业的信誉、形象等。无形资源往往是撬动有形资源的重要手段。

3. 创业资源按其性质分类

根据资源的性质，可将创业资源分为六种资源，即人力资源、社会资源、财务资源、物质资源、技术资源和组织资源。

（1）人力资源。包括创业者与创业团队的知识、训练、经验，也包括组织及其成员的专业智慧、判断力、视野、愿景，甚至是创业者、创业团队的人际关系网络。创业者是新创企业中最重要的人力资源，因为创业者能从混乱中看到市场机会。创业者的价值观和信念，更是新创企业的基石。合适的员工也是创业人力资源的重要部分，因此，高素质人才——技术人员、销售人才和生产工人等的获取和开发，便成为企业可持续发展的关键因素。

（2）社会资源。主要指由于人际和社会关系网络而形成的关系资源。社会资源可以是人力资源的一部分，或者说是特殊的人力资源。社会资源对创业活动非常重要，因为社会资源能使创业者有机会接触到大量的外部资源，有助于透过网络关系降低潜在的风险，加强合作者之间的信任和声誉。开发社会资源是创业者的重要使命。

（3）财务资源。包括资金、资产、股票等，对创业者来说，财务资源主要来自个人、家庭成员和朋友。由于缺乏抵押物等多方面原因，创业者从外部获取大量财务资源比较困难。

（4）物质资源。指创业和经营活动所需要的有形资产，如厂房、土地、设备等。有时也包括一些自然资源，如矿山、森林等。

（5）技术资源。包括关键技术、制造流程、作业系统、专用生产设备等。通常，技术资源包括三个层次：一是根据自然科学和生产实践经验而发展成的各种工艺流程、加工方法、劳动技能和诀窍等；二是将这些流程、方法、技能和诀窍等付诸实现的相应的生产工具和其他物资设备；三是适应现代劳动分工和生产规模等要求的对生产系统中所有资源进行有效组织和管理的知识、经验和方法。技术资源与智慧等人力资源的区别在于，后者主要存在于个人身上，随着人员的流动会流失，技术资源大多与物质资源结合，可以通过法律手段予以保护，形成组织的无形资产。

（6）组织资源。包括组织结构、作业流程、工作规范、质量系统。组织资源通常指组织内部的正式管理系统，包括信息沟通、决策系统以及组织内正式和非正式的计划活动等。一般来说，人力资源需要在组织资源的支持下才能更好地发挥作用，企业文化也需要在良好的组织环境中培养。组织资源来自于创业者或其团队对新创企业的最初设计和不断调整，同时包括对环境的适应和对成功经验的学习。由于创业过程通常被解释成组织的形成过程，所以对于创业企业来说组织资源是具有标志性意义的一类资源。

4. 创业资源按其对生产过程的作用分类

资源还可以按照其对生产过程的作用分为生产型资源和工具型资源。生产型资源直接用于生产过程或用于开发其他资源，例如物质资源，像机器、汽车或办公室，被认为直接用于生产产品或提供服务；工具型资源则被专门用于获得其他资源，例如财务资源，因为其具有很大的柔性而被用于获得其他资源，比如用来获得人才和设备。产权型技术可能是生产型资源，如果是以专利形式存在的则可直接用于生产过程。需要指出的是对于新创企业来说，个人的声誉资源和社会网络也属于工具型资源，有些时候市场资源也可以用来吸引其他资源，因为我们也将其归为工具型资源。

5. 创业资源按其在创业过程中的作用分类

创业研究学者通常将创业资源划分为两类，一类是运营型资源。主要包括人力资源、技术资源、资金资源、物质资源、组织资源和市场订单等资源。另一类是对新企业生存和发展具有关键作用的战略性资源，主要指知识资源。知识型社会给企业带来了持续而深远的影响，知识成为企业进行生产、竞争的关键，企业组织工作的重要任务是战略性地开发和利用知识资源。由于新企业的高度不确定性及创业者和资源所有者之间的信息不对称性，知识资源对运营资源的获取和利用具有促进作用。

三、不同类型创业活动的资源需求

技术驱动型的资源获取模式是创业者最先拥有的技术资源，或者创业初始，技术资源较为充裕并带动其他资源向企业聚集。在该模式下，创业者以拥有的核心技术为基础，根据技术开发的需要获取、整合和利用资源。

人力资本驱动型资源获取模式是指创业者以拥有的团队为基础，通过发挥团队特长或根据机会开发的需要来获取、整合和利用资源的模式。很多职业经理人创业采用这一模式，即工作一段时间后再创业的创业活动很多也是以原工作单位的工作伙伴以及积累的工作技能为基础，先有了一个相互默契的工作团队，再寻找一个适合的创业项目，促成创业的成功。

资金驱动型资源获取模式是指创业者最先拥有资金，或者创业初始资金较为充裕并带动其他资源向企业聚集的资金获取模式。在该模式下，创业者以其拥有的资金为基础，通过寻找和资金相匹配的项目，进而对其进行开发来获取、整合和利用资源。很多大型企业的内部创业多采用资金驱动型的资源获取模式，他们有着充沛的资金，有发现新商机的独到眼光，于是通过新产品的研发，或新技术的购买开始新一轮的创业活动。

除此以外，新创企业在发展的不同时期，需要的资源类型和数量可能会有所不同，不同资源在企业不同发展阶段的作用也不相同。

四、创业资源与一般商业资源的异同

创业资源与一般商业资源既有相同点，也有一定的差别。

从广义上看，创业资源与一般商业资源的基本内容大致相近，都包括人力资源、社会资源、财务资源、物质资源等，是指创业活动或商业活动中所需要的各种生产要素和支撑条件。倘若一个人想要创业或者从事某种商业活动，则必须具备一定的条件，而拥有这些资源在某种程度上就是获得了许可证。在创业过程中，除自身资源外，创业者往往通过市场交易手段将一般商业资源转换为创业资源。

从狭义上看，创业资源与一般商业资源的差异表现为以下三点：

第一，创业资源与创业过程相伴而生，是一项事业、一个企业或组织从无到有、从小到大的创建过程中所依赖的各种要素和支持条件。对于创业活动而言，不确定性强是初创期的主要特征，因此创业者所拥有或者可以利用的资源无论在数量上还是规模上都表现为“少”、“小”。一般商业资源往往泛指事业、企业或组织所具备的生产要素和支持条件，其数量、规模都比创业资源“多”、“广”。

第二，创业资源的范围往往小于商业资源。尽管创业资源与商业资源的基本内容相近，但并不是所有的商业资源都是创业资源，因为只有创业者能够拥有或者可以获得、利用的资源才是创业资源。在创业的过程中，创业机会只有与相应的创业资源进行匹配，才能形成现实的创业行为。否则，即使出现了大好的创业机会，创业者也难以迅速利用这个机会，只能眼睁睁地看着机会从身边溜走。

第三，有的学者认为，创业资源更多表现为无形资源，一般商业资源则更多表现为有形资源。创业资源的独特性更强，创业者的个人能力和社会网络资源是其中最为关键的资源，一般商业资源中，规范的管理和制度则是企业成功的基础资源。

五、社会资本、资金、技术及专业人才在创业中的作用

1. 社会资本在创业中的作用

在创业研究方面，社会资本是基于人际和社会关系网络形成的资源。这种资源可以是人力资源的一部分，或者说是特殊的人力资源。社会资本能使创业者有机会接触大量的外部资源，有助于通过网络关系降低潜在的风险，加强合作者之间的信任与信誉。有学者从个体来看，其获取资源的能力决定了创业活动能否成功启动；创业者常常通过社会网络获取所需的信息和资源，而那些拥有丰富社会资本的创业者往往可借此得到较难获取的资源，或以低于市场的价格购买取得。

2. 资金在创业中的作用

资金是创业者资源整合的重要媒介。从产生创意、发现创业机会到构建商业模式，创业者或创业团队都绕不开资金这个话题。换言之，创业过程的每项活动都会发生成本，都需要进行成本补偿。比如，对于新创企业来说，无论是进行产品研发还是生产销售，都需要大量的资金，因此如何有效地吸收资金资源是每个创业者都极为关注的问题。

大学生创业的最大困难之一就是资金缺乏。即便是已经建立若干年的企业，资金链的断裂也是企业致命的威胁。虽然资金在创业过程

中起着至关重要的作用，但融资数量并非多多益善，要考虑到企业实际的资金需求量。

3. 技术在创业中的作用

技术资源的主要来源是人才资源，重视技术资源的整合同时也就是注重人才资源的整合。技术资源的整合，不仅要整合、积聚企业内部的技术资源，还要整合外部的可资利用的技术资源，比如积极寻找、引进有商业价值的科技成果，加强和高校科研院所的产学研合作，等等。整合技术资源只是起点，技术资源整合是为了技术的不断创新、自主研发并拥有自主知识产权，保持技术的领先，提高新创企业的核心竞争力。

4. 专业人才在创业中的作用

组织资源观认为，塑造以知识为基础的核心能力是组织获取持续竞争优势的有效策略。这种核心能力具有独特价值，是不可模仿和难以转移的，它需要组织内部的长期开发。专业人才在创业过程中的作用可以从创业者、创业团队、管理团队以及骨干员工的角度体现出来。

随着知识经济的兴起、高科技产业发展，人们发现单靠个人的力量越来越难以成功创业，创业团队的重要性更加凸显。大量的实证研究表明，团队创办的企业在存活率和成长性两个方面都显著高于个人创办的企业。这是因为团队创业通常具有更多样化的技能和竞争力基础，可以形成更广阔的社会和企业网络，有利于获取额外的资源。创业投资家也经常把新企业创业团队的素质作为其投资与否的最重要的决策依据之一。当然，创业者的人力资本和社会资本对创业团队的组建也有重要作用。一方面，优秀的创业领导人更有可能吸引优秀的人才来共同创业；另一方面，创业者的社会资本对创业团队的组建和持续性发挥着不可忽视的作用。

六、影响创业资源的获取因素

1. 创业导向

创业导向反映了企业建立新事业、应对环境变化的一种特定心智模式，是一种态度或意愿，这种态度或意愿会导致一系列创业行动。在常见的创业研究模型中，创业导向被划分为三个维度：创新性、风险承担性和前瞻性。创新性是指“企业热衷于能够带来新产品、新服务、新工艺的新思想、新观点和新的实验手段”，风险承担性是指“管理者愿意承担较大和有风险事物的程度”，前瞻性是指“企业通过预测未来需求改造环境，来寻找比竞争对手更早引入新产品或服务的机会”。

在日益激烈的竞争环境中，新创企业往往需要采取更多的创新行为、承担更多的风险来参与竞争，以取得良好的企业绩效。在明确的创业导向指引下，企业能够创造性地整合资源、利用资源，并在资源的动态获取、整合、利用过程中，注意区分不同的资源，充分发挥知识资源的促进作用。为此，创业者要注重创业导向的培育和实施，充分关注创业团队的价值观、组织文化和组织激励等影响创业导向形成的重要因素。

2. 创业者（创业团队）先前工作经验

创业者（创业团队）的先前工作经验分为创业经验和行业经验两大类。其中创业经验是指先前创建过新的企业或组织，是创业者在此过程中所获得的感性和理性的观念、知识和技能等，它提供了诸如机会识别与评估、资源获取好公司组织化等方面的信息。行业经验是指创业者在某行业中的先前工作经历，它提供了有关行业的规范和规则、供应商和客户网络以及雇佣管理等信息。

创业过程本身就是一个知识转移的过程。从先前创业经验中转移出来的知识能够提高企业家有效识别和处理创业机会的能力，有助于发现和获取创业资源。先前行业经验中所积累的顾客问题知识、市场服务方式知识、市场知识等造就了创业者的“知识走廊”，强化了其发现创业机会与获取资源的能力。

3. 资源配置方式

资源的配置方式有市场交易和非市场交易两种。在市场经济条件下。大多数资源可以通过市场交易而得到。但是，由于资源的异质性、效用的多样性和知识的分散性，人们对于同样资源往往具有不同的效用期望，有些期望难以依靠市场交易得到满足。因此，如果通过资源配置方式创新，能够开发出新效用，使之更好地满足资源所有者的期望，创业者就有可能从资源所有者手中获得资源使用权，以开展生产经营活动。

4. 创业者的管理能力

创业资源获取的关键往往取决于企业的软实力。创业者的管理能力是企业软实力的主要表现，管理能力越高，获取资源的可能性越大。创业者的管理能力可以从其沟通能力、激励能力、行政管理能力、学习能力和外部协调能力等多方面予以衡量。

5. 社会网络

社会网络是多维度的，能够提供企业正常运转所需的各种资源，也是新创企业最重要的资源之一。社会网络是隐性知识传播的重要渠道，它能通过促进信息的快速传递而协助组织学习，同时还可以大大降低企业的交易成本，帮助获取与企业需求相匹配的资源，因此对于创业资源的获取具有重要意义。

七、创业资源获取的途径

1. 通过市场交易途径获取资源

通过市场途径获取资源的方式包括购买、联盟和并购等。购买是指利用财务资源通过市场购入的方式获取外部资源，主要包括购买厂房、装置、设备等物质资源，购买专利和技术，聘请有经验的员工等。联盟是指通过联合其他组织，对一些难以或无法自己开发的资源实行共同开发，这种方式不仅可汲取显性知识资源，还可汲取隐性知识资源。资源并购是通过股权收购或资产收购，将企业外部资源内部化的一种交易方式，资源并购的前提是并购双方的资源尤其是知识等新资源具有比较高的关联度。

2. 通过非市场途径获取资源

非市场途径获取资源的方式主要有资源吸引和资源积累等。资源吸引指发挥无形资源的杠杆作用，利用新创企业的商业计划，通过对创业前景的描述，利用创业团队的声誉来获得或吸引物质资源、技术资源、资金和人力资源。资源积累指利用现有资源在企业内部通过培育，形成所需的资源，主要包括自建企业的厂房、装置、设备，在企业内部开发新技术，通过培训来增加员工的技能和知识，通过趋于自我积累获取资金等。

八、创业资源获取的技能

1. 沟通

为了获取创业资源，创业者及其团队应该有较好的人际沟通能力、沟通技巧以及顺畅的沟通机制。人际沟通能力是指一个人能够用有效的和适当的方法进行沟通的能力。沟通技巧，是指参与沟通的人具有收集和发送信息的能力，能通过书写、口头与肢体语言的媒介，有效与明确地向他人表达自己的想法、感受与态度，亦能较快、正确地解读他人的信息，从而了解他人的想法、感受和态度。在获取资源的过程中，与各方沟通是必不可少的，因此创业者及其团队必须与各方建立顺畅的沟通机制，派出有一定沟通能力的团队成员负责与各方沟通，这是获取创业资源成功与否的关键因素。

2. 战略领导力

创业者战略领导能力是创业者能力与新创企业战略管理过程的契合点，是创业者能力在企业战略管理各个阶段中体现出的一种独特的思考型实践能力，包括战略思维能力、战略决策能力、战略规划能力和战略控制能力。

新创企业成长伴随着不断地创新和创业活动，扩大企业经营规模，实现从创业期走向成长期。受到知识、经验和资源有限的约束，在起步阶段解决不确定性的模糊性成为创业成长最棘手的问题，新创企业要想获得生存并持续成长，应该很清晰地看到所处的竞争环境，更应该考虑商业战略。

3. 人力资源的开发

新创企业的人力资源，由创业发起者、核心团队成员、管理团队与其他人力资源构成。创业发起者的经验、知识、技能都是新创企业的无形财产，许多投资人正是把对创业发起者的认知，作为决定是否投资企业的依据。一般而言，优秀的创业发起者应该具备的素质包括创业激情、工作经验、社会关系、专业知识等，随着事业的发展，这些素质也成为吸引其他人加入创业过程的重要因素。

4. 信息资源的开发

当今社会的飞速发展给创业者提出一个新的信息时代的视角，信息资源对很多创业者来说就是成功的机遇，而机遇瞬间即逝，要善于整合把握。信息资源与人力、物力、财力以及自然资源一样，都是创业企业的重要资源，因此，应该像开发、整合其他资源那样开发整合信息资源。

5. 技术资源的开发

新创企业成功的关键是首先要开发出或者寻找到成功的创业技术，原因有以下三点。第一，创业技术是决定创业产品的市场竞争力与获利能力的根本因素。第二，创业技术核心与否决定了所需创业资本的大小。第三，从创业阶段来说，由于企业规模较小，因此管理及对人才的需求度不像成长期那样高，创业者的企业家意识和素质是创业阶段最关键的创业人才和创业管理资源。

6. 资金资源的开发

新创企业面临的最重要的问题之一就是资金资源的短缺。开发资金资源，不仅仅是解决“钱”的问题，最为关键的是，在资金资源的开发过程中，要进一步确定公司的商业模式和创业战略，并且所选择的战略投资者要与企业当前阶段的发展目标相吻合。

案例故事

携程创业融资的案例

携程旅行网（Ctrip. tom International，Ltd.，以下简称“携程”）创立于1999年，总部设在中国上海，目前已在北京、广州、深圳、成都、杭州、厦门、青岛、南京、武汉、沈阳10个城市设立分公司，员工7 000余人。作为综合性在线旅行服务公司，携程向超过2 000万注册会员提供包括酒店预订、机票预订、度假预订、商旅管理、特约商户及旅游资讯在内的全方位旅行服务。从创立到2003年底海外上市，携程利用国际风险投资资本和国际风险投资工具，借助股权私募基金的力量实现了公司的跳跃式发展。

第一步：创建携程，吸引IDG第一笔投资50万美元

1999年4月，创始人梁建章、沈南鹏、范敏、季琦四人成立携程香港公司，注册资本约200万元人民币，公司的股权结构完全以出资的比例而定，沈南鹏是最大股东。携程在国内的业务实体携程计算机技术（上海）有限公司。早在1994年就已成立，携程香港公司成立后，以股权转让形式，100%控股携程上海公司。1999年10月，在携程网站还没有正式推出的情况下，基于携程的商业模式和创业团队的价值，最早进入中国市场的美国风险投资公司之一，IDG技术创业投资基金（IDG VC Partners，以下简称“IDG”）凭借携程一份仅10页的商业计划书向其投资了50万美元作为种子基金。作为对价，IDG获得了携程20%多的股份。在携程随后进行的每轮融资中，IDG都继续跟进。

第二步：吸引软银等风险投资450万美元，携程集团架构完成

2000年3月，携程国际（Ctrip. com International，Ltd.）在开曼群岛成立。由软银中国创业投资有限公司（Softbank China Venture Investments，以下简称“软银”）牵头，IDG、兰馨亚洲投资集团（Orchid AsiaII，L. P.，以下简称兰馨亚洲）、Ecity Investment Limited（以下简称“Ecity”）、上海实业创业投资公司（S. I. Technology Venture Capital Limited and Certain Individual Shareholders，以下简称“上海实业”）五家投资机构与携程签署了股份认购协议。携程以每股1.0417美元的价格，发售432万股A类可转可赎回优先股（有投票权，IPO时自动转为普通股）。其中，除IDG追加投资认购了48万股以外，软银认购144万股；兰馨亚洲认购92.16万股；Ecity认购96万股；上海实业和一些个人股东认购48万股。本次融资共募得约450万美元。随后，携程国际通过换股100%控股携程香港。这样，携程的集团架构完成，为携程以红筹模式登陆外证券市场扫平了道路。

第三步：引来美国凯雷集团等机构的第三笔投资

2000年11月，凯雷等风险投资机构与携程签署了股份认购协议，以每股1.5667美元的价格，认购了携程约719万股B类可转可赎回优先股。其中凯雷亚洲创投I（Carlyle Asia Venture Partners I，L. P.，以下简称“凯雷”）认购约510万股，投资额约达800万美元，取得约25%的股权；而软银、IDG和上实业则分别增持约64万股、41万股和83万股；兰馨亚洲增持了约18万股。至此，携程完成了第三次融资，获得了超过1 000万美元的投资。

第四步：吸引老虎基金

PRE－IPO 投资 1 000 万美元，提升国际投资者的认可度。2003 年 9 月，携程的经营规模和赢利水平已经达到上市水平，此时取得了上市前最后一轮 1 000 万美元的投资，携程以每股 4.5856 美元的价格向老虎基金（Tiger Technology Private Investment Partners，L. P. and Tiger Technology II，L. P.，以下简称“老虎基金”）发售 218 万股 C 类可转可赎回优先股。这笔投资全部用于原有股东包括凯雷、IDG、上海实业及沈南鹏、季琦等创始人等的套现退出：携程以每股 4.5283 美元的价格赎回普通股和 A 类可转可赎回股票共约 122 万股，以每股 6.7924 美元价格赎回约 64 万股 B 类可转可赎回股票。对于准备在美国上市的携程来说，能在上市之前获得重量级的美国风险投资机构或者战略投资者的投资，对于提升公司在国际投资者的认可度有着非常大的帮助。

第五步：登陆纳斯达克市场，私募完成增值

2003 年 12 月 9 日晚 11 时 45 分（美国东部纽约时间 12 月 9 日上午 10 时 45 分），携程国际（股票代码：CTRP）以美国存托股份（ADS）形式在美国纳斯达克股票交易所（NASDAQ）正式挂牌交易。本次携程共发行 420 万股 ADS，发行价为每股 18 美元，其中 270 万股为新发股份，募集资金归携程；150 万股为原股东减持套现，募集资金归原股东。扣除承销等各项费用，携程得款 4 520 万美元，占 IPO 总额的 60%；原股东得款 2 511 万美元。

IPO 后，携程总股本 3 040 万股，市值约 5.5 亿美元。上市当天，携程以 24.01 美元开盘，最高冲至 37.35 美元，最终以 33.94 美元的价格结束全天的交易，收盘价相对发行价上涨 88.56%，一举成为美国资本市场 2000 年 10 月以来首日表现最好的 IPO。①

第四节　大学生创业政策

为了鼓励大学生创业，政府出台了相关的优惠政策法规。

一、大学生创业优惠政策

1. 高校毕业生自主创业可以享受的创业服务有哪些

一是享受培训补贴：对高校毕业生在毕业年度内参加创业培训

① 案例选自看准网 http：//www.kanzhun.com/zhichang/k－chuangyexiangmu/1668991.html。

的，根据其获得创业培训合格证书或就业、创业情况，按规定给予培训补贴。

二是免费创业服务：有创业意愿的高校毕业生，可免费获得公共就业和人才服务机构提供的创业指导服务，包括政策咨询、信息服务、项目开发、风险评估、开业指导、融资服务、跟踪扶持等“一条龙”创业服务。各地在充分发挥各类创业孵化基地作用的基础上，因地制宜建设一批大学生创业孵化基地，并给予相关政策扶持。对基地内大学生创业企业要提供培训和指导服务，落实扶持政策，努力提高创业成功率，延长企业存活期。

2. 高校毕业生怎样提升自主创业的能力

有意愿自主创业的大学生，可以参加创业培训和实践，接受普遍的创业教育，以系统学习创办企业的知识、完善创业计划、提高企业盈利能力、降低风险、促进创业成功。

目前，许多高校已经开设了创业培训方面的课程和创业实践活动，在校大学生可以选择参加；另外，各地人力资源社会保障部门也开办了创业培训班，离校未就业的高校毕业生可向当地人力资源社会保障部门申请，参加有补贴的培训，以提高创业能力。如“GYB”（产生你的企业想法）、“SYB”（创办你的企业）、“IYB”（改善你的企业）、“EYB”（扩大你的企业）。

3. 国家有哪些鼓励大学生创业的扶持政策

一是从事个体经营的税费减免政策。持《就业失业登记证》（注明“自主创业税收政策”或附着《高校毕业生自主创业证》）的高校毕业生在毕业年度内（指毕业所在自然年，即1月1日至12月31日）从事个体经营的，3年内按每户每年8 000元为限额依次扣减其当年实际应缴纳的营业税、城市维护建设税、教育费附加和个人所得税。

二是小额担保贷款及贴息政策。发挥小额担保贷款政策促进就业的积极作用，对符合条件的高校毕业生自主创业的，可在创业地按规定申请小额担保贷款；从事微利项目的，可享受不超过10万元贷款额度的财政贴息扶持。对合伙经营和组织起来就业的，可根据实际需要适当提高贷款额度。

进一步改进和完善“小额担保贷款+信用社区建设+创业培训”联动工作机制。有条件的地区要加大财政投入，并积极引入风险投资资金，探索财政资金、风险投资等与大学生创业赛事的对接模式，规范发展民间融资，多渠道加大创业资金投入。要进一步完善和落实行政事业性收费减免等优惠政策，按照法律法规的规定，适当放宽市场准入条件，鼓励高校毕业生创业。

4. 高校毕业生自主创业可以享受的免收费政策有哪些

按照《国务院关于进一步做好普通高等学校毕业生就业工作的通

知》、《国务院办公厅转发人力资源社会保障等部门关于促进以创业带动就业工作指导意见的通知》等文件规定，高校毕业生自主创业的，免收有关行政事业性收费：毕业 2 年以内的普通高校毕业生从事个体经营（除国家限制的行业外）的，自其在工商部门首次注册登记之日起 3 年内，免收管理类、登记类和证照类等有关行政事业性收费。

5. 国家有哪些鼓励大学生创业的相关服务

各高校要广泛开展创业教育，积极开发创新创业类课程，完善创业教育课程体系，将创业教育课程纳入学分管理。积极推广成熟的创业培训模式，鼓励高校毕业生参加创业培训和实训，提高创业能力。对高校毕业生在毕业年度内参加创业培训的，根据其获得创业培训合格证书或就业、创业情况，按规定给予培训补贴。要根据高校毕业生特点和需求，组织开展政策咨询、信息服务、项目开发、风险评估、开业指导、融资服务、跟踪扶持等“一条龙”创业服务。在充分发挥各类创业孵化基地作用的基础上，因地制宜建设一批大学生创业孵化基地，并给予相关政策扶持。对基地内大学生创业企业要提供培训和指导服务，落实扶持政策，努力提高创业成功率，延长企业存活期。

二、各地大学生创业优惠政策信息汇总

为了支持大学生创业，国家和各级政府出台了许多的优惠政策，涉及了融资、开业、税收、创业培训、创业指导等多方面。2015 年两会上，李克强总理在政府工作报告中指出要把“大众创业、万众创新”打造成推动中国经济继续前行的“双引擎”之一。在首届中国“互联网 +”大学生创新创业大赛总决赛举行时，李克强总理曾批示：“大学生是实施创新驱动发展战略和推进大众创业、万众创新的主力军。”2015 年 4 月 21 日和 6 月 10 日，有关扶持大学生创业的内容也两次被列为国务院常务会议议题。

各省市优惠政策

黑龙江：大学生可以优先转入相关专业学习，允许保留学籍休学创业创新，和毕业生一样享受国家的自主创业扶持政策，到 2020 年，将有 1/10 的应届高校毕业生参加创业培训。哈尔滨对大学生创业项目给予补贴。凡大学生在哈市创业的，在城镇创业的对其创业项目给予 2 000 元一次性创业项目补贴；为鼓励大学生返乡创新创业。对返乡到农村（乡镇及以下）创业的大学生给予 3 000 元的一次性创业项目补贴。对科技含量高、市场潜力大、能在短时间内形成经济增长点的优秀和重点科技创业项目，经评审给予 20 万 ~ 30 万元经费资助；开展大学生创业大赛与大学生创业典型评选活动，大力扶持网络创业。

江西：高校学生休学创业最多可保留 7 年学籍，财政每年注入 1 000 万元资金充实青年创业就业基金，每年重点支持 1 000 名大学生返乡创业。

天津：对高校毕业生、留学回国人员注册资本 50 万元以下的公司可零首付注册，开辟“绿色通道”支持自主创业。

浙江杭州：大学生创业项目申请无偿创业资助的，资助金额的额度从原来的最高 10 万元提高到 20 万元；“实行房租补贴机制”，大学生创业园所在城区政府为入园企业提供两年 50 平方米的免费用房，对在创业园外租房用于创业的，由该地财政在两年内按标准给予房租补贴，补贴标准为第一年补贴 1 元/平方米/天、第二年补贴 0.5 元/平方米/天（实际租用面积超过 100 平方米的，按 100 平方米计算；房租补贴超过实际租房费用的，按实际租房费用补贴）。

重庆：半年以上未就业有固定户口的大学毕业生可在其户口所在地（居委会）登记，申请 3 000 ~ 4 000 元人民币的银行抵押和担保贷款；自谋职业的毕业生，根据本人意愿，可将户口和（人事）档案暂存就读学校 2 年或由市大中专毕业生就业指导中心存管 2 年，（存管）期间免收档案管理费。

四川：大学生创业可享有万元创业补贴、创业培训补贴和在校大学生创业担保贷款贴息等福利。

福建：2014 ~ 2017 年，引领 3 万名大学生实现创业，在全省各地和高校扶持建设 50 个创业孵化器（创业园）。每年为 1 000 名创业大学生提供孵化服务，评选资助一批优秀大学生创业项目。

江苏南京：河西金融集聚区的专项资金将由每年 6 000 万元，扩充至每年 1 亿元。建邺区财政将每年安排 3 000 万元，设立专项扶持资金，用于扶持大学生创业小额担保贷款贴息等，凡在建邺区工商登记注册的初始创业大学生，按每人 1 000 元的标准给予创业补贴。凡经市级验收评定为“大学生创业园”的，给予 30 万元的一次性建园奖励补贴。

陕西：高校毕业生可接受 SYB 模块培训（“创办你的企业”），培训合格后 6 个月内成功开业且在开业后 6 个月内提供不少于 3 次后续跟踪指导服务、开业单位（企业）正常经营的，再按 800 元/人对创业培训机构给予补贴；每人每年可享受一次；组织相关专家对创业项目进行论证，提供开业过程中的信息咨询，知道办理工商、税务注册登记手续；个人自主创业且符合申请小额担保贷款条件的，可申请不超过 10 万元的贷款扶持；合伙经营或组织起来就业的，可申请不超过 50 万元的贷款扶持。

山东：扩大省级大学生创业孵化基地、创业园区支持范围，通过财政奖补支持，鼓励政府、高校和企业建设一批孵化条件好、承载能力强、融创业指导服务为一体的创业孵化基地和创业园区，为劳动者提供优良的创业平台。

安徽合肥：给予创业培训补贴和房租、水电费补贴，为大学生提供最高 10 万元小额担保贷款。

内蒙古：重点支持大学生到新兴业态创业，支持社会力量举办创业沙龙、创业大课堂、创业训练营等创业培训活动。

新疆乌鲁木齐：在天山区建创业孵化基地，既为创业者提供场地、给予政策帮扶，还让在校大学生进行创业实习，为他们今后的创业累积经验。

上到国家下到各省市，对大学生自主创业都持有支持和鼓励的态度，在政策支持方面提供的资金帮助有差异，提供的免费创业服务各地都有自己的特色，可以说是大同小异。大学生如果准备创业，那么在了解国家的大学生自主创业鼓励政策外，也一定要去了解当地详细的创业优惠政策。

三、大学生创业“五个要”

学生创业是潮流，不可阻挡。面对创业大潮，大学生创业要做到“五个要”：

1. 要自信

大学生中有创业想法的很多，但实践的却很少。主要原因是有太多大学生有创业失败的经历，造成不少人如今有想法无行动的局面。这样的现象归根结底还在于大学生对自己信心不足，创业是需要激情和信心的，只有建立了自信，才能继续往前走。

2. 要创新

从某种意义上讲，创新甚至可以决定创业成功与否，这是创业中必不可少的要素，包括了技术和思维的创新，一些具有知识产权的发明创造，可能为创业者带来广阔的市场。

3. 要务实

如今的许多大学生不乏创新精神，但创新一定要建立在务实的基础之上。现在的很多大学生，提到创业想到的就是高科技，开大公司做大买卖。其实，哪怕是摆个地摊，这也是创业。很多成功人士都是从小事做起，从实际做起的。

4. 要积累

创业是一个系统工程，需要不断地积累。比如行业经验、社会人际关系、管理能力等方面，这就需要一个知识的整合，经验的积累，这也是为何要求大学生要懂得务实、从小事做起的原因，因为这些能力要不断地积累才能获得。

5. 要吃苦

无论你问哪个创业者，都会无一例外地告诉你创业的艰辛，这种艰辛只有经历过的人才会懂。因此，大学生创业一定要做好吃苦的准备，调整好心态。有了良好的心态，又勇于吃苦，自然就为创业成功打下了良好的基础。

总之，万事开头难，良好的开始是成功的一半。有些人将创业的成功，归于机缘的巧合。不过，没有平日的用心，机缘也不会如此巧合。因此，创业一定要选择自己熟悉的专业，这样成功的概率高，容易在激烈的竞争中脱颖而出。

案例故事

吴继豪同学的创业故事

吴继豪，2015 年 9 月考入大连大学经济管理学院会计学专业。在校期间积极参加社会实践活动，利用课余时间关注国家创新创业政策以及校内大学生孵化基地，并通过多种渠道了解会计学目前的就业方向、发展趋势以及行业前景。2016 年 11 月他成为大连禄昌企业管理咨询有限公司法人代表并任执行董事，上任之后，他一方面利用学校提供的平台开展代理记账业务，一方面联系经济管理学院会计学专业的学生，为他们提供宝贵的实践机会。目前，公司的各项业务已经成体系、成规模，有序开展。公司有完善的法人档案管理和实习生档案管理制度，他将自身经验传授给公司的实习同学，让他们得到更多的锻炼机会。曾获“辽宁省网络商务创新应用大赛”二等奖。以下是吴继豪同学对自己创业经历的叙述：

2016 年 11 月，我们创办了大连禄昌企业管理咨询有限公司，并成为公司法定代表人，任执行董事，至今已一年有余，在这一年里，我和公司一起成长，一起经历，一起收获。说到创业带给我的改变，还要从去年的这个时候说起……

刚加入公司时，公司刚刚起步，已经承接了代理记账业务，不过那时候，我和另外两名团队成员，仅仅负责两家公司的代理记账，其中一家是校内创业企业，另一家是禄昌自己。虽然我们都是会计学专业的学生，但是学习纳税申报的过程中我就感觉，书本上的知识绝对不足以让我们毕业后直接走向会计岗位，书本中的知识就像燃油，我们毕业后带着大学四年储存的“燃料”，并不一定可以驱车远行，因为我们并没有学会驾驶技能，而从课桌到岗位，最便捷的渠道就是实践！那时候同专业的同学刚刚开始接触财务会计，而我和团队里另外两名成员已经熟练地掌握了纳税申报等一系列工作，同学们都羡慕不已，都希望有一个机会可以尝试一下商业实践。在得知同学们对商业实践工作高涨的热情后，我觉得可以扩大公司业务量，让同学们参与进来。同学们的热情是有了，业务量去哪里找呢？

就在我构思如何以在校大学生创业企业的身份拓展业务的时候，学校响应国家文件精神，成立了创新创业学院，一大批小微企业在校内孵化成立，会计有关的业务又是每一家法人的刚需，刚好我们公司又开展了此项业务，在学校创新创业学院的支持和学院老师的帮助下，大连禄昌企业管理咨询有限公司先后代理了大连绿贝烘焙文化发展有限公司、大连艺学科技有限公司、大连凯风文化传播有限公司等二十余家公司的财务工作，并为经济管理学院2014级、2015级、2016级会计学专业近一百名同学提供了宝贵的实践机会。

与此同时，我观察到，在“大众创业，万众创新”的号召下，一大批小微企业相继成立，仅由校内孵化器孵化成立的大学生创业企业每学期就数十家，所以我将公司业务拓展到企业设立登记的代理。不过万事开头难，校内的课程学习中并没有接触这方面的知识，想要开展这方面业务，并且让公司的实习生都掌握这项业务，我就得亲自去试试水！我用了一个多月时间，跑遍开发区公共服务中心、开发区工商局、开发区税务局、北方科技孵化基地及各家银行，了解了公司设立登记以及变更的整个流程，在错误中不断学习，积累和总结经验。至今，我已经代办了大连晨曦节能环保有限公司、大连云汇教育咨询有限公司、大连逆风之翼科技有限公司等十余家大学生创业企业，从最初的申请文件需要前后去三次工商局，到现在半个小时办完一家公司，并总结了工商注册的整个流程并写成“企业注册攻略”，让公司内数十名实习生都可以根据攻略准确高效地完成企业设立登记业务！

经过一年多的发展，目前，大连禄昌企业管理咨询有限公司主要为大学生提供实习和业务培训机会，为企业和公共机构提供有关战略、组织、运行和技术方面的咨询，开展记账报税，设立登记，变更登记，股权出资设立变更、公司合并分立等业务。以在校大学生兼职和企业人力资源的需求为依托，吸引在校大学生和相关企业资源，让大学生在实习中学习成长。目前，已经先后有近百名会计专业在校生参加我公司业务实习，我公司已为三十余家小微企业开展代理记账工作，十余家由在校大学生创办的小微企业由我公司代理注册成立。并且，公司有完善的档案管理制度，企业档案和实习生档案均建立健全，公司的每一项业务都与被服务企业或个人签订协议，实习生的每一次工作都被详细记录，为公司向着更大的发展打下坚实基础。

参加创业至今，除了公司向着好的方向发展，我感觉变化最多的还是我自己。除了掌握了一点专业技能，思维方式方面有很大的变化。如果没有禄昌，我现在可能只是一名普普通通的会计专业学生，学着书本上的知识，可能学的也没有比较好，但是经过在禄昌的这一年，我开阔了眼界，学到了技能，更愿意接触新鲜事物，更加会与人沟通交往。因为公司开展了记账报税业务，我经常利用互联网翻阅会计前沿文章，了解其他省市纳税申报的实施办法，也了解了各大软件公司推出的各类会计工作平台，逐渐感受到，会计岗位已经在悄然发生着变化，"会计从业资格证"从建议取消到刚刚更改了会计法，各大互联网公司和软件公司在政府的支持下，加速搭建更便捷的纳税申报平台，种种迹象表明，基本的会计岗位正在逐渐被放开，会计本科生的竞争力正在减小。我认为当代大学生不应该仅仅埋头读书，应该多抬头观察自己正在做的事，随时校准奋斗的方向，永远保持最独立的思维，永远不要自己感动自己。我感谢禄昌给我机会做它的法定代表人，如果没有这个机会，我不会成为今天的自己。同时感谢学院老师和创新创业学院老师对我以及对每一家大学生创业企业的大力支持，老师们的金玉良言会让我们茅塞顿开，老师们就是我们的榜样。今后，我会在完成大学学业的同时，继续把公司发展好，不辜负同学们的努力和老师们的支持！

今年8月，习近平总书记给第三届中国"互联网+"大学生创新创业大赛"青年红色筑梦之旅"的大学生的回信中写道："实现全面建成小康社会奋斗目标，实现社会主义现代化，实现中华民族伟大复兴，需要一批又一批德才兼备的有为人才为之奋斗。艰难困苦，玉汝于成。"还写道："希望你们扎根中国大地了解国情民情，在创新创业中增长智慧才干，在艰苦奋斗中锤炼意志品质，在亿万人民为实现中国梦而进行的伟大奋斗中实现人生价值，用青春书写无愧于时代、无愧于历史的华彩篇章。"正在创业的我，看到这封回信，备受鼓舞，我决心学习习近平总书记青年时代那样，立下为祖国、为人民奉献自己的信念和志向，把自己创新创业梦融入伟大中国梦，以青春和理想谱写信仰和奋斗之歌。①

拓展阅读

有关创新创业企业各阶段税收优惠政策汇编

推进大众创业、万众创新，是发展的动力之源，也是富民之道、公平之计、强国之策，截至2017年5月10日，我国针对创业就业主要环节和关键领域陆续推出了83项税收优惠措施，尤其是2013年以来，新出台了73项税收优惠，覆盖企业整个生命周期。

一、企业初创期税收优惠

企业初创期，除了普惠式的税收优惠，重点行业的小微企业购置

① 案例来自寻访2017年大学生创业英雄活动展示。

固定资产，特殊群体创业或者吸纳特殊群体就业（高校毕业生、失业人员、退役士兵、军转干部、随军家属、残疾人、回国服务的在外留学人员、长期来华定居专家等）还能享受特殊的税收优惠。同时，国家还对扶持企业成长的科技企业孵化器、国家大学科技园等创新创业平台、创投企业、金融机构、企业和个人等给予税收优惠，帮助企业聚集资金。具体包括：

（一）小微企业税收优惠

1. 个人增值税起征点政策；
2. 企业或非企业性单位销售额未超限免征增值税；
3. 增值税小规模纳税人销售额未超限免征增值税；
4. 小型微利企业减免企业所得税；
5. 重点行业小型微利企业固定资产加速折旧；
6. 企业免征政府性基金。

（二）重点群体创业就业税收优惠

7. 重点群体创业税收扣减；
8. 吸纳重点群体就业税收扣减；
9. 退役士兵创业税收扣减；
10. 吸纳退役士兵就业企业税收扣减；
11. 随军家属创业免征增值税；
12. 随军家属创业免征个人所得税；
13. 安置随军家属就业的企业免征增值税；
14. 军队转业干部创业免征增值税；
15. 自主择业的军队转业干部免征个人所得税；
16. 安置军队转业干部就业的企业免征增值税；
17. 残疾人创业免征增值税；
18. 安置残疾人就业的单位和个体户增值税即征即退；
19. 特殊教育学校举办的企业安置残疾人就业增值税即征即退；
20. 残疾人就业减征个人所得税；
21. 安置残疾人就业的企业残疾人工资加计扣除；
22. 安置残疾人就业的单位减免城镇土地使用税；
23. 长期来华定居专家进口自用小汽车免征车辆购置税；
24. 回国服务的在外留学人员购买自用国产小汽车免征车辆购置税。

（三）创业就业平台税收优惠

25. 科技企业孵化器（含众创空间）免征增值税；
26. 符合非营利组织条件的孵化器的收入免征企业所得税；
27. 科技企业孵化器免征房产税；
28. 科技企业孵化器免征城镇土地使用税；
29. 国家大学科技园免征增值税；

30. 符合非营利组织条件的大学科技园的收入免征企业所得税；

31. 国家大学科技园免征房产税；

32. 国家大学科技园免征城镇土地使用税。

（四）对提供资金、非货币性资产投资助力的创投企业、金融机构等给予税收优惠

33. 创投企业投资未上市的中小高新技术企业按比例抵扣应纳税所得额；

34. 有限合伙制创业投资企业法人合伙人投资未上市的中小高新技术企业按比例抵扣应纳税所得额；

35. 公司制创投企业投资初创科技型企业按比例抵扣应纳税所得额；

36. 有限合伙制创业投资企业法人合伙人投资初创科技型企业按比例抵扣应纳税所得额；

37. 有限合伙制创业投资企业个人合伙人投资初创科技型企业按比例抵扣应纳税所得额；

38. 天使投资人投资初创科技型企业按比例抵扣应纳税所得额；

39. 以非货币性资产对外投资确认的非货币性资产转让所得分期缴纳企业所得税；

40. 以非货币性资产对外投资确认的非货币性资产转让所得分期缴纳个人所得税；

41. 金融企业发放涉农和中小企业贷款按比例贷款准备金企业所得税税前扣除；

42. 金融机构与小型微型企业签订借款合同免征印花税。

二、企业成长期税收优惠

为营造良好的科技创新税收环境，促进企业快速健康成长，国家出台了一系列税收优惠政策帮助企业不断增强转型升级的动力。对研发费用实施所得税加计扣除政策。对企业固定资产实行加速折旧，尤其是生物药品制造业、软件和信息技术服务业等6个行业、4个领域重点行业的企业用于研发活动的仪器设备不超过100万元的，可以一次性税前扣除。企业购买用于科学研究、科技开发和教学的设备享受进口环节增值税、消费税免税和国内增值税退税等税收优惠。帮助企业和科研机构留住创新人才，鼓励创新人才为企业提供充分的智力保障和支持。具体包括：

（一）研发费用加计扣除政策

43. 研发费用加计扣除；

44. 提高科技型中小企业研发费用加计扣除比例。

（二）固定资产加速折旧政策

45. 固定资产加速折旧或一次性扣除；

46. 重点行业固定资产加速折旧。

（三）购买符合条件设备税收优惠

47. 重大技术装备进口免征增值税；

48. 内资研发机构和外资研发中心采购国产设备增值税退税；

49. 科学研究机构、技术开发机构、学校等单位进口符合条件的商品享受免征进口环节增值税、消费税。

（四）科技成果转化税收优惠

50. 技术转让、技术开发和与之相关的技术咨询、技术服务免征增值税；

51. 技术转让所得减免企业所得税。

（五）科研机构创新人才税收优惠

52. 科研机构、高等学校股权奖励延期缴纳个人所得税；

53. 高新技术企业技术人员股权奖励分期缴纳个人所得税；

54. 中小高新技术企业个人股东分期缴纳个人所得税；

55. 获得非上市公司股票期权、股权期权、限制性股票和股权奖励递延缴纳个人所得税；

56. 获得上市公司股票期权、限制性股票和股权奖励适当延长纳税期限；

57. 企业以及个人以技术成果投资入股递延缴纳个人所得税；

58. 由国家级、省部级以及国际组织对科技人员颁发的科技奖金免征个人所得税。

三、企业成熟期税收优惠政策

发展壮大有成长性的企业，同样具有税收政策优势，国家充分补给“营养”，助力企业枝繁叶茂、独木成林。目前税收优惠政策覆盖科技创新活动的各个环节领域，帮助抢占科技制高点的创新型企业加快追赶的步伐。对高新技术企业减按15%的税率征收企业所得税，并不断扩大高新技术企业认定范围。对处于服务外包示范城市和国家服务贸易创新发展试点城市地区的技术先进型服务企业，减按15%的税率征收企业所得税。对软件和集成电路企业，可以享受“两免三减半”等企业所得税优惠，尤其是国家规划布局内的重点企业，可减按10%的税率征收企业所得税。对自行开发生产的计算机软件产品、集成电路重大项目企业还给予增值税期末留抵税额退税的优惠。具体包括：

（一）高新技术企业税收优惠

59. 高新技术企业减按15%的税率征收企业所得税；

60. 高新技术企业职工教育经费税前扣除；

61. 技术先进型服务企业享受低税率企业所得税；

62. 技术先进型服务企业职工教育经费税前扣除；

（二）软件企业税收优惠

63. 软件产业增值税超税负即征即退；

64. 新办软件企业定期减免企业所得税；

65. 国家规划布局内重点软件企业减按10%的税率征收企业所得税；

66. 软件企业取得即征即退增值税款用于软件产品研发和扩大再生产的企业所得税优惠；

67. 软件企业职工培训费用应纳税所得额扣除；

68. 企业外购的软件缩短折旧或摊销年限。

（三）动漫企业税收优惠

69. 动漫企业增值税超税负即征即退；

（四）集成电路企业税收优惠

70. 集成电路重大项目增值税留抵税额退税；

71. 集成电路线宽小于0.8微米（含）的集成电路生产企业定期减免企业所得税；

72. 线宽小于0.25微米的集成电路生产企业减按15%税率征收企业所得税；

73. 投资额超过80亿元的集成电路生产企业减按15%税率征收企业所得税；

74. 线宽小于0.25微米的集成电路生产企业定期减免企业所得税；

75. 投资额超过80亿元的集成电路生产企业定期减免企业所得税；

76. 新办集成电路设计企业定期减免企业所得税；

77. 国家规划布局内的集成电路设计企业减按10%的税率征收企业所得税；

78. 集成电路设计企业计算应纳税所得额时扣除职工培训费用；

79. 集成电路生产企业生产设备缩短折旧年限；

80. 集成电路封装、测试企业定期减免企业所得税；

81. 集成电路关键专用材料生产企业、集成电路专用设备生产企业定期减免企业所得税；

82. 集成电路企业退还的增值税期末留抵税额在城市维护建设税、教育费附加和地方教育附加的计税依据中扣除。

（五）研制大型客机、大型客机发动机项目和生产销售新支线飞机企业

83. 研制大型客机、大型客机发动机项目和生产销售新支线飞机增值税期末留抵退税。

课外实践

寻找创业机会和创业资源

通过网络搜索或者访谈学校的创业项目，找到一个自己喜欢的创业项目，总结该项目发现了哪些创业机会，利用了什么样的创业资源。小组同学间相互分享一起讨论，看看大家的评价和对自己的启发。结合创业团队的情况，对团队项目的创业机会和创业资源进行分析，形成800字的分析报告。

第六章

市场调查与营销策略

学习目标

1. 明确市场调查的内容和方法
2. 了解市场预测的步骤和方法
3. 掌握基本的营销策略，能结合实际创业项目应用具体的营销策略
4. 理解盈亏平衡分析，会用盈亏平衡分析法计算保本点

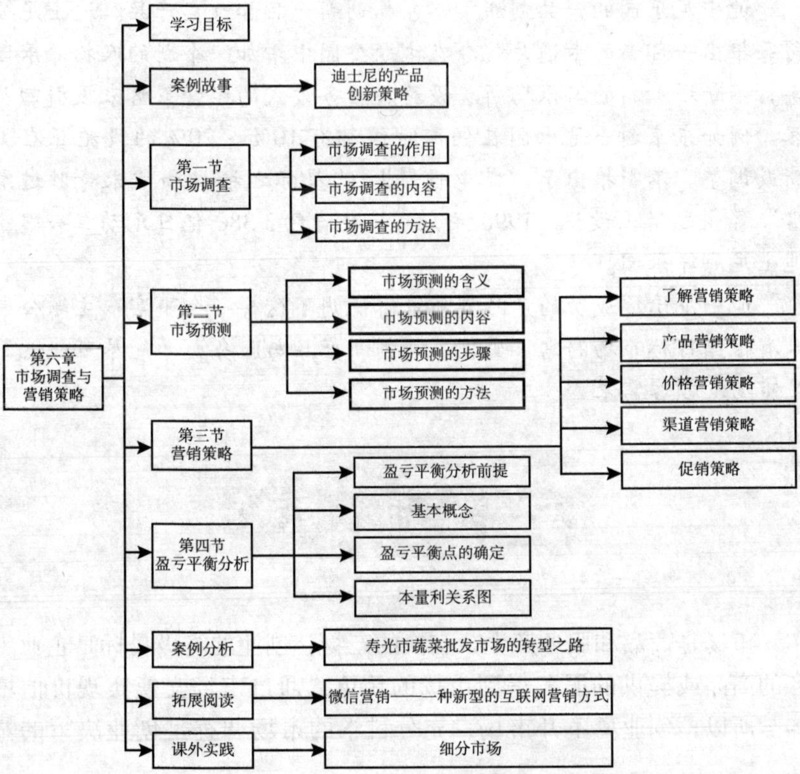

案例故事

迪士尼的产品创新策略

上海迪士尼乐园于2016年6月16日正式开门迎客，位于上海市浦东新区川沙新镇，是中国大陆第一个，世界第六个迪士尼主题乐园。占地963英亩，大概是美国佛罗里达奥兰多迪士尼世界的1/26。

迪士尼的一个著名口号是“永远建不完的迪士尼”。它长期坚持采用“三三制”，即每年都要淘汰三分之一的硬件设备，新建三分之一的新概念项目。每年补充更新娱乐内容和设施，不断给游客新鲜感。

“满足顾客需要”是迪士尼乐园创新产品的原动力。为了准确把握游客需求的动态，公司内部专门设置了调查统计部、信访部、信息中心，它们每年要开展数百项市场调查和咨询项目来分析游客需求动态变化，并把研究成果提供给公司其他各职能部门。公司根据对相关信息的分析来把握游客需求的动态变化，从而针对性地创新产品、更新设施设备。迪士尼乐园实行不断增加新的游乐场所、设施及服务方式的经营策略来吸引回头客。

迪士尼乐园的产品创新策略包括创新产品和改良产品。迪士尼公司每推出一部新的卡通片就会在主题公园中增加一个新的人物。乐园实行不断增加新的游乐场所、设施及服务方式的经营策略来吸引回头客。例如东京迪士尼乐园在任何时候都有10%～20%的设施正在更新或调整。不断推出了“雷电世界”、“星际之旅”和“米奇胜过滑雪”等主题游乐设施。1998年东京又耗资约3 380亿日元动工兴建了迪士尼海洋乐园。

迪士尼乐园成功的产品创新策略说明了这样一个事实：主题公园只有根据目标市场的需求变化不断创新产品与服务，才能尽可能地满足市场及顾客需求。①

第一节　市场调查

市场是商品和服务产生、交换的产物，创业的终极目标是企业生产的商品或提供的服务得到市场的认可，通过市场交换实现价值增加。所以，创业离不开市场，充分科学的市场调查是创业决策的基

① 本案例选自《迪士尼主题公园成功经营策略》，道客巴巴网站，http：//www.doc88.com/p-590322006348.html。

础，掌握市场信息是创业成功的前提。因此，市场调查是创业过程中不可缺少的必要环节。

一、市场调查的作用

市场调查，也称市场调研，是在明确目的基础上，系统的设计、收集、分析与营销决策有关的信息、情报和资料，用来了解现有和潜在的市场情况，避免盲目决策，并以此为依据做出合理判断，实现进入市场、占有市场从而获得预期经济效益的目的。

国际著名的市场调查专家卡尔·迈克丹尼尔博士在他的著作《当代市场调研》中指出，市场调研具有描述、诊断和预测三种功能。描述功能是指收集并陈述事实。例如，（1）某种产品的历史销售趋势是什么样的？消费者对该产品的态度如何？诊断功能是指解释信息和活动。（2）价格调整会对销售产生什么影响？应该如何对产品或服务进行调整？预测功能可以使企业更好地面对市场中的变化。（3）技术进步带来的可能影响是什么？相关政策变化会有利于产品营销吗？

目前，产品和服务普遍面临买方市场条件，因此创业可能会遇到一系列问题：投入很多资金生产出来的产品却找不到市场；开发出一种满足消费者需求的产品却错过了销售时机；产品优良但销售渠道没有设计好等。在激烈的市场竞争中，上述问题可能直接关系到创业的成败与企业的生存。因此，市场调查的作用就更加重要，对市场信息收集得越多，分析得越准确，才能抓住市场机遇，产生良好的经济效益。所以，有人把市场调查比喻为企业的“雷达”，它在创业中的作用主要表现在以下几个方面：

第一，市场调查为创业决策提供依据。创业决策决定了创业的方向和目标，决策的正确与否直接影响到企业的成功与失败。因此，通过市场调查，使生产的产品或提供的服务迎合消费者的需求是创业决策中需要首先解决的问题。市场的占有取决于消费者对产品和服务的购买力，而消费者之所以选择这种产品和服务，需要企业掌握以下情况：市场上是否有同种产品或服务；该产品和服务对消费者的吸引力有多大；销售量有多大；需求对象是谁；消费者能够接受的定价是多少；这种定价水平下是否会盈利；广告宣传如何能更吸引消费者，等等。在收集和明确相关信息后，才能根据自己的实际情况确定合理营销活动。

第二，市场调查有助于新产品或服务的市场开拓。消费者的需求受社会、个人、心理和生理因素的影响，不应依靠经验或主观判断。在市场经济中，商品琳琅满目，选择范围很大，所以消费者的需求会更加苛刻，对新产品或服务可能会更加挑剔。因此，市场调查也要了解消费者的新要求和新期望，为改造老产品或开发新产品提供信息支持，开拓市场并得到应有的收益。在买方市场情况下，新产品或服务进入市场不易，保持市场份额更不易，因为没有任何一个企业会在市场上永远维持销售旺势。所以，市场调查也不是一次性的，它是一个长期课题。通过市场调查，了解市场对创业产品和服务的需求及变化，不断收集消费者的反馈和竞争者的信息，不局限于一个有限的区域，甚至要了解国外市场的需求情况，才能正确把握营销策略，在市场上立足进而开拓市场。

第三，市场调查有利于企业赢得竞争优势。“人无我有，人有我变”是每一个创业者对待激烈市场竞争的有效策略。知己知彼，跟竞争对手进行较量，这同样需要市场调查，通过市场调查摸清竞争对手的情况，以及竞争性产品或服务的情况。要想在激烈的竞争中取胜，就必须掌握同质商品或服务的竞争对手的经营实力、产品特点和促销手段等。现实中，竞争对手可能不止一个，是采取实力相拼，还是回避竞争另辟蹊径，要根据市场调查的结果并结合实际情况做出判断。

二、市场调查的内容

市场调查的内容很丰富，可以从宏观和微观两个层面着手（如图 6－1 所示）。

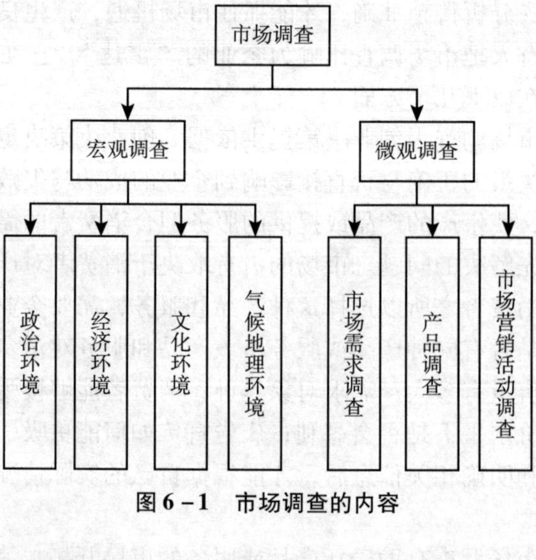

图 6－1　市场调查的内容

（一）宏观调查

创业不能脱离所在区域的社会环境，社会环境是由政治、经济、文化、气候地理等因素组成，这些因素往往是创业者本身难以驾驭和控制的。所以，只能了解面临的社会环境并适应它，并将其为我所用。宏观市场调查具体包括以下几个方面：

1. 政治环境

政治环境中主要考虑政府的宏观政策及政策的连续稳定性。政府的宏观政策一般来说是为了适应国家经济条件和整体利益制定的，在我国，由于各地区生产力水平不同，经济发展程度有差异，各地区的政策可能不同，不同行业的政策存在倾斜等，这些都会对创业产生深远的影响。另外，不同时期，国家的政策也会做出相应的调整或改变，政策的连续性对营造良好外部环境具有重要作用，政策的相对稳定是必要的。但是，政策会随着外部环境或条件的改变而发生变化，也可能是创业的机遇。

2. 经济环境

经济发展水平、经济特征以及经济政策和法规经济环境的重要组成。经济发展水平影响市场容量和消费者购买力，经济发展水平增长快，就业人口增加必然带动消费需求。经济特征包括某一国家或地区的人口、收入、自然资源及经济基础等，这些因素都会不同程度地影响市场规模和购买力。经济政策和法规是要进入市场的创业者必须了解的情况，包括行业扶持政策、税收优惠政策及相关的监管政策等，如果能全面地了解相关经济政策和法规会为创业助一臂之力。

3. 文化环境

每一个地区或国家都有自己的传统思想、风俗习惯、价值观等，它们会直接影响人们的生活方式和消费习惯。所以，创业的产品或服务必须适应当地的文化和传统习惯，才能得到认可并接受。

4. 气候地理环境

人们的衣食住行不可能脱离其所在区域的气候和地理环境的影响，故消费者在商品选择中会带有一定的针对性。同样的产品在不同的气候地理环境下，可能会有截然相反的结果，销量自然会有很大差异。所以，气候地理环境是在产品设计或服务开发中不可忽略的因素。

（二）微观调查

微观的市场调查是一个系统工程，全面而复杂，是创业之初必经的环节，好的市场调查使创业者更清楚市场的需求，为创业成功奠定了基础。微观的市场调查具体包括市场需求调查、产品调查、市场营销活动调查三个方面：

1. 市场需求调查

没有需求就没有市场，市场需求是创业的指挥棒。针对消费者进行的调查是市场调查内容中最基本的部分，包括消费需求量、消费结构和消费者行为调查。

消费需求量调查，或称消费规模调查，消费需求量的大小直接决定市场规模的大小，消费需求量调查的内容主要包括：消费者的收入水平和消费人口数量。

消费结构，是指消费者将其收入用于消费不同商品的比例，它决定了消费者的消费投向。消费结构调查的内容包括：消费人口结构、消费者构成、消费者收入及增长情况等。

消费者行为，受消费者心理、性格、文化程度、个人偏好等多方因素的影响，这些因素综合在一起促成消费者的购买行为。消费者行为调查的内容包括：消费者心理、购买行为类型（如理智型、冲动型、情感型、习惯型等）。

2. 产品调查

对于任意一个创业者来说，不管创业对象是产品还是服务，都必须适合消费者的需求，才能促使消费者购买并达成交易。产品调查的内容十分广泛，包括产品价格调查、实体产品调查、产能调查及产品生命周期调查。

产品价格调查是产品定价的基础，具体调查的内容有：竞争产品的价格、目标市场不同消费者对产品价格的要求、价格浮动的影响、产品价格与盈利水平的关系。

实体产品调查是对产品本身各种功能及实物外观的调查。产品调查的内容包括：产品功能、原材料、规格、式样、味道、包装等。

产能与商品的市场可供应量直接相关，同时关系到企业未来的发展潜力。产能调查的内容包括：原材料来源、生产设备情况、技术水平、资金状况、相关人员素质。

产品生命周期也是产品的使用寿命，产品通常同时具有其物理寿命和经济寿命，往往一件商品的经济寿命要小于其物理寿命，因为经济寿命更易受技术进步及消费者喜好变化的影响。在产品生命周期调查中应关注不同时期（如初创期、成长期、成熟期和衰退期）产品的变化及特征。

3. 市场营销活动调查

市场营销活动是产品进入市场和开拓市场的关键，这里主要就竞争对手和促销活动等实用性方面分析其相关的调查内容。

竞争对手的调查，任何产品在市场上都会遇到竞争对手，要想使自己处于有利的竞争位置，就要对竞争对手进行调查。调查的内容包括：竞争产品的优势与劣势、竞争对手的市场份额、竞争对手的产能、竞争对手的销售渠道等。

促销活动调查，促销是指在目标市场中为了刺激需求而采取的措施，在创业过程中，多种促销活动的展开有利于消费者对创业产品和服务的了解及认可。促销活动调查的内容包括：广告调查、促销手段调查、促销费用调查。

三、市场调查的方法

（一）文案调查法

文案调查法，是指通过收集各种历史和现有的资料，从中筛选与市场调查有关的各种信息和情报，能在办公室内进行的一种调查方法，也称为间接调查法、资料分析法或室内研究法。文案调查的对象是各种历史资料，它的优势是可以节约调查时间、调查成本并充分利用二手资料。但是，文案调查要求的实施者要具备较丰富的专业知识和分析能力，需要有耐性和持久性。

文案调查的资料来源包括企业内部资料和企业外部资料。企业内部资料主要有：市场部门汇编的资料、企业信息系统提供的资料（如客户信息、销售情况信息）。企业外部资料主要有：政府公开统计信息、行业发布资料、媒体披露信息、机构调查报告和专业数据库等。

文案调查法实施时应注意以下几个问题：第一，调查面要广；第二，收集的资料要有针对性；第三，收集的资料要保证及时。

（二）实地调查法

实地调查法主要包括访问法、观察法和实验法三种。

第一，访问法是指将预调查的事项，当面、书面或电话方式向被调查者提出询问，获得所需信息的调查方法。访问法是一种最常用的市场调查方法。

访问法也是一种人际沟通的过程，能够直接收集到实用可靠的信息，但其调查结果也会受到访谈双方态度和素质等因素的影响。访问调查法的类型包括：面谈调查、信函调查和电话调查。访问法的程序通常可分为三个阶段：准备阶段、进行阶段和整理分析阶段。

第二，观察法是指观察者在现场对被观察对象的直接记录和观察，以获取市场信息的调查方法。观察法与访问法的区别是，不能像被调查者提问并得到直接回答，而是凭借调查人员的直观观察或借助仪器设备跟踪记录被调查者的活动或现场事实。

观察法的优点是自然、客观、直接、全面，缺点是可能观察深度不够、有一定的限制性。在创业调查中，观察法应用比较广泛，经常用来进行产品实体调查、消费者行为调查和消费环境调查。

第三，实验法是将选定的刺激措施引入控制环境中，有意识的改变或控制其中的一个或几个市场影响因素，观察市场因受影响而发生的变化，进而了解各因素间关系的一种调查法。

实验法的优点是调查结果较客观、可控性强、可提高调查的精度，缺点是实验结果不易比较、限制性较大、花费时间长、风险大、难度和费用较高。

（三）问卷调查法

问卷调查法，是国际上通用的调查方法，是预先将要调查的内容设计成一系列的程序化或标准化问题，以书面的形式要求被调查人填写，以了解调查对象的看法，据此获取信息的一种调查方法。

在询问调查时离不开问卷的使用，一份优秀的问卷除了应遵循一定的标准化外，还需要考虑这样几个问题：问卷是否能够提供必要的决策信息？是否考虑到被调查者的实际情况？是否满足问卷回收后的数据处理需要？所以，问卷设计时应注意：问题表达简洁易懂不模棱两可，问题保持客观不要具有引导性，问卷要简短避免应答人厌烦，问题安排应先易后难等。

（四）抽样调查法

抽样调查法，是指从调查总体中抽取部分作为样本进行调查，并从这一部分样本的调查结果推断出总体情况的调查方法。抽样调查是一种非全面的市场调查，所以具有节省人力、物力、财力的优势，同时能比较快地得到同市场全面调查大致相同的效果。

在市场调查实践中，通常采用随机抽样和非随机抽样两种形式。为了降低误差，随机抽样时要注意应完全排除人的主观臆断，要使总体中的每一个样本都有同等可能被抽取的机会，这也被称为同等可能性原则。非随机抽样，是根据调查人员的主观判断选取被调查样本，而导致抽样误差无法控制，因此无法用样本的定量信息来推断总体情况，但非随机抽样简单易操作，更适用于探测性研究工作。

（五）试销调查法

产品在大规模上市之前，可以在有限的市场范围内进行试销，观察或询问消费者对该产品的反映，以便及时改进，增强产品竞争力，扩大市场份额。试销的形式包括收费试销和免费试销，目的是了解消费者对产品的接纳程度。试销地点通常选择对该产品有需求的区域，或消费者流量大的区域。

第二节　市场预测

创业不仅需要市场调查，还要对市场进行定性分析与量化预测，这是市场营销决策的重要依据。科学合理的市场预测对于企业正确地进行市场定位、机会分析、资源配置、营销策略等活动都具有必要的支持作用。

一、市场预测的含义

市场预测是在市场调查的基础上，分析研究各种数据、资料与信息，运用科学的方法预测市场供求趋势，推测未来一定时期内的市场前景，最终为企业营销决策提供依据。创业过程中，通过市场预测判断消费者对商品需求变化的趋势，及竞争对手供货变化的趋势等市场状况，为企业改进商品设计，提高市场占有率奠定基础。

市场预测的基本特征包括可知性、延续性、类推性和相关性。

（1）市场预测的可知性。市场是客观存在的，市场的运动和发展规律是可认知的。尽管人们对客观事物规律性的认知不可能一次完成，但是可以通过反复的实践过程不断发现和认识其中的原理和规律。因此，对市场未来的预测是必要的也是完全可能的。

（2）市场预测的延续性。任何事物的发展都具有一定的连续性，因此市场预测同样可以根据其过去和现在的情况，预测其未来。而且市场预测也不是一次性的，要随企业的发展需要动态进行与调整，常见的有以时间为序列进行延续性市场预测。

（3）市场预测的类推性。经济事件的发展通常存在相似性或共性，当人们掌握某一类型的经济事件的发展规律后，当观察到类似的征兆时便可根据以往经验类推其发展趋势，达到预测未来的目的。

（4）市场预测的相关性。客观世界中的任何事物的发展变化是一系列因素共同作用的结果，而这些因素之间又不是完全割裂的，它们之间是相互依存或相互制约的。因此，可以根据某些事物的变化，推测相关事物可能产生的相应变化是市场预测的常见方法，如回归分析。

二、市场预测的内容

市场预测分为宏观经济预测和微观经济预测，本节重点对产品需求进行预测，主要进行市场需求预测和企业需求预测。

1. 市场需求

某个产品的市场需求是指一定规模的消费者在一定的地理区域、一定时间、一定市场营销环境、一定市场营销方案下的购买量，估计市场需求是评价市场营销机会的重要环节。市场预测是一个估计的市场需求，它不代表最大的市场需求。

2. 企业需求

企业需求是在市场总需求中某企业所占的份额，用公式表达为：

$$Q_i = S_i \cdot Q \qquad (6-1)$$

式（6-1）中，Q_i 为 i 企业的需求，S_i 为 i 企业的市场占有率，即 i 企业在特定市场上提供的某产品销售额占总销售额的比例，Q 为市场总需求。从公式可见，企业需求受企业该产品的市场占有率和市场总需求共同影响。

三、市场预测的步骤

市场预测有一定程序，由若干相互关联的预测活动构成，厘清市场预测中的每一程序及其关系，有利于整个预测工作的顺利进行，并提高工作效率。市场预测通常要经过下面五个步骤（如图 6-2 所示）。

图 6-2　市场预测的五个步骤

第一步，确定预测目标。市场预测在明确预测主题的前提下，应规定出预测目标。预测目标应具体、详细、易懂，预测目标包括预测对象、预测目的、预测的时间和空间范围等。

第二步，收集分析资料。根据预测目标确定应收集的数据、信息等资料，应用科学的市场调查方法广泛、系统地搜集所需要的历史信息和现有资料。包括正面信息和负面信息，静态和动态数据，内部和外部资料等。

第三步，选定预测方法。调查资料回收后，就应通过科学的方法整理、描述经济现象之间的关系，根据预测对象的特征选择合适的预测方法，进行合理预测。

第四步，分析评价预测值。对初步预测结果的可靠性和准确性进行相关性检验，估计误差的大小，通过统计检验观察显著性。在分析评价的基础上，修正初步预测结果，得到最终预测结果。

第五步，报告预测结果。确定预测结果，编写预测报告。

四、市场预测的方法

市场预测方法包括定性预测法和定量预测法两个模块。

（一）定性预测法

定性预测法，是指根据人的主观经验和分析问题的能力，对事物未来的发展趋势做出预测。定性预测法通常简单易行，应用范围广泛。下面介绍几种常用的定性市场预测方法。

1. 推测法

推测法是指那些不用或很少用数学模型，主要依靠人的经验、智慧和判断能力做出预测的方法。

（1）由点到面的推测。适用于一般消费品和耐用品的需求量预测。如某市彩电年销售率为 14%（每百户居民中有 14 户购买），这个城市有 180 万户家庭，以此推算出该城市的年均彩电销售量为 25.2 万台（180×14%）。

（2）由历史推测未来。根据历史资料按时间描绘曲线，再将曲线外延到未来的时间进行推测，做时间外推时要考虑外界因素的干扰。

（3）以相近或同类产品推测新产品。以相近或同类产品的现有及变化情况，推测新产品的发展方向和变化趋势。

2. 头脑风暴法

头脑风暴法是指邀请有关方面的专家，通过面对面的形式，对有关预测问题现状及发展前景，结合专家意见，对该问题的发展趋势做出预测。

（1）专家的选择。专家选择是否恰当，直接影响预测的效果。专家的选择要注意：专家要具有代表性、专家要具有丰富的知识和经验、专家要有良好的沟通表达能力等。

（2）头脑风暴法的程序。首先，召开征询意见会；其次，在会议上讨论提出多种备选方案；最后，会议结束后比较评价不同方案，确定最终方案。

（3）头脑风暴法的优点和缺点。头脑风暴法属于集体经验的判断，它的优点是由专家充分讨论和集思广益，故做出的判断具有更高的准确性；还有利用专家的专业知识和经验，使预测结果更具可靠性。该方法的缺点是预测结果可能会受专家个性、心理等因素的影响，有时专家的人数和讨论的时间也会影响预测的科学性。

3. 特尔菲法

“特尔菲”是传说中古希腊可以占卜未来的阿波罗神殿的所在

地。特尔菲法又称专家函询调查法或通信调查法，是专家会议法的改进。

（1）特点。专家匿名性、专家意见多次反馈性、意见收敛性。

（2）步骤。包括四个步骤：准备阶段、征询阶段、分析处理阶段、预测结果的报告。

（二）定量预测法

1. 时间序列预测法

时间序列法是指将过去的历史资料，按照时间顺序加以排列构成数字序列，根据其发展动向预测未来趋势。这种方法的依据是国家的统计数据之间存在一定相关性，这种关系可以利用统计方法揭示出来，过去的情况对未来的销售趋势有决定性的影响。

（1）时间序列，又称动态数列，其中的时间可以根据实际预测期的长短，选择周、月、季度或年等。在时间序列中，每个时期数据的大小会受到许多不同因素的影响，都是由许多不同因素同时发生作用的综合结果。按照各因素的特点和影响效果来看，主要有四个部分，即周期波动、不规则变动、季节变动和长期趋势变动。

（2）时间序列法的特点。短期、中期、长期预测的精度逐渐降低。

（3）时间序列市场预测法的程序。首先，绘制历史数据曲线图，确定其趋势变动模型。然后，根据历史资料的趋势变动模型以及预测的目的与期限，选定具体的预测方法，并进行模拟计算。最后，将定量和定性分析相结合，确定市场未来发展趋势的预测值。

2. 回归分析预测法

回归分析法是一种重要的因果关系定量分析法，它是对具有因果关系的现象，根据大量实际数据，用数理统计方法建立数学模型，近似的表达变量间的平均变化关系。

（1）回归分析预测法的步骤。第一步，确立预测目标和影响因素。第二步，进行相关分析。第三步，建立回归预测模型。第四步，检验回归预测模型。第五步，进行实际预测。常用的回归分析软件有SPSS、Eviews 等。

（2）回归分析法的种类。回归分析中的因果关系，如只涉及一个自变量，叫做一元回归分析；如果涉及两个或两个以上自变量，则称为多元回归分析。根据回归分析中因变量与自变量的因果关系是否是线性的，可分为线性回归分析和非线性回归分析。

（3）回归分析中，通常涉及经济活动中的多个因素的相互影响，因此必须反复分析各因素的作用及其重要性，进行交叉和综合分析才能最终得到比较合理的预测结果。回归分析预测法，通常需要大样本数据支持，而且对分析人员的要求较高，需要掌握一定的数理统计知识，但是其预测结果具有较好的科学性和准确性。

3. 经济计量模型预测法

时间序列法是根据其经济变量的历史资料简单地外延推测，没有考虑其他经济变量对所要预测的经济变量的影响。而线性回归预测法虽然考虑了其他经济变量对所需预测的经济变量的影响，但它属于单一方程模型，只反映自变量（Y）与因变量（X）之间的单向因果关系。而事实上，许多经济过程都是一些复杂经济变量合成的，这些经济变量之间又存在相互关联，所以只建立单一方程显然不妥，需要建立多个联立方程，即经济计量法建立的数学模型。

经济计量模型预测法是经济分析和数学方法相结合的一种预测方法，它的研究范围较广，可以同时预测许多不同但有联系的经济变量，同其他预测方法相比，该方法的预测精度较高。

第三节　营销策略

一、了解营销策略

营销是企业的基本职能之一，了解必要的营销知识是一位创业者必须具备的素质。市场包括三个要素：有需求的消费者、满足需求的购买力、购买欲望。而市场营销就是研究与市场有关的人类活动，它是以满足人们各种需求和欲望为目的，通过市场把潜在欲望转变为现实的交换活动。

（一）有形实物产品的营销策略

传统的产品营销主要是针对有形实物产品，其营销策略通常是指4P营销策略。产品（product）、价格（price）、渠道（place）、促销（promotion）是产品营销的主要内容。

1. 产品（product）

产品是企业向客户或消费者销售的、能够满足客户或消费者需求的有形物品。产品的内容不仅包括其外在的形式（如样式、品牌、质量和包装等），还包括它的核心价值（产品的功能和功效）及附加值（如送货、安装和售后服务等），如图6－3所示。

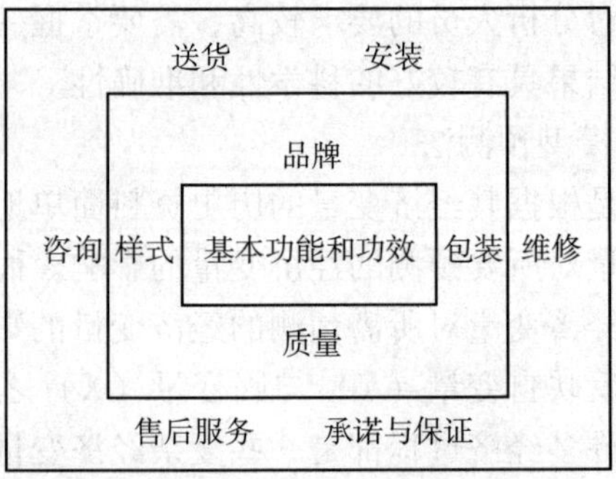

图 6－3　有形实物产品包括的内容

2. 价格（price）

价格是商品价值的货币表现，是客户购买该产品需要支付的金额，产品的价格包括成本和利润两种主要成分。对于企业来说，合理控制成本及利润加成是企业定价中要考虑的基本内容。对于客户或消费者来说，价格是影响他们是否购买该产品的重要影响因素之一。从市场角度看，价格是企业参与市场竞争的产物，市场竞争机制决定了产品价格应灵活反映市场供需的变化，价格变化也体现了企业对市场变化所采取的对策。

3. 渠道/地点（place）

渠道是指企业销售其产品的地点、机构和途径等，具体可以包括：自营场地、直营分支或专卖机构、代理商和经销商、其他中介机构或个人、互联网等其他渠道。

4. 促销（promotion）

促销是指企业在产品合理定价的基础上，设法让消费者了解并产生购买行为，例如广告、推广活动、人员推销和折扣促销等活动。

（二）服务的营销策略

随着经济的快速发展及人们生活水平的提高，相对于传统意义的实物产品营销，消费者越来越关注产品背后的服务。通常服务营销策略是在基本的4P营销组合基础上再增加3P营销组合：人（people）、过程（process）和客服（provision of customer service），称为7P营销组合。

（1）人（people）是指服务人员，强调人是服务的载体，是企业取得竞争优势的关键因素。

（2）过程（process）是指服务的过程，强调服务过程管理及服务质量。

（3）客服（provision of customer service）是指客户服务，强调通过优质服务与客户建立良好持续的关系。

企业时刻处于变化的环境中，所以不论是产品营销和服务营销，还是两者相结合的营销活动都应该以发展的眼光来对待，应寻找企业内部能力与外部环境之间的最佳搭配方式，采用合理的营销策略，从而获得市场的认可。

二、产品营销策略

产品是企业经营的核心，营销离不开产品。随着产品概念的不断创新，产品既包括狭义的产品也包括广义的产品。狭义的产品，是指具有特定实物形态、功能和用途，符合一定标准的物质实体，例如食品、服装、家用电器等。广义的产品，是在狭义产品的基础上，与营销过程相关的无形的服务方式、企业文化与理念和便捷程度等。这些都影响了消费者在购买产品过程中的满意度，也决定了消费者的购买行为。

现代市场营销理论认为，产品是指能够提供给市场，用于满足人们某种欲望和需求的任何事物，包括实物、服务、场所、组织、理念等，这是产品的整体概念。因此，下面的产品营销策略是针对整体产品概念的营销策略。

（一）产品市场周期策略

产品的市场周期不同于产品的使用周期，产品的使用周期是指产品的自然使用时间，而产品的市场周期是就整个行业和市场而言的，即使是同一行业在不同国家，同种产品的市场周期也可能是不同的。比如，在一种在发达国家已经进入市场成熟期或衰退期的产品，在发展中国家可能正处于市场投入期。

产品市场周期是指一种产品从投入市场到退出市场所经历的一段时间，通常将其划分为进入期、成长期、成熟期和衰退期四个阶段。

1. 进入期的产品策略

新产品刚进入市场，消费者对产品缺乏了解，加上受人们消费习惯的惯性影响，该时期往往面临产品销售量小且增长缓慢、宣传推广费用高、渠道不畅、利润低、风险大等问题。进入期可以参考以下策略：

（1）快速掠取策略。在产品进入市场初期，采用高定价和高促销费相结合的方法迅速扩大销售量，获取较高的市场占有率，先声夺人。这种策略适合产品本身特点突出，客户求新求异消费心理强烈，市场调查后确认有较大的市场需求，企业面临竞争对手的威胁大，需要尽快树立品牌的情况。

（2）缓慢掠取策略。又称选择性渗透策略，是指对新产品制定较高的价格，但以较低的费用进行促销。采用该策略时应注意选准有利的目标市场，实施这一策略的前提是：产品市场容量小、市场规模有限、产品是生活必需品、消费者愿意支付高价购买、产品竞争威胁不大。

（3）快速渗透策略。又称密集型渗透策略，是指对新产品设置较低的价格，使用较高的促销费用，迅速进入市场，尽快取得较高的市场占有率。这种战略具有风险大且获利小的缺点，但是随着产量和市场占有率的提高产品成本会逐渐降低。这一策略适合产品市场容量小、消费者对产品不了解、价格敏感度高、需求弹性大、竞争对手较多的情况。

（4）缓慢渗透策略。即制定较低的价格，同时使用较低的费用进行促销。采用这种策略的目的通常是避免与竞争者正面冲突，通过薄利多销逐渐占领市场。实施该策略的前提是：该产品在市场上的预期知名度或普及率高、价格敏感度高、潜在竞争者较多。

（5）其他策略。如借助现有名牌产品提携新产品（附带宣传或合并展销），使用优惠活动吸引消费者（赠送或免费传授），调动中间商积极性（提高折扣比例或销售竞赛）等。

2. 成长期的产品策略

产品一旦经受住进入期的考验，逐渐被消费者接受便进入成长期。成长期是销售增长最快的时期，这个阶段消费者已经熟悉该产品，形成消费习惯，销售渠道畅通，规模生产带来利润的同时降低了成本，产品进入发展的黄金期。该时期也会面临新进入的竞争者，仿制品和可替代品开始出现，企业要通过重视促销活动维持市场占有率。成长期可采取以下策略：

（1）改善产品品质。可以通过增加或提升新的产品功能，改变产品款式、颜色、包装等，突出产品特色，吸引更多的顾客，提高产品竞争力。

（2）开拓新市场。产品处于发展期，市场潜在需求大，产品暴露明显，面临潜在的竞争。因此，该时期应进一步对市场进行细分，开拓新的市场。

（3）适时调整价格。发展期的大规模生产带来成本大幅降低，可以选择适当时机降价销售，通过价格降低吸引对价格敏感的消费者，提高市场占有率。

（4）调整产品宣传重点。宣传重心由早期的关注产品功能向树立品牌形象调整，维系老顾客吸引新客户，使产品形象深入人心。

3. 成熟期的产品策略

产品进入成熟期，销售量增长缓慢。该时期的特点是：产品基本普及，销售增长率下降，市场竞争激烈，同类产品的“价格战”、

"广告战"层出不穷，仿制品和替代品增多，促销费用增加，产品销售利润下降。该时期应注意稳中求变，可选择以下策略：

（1）市场改革策略。一方面，可以通过研发创新寻找新的目标市场和新的产品用途，把产品应用于其他领域，延长产品成熟期。另一方面，通过市场重新定位，寻找有潜在需求的消费者，如说服不用香水的女士使用香水，推荐男士使用香水。

（2）产品改革策略。通过市场调研改良产品，满足顾客的多元化需求。如品质提升、性能改善、发掘产品新的使用方法、延伸产品服务链等，使产品更具魅力，扩大销售。

（3）市场营销组合改革策略。随着市场营销环境的变化，产品进入成熟期后，企业的市场营销组合也应随之调整。可以改变的内容和方法较多，如拓宽和改变销售渠道，适时的价格优惠，增加推销人员和费用，提供技术咨询服务等。该策略的目的是通过改革市场营销组合的内容来延长产品的成熟期，推迟衰退期的到来。

案例分析

切迟－杜威是美国最大的纯天然小苏打生产商，创立于1846年。当时，两位来自新英格兰的移民在美国开创了烘焙小苏打这一重要产业。从此，烘焙小苏打出现在美国每一个厨房，被多数美国人视为日常生活必需品。公司创建的目的，是生产并销售烘焙面包用的小苏打。100多年来，如何让面包更好地发酵一直是公司的重要使命。

然而，在19世纪后半叶，家庭烘制面包渐渐让位于大批量生产的商业烘制面包。这使公司的高利润顾客——家庭主妇不再需要该产品。这意味着人们不再需要烘烤食品配料。于是公司开始探寻该产品的其他用途。第二次世界大战之后，小苏打粉的清洁功能和泡沫丰富的特性显然非常符合洁牙的要求。因此公司对小苏打粉的定位是用于牙膏的生产。

当佳洁士和高露洁等更为现代的产品牢牢占领了牙膏市场时，公司又看到了其作为洗衣清洁剂的新前途。它甚至被人们视为"天然"（非碳酸盐）产品，不仅有利于环境保护，更深受那些厌恶传统清洁剂的消费者的喜爱。1986年，在自由女神像落成的百年庆典的准备工作中，公司生产的力槌牌清洁剂被指定用于清洗自由女神的内壁，这无疑是对其清洁产品的一个绝妙宣传。

之后，公司又进一步探索小苏打粉的除臭功效。聪明的消费者都知道在冰箱中放一盒开封的小苏打粉可以除臭。切迟－杜威只不过将其用途商业化了。公司将该产品用在冰箱、猫舍、毛毯等，其市场空间不小，而且容量较大（也更加昂贵）的包装盒现在已成为行业的标准。最近，小苏打粉的保健功能也初见成效。切迟－杜威制造了用于肾脏滤膜的医用碳酸钠。运动医学的研究报告指出，水中或果汁中加入一勺小苏打粉能增强体力。

正是凭借这种不断开发新用途的方式，这个拥有160多年历史的公司继续繁荣地向前发展。①

4. 衰退期的产品策略

在产品的成熟期末端，销售量由缓慢下降到出现急剧下降，意味着产品衰退期的到来。该阶段的特点有：销售量急剧下降、产品老化、价格下降、利润水平低或亏损、促销手段失效、竞争者纷纷退出。面临以上种种不利情况，以下产品策略可供参考：

（1）延续策略。当产品具有微利时，可以继续沿用原有营销策略，保持已有的目标市场、销售渠道、价格和促销方法，直到该产品退出市场为止。这种策略适合多元化经营的企业采用。

（2）收缩策略。有意降低促销水平，减少销售和推销费用，维持目前盈利水平。这种策略下，可能导致产品在市场上的加速衰退，但能从产品忠诚度高的顾客那里获取利润。

（3）放弃策略。对于衰退迅速，又对企业整体经济效益影响不大的产品，可以当机立断，放弃该产品的经营，避免更大的损失。同时，把处于衰退期产品所占用的资源逐步向其他产品或领域转移。

（二）品牌策略

品牌是商品的生产企业用以辨认消费者购买的产品和服务的有效标志，该标志是能使它与竞争对手的产品区别开来的一种名称、标记、设计或是它们的组合运用。产品的品牌在市场营销中占有十分重要的作用。一个优秀的品牌不仅是产品质量的保证，也是企业信誉的象征，有助于树立良好的企业形象，具有吸引消费者产生购物导向的积极作用。

品牌策略，是指企业如何合理利用品牌促进产品销售的策略或策略组合，通常主要有以下几种品牌策略可供选择。

1. 无品牌策略

在创业初期，往往没有精力或实力进行品牌营销。无品牌策略适合同类产品繁多的小商品，虽然不使用品牌，但应标明产品的名称、产地和规格等基本信息。采用这种策略的企业可以节省如商标注册、印刷包装、标签等方面的费用，适当降低产品成本。

2. 借用其他品牌策略

企业实力不强的中小企业，可通过购买其他企业商标使用权，把

① 本案例选自新浪博客，http：//blog. sina. com. cn/pubanyaobin。

本企业生产的产品用其他企业的品牌在市场上出售。尤其是借助具有一定知名度的品牌，可以使新产品迅速进入市场。日本索尼公司生产的彩色电视机，在最初进入美国市场时就使用美国希尔公司的品牌。这种策略的优点在于：借助名牌产品的渠道很快进入市场，同时也可以得到先进企业的技术或管理支持与帮助。

3. 统一品牌策略

即该企业生产的一切产品均使用统一品牌进入市场。如海尔的冰箱和彩电、洗衣机都使用同一个品牌。采用这种策略的优点在于：节省大量的品牌设计、宣传和注册费，壮大企业声势彰显实力，有利于新产品借助名牌推向市场等。采用这一策略要注意严把产品质量关，一旦其中某一产品质量下降可能殃及全体。

4. 多品牌战略

指企业的同类或同质产品在市场上采用两个或两个以上的品牌，同一企业不同品牌的同类商品在市场上是竞争关系，以提高本企业产品的市场占有率。如宝洁公司的海飞丝、飘柔等不同品牌的洗发护发产品同时在市场上竞争。

（三）包装策略

包装是指盛装产品的容器或包裹及其设计装潢，装潢是包装的延伸，是商品特性化的综合装饰。包装是产品的重要组成部分，其主要作用有：保护产品，便于运输；美化产品，促进销售；方便使用，指导消费。

良好的包装策略，能够吸引消费者的注意力，促进消费者选择购买。可供选择的包装策略有以下几种：

1. 相似包装

企业生产的各种产品，在其包装上都采用相似的图案、颜色和风格，体现共同的特征。其优点在于能够节约设计成本，树立并稳定企业形象，有利于新产品的推销。

2. 差异包装

企业生产的不同产品都具有各自的独特包装，体现出设计上的不同风格。该策略能够降低由于本企业某种产品的失败带来的负面影响，但会增加企业包装设计成本。

3. 多用途包装

顾客在购买或使用完产品后，包装物还可以移作他用。这种策略的目的是通过拓宽消费者的额外利益而扩大销售，但也应注意该策略因提高产品成本或价格带来的其他影响。

4. 等级包装

即对同一种产品采用不同等级的包装，以适应不同购买者的需求，增加购买者的可选择性。如消费者购买月饼作为礼品和自用，可选择不同档次的包装。

5. 附赠品包装

即在包装物内或包装物外附赠实物或奖券，吸引消费者购买，也是一种促销手段。

三、价格营销策略

（一）产品定价的影响因素

产品定价是产品竞争策略中极为重要的策略方法，成功的定价策略对于产品营销和竞争策略具有重大意义。以下是产品定价中应考虑的基本因素。

1. 成本因素

成本是营销价格的最低界限，对企业营销价格有很大的影响。产品成本是由产品在生产过程和流通过程中耗费的物质资料和员工的劳动报酬所形成的。其一般由固定成本和变动成本两部分组成。固定成本是指那些成本的总发生额在相关范围内随着业务量的变动而呈线性变动的成本。直接人工、直接材料都是典型的变动成本，在一定期间内它们的发生总额随着业务量的增减而成正比例变动，但单位产品的耗费则保持不变。固定成本是指在一定的范围内不随产品产量或商品流转量变动的那部分成本。如企业管理人员的薪金和保险费、固定资产的折旧和维护费、办公费等。显然，企业取得盈利的初始点只能在价格补偿平均变动成本费用之后的累积余额等于全部固定成本费用的时点。

2. 供求关系

供求关系是影响企业产品价格的一个基本要素。一般而言，当商品供小于求时，企业产品营销价格可能会高一些，反之，则可能低一些；在供求基本一致时，企业市场营销中商品的售价，多半都为买卖双方能够接受的“均衡价格”。此外，在供求关系中，企业产品营销价格还受到供求弹性的影响。一般来说，需求价格弹性较大的商品其营销价格相对较低，而需求价格弹性较小的商品，其营销价格相对较高。

3. 竞争因素

竞争是影响企业产品定价的重要因素之一，在实际营销过程中，以竞争对手为主的定价方法主要有三种：一是低于竞争对手的价格；二是与竞争对手同价；三是高于竞争对手的价格。到底采取什么样的竞争价格，主要看企业在市场中，与其他竞争对手相比处于一种什么样的相对地位。

在企业市场营销实例中，除上面三个主要因素外，市场营销的其他组合因素，如产品、分销渠道、促销手段、消费者心理因素、企业本身的规模、财务状况和国家政策等，都会对企业的营销价格产生不同程度的影响。

（二）产品定价方法

产品价格确定是否合理，在很大程度上影响产品的市场竞争力，直接决定企业的经济效益。尤其在竞争激烈的市场中，企业必须清醒认识影响价格的各种因素，采取科学有效的定价方法，使用定价技巧，争取市场主动权。

1. 成本导向定价法

以成本为中心的定价方法是以成本加利润为基础，完全按照卖方意图来确定商品价格的方法。该方法使用起来简单易操作，但是顾客未必接受。成本导向定价法往往需要根据企业特定的目标利润、目标市场的需求、市场竞争格局和政府规范做相应的调整。可以有以下几种方法：

（1）成本加成定价法。该方法适用于产量与单位成本相对稳定，供需双方竞争不太激烈的产品。其公式为：产品单价 = 单位产品总成本 ÷（1 – 税率 – 利润率）。

（2）目标利润定价法。是根据企业的总成本和计划的销售量，按照预期投资收益率制定的目标利润制定的产品售价。其公式为：产品单价 =（总成本 + 目标利润总额）÷ 总产量。

（3）变动成本定价法。又称边际贡献定价法，是指企业在定价时只考虑产品变动成本，不考虑固定成本的定价方法。该方法适用于只限于追加订货或市场竞争异常激烈的情形，此时价格成为竞争的主要手段。其公式为：产品单价 –（总可变成本 + 边际贡献）÷ 总产量。

（4）盈亏平衡定价法。又称保本点法，是利用产品总成本和销售收入保持平衡的思想，来决定产品的保本价格的方法。其公式为：产品单价 =（固定成本 + 可变成本）÷ 总产量。

2. 需求导向定价法

以消费者对商品价值的需求和认识程度来确定价格的一种方法。一般先拟定一个消费者可以接受的价格，同时考虑中间商成本加成的情况，倒推出产品价格。该方法可能会导致价格与价值相背离，但最终还是要以买卖双方可以接受为限度。具体可以分为以下几种：

（1）理解价值定价法。又称觉察价值定价法，是以消费者对商品价值的感觉及理解程度为定价依据，通过各种营销手段来影响消费者对产品价值的认知，进而形成有利于企业的价值观。

（2）可销价格倒推法。又称反向定价法，是指企业根据市场的需求情况，通过价格预测、试销或评估，先确定消费者可以接受的零售价格，然后再倒推出出厂价格的方法。

（3）需求差异定价法。是指根据消费者对于同种商品或劳务的不同需求强度，制定不同价格和收费的方法。其主要形式有：不同消费群体的差别定价、不同产品式样的差别定价、不同地理位置的差别定价和不同时间的差别定价。

3. 竞争导向定价法

根据主要竞争对手的商品价格来确定自己企业商品价格的一种定价方法。该方法并不是要求企业把自己商品的价格与竞争对手商品的价格保持一致，而是要通过价格比较形成竞争优势的一种定价方法。可以采用以下方法：

（1）随行就市定价法。是产品价格要与本行业同类商品的价格基本保持一致，这种方法要求产品间差异很小，且需求弹性较小。这样可以避免竞争，减小定价风险，又可以使企业获得合理的收益，该价格也称为“合理价格”。

（2）主动竞争定价法。与随行就市定价法相反，该方法不追随竞争者的价格，而是根据产品本身的特点及与竞争对手产品的差异进行定价。该方法一般被实力雄厚或产品独具特色的企业所采用。

（3）投标定价法。主要采用投标交易方式，投标价格是投标企业根据竞争报价估计确定，而不是按企业自己的成本或市场情况确定的。一般来说，报价高利润大，但中标机会小。所以，报价时既要考虑实现企业的目标利润，又要结合其他竞标参与者的情况制定最佳报价，最佳报价是目标利润与竞标概率之间的最优权衡的结果。

（三）产品定价策略

产品定价不仅要考虑市场竞争情况，也要考虑消费者的心理。产品定价策略就是以价格的统筹谋划获取产品乃至企业的竞争力，是对产品寿命周期进行统筹安排的一系列思想和措施的组合。

1. 新产品定价策略

新产品的定价是营销策略中一个十分重要的问题。它关系到新产品能否顺利地进入市场，能否站稳脚跟，能否获得较大的经济效益。目前，国内外关于新产品的定价策略主要有三种，即取脂定价策略、渗透定价策略和满意定价策略。

（1）取脂定价策略。又称撇油定价策略，是指企业在产品寿命周期的投入期或成长期，利用消费者的求新、求奇心理，抓住激烈竞争尚未出现的有利时机，有目的地将价格定得很高，以便在短期内获取尽可能多的利润，尽快地收回投资的一种定价策略。其名称来自从鲜奶中撇取乳脂，含有提取精华之意。从柯达如何走进日本的案例就可见一斑。柯达公司生产的彩色胶片在20世纪70年代初突然宣布降价，立刻吸引了众多的消费者，挤垮了其他国家的同行企业，柯达公司甚至垄断了彩色胶片市场的90%。到了80年代中期，日本胶片市场被富士所垄断，富士胶片压倒了柯达胶片。对此，柯达公司进行了细心的研究，发现日本人对商品普遍存在重质而不重价的倾向，于是制定高价政策打响牌子，保护声誉，进而实施与富士竞争的策略。他们在日本发展了贸易合资企业，专门以高出富士1/2的价格推销柯达胶片。经过5年的努力和竞争，柯达终于被日本人接受，走进了日本市场，并成为与富士平起平坐的企业，销售额也直线上升。

（2）渗透定价策略。又称薄利多销策略，是指企业在产品上市初期，利用消费者求廉的消费心理，有意将价格定得很低，使新产品以物美价廉的形象，吸引顾客，占领市场，以谋取远期的稳定利润。

（3）满意价格策略。又称平价销售策略，是介于取脂定价和渗透定价之间的一种定价策略。由于取脂定价法定价过高，对消费者不利，既容易引起竞争，又可能遇到消费者拒绝，具有一定风险；渗透定价法定价过低，对消费者有利，对企业最初收入不利，资金的回收期也较长，若企业实力不强，将很难承受。而满意价格策略采取适中价格，基本上能够做到供求双方都比较满意。

2. 差别定价策略

差别定价，也叫价格歧视，就是企业按照两种或两种以上不反映成本费用的比例差异的价格销售某种产品或劳务。差别定价有两种形式：

（1）顾客差别定价。即企业按照不同的价格把同一种产品或劳务卖给不同的顾客。例如，某汽车经销商按照目标价格把某种型号汽车卖给顾客A，同时按照较低价格把同一种型号汽车卖给顾客B。这种价格歧视表明，顾客的需求强度和商品知识有所不同。

（2）产品形式差别定价。即企业对不同型号或形式的产品分别制定不同的价格，但是，不同型号或形式产品的价格之间的差额和成本费用之间的差额并不成比例。

3. 产品部位差别定价策略

企业对于处在不同位置的产品或服务分别制定不同的价格，即使这些产品或服务的成本费用没有任何差异。例如剧院，虽然不同座位的成本费用都一样，但是不同座位的票价有所不同，这是因为人们对剧院的不同座位的偏好有所不同。

4. 销售时间差别定价策略

企业对于不同季节、不同时期甚至不同钟点的产品或服务也分别制定不同的价格。如哈尔滨市商场规定，商场的商品从早上9点开始，每一小时降价 10%。特别在午休时间及晚上下班时间商品降价幅度较大，吸引了大量上班族消费者，在未延长商场营业时间的情况下，带来了销售额大幅度增加的好效果。

（四）心理定价策略

心理营销定价策略是针对消费者的不同消费心理，制定相应的商品价格，以满足不同类型消费者的需求的策略。心理营销定价策略一般包括尾数定价、整数定价、习惯定价、声望定价、招徕定价和最小单位定价等具体形式。

1. 尾数定价策略

又称零头定价，是指企业针对的是消费者的求廉心理，在商品定价时有意定一个与整数有一定差额的价格。这是一种具有强烈刺激作用的心理定价策略。心理学家的研究表明，价格尾数的微小差别，能够明显影响消费者的购买行为。一般认为，5 元以下的商品，末位数为 9 最受欢迎；5 元以上的商品后两位数为 95 效果最佳；百元以上的商品，后两位数为 98、99 最为畅销。尾数定价法会给消费者一种经过精确计算的、最低价格的心理感觉；有时也可以给消费者一种是原价打了折扣，商品便宜的感觉；同时，顾客在等候找零期间，也可能会发现和选购其他商品。如彩电的尾数定价策略，某品牌的 32 寸彩电标价 998 元，给人以便宜的感觉。认为只要几百元就能买一台彩电，其实它比 1 000 元只少了 2 元。尾数定价策略还给人一种定价精确、值得信赖的感觉。尾数定价法在欧美及我国常以奇数为尾数，如 0.99、9.95 等，这主要是因为消费者对奇数有好感，容易产生一种价格低廉的概念。由于 8 与“发”谐音，在定价中 8 的采用率也较高。

2. 整数定价策略

整数定价与尾数定价相反，针对的是消费者的求名、求方便心理，将商品价格有意定为整数，由于同类型产品，生产者众多，花色品种各异，在许多交易中，消费者往往只能将价格作为判别产品质量、性能的指示器。同时，在众多尾数定价的商品中，整数能给人一种方便、简洁的印象。

3. 习惯性定价策略

某些商品需要经常、重复地购买，因此这类商品的价格在消费者心理上已经定格，成为一种习惯性的价格。许多商品尤其是家庭生活日常用品，在市场上已经形成了一个习惯价格。消费者已经习惯于消费这种商品时，只愿付出固定的价格，如买一块肥皂、一瓶洗涤灵等。对这些商品的定价，一般应依照习惯确定，不要随便改变价格，以免引起顾客的反感。

4. 声望定价策略

这是整数定价策略的进一步发展，根据消费者一般都有渴求名望的心理，企业将有声望的商品定的价格比市场同类商品高很多，即为声望性定价策略。它能有效地消除购买心理障碍，使顾客对商品或零售商形成信任感和安全感，顾客也从中得到荣誉感。声望定价往往采用整数定价方式，其高昂的价格能使顾客产生一分价格一分货的感觉，从而在购买过程中得到精神的享受，达到良好效果。如微软的声望定价策略，微软公司的 Windows 98（中文版）进入中国市场时，一开始就定价 1 998 元人民币，便是一种典型的声望定价。另外，用于正式场合的西装、礼服、领带等商品，且服务对象为企业总裁、著名律师、外交官等职业的消费者，则都应该采用声望定价，否则，这些消费者就不会去购买。再如，德国的奔驰轿车，售价 20 万欧元；瑞士莱克司手表，价格为五位数；巴黎里约时装中心的服装，一般售价都在 2 000 欧元以上。当然，采用这种定价法必须慎重，使用不好便会失去市场。

5. 招徕定价策略

招徕定价又称特价商品定价，是一种有意将少数商品降价以招徕吸引顾客的定价方式。商品的价格定得低于市价，一般都能引起消费者的注意，这是适合消费者求廉心理的。如北京地铁通道里的商场定价，北京地铁有家每日商场，每逢节假日都要举办一元拍卖活动，所有拍卖商品均以 1 元起价，报价每次增加 5 元，直至最后无人竞价。但这种由每日商场举办的拍卖活动由于基价定得过低，最后的成交价就比市场价低得多，因此会给人们产生一种卖得越多，赔得越多的感觉。岂不知，该商场用的是招徕定价术，它以低廉的拍卖品活跃商场气氛，增大客流量，带动了整个商场的销售额上升，这里需要说明的是，应用该方法所选的降价商品，必须是顾客都需要而且市场价为人们所熟知的才行。

采用招徕定价策略时，必须注意以下几点：

（1）降价的商品应是消费者常用的，最好是适合于每一个家庭应用的物品，否则没有吸引力。

（2）实行招徕定价的商场，经营的品种要多，以便使顾客有较多的选购机会。

（3）降价商品的降低幅度要大，一般应接近成本或者低于成本。只有这样，才能引起消费者的注意和兴趣，才能激起消费者的购买动机。

（4）降价品的数量要适当，太多商品亏损太大，太少容易引起消费者的反感。

（5）降价品应与因质量而削价的商品明显区别开来。

6. 最小单位定价策略

最小定价策略是指企业把同种商品按不同的数量包装，以最小包装单位量制定基数价格，销售时，参考最小包装单位的基数价格与所购数量收取款项。一般情况下，包装越小，实际的单位数量商品的价格越高，包装越大，实际的单位数量商品的价格越低。

例如对于质量较高的茶叶，就可以采用这种定价方法，如果某种茶叶定价为每500克150元，消费者就会觉得价格太高而放弃购买。如果缩小定价单位，采用每50克为15元的定价方法，消费者就会觉得可以买来试一试。如果再将这种茶叶以125克来进行包装与定价，则消费者就会嫌麻烦而不愿意去换算出每500克应该是多少钱，从而也就无从比较这种茶叶的定价究竟是偏高还是偏低。

最小单位定价策略的优点比较明显：一是能满足消费者在不同场合下的不同需要，如便于携带的小包装食品、小包装饮料等；二是利用了消费者的心理错觉，因为小包装的价格容易使消费者误以为廉，而实际生活中消费者很难也不愿意换算出实际重量单位或数量单位商品的价格。

（五）折扣定价策略

折扣定价策略是通过减少一部分价格以争取顾客的策略，在现实生活中应用十分广泛，用折让手法定价就是用降低定价或打折扣等方式来争取顾客购货的一种售货方式。如沃尔玛的折扣定价策略。沃尔玛能够迅速发展，除了正确的战略定位以外，也得益于其首创的折价销售策略。每家沃尔玛商店都贴有天天廉价的大标语。同一种商品在沃尔玛比其他商店要便宜。沃尔玛提倡的是低成本、低费用、低价格的经营思想，主张把更多的利益让给消费者，为顾客节省每一美元是他们的目标。沃尔玛的利润通常在30%左右，而其他零售商如凯马特的利润率都在45%左右。公司每星期六早上举行经理人员会议，如果有参会人员报告某商品在其他商店比沃尔玛低，可立即决定降价。低廉的价格、可靠的质量是沃尔玛的一大竞争优势，吸引了一批又一批的顾客。

1. 数量折扣策略

数量折扣策略就是根据代理商、中间商或顾客购买货物的数量多少，分别给予不同折扣的一种定价方法。数量越大，折扣越多。其实质是将销售费用节约额的一部分，以价格折扣方式分配给买方。目的是鼓励和吸引顾客长期、大量或集中向本企业购买商品。数量折扣可以分为累计数量折扣和非累计数量折扣两种形式。

2. 现金折扣策略

现金折扣策略，又称付款期限折扣策略，是在信用购货的特定条件下发展起来的一种优惠策略，即对按约定日期付款的顾客给予不同的折扣优待。现金折扣实质上是一种变相降价赊销，鼓励提早付款的办法。如付款期限一个月，立即付现折扣 5%，10 天内付现折扣 3%，20 天内付现折扣 2%，最后十天内付款无折扣。有些零售企业往往利用这种折扣，节约开支，扩大经营，卖方可据此及时回收资金，扩大商品经营。

3. 交易折扣策略

交易折扣策略是企业根据各类中间商在市场营销中担负的不同功能所给予的不同折扣，又称商业折扣或功能折扣。企业采取策略的目的是为了扩大生产，争取更多的利润，或为了占领更广泛的市场，利用中间商努力推销产品。交易折扣的多少，随行业与产品的不同而不同；相同的行业与产品，又要看中间商所承担的商业责任的多少而定。如果中间商提供运输、促销、资金融通等功能，对其折扣就较多；否则，折扣将随功能的减少而减少。一般而言，给予批发商的折扣较大，给予零售商的折扣较少。

4. 季节性折扣策略

季节性折扣策略是指生产季节性商品的公司企业，对销售淡季来采购的买主所给予的一种折扣优待。季节性折扣的目的是鼓励购买者提早进货或淡季采购，以减轻企业仓储压力。通过合理安排生产，做到淡季不淡，充分发挥生产能力。季节性折扣实质上是季节差价的一种具体应用。

5. 推广让价策略

推广让价是生产企业对中间商积极开展促销活动所给予的一种补助或降价优惠，又称推广津贴。中间商分布广，影响面大，熟悉当地市场状况，因此企业常常借助他们开展各种促销活动，如刊登地方性广告，布置专门橱窗等。对中间商的促销费用，生产企业一般以发放津贴或降价供货作为补偿。

6. 运费让价策略

运费让价是生产企业为了扩大产品的销售范围，对远方市场的顾客让价以弥补其部分或全部运费。企业对远方市场，一般都采用运费让价策略。

四、渠道营销策略

渠道是产品从生产领域向消费领域所经过的通道，是沟通生产者和消费者之间的桥梁。渠道畅通才能使产品或服务顺利进入市场，使企业获得丰厚的利润，否则引起大量积压或销售不畅，不利于企业展开正常的经营活动。所以，一个企业要实现良好的盈利水平，不仅要生产出符合消费者需求的商品，而且还要设法使商品能够让消费者方便购买，即制定科学合理的渠道策略。

（一）分销渠道

分销渠道，是指当产品从生产者向最后消费者或产业用户移动时，直接或间接转移所有权所经过的途径。

分销渠道可以表现为有形和无形相结合的特点。分销渠道的有形性是指，渠道由参加商品转移的各种机构，如生产企业、批发商、零售商、仓储公司、运输公司、广告公司等若干组织和机构构成，围绕各自的经济利益，发挥不同功能。分销渠道的无形性是指，渠道不仅是联系企业和消费者之间的纽带，也是抵御市场风险的重要屏障，畅通稳定的分销渠道，能够提升企业的市场竞争力，所以分销渠道也是企业的一种无形资产。

需要注意的是：在分销渠道中，商品运动是以转移其所有权为前提的。在多数情况下，商品从生产领域向消费领域转移的过程中，要多次转移其所有权。

分销渠道中通常存在五种基本的“运动流”，即商流、物流、资金流、信息流和推广流。这五种流动方式是一个综合体，互相依托，良好协助才能使整个渠道畅通。

（二）分销渠道类型

按照商品在流转过程中是否要经过中间商，分为直接渠道和间接渠道；根据商品所经过的环节和层次的多少，分为短渠道和长渠道；根据分销渠道中每一层中间商数目的多少，分为窄渠道和宽渠道。根据分销渠道宽窄不同，又可具体分为以下三种：

（1）广泛分销，又称密集分销，是指生产企业在每一道环节上都使用尽可能多的中间商从事产品的分销，使渠道加宽。该种策略适合价格低、购买频率高的日用消费品，以及工业用品中的标准件、通用小工具等。广泛分销的优点是市场覆盖面广泛，潜在顾客有较多机会接触到产品。缺点是中间商的经营积极性较低，责任心差。

（2）独家分销，是指在一定地区，一定时间内只选择一家中间商经销或代理，授予对方独家经营权，独家分销要由产销双方签订书面协议。独家分销适用于生产和经营名牌、高档消费品和技术性强、价格较高的工业用品。它的优点在于：中间商经营积极性高，责任心强。缺点是市场覆盖面相对较窄，而且有一定风险，如该中间商经营能力差或出现意外情况，将会影响到企业开拓该市场的整个计划。

（3）选择性分销，即在市场上精心挑选出几家适合的中间商来经营本企业产品。这是介于独家分销商和广泛分销商之间的一种中间形式。选择性分销主要适用于消费品中的选购品，工业用品中的零部件和一些机器、设备等。该策略的优点是容易密切生产企业和中间商的关系，有利于展开推广活动。

（三）现代分销渠道

传统分销渠道是由制造商、批发商和零售商组成的松散网络，渠道内企业各自为政，相互独立，缺乏共同的目标，导致渠道基础脆弱，影响整体效益。20世纪70年代以来，分销渠道呈现联合化的趋势。一些大企业为了控制和占领市场，采取工商先前一体化或工商先后一体化的经营方式，即垂直营销渠道。而一些小企业也纷纷组织起来，实行联合经营，即水平营销渠道。

1. 垂直营销渠道

垂直营销渠道是由生产者、批发商和零售商所组成的一种统一的联合体。某个渠道成员拥有其他成员的产权，或者是一种特约代营关系，或者某个渠道成员拥有相当实力，其他成员愿意合作。垂直营销系统可以由生产商支配，也可以由批发商，或者零售商支配。垂直营销系统有利于控制渠道行动，消除渠道成员为追求各自利益而造成的冲突。它们能够通过其规模、谈判实力和重复服务的减少而获得效益。在消费品销售中，垂直营销系统已经成为一种占主导地位的分销形式。

2. 水平营销渠道

水平渠道系统是由两家或两家以上的公司横向联合，共同开拓新的营销机会的分销渠道系统，目的是发挥资源协同作用降低风险。通常这些公司因资本、人力、生产技术、营销资源不足，无力单独开发市场机会，或惧怕承担较大风险，或因与其他公司联合可以实现最佳协同效益而组成共生联合的渠道系统。同一层次的企业为了争夺同一目标市场的销售而进行的竞争称为水平渠道竞争。

案例故事

格力空调分销模式

1997年以来，格力独创了“以经销商大户为中心”的核心销售体制，并在此基础上在各地推出了“股份制区域销售公司”模式。此营销方法被推崇者称之为“21世纪全新营销模式”。其具体做法是：联合某地区内几家经销大户，由格力电器控股，合资组建联合股份销售公司，代理某区域全部的格力空调销售，即把当地原先各自分散的格力销售和服务网络集中在一起，统一价格对外供货。目前，格力已经先后在30多个省、市、自治区成立了股份制区域销售公司，并通过进一步增持“股份制区域销售公司”的股份，达到了更加有效地掌控。

各省的销售公司并不是格力的派出机构（分公司或办事处），而是由格力电器和该省最有实力的家电经销商出资组建的厂商联合体。实际上，销售公司相当于格力电器在该省的总代理商，实行的是独家经销制。在各省的二级市场，格力采用的是选择性分销。在地级区域范围内，选择几家势力较强的家电经销商作为批发商（格力称为代售商），再由若干家分销商（格力称为指定经销商）作为零售终端。销售公司严格划分各代售商的批发区域和批发对象（指定经销商）。即使在同一区域，也可能存在一家以上的批发商，但是该区域内的经销商被指定在某批发商处提货，各经销商隶属于不同的批发商，因此被称为指定经销商。

格力总部相当于制造商及全国性总批发商，销售公司相当于各省级市场的总代理商。格力和销售公司是资本纽带关系，都是销售公司的股东。格力以品牌等无形资产入股，其他股东以货币资产入股。格力对销售公司具有控制权，主要体现在：格力对各销售公司实行现款现货，不赊货；销售公司的董事长由格力方出任，格力方对各销售公司的总经理有任免权；格力公司可以通过品牌和产品控制销售公司，可以根据需要扶持新的销售合作伙伴（更换股东或代售商）。

销售公司是该省的一级批发商，代售商相当于二级批发商。销售公司在二级市场没有中转仓，各代售商承担了中转仓的功能。代售商是名义上的批发商，因为代售商不赚取任何批发利润，只赚取2.5%的代理费和3%的运费补贴。代售商是该区域内各指定经销商的提货点，各指定经销商的提货量算做该代售商的批发量。各指定经销商在指定的代售商处提货，在指定的区域内销售货物。各代售商只能给被指定的经销商发货，而不能给非指定的经销商发货。指定经销商的货款直接打到销售公司，销售公司向某代售商发出提货通知，指定经销商持提货通知只能到指定的代售商处提货。

指定经销商直接打款给销售公司，销售公司为指定经销商核算有关往来账目。所有渠道政策都是由销售公司直接针对指定经销商制定的，销售公司根据指定经销商的打款金额、时间和提货量兑现有关政策。指定经销商网络更多地掌握在销售公司手中而不是批发商手中。销售公司、代售商、指定经销商之间通过签订三方协议，明确各自在市场中的责任和利益。

通过这种方式给不同渠道商设计了不同的定位和功能，格力销售公司削弱了二级批发商对分销商网络（零售商网络）的控制，加强了自己对分销商网络的控制。代售商功能的弱化，减少了销售公司对渠道成员特别是对批发商的依赖性。充分利用和整合经销商的资源，降低了自己的渠道成本（主要是建设中转仓的费用和仓储管理费），提高了渠道资源的使用效率。

（四）渠道管理

渠道管理是指制造商为实现公司分销的目标而对现有渠道进行管理，以确保渠道成员间、公司和渠道成员间相互协调和通力合作的一切活动。渠道管理工作包括：

(1) 对经销商的供货管理，保证供货及时，在此基础上帮助经销商建立并理顺销售子网，分散销售及库存压力，加快商品的流通速度。

(2) 加强对经销商广告、促销的支持，减少商品流通阻力；提高商品的销售力度；提高资金利用率，使之成为经销商的重要利润源。

(3) 对经销商负责，在保证供应的基础上，对经销商提供产品服务支持。妥善处理销售过程中出现的产品损坏变质、顾客投诉、顾客退货等问题，切实保障经销商的利益不受无谓的损害。

(4) 加强对经销商的订货处理管理，减少因订货处理环节中出现的失误而引起发货不畅。

(5) 加强对经销商订货的结算管理，规避结算风险，保障制造商的利益。同时避免经销商利用结算便利制造市场混乱。

(6) 其他管理工作，包括对经销商进行培训，增强经销商对公司理念、价值观的认同以及对产品知识的认识。还要负责协调制造商与经销商之间、经销商与经销商之间的关系，尤其对于一些突发事件，如价格涨落、产品竞争、产品滞销以及周边市场冲击或低价倾销等扰乱市场的问题，要以协作、协商的方式为主，及时帮助经销商消除顾虑，平衡心态，引导和支持经销商向有利于产品营销的方向转变。

五、促销策略

促销策略是指企业如何通过人员推销、广告、公共关系和营销推广等各种促销手段，向消费者传递产品信息，引起他们的注意和兴趣，激发他们的购买欲望和购买行为，以达到扩大销售的目的的活动。企业将合适的产品，在适当地点、以适当的价格出售的信息传递到目标市场，一般是通过两种方式：一种是人员推销，即推销员和顾客面对面地进行推销；另一种是非人员推销，即通过大众传播媒介在同一时间向大量消费者传递信息，主要包括广告、公共关系和营销推广等多种方式。这两种推销方式各有利弊，起着相互补充的作用。此外，赠品、店标、陈列、示范、展销等也都属于促销策略范围。一个好的促销策略，往往能起到多方面作用，如提供信息情况，及时引导采购；激发购买欲望，扩大产品需求；突出产品特点，建立产品形象；维持市场份额，巩固市场地位等。

（一）人员推销

人员推销是指企业派出推销人员直接与顾客接触、洽谈、宣传商品，以达到促进销售目的的活动过程。人员推销具有灵活性、选择性、完整性和情感性等特点，适用于工业品和技术性较强、使用复杂的耐用消费品的推销中。下面介绍三种常用的人员推销策略。

1.“刺激—反应”策略

在推销人员不了解顾客真实和确切需要的情况下，通常采用该策略。即推销人员事先准备好几套要说的话进行交流（刺激），观察顾客的反应，试探其真实的要求。然后再根据顾客的反应进行交流，以引起并形成顾客的购买行为。

2.“启发—配合”策略

在推销人员初步掌握顾客的某些具体要求后，可以采用这种策略。有针对性的积极主动与顾客交谈，引起对方共鸣，从而达成交易。使用这种策略时，要尽可能多用选择性用语，采用征求和商量的语气，给顾客留有余地。

3.“需要—满足”策略

推销人员通过与顾客交谈，引起顾客的某种需要，进而说明所推销的商品如何能够满足这种需要，从而引起顾客强烈的购买欲望。这是一种创造性推销，关键是顾客对推销人员具有很高的信任度，认可他的顾问角色。所以要求推销人员具有一定的专业知识和较高的推销技巧。

（二）广告

广告是促销中既传统又最具影响力的手段，实践证明60%左右的购买行为受到广告的影响。广告是指由特定的广告主有偿使用一定的广告媒体，公开而广泛地传播商品或劳务信息给目标顾客的一种促销方式。

广告宣传应遵循真实性、效益性、思想性和艺术性这些基本原则，目的是提高产品知名度，建立需求偏好，以提醒使用和增加销售为目标。广告媒体主要包括视觉媒体、听觉媒体和视听两用媒体。

不同媒体信息传播的效果不同，企业应选择合适的广告媒体进行营销，在广告媒体选择中应注意考虑这些主要因素：第一，产品特征。工业品、生活用品和技术性较强的复杂产品，应采用不同的媒体进行广告宣传。第二，目标市场的适应性。如对青少年来说，电视、网络和户外广告更具吸引力，而对于老年人，广播和报纸是他们喜欢的媒体形式。第三，媒体的影响力。媒体的传播范围越广影响力越大，才能实现宣传的最大效应。第四，广告成本。考虑企业自身的经济负担和对目标顾客的影响效果，利用成本效益原则进行平衡，而不能只从支出角度考虑。

（三）公共关系促销

现代企业之间的竞争不仅仅是商品质量、价格、特色等方面的竞争，更是企业形象和信誉之间的竞争，它直接影响企业商品的销路。所以，良好的公共关系是企业开拓市场、扩大销售的重要条件。

公共关系促销并不是推销某个具体的产品，而是利用公共关系，把企业的经营目标、经营理念、政策措施等传递给社会公众，使公众对企业有充分了解；对内协调各部门的关系，对外密切企业与公众的关系，扩大企业的知名度、信誉度、美誉度。为企业营造一个和谐、亲善、友好的营销环境，从而间接地促进产品销售。公关促销包括三个基本要素：公关主体——社会组织，如企业。公关客体——公众，如顾客、中间商和新闻媒体等。公关手段——传播与沟通。

公关促销的方式通常包括加强媒体宣传、开展公益活动、建设企业文化等。

案例故事

携程泄密门风波

2014 年 3 月 22 日晚间，国内漏洞研究机构乌云平台曝光称，携程系统开启了用户支付服务接口的调试功能，使所有向银行验证持卡所有者接口传输的数据包均直接保存在本地服务器，包括信用卡用户的身份证、卡号、CVV 号码（信用卡验证号码）等信息均可能被黑客任意窃取。

3 月 22 日晚 23 时 22 分，携程官方微博对此予以回应，称漏洞系该公司技术调试中的短时漏洞，并已在两小时内修复，仅对 3 月 21 日、22 日的部分客户存在危险，“目前没有用户受到该漏洞的影响造成相应财产损失的情况发现”，并表示将持续对此事件进行通报。

这一说法引发了用户的重重回击。认证为“广西北部湾在线投资有限公司总裁”的严茂军声称，携程“官方信息完全在瞎扯”，并附上信用卡记录为证。作为携程的钻石卡会员，他早于 2 月 25 日就曾致电携程，他的几张绑定携程的信用卡被盗刷了十几笔外币，但当时携程居然回复“系统安全正常”。他以强烈的语气提出，携程应该加强安全内测，“尽快重视和处理用户问题，水能载舟，亦能覆舟”。

3 月 23 日，携程官方微博再以长微博形式发表声明称，93 名潜在风险用户已被通知换卡，其余携程用户用卡安全不受影响。

不过，其微博公关并未收到很好的成效，不少网友在其微博下留言，以质问语气表达不信任的态度：怎么证明携程没有存储其他客户的 CVV 号？怎么才能确认用户的信用卡安全？……面对质问，携程客服置若罔闻，仅以“关于您反馈的事宜，携程非常重视，希望今后提供更好的服务”等官方话语加以回应。

3 月 25 日，在舆论对其违规存储用户信用卡信息、并未能妥善保存的重重压力下，携程发出最新声明承认此前的操作流程中确有违规之处，今后携程将不再保存客户的 CVV 信息；以前保存的 CVV 信息将删除。

3 月 26 日，21 世纪网直指“携程保存客户信息属于违反银联的规定，携程不是第三方支付机构，无权保留银行卡信息。另一方面，PCI－DSS（第三方支付行业数据安全标准）规定了不允许存储 CVV，但携程支付页面称通过了 PCI 认证，同样令人费解”。

《21 世纪经济报道》更是简单明了地表示，在线旅游网站中，只有去哪儿网站已经引入该认证标准，“此前携程曾有意向接入该系统，但是公司工作人员去考察之后发现，携程系统要整改难度太大，业务种类多且交叉多，如果按照该系统接入而整改会使架构都会有所变化”。

针对上述质疑，携程一直保持着沉默。3 月 27 日，《中国青年报》更是发表题为《大数据时代个人隐私丢哪儿了》的署名文章，谴责企业“在用户不知情的情况下收集有限的数据，在一定程度上忽略了人的权利”。

携程此次泄密门事件导致用户的大量流失，在用户心目中的信用也大打折扣，甚至有极端用户反映“除非没有第二家选择，再也不用携程了”。截至 3 月 24 日 18：20，携程股价盘前下跌 4.69 美元至 44.8 美元，跌幅达 9.48%。[①]

（四）销售促进

销售促进包括各种多数属于短期性的刺激工具，用以刺激消费者和贸易商迅速和较大量地购买某一种特定的产品或服务。在市场营销理论中，促销与销售促进是有区别的。促销概念有广义和狭义之分。狭义的促销仅指销售促进，而广义的促销则包括销售促进、广告、人

① 本案例选自《危机公关的黑镜子》，http://shizheng.xilu.com/20150301/1000150003912727_2.html。

员推销和公共关系四大促销组合。下面仅介绍针对狭义促销中的销售促进。

对消费者的销售促进方式主要包括：有奖销售、免费赠送、送优惠券、折扣或减价、分期付款、展销、免费咨询和服务等。目的是刺激顾客的消费欲望，提高重复购买率，扩大市场占有率。

对中间商的销售促进方式主要包括：折扣销售、商品陈列资助、广告赞助和促销协助等。目的是鼓励中间商大量进货代销，加快货款回收率。

对推销人员的销售促进方式主要包括：开展推销竞赛、物质奖励、精神奖励和召开推销员大会等。目的是鼓励推销人员工作热情，努力开拓市场，提高销售量。

第四节 盈亏平衡分析

盈亏平衡分析是本量利分析的一项基本内容，也称损益平衡分析或保本点分析。用来确定盈亏平衡点，为企业提供在何种业务量下能盈利，以及何种业务量下会出现亏损的信息。本量利分析是成本—业务量（产量或销售量）——利润依存关系分析的简称，也称为 CVP（Cost - Volume - Profit Analysis）分析，是指在变动成本计算模式的基础上，以数学化的会计模型与图文来揭示固定成本、变动成本、销售量、单价、销售额、利润等变量之间的内在规律性的联系，为企业预测、决策和规划提供必要的财务信息的一种定量分析方法。

一、盈亏平衡分析的前提假设

盈亏平衡分析（break-even analysis），是根据产品的业务量（产量或销量）、成本、利润之间相互关系的综合分析，用来预测利润，控制成本，判断经营状况的一种定量分析方法。盈亏平衡分析以利润为零作为盈亏平衡点，通常不考虑资金的时间价值，是一种静态分析。

在现实经济生活中，成本、销售数量、价格和利润之间的关系非常复杂。例如，成本与业务量之间可能呈线性关系也可能呈非线性关系，销售收入与销售量之间也不一定是线性关系，因为售价可能发生变动。为了建立分析模型，必须对上述复杂的关系做一些基本假设，由此来严格限定盈亏平衡分析的范围，对于不符合这些基本假设的情况，可以进行本量利扩展分析。

（一）相关范围和线性关系假设

由于盈亏平衡分析是在成本性态分析基础上发展起来的，所以成本性态分析的基本假设也就成为本量利盈亏平衡分析的基本假设。也就是在相关范围内，固定成本总额保持不变，变动成本总额随业务量变化成正比例变化，固定成本用数学模型来表示就是 $y = a$，变动成本用数学模型来表示就是 $y = bx$，所以，总成本与业务量呈线性关系，即 $y = a + bx$（x 为业务量）。相应的，假设售价也在相关范围内保持不变，这样销售收入与销售量之间也呈线性关系，用数学模型来表示就是以售价为斜率的直线 $y = px$（p 为销售单价）。这样，在相关范围内，成本与销售收入均分别表现为与业务量相关的直线。

因为相关范围和线性关系这一假设，就把在相关范围之外，成本和销售收入分别与业务量呈非线性关系的实际情况排除在外了。在实际经济活动中，成本、销售收入和业务量之间可能存在非线性关系。为了解决这一问题，放宽本假设，即成为非线性条件下的情况，本书不涉及非线性的情况，只介绍成本、销售收入和业务量之间存在线性关系的盈亏平衡。

（二）品种结构稳定假设

该假设是指在一个生产和销售多种产品的企业里，每种产品的销售收入占总销售收入的比重不会发生变化。但在现实经济生活中，企业很难始终按照一个固定的品种结构来销售产品，如果销售产品的品种结构发生较大变动，必然导致利润与原来品种结构不变假设下预计的利润有很大差别。有了这种假定，就可以使企业管理人员关注价格、成本和业务量对营业利润的影响。

（三）产销平衡假设

产销平衡就是企业生产出来的产品总是可以销售出去，能够实现生产量等于销售量。在这一假设下，盈亏平衡分析中的量就是指销售量而不是生产量，在销售价格不变时，这个量就是指销售收入。但在实际经济生活中，生产量可能会不等于销售量，这时产量因素就会对本期利润产生影响。

由于盈亏平衡分析建立在上述假设基础上，所以一般只适用于短期分析。在实际工作中应用盈亏平衡分析原理时，必须从动态的角度去分析企业生产经营条件、销售价格、品种结构和产销平衡等因素的实际变动情况，调整分析结论。

二、盈亏平衡分析中涉及的基本概念

1. 安全边际

安全边际，是指实际销售额超过盈亏平衡点销售额的差额，它表明销售额下降多少企业仍不会亏损。安全边际的计算公式：

安全边际 = 实际销售额 − 盈亏平衡点销售额

2. 贡献毛益率

又称“边际收益”或“边际贡献”，是指产品销售收入减去以变动成本计算的产品成本后所剩可供抵偿固定成本并创造利润的数额。它是对企业盈利所作的贡献，用它补偿固定成本之后，尚有剩余的话，即为企业利润。如果不足以补偿企业所耗费的固定成本，两者之间的差额为亏损。计算公式：

单位产品贡献毛益 = 单位产品售价 − 单位产品变动成本

贡献毛益总额 = 销售收入总额 − 变动成本总额

贡献毛益率 =（单位产品售价 − 单位产品变动成本）/单位产品售价

3. 综合贡献毛益率

当企业生产多种产品时，综合贡献毛益率就是每一个产品的贡献毛益的加总。综合贡献毛益率的计算公式：

综合贡献毛益率 = 各种产品贡献毛益额之和/销售收入总额

综合贡献毛益率法是指将各种产品的贡献毛益率按照其各自的销售比重这一权数进行加权平均，得出综合贡献毛益率。然后再据此计算企业的盈亏临界点销售额和每种产品的盈亏临界点的方法。

综合贡献毛益率的大小反映了企业全部产品的整体盈利能力的高低，企业若要提高全部产品的整体盈利水平，可以调整各种产品的销售比重，或者提高各种产品的贡献毛益率。

三、盈亏平衡点的确定

盈亏平衡点（break-even point）又称为保本点，是指刚好使企业经营达到不盈不亏状态的销售量（额）。此时，企业的销售收入恰好弥补全部成本，企业的利润等于零。

（一）单一产品的盈亏平衡点

企业只销售单一产品，则该产品的盈亏临界点计算比较简单。基本公式为：

利润 = 销售收入 − 总成本 = 销售价格 × 销售量 −（变动成本 + 固定成本）

=销售单价×销售量－单位变动成本×销售量－固定成本

当利润为零时，此时的销售量即为盈亏平衡点。

0=销售单价×盈亏平衡点销售量－单位变动成本×盈亏平衡点销售量－固定成本

盈亏平衡点销售量=固定成本/(销售单价－单位变动成本)

【例6－1】假设某企业只生产和销售一种产品，该产品的市场售价预计为100元，该产品单位变动成本为20元，固定成本为32 000元，则盈亏临界点的销售量为：

盈亏平衡点销售量=固定成本/(销售单价－单位变动成本)

=32 000/(100－20)=400（件）

相应的，可以算出盈亏平衡点的销售额=100×400=40 000(元)

（二）多品种产品的盈亏平衡点

在现实经济生活中，大部分企业生产经营的产品不止一种。在这种情况下，企业的盈亏临界点就不能用实物单位表示，因为不同产品的实物计量单位是不同的，无法把这些计量单位不同的产品销量加在一起。所以，企业在产销多种产品的情况下，只能用金额来表示企业的盈亏平衡点，即只能计算企业盈亏平衡点的销售额。多产品的盈亏平衡点的具体计算步骤是：

第一步，计算综合贡献毛益率。

首先，计算各种产品的销售比重。

$$某种产品的销售比重=\frac{该种产品的销售额}{全部产品的销售总额}\times 100\%$$

注意：销售比重是销售额的比重而不是销售量的比重。

其次，计算综合贡献毛益率

$$综合贡献毛益率=\sum(各种产品贡献毛益率\times 该种产品的销售比重)$$

综合贡献毛益率=各种产品贡献毛益额之和/销售收入总额

第二步，计算企业盈亏临界点销售额。

企业盈亏临界点销售额=企业固定成本总额/综合贡献毛益率

第三步，计算各种产品盈亏临界点销售额。

某种产品盈亏临界点销售额=企业盈亏临界点销售额×该种产品的销售比重

【例6－2】某企业销售甲、乙、丙三种产品，全年预计固定成本总额为210 000元，预计销售量分别为8 000件、5 000台和10 000件，预计销售单价分别为25元、80元、40元，单位变动成本分别为15元、50元、28元，则该企业的盈亏平衡点是多少？

①计算综合贡献毛益率。

第一步，计算全部产品销售总额 = 8 000 × 25 + 5 000 × 80 + 10 000 ×40 = 1 000 000（元）

第二步，计算每种产品的销售比重

甲产品的销售比重 =8 000 ×25 ÷1 000 000 = 20%

乙产品的销售比重 =5 000 ×80 ÷1 000 000 = 40%

丙产品的销售比重 =10 000 ×40 ÷1 000 000 = 40%

第三步，综合贡献毛益率

甲产品的贡献毛益率 =（25 －15）÷25 =40%

乙产品的贡献毛益率 =（80 －50）÷80 =37.5%

丙产品的贡献毛益率 =（40 －28）÷40 =30%

综合贡献毛益率 =40% ×20% +37.5% ×40% +30% ×40%

=35%

②计算企业盈亏临界点销售额。

企业盈亏临界点销售额 = 企业固定成本总额/综合贡献毛益率 = 210 000 ÷35% =600 000（元）

③将企业盈亏临界点销售额分解为各种产品盈亏临界点销售额和销售量。

甲产品盈亏临界点销售额 =600 000 ×20% =120 000（元）

乙产品盈亏临界点销售额 =600 000 ×40% =240 000（元）

丙产品盈亏临界点销售额 =600 000 ×40% =240 000（元）

相应的，可以计算出每种产品盈亏临界点销售量

甲产品盈亏临界点销售量 =120 000 ÷25 =4 800（件）

乙产品盈亏临界点销售量 =240 000 ÷80 =3 000（台）

丙产品盈亏临界点销售量 =240 000 ÷40 =6 000（件）

四、贡献毛益法下的本量利关系图

贡献毛益式本量利关系图（如图6 –4 所示）是一种将固定成本置于变动成本之上，能够反映贡献毛益形成过程的图形，这是传统式本量利关系图不具备的。该图的绘制程序是，先从原点出发分别绘制销售收入线和变动成本线；然后从纵轴上的0（固定成本数值）点为起点绘制一条与变动成本线平行的总成本线。这样，总成本线和销售收入线的交点就是盈亏临界点。

图6 –4 能够清楚地反映出贡献毛益的形成过程。销售收入线与变动成本线之间所夹区域为贡献毛益区域。当贡献毛益正好等于固定成本时，企业达到不盈不亏状态；当贡献毛益超过盈亏临界点并大于固定成本时，企业获得了利润；当贡献毛益没有达到盈亏临界点时，企业发生了亏损，证明了公式“利润 = 贡献毛益 – 固定成本”

的含义。

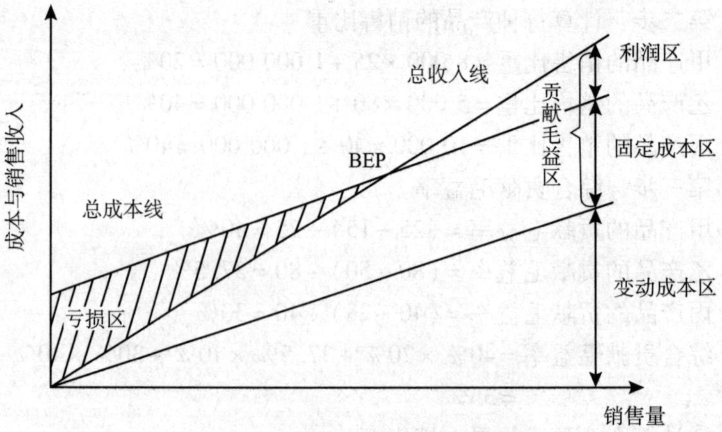

图6-4 贡献毛益式本量利关系

案例分析

寿光市蔬菜批发市场的转型之路

中国农产品在流通市场上要经过多个环节，依次为：农产品生产者——产地批发市场——销售地批发市场——农贸市场——消费者。整个销售渠道中存在多个中间商，大大增加了流通成本，导致农民卖不上好价钱，消费者又感觉价格偏贵。有专家把这种现象称为“中间笑，两头叫”。

中国最大的蔬菜批发市场——山东寿光蔬菜批发市场，全国20多个省市区的蔬菜在这里中转和集散，是中国蔬菜供应的晴雨表。2003年10月27日，在山东寿光市蔬菜批发市场电子拍卖中心，拍卖师一锤定音，辽宁产的2 350公斤无公害圆椒以每公斤1.29元的价格被江苏淮安客户孟庆华买走。这个信号意味着：全国第一家蔬菜电子拍卖中心正式启动，改革开放以来农产品流通领域沿袭了20多年的对手交易模式即将遭遇一次全面变革。

“随着农业生产区域专业化及加入WTO后外向型农业的发展，我国农产品区际流通将呈一定加速度方式增长。借鉴发达国家经验，在蔬菜批发市场推行拍卖交易将是大势所趋。”寿光市蔬菜批发市场办公室主任刘宗玉告诉记者，寿光蔬菜批发市场从1984年开张以来，已由“产地市场”成功转型为年交易量15亿公斤、成交额28亿元的“集散型市场”，成为全国重要的蔬菜集散中心、价格形成中心和信息交流中心。①

① 资料来源：中农网 www.ap88.com。

思考与讨论：

1. 分析电子拍卖销售策略的选择理由和实际价值；
2. 这种策略是否代表农产品未来的营销方向；
3. 如果你是农产品的生产者，你是否接受这种方式。

拓展阅读

微信营销——一种新型的互联网营销方式

2011 年 1 月 21 日，腾讯推出即时通讯应用微信，支持发送语音短信、视频、图片和文字，可以群聊。2012 年 3 月 29 日，时隔一年，马化腾通过腾讯微博宣布微信用户突破 1 亿大关，也就是新浪微博注册用户的三分之一。到 2015 年 6 月底，微信覆盖 90% 以上的智能手机，成为人们生活中不可或缺的日常使用工具。微信每月活跃用户达 5.49 亿，用户覆盖 200 多个国家，超过 20 种语言，各品牌的微信公众账号总数已经超过 800 万个，移动应用对接数量超过 85 000 个，微信支付用户则达到了 4 亿左右。

随着智能手机越来越普及，微信已经慢慢地从高收入人群走向大众化。信息交流的互动性更加突出，虽然前些年火热的博客营销也有和粉丝互动，但是并不及时，除非你能天天守在电脑面前，而微信就不一样了，微信具有很强的互动及时性，无论你在哪里，只要你带着手机，就能够很轻松地同你的未来顾客进行很好地互动。

微信的特点：

(1) 点对点精准营销：微信拥有庞大的用户群，借助移动终端、天然的社交和位置定位等优势，每个信息都是可以推送的，能够让每个个体都有机会接收到这个信息，继而帮助商家实现点对点精准化营销。

(2) 形式灵活多样。

①漂流瓶：用户可以发布语音或者文字然后投入“大海”中，如果有其他用户“捞”到则可以展开对话，如：招商银行的“爱心漂流瓶”用户互动活动就是个典型案例。

②位置签名：商家可以利用“用户签名档”这个免费的广告位为自己宣传，附近的微信用户就能看到商家的信息，如：饿的神、K5 便利店等就采用了微信签名档的营销方式。

③二维码：用户可以通过扫描识别二维码身份来添加朋友、关注企业账号；企业则可以设定自己品牌的二维码，用折扣和优惠来吸引用户关注，开拓 O2O 的营销模式。

④开放平台：通过微信开放平台，应用开发者可以接入第三方应用，还可以将应用的 LOGO 放入微信附件栏，使用户可以方便地在会

话中调用第三方应用进行内容选择与分享。例如，美丽说的用户可以将自己在美丽说中的内容分享到微信中，可以使一件美丽说的商品得到不断的传播，进而实现口碑营销。

⑤公众平台：在微信公众平台上，每个人都可以用一个 QQ 号码，打造自己的微信公众账号，并在微信平台上实现和特定群体的文字、图片、语言的全方位沟通和互动。

(3) 强关系的机遇：微信的点对点产品形态注定了其能够通过互动的形式将普通关系发展成强关系，从而产生更大的价值。通过互动的形式与用户建立联系，互动就是聊天，可以解答疑惑，可以讲故事，甚至可以“卖萌”，用一切形式让企业与消费者形成朋友的关系，你不会相信陌生人，但是会信任你的“朋友”。

企业应该将微信作为品牌的根据地，要吸引更多人成为关注你的普通粉丝，再通过内容和沟通将普通粉丝转化为忠实粉丝。当粉丝认可品牌，建立了信任，他自然会成为你的顾客。①

课外实践

思考题

1. 如何针对性地设计创业营销方案？
2. 创业型定价有哪些特征？
3. 创业者面临的营销挑战有何独特性？
4. 谈谈成熟企业的营销活动与创业企业有何不同？

实践活动一：细分市场

1. 创建一个细分市场。回答以下四个问题：

(1) 客户的痛点是什么？问你自己，“他们为什么会有这个问题？”从而深入下去。

(2) 解决问题会对客户产生什么影响？如果影响很小，说明你没有市场；你必须找到一个更大的痛点。你的产品如何改变客户生活。

(3) 客户在哪里逗留？在网上，从哪里找到他们？在线下，又从哪里找到他们。

(4) 谁影响他们？

2. 为理想客户创造一个人物角色。请提供尽可能多的细节描述。

3. 创建一个反细分——乍一看是理想客户，却从来不买这个产品的人。他们为什么不买。

实践活动二：客户访谈

根据给出的表单做客户访谈练习（注：访谈内容和问题可自主

① 选自360百科，https：//baike. so. com/doc/7627268 – 7901363. html。

确定)

问题访谈

日期:

练习方式:

姓名:

电子邮箱:

人口统计信息:

孩子数量: 年龄:

在线分享照片数量: 在线分享视频数量:

是否经常分享? 和谁分享?

问题1:分享大量照片和视频很费时

重要程度 痛苦程度

现在是怎样解决这个问题的?

问题2:有很多人想看这些照片和视频

重要程度 痛苦程度

现在是怎样解决这个问题的?

问题3:我没有时间来分享这些照片和视频

重要程度 痛苦程度

现在是怎样解决这个问题的?

其他信息:

推荐他人:

第七章

商业模式与创业计划

学习目标

1. 掌握商业模式分析
2. 掌握创业计划书编写的原则和技巧
3. 了解创业项目路演的常见问题和技巧

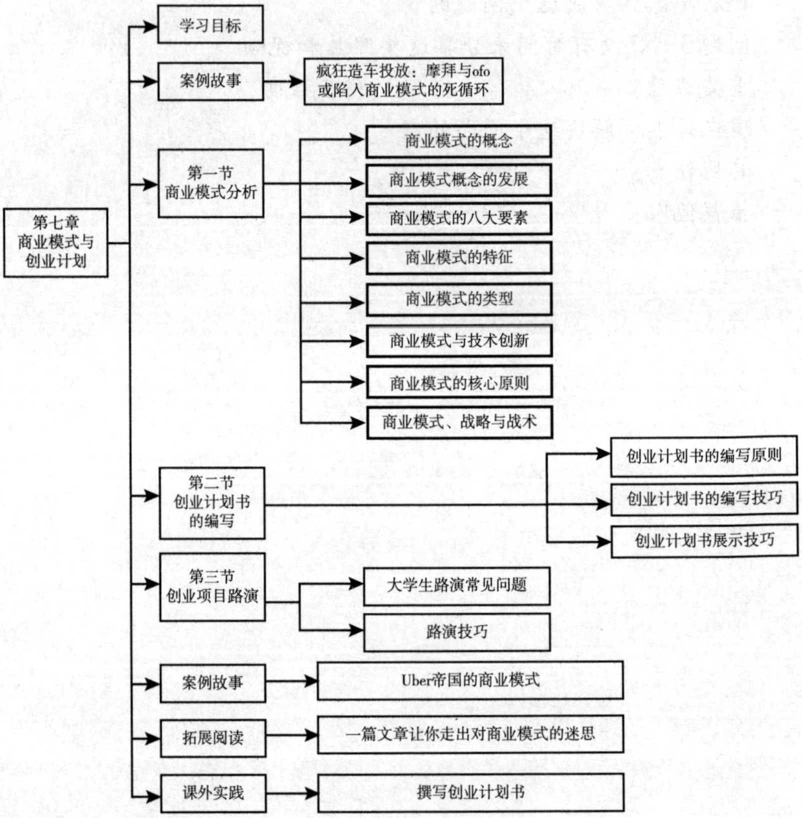

案例故事

疯狂造车投放：摩拜与 ofo 或陷入商业模式的死循环

摩拜与 ofo 的竞争越来越激烈了，数据显示，共享单车领域已经有 30 多家投资机构的数十亿元资金涌入，融资额不断创出新高。

在疯狂融资之后，两家又开启了疯狂造车之战，数据显示摩拜和 ofo 每一家拥有单车辆数均已经突破 100 万辆。

富士康、摩拜、ofo 订单一个比一个下的疯狂，每月订单均在几十万上下，以期用最快速度覆盖更多城市市场，抢占更多的市场份额。

眼看着共享单车的厂商的江山越来越稳固，但其中的风险可能就越来越逼近，它的风险可能就在于它们本身的商业模式。

不是共享经济的重资产模式

众所周知，摩拜与 ofo 不是共享经济。共享经济的本质是通过平台方整合线下的闲散资源，让人们公平享有社会资源，各自以不同的方式付出和受益，共同获得经济红利。

它的核心是对闲置过剩资源、过剩产能、时间等方面的共享。共享经济连接供需两端，本身是轻资产的模式，但当前，摩拜 ofo 都是自有单车租赁的重资产模式。

当然，最初摩拜并没有打算自己生产制造自行车，而是希望像滴滴、Uber 一样做一个自行车行业的出行平台。

摩拜单车创始合伙人王晓峰曾经表示，“没有人喜欢做重资产的模式。”但很快，在资本的推动与竞争压力下，摩拜单车 ofo 都不得不走向了依靠自己生产、投放的 B2C 单车租赁模式之中。而这种模式，对应的是统一标准的做法。

回到之前疯狂造车的话题，在融资之后，当前两家的造车越来越疯狂。之所以陷入这种疯狂正是源于当前的共享单车不是共享经济，它必须依然不断投放来占领市场，然后从资本市场获取更多的融资来讲故事。

共享经济本质是把自身变成一个连接供需两端的平台，但当前摩拜与ofo无疑是把自己的模式变得越来越重，重模式的隐患在于，随着投入的越多，成本越来越不可控，而且投放本身是没有终点的。

在早期用户群扩展阶段，不断投放车辆是有效的，它可以依靠速度迅速在线下形成先发优势与品牌效应，而且依赖不断的融资，烧钱还烧得起，毕竟一辆车对应着多个用户的押金，成本利润是可控的。

此前摩拜曾披露，摩拜每投放一辆自行车，可以获取8个缴纳押金的用户，按照每个用户缴纳299元的押金，摩拜每辆车的成本是2 000～3 000元来计算，正好覆盖成本，而且押金随着用户的不断累积，这笔钱用来理财的利息也非常可观。

但问题会出现在后期，按照当前摩拜与ofo的市场竞争火热程度来看，不亚于当年滴滴与快的的竞争，双方都在说自己是市场老大。

早前第三方数据研究机构比达咨询发布的《2016中国共享单车市场研究报告》显示，2016年ofo以51.2%的市场占有率位居行业第一。而后另一份第三方报告Trustdata的数据显示，2016年年末，摩拜单车月活跃用户量已占有逾70%市场份额，是行业第二名的3倍以上。

为什么要争第一？

当然，真实情况由于统计口径与维度以及统计机构等相关因素，谁是第一很难说。为什么要争第一？因为从滴滴与快的、Uber之间的竞争来看，第一意味着整个市场的尘埃落定。资本会全力押注第一，第二就会被合并或者被边缘化。

而与专车竞争拼补贴、拼用户体验与性价比不一样的是，共享单车在用户体验、补贴上几乎是很难谁比谁更胜一筹，并且很难依赖补贴就能够拿下绝对优势让用户一边倒。

在用户体验与差异化接近的情况下，用户是不会对哪一家产生绝对的用户忠诚度。有调研数据显示，共享单车用户目前的最大痛点是想骑车的时候周围没有，占55.2%。

因此用户最核心的刚需是，在自身需要用车的时候，是否可以随时随地找到车用，如果你投入的车辆规模覆盖的区域、热门网点与城市太少，用户找不到车，用户就会逐渐转移到另一家规模更大的单车公司。

谁的车多，谁能够覆盖到更多的网点，谁能让用户随时随地在出勤高峰期更快地用到车，谁就能更快形成自己的用户优势以及网络入口优势。

那么这样一来，共享单车的竞争最终就回归到一个点上：疯狂造车，继而疯狂在各城市各区域投放车辆。最终谁在各城市投入的车辆能在市场上遥遥领先，谁就会是老大。

共享单车必然会陷入疯狂造车的死循环

因此，所谓的共享单车被资本逼迫着走向了一个无聊的场景：疯狂融资—造车—投放—再融资—再造车—再投放的死循环的竞争模式之中。

到最后，我们发现，它们本身变成了一家规模越来越大的自行车租赁公司，成了自行车租赁市场的老大，与传统的自行车租赁厂商相比，它们的优势在于多了一个APP。它们不是激活闲置资源而是人为制造大量闲置资源。

而不断造车不断投放的竞争模式是没有终点的，你永远只可能领先一点点，只要你的造车投放之旅暂时停止，后来者只要有足够的资金就能通过不断造车对领先者构成赶超优势，因此第一或者第二可能永远没有最终落定的一天。

在这样的趋势下，或许并没有单车公司愿意在争得第一之后愿意先控制自己的投放量。因此，我们看到，在上海，四千辆共享单车"被扣"，据黄浦区政府相关工作人员表示，共享单车的数量已远远超过黄浦区的负荷量。

尽管早前就已经召集各大共享单车公司协商过管理问题，同时提出过一系列规则，但是效果却并不明显。因为，第一在当前来看，实在是太重要了。

但疯狂造车疯狂投入之后，其负效应会最终呈现出来，因为其投入产出的边际效应是递减的，比如前面说到，摩拜每投放一辆自行车，可以获取8个缴纳押金的用户，但这是在前期单车投放量足够小的时候。

问题是共享单车用户的盘子并不是呈现持续增长的趋势，它有人口红利消失的一天。但我们假设共享单车的用户规模盘子是4 000万用户，当市场最大两家投放的车辆总计在200万辆的时候，每辆单车能覆盖20个押金用户，市场最大两家每家每辆单车能均分8~9个押金用户，剩下的1~2个用户被别家瓜分。

这个时候单车成本能被押金覆盖，但当整体市场投放的单车达到1 000万辆的时候，整体市场每辆单车只能覆盖4个押金用户。市场最大两家每家每辆单车只能对应1~2个押金用户。

当然这里我们并没有计算到用户规模也在不断增长。此前第三方数据研究机构比达咨询日前发布的《2016中国共享单车市场研究报告》指出，预计2017年共享单车市场用户规模将继续保持大幅增长，年底将达5 000万用户规模。

但很显然，共享单车的用户盘子规模也是可以计算的，根据最新的人口普查数据，目前中国城镇人口共计2.2亿户。城镇人口中每百户居民拥有65辆自行车，渗透率为65%。假设无自行车居民中，其中一半有使用共享单车出行的需求，大概用户规模总量在7 000万左右。

而单车的投放规模未来走向却在持续滚雪球越滚越大，有数据显示，2016年的自行车的产能是6 000万辆，共享单车却带来了200万辆/月的需求，也就是说每年产出2 400万辆共享单车，如果2017年年底将达5 000万用户规模（2016年共享单车用户数是接近2 000万），疯狂增长3 000万用户，但对应到单车增长速度（2 400万辆）并考虑到未来用户增长规模趋缓下滑，以及单车投入还在持续跟进，显然每辆单车覆盖的押金用户在不断减少。

危机来自哪里？

当有业内人士谈到押金是当下共享单车最佳盈利模式时，显然并没有考虑到当单车投放的数量规模不断扩大时，意味着每辆单车对应的押金用户数在持续降低，在边际效益递减的效应下，单车租赁公司的成本压力会越来越大。

这意味着在没有更好的商业模式的前提下，未来的共享单车随着整个市场的单车投放量规模不断扩张将产生真正的危机。因此，即便从成本和收益的角度而言，如果是依赖不断投放单车来胜出，押金的模式可能很难维持其未来不断扩张投放车辆之后的生存模式。

而在成本危机之外，疯狂造车，投放规模越来越大带来的折损率也越来越高。数据显示ofo单车的损耗率是5%左右，而据互联网分析师唐欣的调研，ofo共享单车的损耗率大概是20%，而摩拜单车的损耗率大概在10%。

但当单车规模不断扩大，损耗率将会是一个很大的数据，这意味着更大的不可控的成本损耗与支出，而损耗后又要持续补充新车投入。而摩拜与ofo由于是自营单车，而不是类似滴滴连接私家车与出租车及用户供需两端的轻型共享模式，而这里面隐患的风险会全部转移到自身平台，比如说车辆损毁，维护回收、安全事故等。

而当两家单车租赁公司为争夺市场老大，无限度的造单车投放到市场之中，也会导致单车不断侵犯公共资源领地，市容市貌混乱的程度会日益加剧。

另外，不断增多的自行车增量给单车租赁公司造成更大的存量库存，使得去库存更加艰难，将给后续的资源优化与维护成本带来巨大负担与风险。这也可以对应到此前有人提到的公地悲剧理论，一片广袤的草原，但草和水是有限的，当放过来的羊和牛越来越多的时候，直到超过草原的承载能力，草原开始退化，最终变为沙漠。

因此，投放的规模越大，维护成本、折旧、损耗成本就越大，生命周期会缩短，单辆车覆盖押金用户减少，如果单车的生产和折旧成本在存活周期内没有找到一个合理的商业模式的话，可能会导致亏损加剧。

前面提到，共享单车的产权处于弱保护状态，被非法破坏的成本极低，随着单车的折旧损坏，必然需要再继续投放新车进入市场补充，而不断补充新车的成本将会是一个年复一年的持续性的投入，每辆单车的日均订单量和新用户的增加速度赶不上成本投入，输血太猛而造血能力不足，就会陷入一个成本不可控的恶性循环。

而补救的办法当然是提升骑车的费率，从1块提到2块，从2块提到3块。但当市场还没有决出绝对老大的时候，提升收费也是兵行险着，它会遭遇到竞争对手的价格战狙击。

而随着最初刚需的用户被吸引沉淀、尝鲜期过去之后，用户增长率未来可能会下滑，而单车租赁这种重资产模式导致成本投入却在不断累积，可以想象到，在资本的推动下，共享单车可能忘了其商业模式给未来带来的隐患。

而且这里面还没有计算更为严格的政策监管出炉对市场的影响，一旦监管方对城市共享单车的投放车辆数进行极为严格限制来避免单车不断侵占城市公共资源会导致共享单车的规模效应消失，共享单车的资本想象空间就会大打折扣。

资本市场都在计算着投出下一个滴滴。但其实，资本市场的乐观在于对这种重资产商业模式后续的危机并没有足够的重视。

由于当前摩拜和ofo的商业模式并非共享经济，因此其商业模式可能会陷入了投入越多，后续问题与隐含风险越多（包括不可控的现金流危机），但又不得不持续投入的恶性循环。

两强相争都希望可以最快到达山顶，但最终可能是陷入到西西弗斯不断推着石头上山的困境之中。当然，要终结这场推石之旅，最好的方式就是合并。①

① 案例选自经理人分享，http：//www.managershare.com/post/324454。

第一节　商业模式分析

一、商业模式的概念

商业模式的定义：为实现客户价值最大化，把能使企业运行的内外各要素整合起来，形成一个完整的高效率的具有独特核心竞争力的运行系统，并通过最优实现形式满足客户需求、实现客户价值，同时使系统达成持续赢利目标的整体解决方案。

人们在文献中使用商业模式这一名词的时候，往往模糊了两种不同的含义：一类作者简单地用它来指公司如何从事商业的具体方法和途径，另一类作者则更强调模型方面的意义。这两者实质上是有所不同的：前者泛指一个公司从事商业的方式，而后者指的是这种方式的概念化。后一观点的支持者们提出了一些由要素及其之间关系构成的参考模型（reference model），用以描述公司的商业模式。

商业模式是一个非常宽泛的概念，通常所说的跟商业模式有关的说法很多，包括运营模式、盈利模式、B2B 模式、B2C 模式、“鼠标加水泥”模式、广告收益模式等等，不一而足。商业模式是一种简化的商业逻辑，依然需要用一些元素来描述这种逻辑。

（1）价值主张（value proposition），即公司通过其产品和服务所能向消费者提供的价值。价值主张确认公司产品和服务对消费者的实用意义。

（2）消费者目标群体（target customer segments），即公司所瞄准的消费者群体。这些群体具有某些共性，从而使公司能够（针对这些共性）创造价值。定义消费者群体的过程也被称为市场划分（market segmentation）。

（3）分销渠道（distribution channels），即公司用来接触消费者的各种途径。这里阐述了公司如何开拓市场。它涉及公司的市场和分销策略。

（4）客户关系（customer relationships），即公司同其消费者群体之间所建立的联系。通常所说的客户关系管理（customer relationship management）即与此相关。

（5）价值配置（value configurations），即资源和活动的配置。

（6）核心能力（core capabilities），即公司执行其商业模式所需的能力和资格。

（7）合作伙伴网络（partner network），即公司同其他公司之间为有效地提供价值并实现其商业化而形成的合作关系网络。它也描述了公司的商业联盟（business alliances）范围。

（8）成本结构（cost structure），即所使用的工具和方法的货币描述。

（9）收入模型（revenue model），即公司通过各种收入流（revenue flow）来创造财富的途径。

泰莫斯定义商业模式是指一个完整的产品、服务和信息流体系，包括每一个参与者和其在其中起到的作用，以及每一个参与者的潜在利益和相应的收益来源和方式。在分析商业模式过程中，主要关注一类企业在市场中与用户、供应商、其他合作方的关系，尤其是彼此间的物流、信息流和资金流。

商业模式的设计是商业策略（business strategy）的一个组成部分。而将商业模式实施到公司的组织结构（包括机构设置、工作流和人力资源等）及系统（包括 IT 架构和生产线等）中去则是商业运作（business operations）的一部分。这里必须要清楚区分两个容易混淆的名词：业务建模（business modeling）通常指的是在操作层面上的业务流程设计（business process design）；而商业模式和商业模式设计指的则是在公司战略层面上对商业逻辑（business logic）的定义。

二、商业模式概念的发展

商业模式的概念是 20 世纪 90 年代后期才开始流行起来的，这是与 IT 和通信行业的服务价格迅速降低相联系的。这个假设建立在交易成本学说上。因为在战略单元中加工、储存和共享信息变得越来越便宜了，使得公司在经营方式上有了更多的选择：价值链被分拆并重组；众多新型的产品和服务出现；新的分销渠道的出现；更广泛的客户群体。最终导致了全球化的出现并且带来了更加激烈的竞争，同时也带来了许多新的经营方式。换言之，今天的公司在面对做什么、怎么做、为谁做这些问题的时候有了更多的选择。

这意味着对于经理人来说，他们拥有了一系列全新的方式来规划自己的企业，在每个行业都产生了许多新型的商业模式。以前，因为所有公司的商业模式都大同小异，只要确定一个行业就知道自己该干什么了。但是今天，仅仅选择一个有利可图的行业是不够的，你需要设计一个具有竞争力的商业模式。此外，日益激烈的竞争和成功商业模式的快速复制迫使所有公司必须不断地进行商业模式创新以获得持续的竞争优势。作为一个公司，必须深入了解公司的商业模式和组成商业元素的不同元素之间的关系，才能在自己的商业模式被复制前重新审视并再次创新。

三、商业模式的八大要素

“客户价值最大化”、“整合”、“高效率”、“系统”、“赢利”、“实现形式”、“核心竞争力”、“整体解决”这八个关键词也就构成了成功商业模式的八个要素，缺一不可。其中：“整合”、“高效率”、“系统”是基础或先决条件，“核心竞争力”是手段，“客户价值最大化”是主观追求目标，“持续赢利”是客观结果（如图7－1所示）。

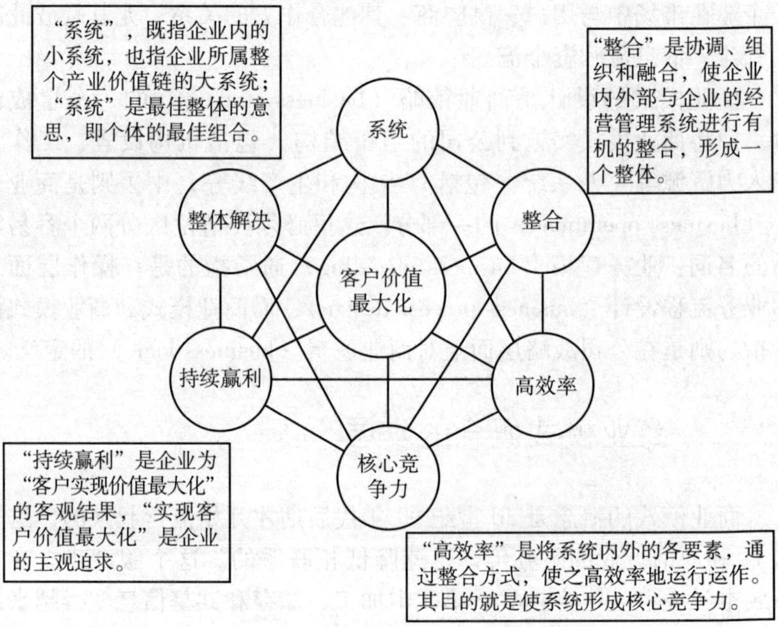

图7－1　商业模式的八个要素

中国企业在经历了要素驱动与投资驱动两个阶段后，开始向更高境界迈进，现在已经不是企业靠单一产品或者技术就能打天下的时代，也不是靠一两个小点子或者一次投机就能决出胜负的时代了。要想使企业有生存空间并能持续地赢利，必须依靠系统的安排、整体的力量，即商业模式的设计。未来企业的竞争，将是商业模式的竞争。商业模式的竞争将是企业最高形态的竞争（如图7－2所示）。

企业经营也有“道、法、术、器”四个层面，商业模式就是“道”，是商道的最高境界。如果企业总是沉湎在“法、术、器”里找出路的话，就会像爬山一样，总在山脚、山腰打转转，很难直达山巅；而企业只有以商业模式——“商道”的高度，从上往下看时，就会豁然发现，通往山巅的捷径随处可见。企业的出路在于认知的高度，高度决定思路，思路决定出路。

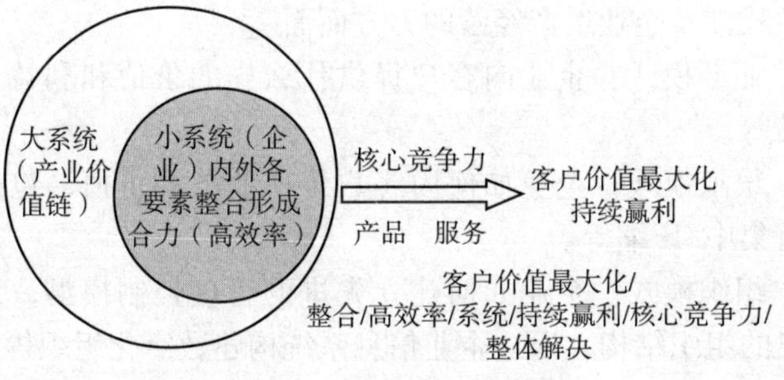

图 7－2　商业模式的特征

资料来源：智库百科，http：//wiki. mbalib. com/wiki。

四、商业模式的特征

商业模式必须具有以下两个特征：

（1）商业模式是一个整体的、系统的概念，而不仅仅是一个单一的因素。如收入模式（广告收入、注册费、服务费），向客户提供的价值（在价格上竞争、在质量上竞争），组织架构（自成体系的业务单元、整合的网络能力）等，这些都是商业模式的重要组成部分，但并非全部。

（2）商业模式的组成部分之间必须有内在联系，这个内在联系把各组成部分有机地关联起来，使它们互相支持，共同作用，形成一个良性的循环。

五、商业模式的类型

根据上述理解，可以把商业模式分为两大类。

1. 运营性商业模式

重点解决企业与环境的互动关系，包括与产业价值链环节的互动关系。运营性商业模式创造企业的核心优势、能力、关系和知识，主要包含以下几个方面的主要内容。

（1）产业价值链定位：企业处于什么样的产业链条中，在这个链条中处于何种地位，企业结合自身的资源条件和发展战略应如何定位。

（2）赢利模式设计（收入来源、收入分配）：企业从哪里获得收入，获得收入的形式有哪几种，这些收入以何种形式和比例在产业链中分配，企业是否对这种分配有话语权。

2. 策略性商业模式

策略性商业模式对运营性商业模式加以扩展和利用。应该说策略性商业模式涉及企业生产经营的方方面面。

（1）业务模式：企业向客户提供什么样的价值和利益，包括品牌、产品等。

（2）渠道模式：企业如何向客户传递业务和价值，包括渠道倍增、渠道集中/压缩等。

（3）组织模式：企业如何建立先进的管理控制模型，比如建立面向客户的组织结构，通过企业信息系统构建数字化组织等。

每一种新的商业模式的出现，都意味着一种创新、一个新的商业机会的出现，谁能率先把握住这种商业机遇，谁就能在商业竞争中先拔头筹。

商业模式具有生命性，一个世纪前，金·吉利通过赠送产品来赢得财富，创造了一种新的商业模式，而今天当各商家都用打折或买一送一的方式来促销时，这就不再是一种商业模式；商业模式具有可移植性，如果今天我们生产剃须刀片的企业仍然通过免费赠送剃须刀来卖刀片，它就不能称为商业模式，而当新型的网络企业通过各种免费方式赢得眼球时，我们就能称这种免费形式为网络企业的新商业模式。在企业的创办过程中，每一个环节上有多种创新形式，偶尔的一个创新也许就能改变企业的整个经营模式，也就是说企业的商业模式具有偶然性和广阔的衍生性。

所谓的商业模式是指企业根据自己的战略性资源，结合市场状况与合作伙伴的利益要求，而设计的一种商业运行组织，这种商业运行组织一般会涉及供应商、制造商、经销商、终端商以及消费者等综合性利益，因此，商业模式是一种多赢价值体系下主导企业的一种战略性构思。商业模式不同于单一的渠道策略，商业模式更多的是一种基于利润结构为导向的组织结构性设计，而不是简单的一种渠道铺货策略。

制造商、品牌商、经销商、终端商都有自己比较独特的商业模式。这里主要针对快速消费品与耐用消费品制造企业，因此，所说的商业模式主要是制造商（含品牌商）商业模式。目前，制造商商业模式主要有如下六种形式。

第一，直供商业模式。主要应用在一些市场半径比较小，产品价格比较低或者是流程比较清晰，资本实力雄厚的国际性大公司。直供商业模式需要制造商具有强大的执行力，现金流状况良好，市场基础平台稳固，具备市场产品流动速度很快的特点。由于中国市场战略纵深很大，市场特点迥异，渠道系统复杂，市场规范化程度比较低，在全国市场范围内选择直供商业模式是难以想象的，因此，即使强大如可口可乐、康师傅等跨国企业也开始放弃直供这样商业模式。但是，利润比较丰厚的行业与产业还是会选择直供方式商业模式，如白酒行业，很多公司就选择了直供的商业模式。云峰酒业为了精耕市场，在全国各地成立了销售性公司，直接控制市场终端，广州云峰酒业、西安云峰酒业、合肥云峰酒业、湖北云峰酒业等公司在当地市场上均具备一定的实力与良好的基础；如很多 OTC 产品也会选择直供市场。

第二，总代理制商业模式。这种商业模式为中国广大的中小企业所广泛使用。由于中国广大的中小企业在发展过程中面临着两个最为核心的问题，其一是团队执行力比较差，他们很难在短时间内构建一个庞大的执行团队，而选择经销商做总代理可以省去很多当地市场执行面的困难；其二是资金实力不足，中国中小企业普遍资金实力比较薄弱，选择总代理制商业模式，他们可以在一定程度上占有总代理的一部分资金，更有甚者，他们可以通过这种方式完成最初的原始资金的积累，实现企业快速发展。

第三，联销体商业模式。随着大量中小企业选择采取总代理商业模式，市场上好的经销商成为一种稀缺的战略性资源，很多经销商对于鱼目混珠的招商产生了严重的戒备心理，在这样的市场状况下，很多比较有实力的经销商为了降低商业风险选择了与企业进行捆绑式合作，即制造商与经销商分别出资，成立联销体机构，这种联销体既可以控制经销商市场风险，也可以保证制造商始终有一个很好的销售平台。联销体这种方式受到了很多有理想、有长期发展意愿的制造商欢迎。如食品行业的龙头企业娃哈哈就采取了这种联销体的商业模式；空调行业巨头格力空调也选择了与区域性代理商合资成立公司共同运营市场，取得了不错的市场业绩。

第四，仓储式商业模式。仓储式商业模式也是很多消费品生产企业选择的商业模式。很多强势品牌基于渠道分级成本很好，但制造商竞争能力大幅度下降，选择了仓储式商业模式，通过价格策略打造企业核心竞争力。比如 20 世纪 90 年代，四川长虹电视在中国大陆市场如日中天，为降低渠道系统成本，提高企业在市场上的价格竞争能力，长虹集团就选择了仓储式商业模式，企业直接将产品配送到消费者手里。

仓储式商业模式与直供最大的不同是，直供属于企业不拥有直接的店铺，通过第三方平台完成产品销售，企业将货源直接供应给第三方销售平台。而仓储式商业模式是企业拥有自己的销售平台，通过自己的销售平台完成市场配货功能。

第五，专卖式商业模式。随着中国市场渠道终端资源越来越稀缺，越来越多的中国消费品生产企业选择专卖形式的商业模式。如

TCL幸福村专卖系统，五粮液提出的全国两千家专卖店计划，蒙牛乳业提出的蒙牛专卖店加盟计划，云南乳业推出的牛奶专卖店与牛奶总汇等。选择专卖店商业模式需要具备三种资源中的任何一种模式或者三种特征均具备。其一是品牌。选择专卖商业模式的企业基本上属于具备很好的品牌基础，消费者自愿消费比较多，而且市场认知也比较成熟；其二是产品线比较全。要维系一个专卖店具有稳定的利润，专卖店产品结构就应该比较合理，因此，选择专卖渠道的企业必须具备比较丰富的产品线；其三是消费者行为习惯。必须看到，在广大的农村市场，可能我们这种专卖模式就很难起到推动市场销售的功能，因此，专卖商业模式需要成熟的市场环境。

专卖式商业模式与仓储式商业模式完全不同，仓储式商业模式是以价格策略为商业模式核心，而专卖式商业模式则是以形象与高端为核心。

第六，复合式商业模式。由于中国市场环境异常复杂，中国很多快速消费品生产企业在营销策略上也选择了多重形式。复合式商业模式是基于企业发展阶段而作出的策略性选择。但是，要特别注意的是，一般情况下，无论多么复杂的企业与多么复杂的市场，都应该有主流的商业模式，而不能将商业模式复杂化作为朝令夕改的借口，使得营销系统在商业模式上出现重大的摇摆。而且，我们应该知道一旦我们选择了一种商业模式，往往需要在组织建构、人力资源配备、物流系统，营销策略方面做出相应的调整，否则，就不能认为这个企业已经建立了成熟的商业模式。

六、商业模式与技术创新

商业模式比技术创新更重要。

日益稀薄的利润，已经使众多企业纷纷开始寻找新的出路，而到底技术创新还是商业模式创新更好，在实际范围内都存在很大争议。

而在中国，商业模式的创新，显然比技术创新更为重要。

其根本原因，在于中国存在一个庞大而低端的消费市场，而且这个市场在绝对意义上说，远远没有饱和，无数商品还没有被寻常消费者享受到，商业并没有得到更广泛普及。而在短期内，国民的收入不会发生大的变化，这也导致中国对高端消费的抑制，这个时候，发现新的需求，并且创造出新的需求模式，显得尤其重要。

成功者总是令人羡慕。但是，成功不能复制，成功者往往是最不可学的。

当年大家都搞互联网的时候，只有搜狐、新浪等门户网站赚了大钱；等到大家都去搞门户的时候，互联网却遭遇寒冬，反而是做B2B的阿里巴巴赚钱了；等大家都去做电子商务的时候，没有想到出来个陈天桥，人家搞游戏就发财了，那些发财的人，都是走的与别人不一样的道路。

新的商业模式不仅仅表现在IT行业，在其他的各个领域，也出现了新的商业模式。如家改变传统酒店模式，以连锁和简化酒店功能的新型商业模式，获得了商务人士的广泛推崇。分众传媒，“发现”了楼宇广告，并且开创了户外媒介传播的新方式。

发现新的需求，并且对各种商业元素进行融合，将推动商业模式的改变。同时，新的商业模式的出现，很大程度上在于未来的不可预知。那些具有异常商业嗅觉的人，才能够把握商机，迅速崛起，这就是为什么新的商业模式往往由新势力创造，而非相近领域的传统强大势力所创造的原因。

在日益激烈的竞争中，新的商业模式也会层出不穷，而这也正是商业社会的魅力之所在。

七、商业模式的核心原则

商业模式的核心原则是指商业模式的内涵、特性，是对商业模式定义的延展和丰富，是成功商业模式必须具备的属性。企业能否持续赢利是我们判断其商业模式是否成功的唯一的外在标准。持续赢利是对一个企业是否具有可持续发展能力的最有效的考量标准，赢利模式越隐蔽，越有出人意料的好效果。

一个成功的商业模式不一定是在技术上的突破，而是对某一个环节的改造，或是对原有模式的重组创新，甚至是对整个游戏规则的颠覆。商业模式的核心原则包括客户价值最大化原则、持续赢利原则、资源整合原则、融资有效性原则、组织管理高效率原则、创新原则、风险控制原则和合理避税原则八大原则。

1. 客户价值最大化原则

一个商业模式能否持续赢利，是与该模式能否使客户价值最大化有必然关系的。一个不能满足客户价值的商业模式，即使赢利也一定是暂时的、偶然的，是不具有持续性的。反之，一个能使客户价值最大化的商业模式，即使暂时不赢利，但终究也会走向赢利。所以我们把对客户价值的实现再实现、满足再满足当作企业应该始终追求的主观目标。

2. 持续赢利原则

企业能否持续赢利是我们判断其商业模式是否成功的唯一的外在标准。因此，在设计商业模式时，赢利和如何赢利也就自然成为重要的原则。当然，这里指的是在阳光下的持续赢利。持续赢利是指既要“赢利”，又要能有发展后劲，具有可持续性，而不是一时的偶然赢利。

3. 资源整合原则

整合就是要优化资源配置，就是要有进有退、有取有舍，就是要获得整体的最优。

在战略思维的层面上，资源整合是系统论的思维方式，是通过组织协调，把企业内部彼此相关但却彼此分离的职能，把企业外部既参与共同的使命又拥有独立经济利益的合作伙伴整合成一个为客户服务的统一，取得 1 +1 >2 的效果。

在战术选择的层面上，资源整合是优化配置的决策，是根据企业的发展战略和市场需求对有关的资产进行重新配置，以凸显企业的核心竞争力，并寻求资源配置与客户需求的最佳结合点，目的是要通过组织制度安排和管理运作协调来增强企业的竞争优势，提高客户服务水平。

4. 创新原则

时代华纳前首席执行官迈克尔·邓恩说：“在经营企业的过程中，商业模式比高技术更重要，因为前者是企业能够立足的先决条件。”成功的商业模式不一定是在技术上的突破，而是对某一个环节的改造，或是对原有模式的重组、创新，甚至是对整个游戏规则的颠覆。商业模式的创新形式贯穿于企业经营的整个过程之中，贯穿于企业资源开发研发模式、制造方式、营销体系、市场流通等各个环节，也就是说，在企业经营的每一个环节上的创新都可能演变成一种成功的商业模式。

5. 融资有效性原则

融资模式的打造对企业有着特殊的意义，尤其是对中国广大的中小企业来说更是如此。我们知道，企业生存需要资金，企业发展需要资金，企业快速成长更是需要资金。资金已经成为所有企业发展中绕不过去的障碍和很难突破的瓶颈。谁能解决资金问题，谁就赢得了企业发展的先机，也就掌握了市场的主动权。

从一些已成功的企业发展过程来看，无论其表面上对外阐述的成功理由是什么，但都不能回避和掩盖资金对其成功的重要作用，许多失败的企业就是没有建立有效的融资模式而失败了。如巨人集团，仅仅是由于近千万的资金缺口而轰然倒下；曾经与国美不相上下的国通电器，拥有过 30 多亿元的销售额，却也仅因为几百万元的资金缺口而销声匿迹。所以说，商业模式的设计很重要的一环就是要考虑融资模式。甚至可以说，能够融到资并能用对地方的商业模式就已经是成功一半的商业模式了。

6. 组织管理高效率原则

高效率，是每个企业管理者都梦寐以求的境界，也是企业管理模式追求的最高目标。用经济学的眼光衡量，决定一个国家富裕或贫穷的砝码是效率，决定企业是否有赢利能力的也是效率。

按现代管理学理论来看，一个企业要想高效率地运行，首先要解决的是企业的愿景、使命和核心价观，这是企业生存、成长的动力，也是员工干好的理由。其次是要有一套科学的、实用的运营和管理系统解决系统协同、计划、组织和约束问题。最后还要有科学的奖励激励方案，解决的是如何让员工分享企业的成长果实的问题，也就是向心力的问题。只有把这三个主要问题解决好了，企业的管理才能实现效率。现实生活中的万科、联想、华润、海尔等大公司，在管理模式的建立上都是可圈可点的，也是值我们学习的。

7. 风险控制原则

设计再好的商业模式，如果抵御风险的能力很差，就会像在沙丘上建立的大厦一样，经不起任何风浪。这个风险指的是系统外的风险，如政策、法律和行业风险，也指的是系统内的风险，如产品的变化、人员的变更、资金的不足等。

8. 合理避税原则

合理避税，而不是逃税。合理避税是在现行的制度、法律框架内，合理地利用有关政策，设计一套利于利用政策的体系。合理避税做得好也能大大增加企业的赢利能力，千万不可小觑。

八、商业模式、战略与战术

我们可以把商业模式想象为一辆汽车。不同的车辆会设计不同的功能——创痛引擎与混合动力引擎的运作方式就有很大不同，标准变速器和自动变速器的运作也有不同，这就为驾驶者创造了不同的价值。车辆的制造方式决定了驾驶者可以做什么，不可以做什么，也决定了他可以采用的战术。比如，要在巴塞罗那哥特区蜿蜒的小巷中自由穿梭，低能耗紧凑型轿车绝对比大型 SUV 越野车更能为驾驶者创造价值，因为大型越野车在这里几乎毫无用武之地。如果驾驶者对车子进行改装，包括外观、功率、油耗、座位等，那么这些改装都不是战术性的，而是构成了战略变化，因为这包含了对车辆（“商业模式”）本身的变更。简而言之，战略关乎设计和制造汽车，商业模式是汽车本身，而战术则是如何驾驶汽车。

案例故事

名创优品起源、商业模式与争议解析

作为全球时尚零售市场的最大“黑马”，快时尚设计师品牌名创优品自2013年正式诞生以来，积极开拓国际市场，不到两年时间在全球开店1 300家，并以每月80到100家开店的速度增长，2015年营收突破50亿元，2016年预计销售100亿元，成为继无印良品、优衣库和屈臣氏等之后最火爆的优质平价商店。提起名创优品让消费者将其与日本优质制造、快时尚、回归自然、还原产品本质、日本快时尚设计室等联系在了一起，分析其诞生的背景与商业模式，有利于进一步深刻理解互联网思维下实体店的转型方向（见图7－3）。

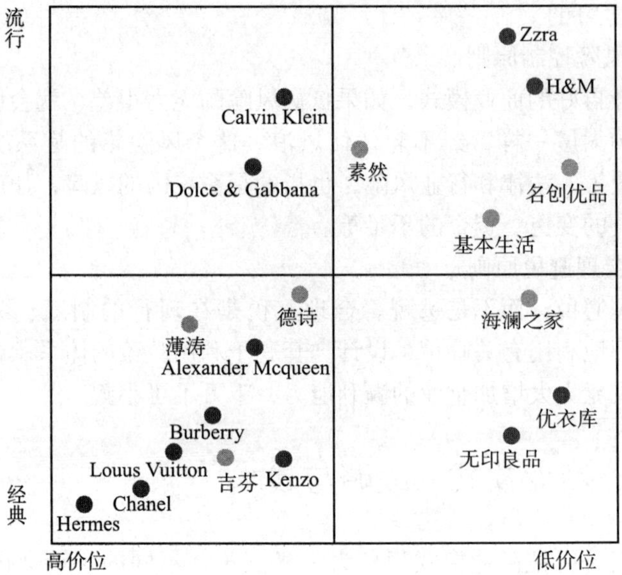

图7－3　优质平价竞争品牌

一、名创优品起源

1. 互联网，信息对称

自由市场理论以信息对称假设（经济主体对经济变量掌握相同信息）为基础，而顾客长期以来并不能真正掌握信息，顾客只能借助于商品表面进行判断。随着互联网的深入，网络解决了传统市场的信息不对称问题，顾客通过消费者评论、销售记录、信誉、口碑、比价网站和社交自媒体等参数分析并决定是否购买该品牌，产品参数比较非常容易，因此从某种意义上说，传统意义上的品牌的功能作用正在衰落，线上越来越多的原创设计师品牌就是通过口碑、信誉、社群、评论等保证了产品的品质，如阿卡、韩都衣舍、日着、裂帛等。

对于处在信息不对称时代的消费者，只能通过多付出品牌溢价来保证产品的品质，其实是为了不买错而多付的担保费。

2. 渠道层多，价格虚高

在传统销售渠道下，产品价格不透明，信息不对称，中间环节过多等因素造成最终成本价虚高。外加传统的销售渠道的层层加价，导致成本偏高，售价也因此不断高涨。消费者觉得物非所值，则会降低购买欲望。

3. 库存积压，转化率低

在现今的大多数企业当中，库存成为很大的一个问题，由于从生产厂商—批发商—二级批发商—代理商—经销商等层层递增，导致库存信息感知缓慢且滞后，无法将库存转化为利润的转化率最大化，因此使得各大品牌商相当苦恼。而将品牌商的库存转移至各个经销商中，实质是库存转移，并未消灭库存，也就造成了伪消费现象。与此同时，各个经销商库存信息不透明，导致库存的不合理分配，仍不能实现利润最大化。

4. 消费主权，体验服务

体验经济时代消费者除了注重产品的款式、品质、服务之外，顾客在店消费体验也逐渐得到重视，消费者的感知意愿和购买意愿也发生了翻天覆地的变化，更加注重消费主权，喜欢体验服务。而消费者再创造则是一种非常好的形式，消费者以某种形式参与设计环节，从根本上解决过季产品库存问题；这种形式的衍生结果是销售方式发生质的变化，订货会制度将不复存在；这种半定制的方式不仅能够满足消费者的体验需求，同时，也给消费者享受自主设计带来非常大的成就感，满足了消费者的心理需求，逐步提升了消费者兴趣和培养顾客忠诚度。

5. 优质平价，薄利多销

大部分购买大众品牌的消费者实际并不在意品位价值，只想为品质价值买单，他们之所以买品牌，是因为在信息不对称的时代，只有品牌才能确保可靠的品质。他们所付出的品牌溢价，其实是为了买到高品质商品、为了不买错而付出的担保费。“优质平价”的商业模式可以抓住这一部分消费者的需求，采取“薄利多销”的经营理念，同时也能让消费者真正感觉到物有所值。

二、名创优品商业模式创新

1. 产品系列品牌哲学

简约、自然、富质感的生活哲学，设计制造“货真价实”的商品，在商品开发的同时兼顾到有关地球资源、环境、回收等问题，真正做到回归自然，还原产品本质。MINISO 名创优品以时尚休闲生活百货为主，囊括生活百货、创意家居、健康美容、潮流饰品、文体礼品、季节性产品、精品包饰、数码配件等八大类，超过10 000种产品，涵盖生活所需的方方面面。

2. 生活理念品牌精神

尊重消费者；优质；创意；低价。产品价格大部分在10～100元间，深受18～35岁消费人群的喜爱。

3. 商业模式

(1) 独特的定位。凭借着独特的品牌定位以及品牌核心价值，以优质、创意、低价完美演绎了品牌定位的差异化优势，海量商品的吸引力、高性价比的消费黏性天生是Shopping Mall客流洼地。随信息的对称化，MINISO名创优品注重品质对品牌的真正价值，同时在生活和改善生活的物品间维持合理的平衡，成为全球生活优品消费市场的开创者。“简约、自然、富质感”的生活哲学和“自然、自在，回归本质”的品牌主张，以每七天上一批炫酷新款、走低价新锐路线的品牌核心优势赢得消费者们的青睐和热捧。

(2) 一流的店铺。店面已覆盖中国香港、澳门、北京、上海、广州等国内各大城市高端核心商圈，成为各大商场的主力商店以及重要商业符号，并以每月开店80到100家的速度“攻城略地”，截至目前名创优品签约的店铺数已高达1 000多家，扩张速度遥遥领先其他快时尚品牌。

(3) 高效的物流。在物流投入方面，名创优品在日本总部统一安排设计和研发产品，再经由各在售国管理部门向总部推荐经严格审核的OEM厂商，层层筛选后力争本地化生产，优化用工和运输成本。

(4) 完美的IT系统。名创公司店铺的集约化管理提供的强大的后台管理运作才是真正核心所在。网络化管理方式逐渐让连锁店实现了小前台大后台的运作框架，公司后台完成市场调研、产品设计开发、商品库存管控、店铺整体规划、销售数据分析、终端营销方案制定、全网品牌营销策略，以及完善的物流配送体系，这些模块的真正到位有效地支持了前台店铺的正常运转。

(5) 独特的商业合体模式。名创优品的成功，是它的新型生活方式集合店的商业模式创新。名创优品的本质是对“互联网”新兴先进零售商业模式的颠覆创新，是互联网思维在实体零售行业的践行应用，是“去中间环节”和“微利多销”等合力生成的真正优质低价。正是把握住潮流趋势与消费心理，名创优品通过商品价格、品类、款式的吸引力，促成顾客一次乃至重复消费，形成口碑及忠实顾客群，同时加快商品的周转次数，从而实现了良好的经营效益(如图7-4所示)。

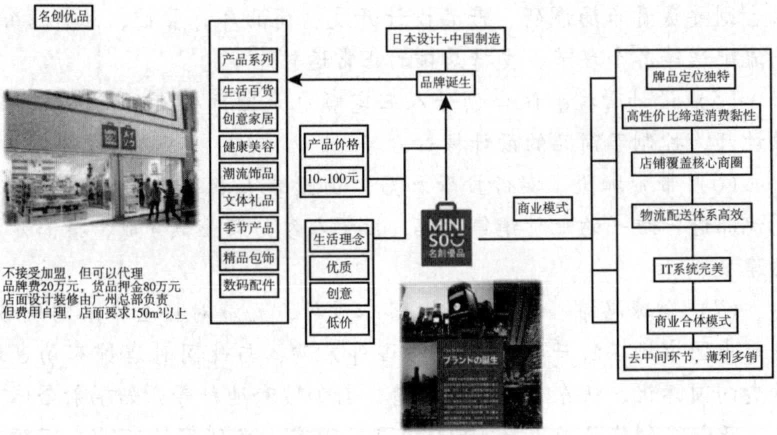

图7-4 名创优品商业模式

4. 运营七大特点

(1) 工厂（商品）直采（一间店约有3 000种商品，绝大部分从800多家中国工厂中直接订制采购，得以保证低价）打破了传统模式的运营模式，即不再通过第三方进货，而是直接找工厂代工直采，去除所有中间环节，节省了一大笔渠道费用，从而保证价格上的优势。此外，为了提升整个品牌的品位和档次，选择在国外采购部分商品。这样一来，一方面可提高商品的竞争力，另一方面自我宣传的“外国进口”也稍微站得住脚。某知名微百货创始人曾在接受采访时指出，其产品的毛利只有7%~8%，保证优质低价的秘密在于“三高三低”，即高品质、高效率、高科技，低成本、低毛利、低价格。

(2) 商品流转快（一般百货店的商品流转时间为3~4个月，叶国富投巨资开发了供应链管理体系，流转时间可以做到21天），像是百货界的“快时尚”，商品更新频率高，流转速度快。商品种类丰富但单款数量少，可以提高顾客的决策速度，进而保证商品的流转速度。你在微百货店选一双手套只要5分钟，但在超市由于款式太多，你可能要选15分钟。此外，商品更新频率高，可以有效带动消费者多次消费。

(3) 营造氛围调动消费，门店对空间利用率很高，过道狭窄，因而与很多传统零售铺面相比，名创优品店内相对热闹甚至可出现火爆的场面。在这样的场面之下，消费者很容易处于兴奋的状态，冲动消费。

(4) 网络化管理（粉丝运营，通过微信活动积累粉丝，名创优品目前微信订阅号的用户超过800万）。

尽管开的是实体门店，但名创优品非常善于进行网络化管理，让所有连锁店实现“小前台大后台”的运作模式。前台负责店铺经营，后台则要负责市场调研、产品设计开发、商品库存管控、品牌营销、物流配送等各个环节，支持店铺的正常运转。

(5) 设计管控。联合创始人三宅顺也是国际知名时尚品牌签约设计师，控制了商品的设计核心力。

(6) 带资加盟。实行投资加盟，由投资人租下并装修店铺，名创优品进行统一的配货销售管理，投资人参与营业额分成，提高开店的速度。

(7) 全球思维、全球输出、日本设计，无缝对接全球采购战略，目前中国市场在售产品中有20%国外采购，与此同时店铺布局也逐步走向国际化，从东京、中国香港、新加坡和迪拜等开始辐射全球。

正如名创优品亚太区CEO叶国富所言，名创优品在过去短短两年多的时间纵横驰骋，创造了中国实体零售商业的奇迹，追根究底就是其无敌商业模式的成功。自入华以来，名创优品始终以“一流的商业模式+一流的产品+一流的店铺=一流的业绩”开拓发展新局面，坚持进驻高端核心商圈，为消费者提供优质体验。名创优品通过商业模式的创新，顾客购物体验的提升，为消费者“逛街购物”打下了坚实的基础，以“消费者亲身体验”这个电商企业永远无法企及的优势，活得比以前更好。

三、名创优品争议的解析

名创优品自称日本著名品牌，日本设计师掌控，品牌本身也浓厚地带着优衣库、无印良品的痕迹，甚至LOGO都与优衣库非常相似。而路人皆知的是这家号称全球2 000多家店铺，产品100%来自日本，实际上90%以上货品Made in China，其实幕后的老板是哎呀呀的东家叶国富。本案例作者不对名创优品的日本元素进行道德审判，仅从理论上阐述为什么名创优品要自称日本品牌做一些分析。

品牌联想自身可与其他本身就带有某种联想的实体联系在一起，形成“次级”品牌联想（如图7-5所示）。换句话说，就是将品牌与那些本身已向消费者传达了种种含义的节点或是信息联系起来，从而产生一种品牌联想。例如，品牌可能与某些起源因素联系在一起，如国家或是其他的地理区域（通过标示产品起源）、分销渠道（通过渠道策略）。它也可能与其他品牌（通过混合与共享品牌）、代表物（通过许可使用权）、代言人（通过签订合同）、体育和文化要事（通过赞助）或其他第三方来源（通过颁奖或评论）联系起来。

很多国产品牌为了给消费者产生品牌的次级联想，愿意将中国品牌号称国外的品牌，如原先的中国商务休闲男装品牌卡尔丹顿在这个方面就翻了船，在公司寻求IPO的时候，被中央电视台在“3·15”前夕以假洋品牌作为典型案例曝光，卡尔丹顿是一个据称产自意大利的欧陆顶级男装品牌，设计主要以意大利风格为主，因此其是高端品牌，因此价格比一般品牌要高出不少，而事实上却是彻彻底底的中国品牌，在中国有不少男装品牌都是这类运营模式。卡尔丹顿因为假洋品牌的原因曝光，使其在寻求上市和销售上都产生了重大影响，最后中国第一个商务休闲男装上市品牌也变成了卡诺迪诺。这说明品牌在初创期可能没有更多考虑品牌起源的原罪，但是随着市场的发展和品牌的成长，原罪都成了永远挥之不去、洗脱不掉的阴影。

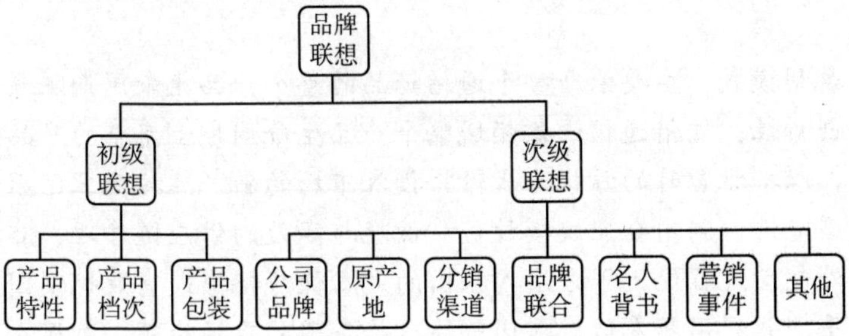

图7－5 品牌联想结构

在品牌发展初期，名创优品可能通过傍洋品牌号称自己是日本品牌（仿日本品牌元素）、日本设计师（原产地名人背书）、日本时尚品牌等等，通过在日本注册、日本设计生产（原产地）误导消费者产生联想而获得了销售额增长，但从长远而言，对于品牌不是一个好的选项。因此，笔者建议很多时尚品牌公司可以去强调国外的设计风格，如玛丝菲尔的法国时尚浪漫风格，但是在品牌经营过程中去傍洋品牌实为下策。①

案例分析

中国十大经典商业模式案例分析

一、联想

从产业价值链定位来看，联想依托强大的销售网络，以“贸工技”向“创新驱动”的路径，围绕国际计算机及信息服务产业价值链，从加工代销的低端环节向重研发、重服务的高端环节与高级业态攀升与演化。

盈利模式：在产业升级的过程中，逐步由以往的大规模低成本制造作为盈利源开始向以服务增值作为盈利增长点的方向转变。

创新性：在缺乏甚至一度弱化自主知识产权的“弯路”下，依托庞大的国内市场与政府支持，利用民族情结建立起庞大的营销体

① 案例选自朱伟明《名创优品起源、商业模式与争议模式》，新浪博客，http://blog.sina.com.cn/s/blog_9532485e0102w914.html。

系、服务网络与市场优势，逐步以产业后端（市场）的控制力提高对产业中端资本的控制力，进而以产业中端（资本）的控制力提升对产业前端（技术）的控制力。

二、华为

从产业价值链定位来看，以客户需求为驱动，定位为通信设备领域的系统集成服务商与量产型公司，为客户提供有竞争力的端到端通信解决方案，并围绕通讯设备领域的整个产品生命周期形成完整的产品线。

盈利模式：主要依靠整个通信产品的整个产品生命周期赚钱。

创新性：凭借通信设备领域整个产品生命周期上完整的产品线的营收，以牺牲暂时的亏损为代价将投入市场的新产品按两三年后量产的模型定价，利用企业规模效益、低耗与高效的供应链管理、非核心环节外包、流程优化等方法挖掘出的成本优势挤垮或有效扼制国内竞争对手，并利用研发低成本优势快速抢夺国际市场份额，打压在成本上处于劣势的西方竞争对手，形成著名的“华为优势”。

三、百度

从产业价值链定位来看，力求“让人们最便捷地获取信息，找到所求”，为网民提供基于搜索引擎的系列产品与服务，全面覆盖了中文网络世界所有的搜索需求。

盈利模式：采用以效果付费的网络推广方式实现营收。

创新性：借助超大流量的平台优势，联合所有优质的各类网站建立了世界上最大的网络联盟，使各类企业的搜索推广、品牌营销的价值、覆盖面均大面积提升，并从中扩大盈利来源。

四、阿里巴巴

从产业价值链定位来看，抓住互联网与企业营销相结合的机遇，将电子商务业务主要集中于B2B的信息流，为所有人创造便捷的网上交易渠道。

盈利模式：通过在自己的网站上向国内外供应商提供展示空间以换取固定报酬，将展示空间的信息流转变为强大的收入流并强调增值服务。

创新性：通过互联网向客户提供国内外分销渠道和市场机会，使中小企业降低对传统市场中主要客户的依赖及营销等费用并从互联网中获益。

五、腾讯

从产业价值链定位来看，抓住互联网对人们生活方式的改变形成新的业态的机遇，通过建立中国规模最大的网络社区“为用户提供一站式在线生活服务”，将提升人们的生活方式嵌入主营业务。

盈利模式：在一个巨大的便捷沟通平台上影响和改变数以亿计网

民的沟通方式和生活习惯，并借助这种影响嵌入各类增值服务。

创新性：借助互联网对人们生活方式改变之力切入市场，通过免费的方式提供基础服务而将增值服务作为价值输出和盈利来源的实现方式。

六、巨人

从产业价值链定位来看，集团紧紧抓住企业价值链上“营”与“销”的环节，通过颠覆式的“营”定义新的产品或服务，通过“地毯式”与“侧翼进攻”的“销”加强对市场后端的控制力。

盈利模式：尽管在表面上“脑白金”、“黄金搭档”、“黄金酒”用的是传统盈利模式，而“征途”游戏采用“基础服务免费+道具收费”的模式，但实质上巨人是通过营销创新形成的产品服务新概念实现营收。

创新性：紧紧围绕消费者的消费习惯、消费决策处境、消费心理、消费心态等实际需求，用全新的“营”与“销”的方式将实际品质不高的产品或服务赋予全新的概念，并以较短的销售渠道、较宽的销售网络从侧翼迅速介入市场。

七、携程

从产业价值链定位来看，抓住互联网与传统旅行业相结合的机遇，力求扮演航空公司和酒店的“渠道商”角色，以发放会员卡吸纳主要目标——商务客户、依赖庞大的电话呼叫中心做预订服务等方式将机票、酒店预订、度假预订、商旅管理、特约商户及旅游资讯在内的全方位旅行服务作为核心业务。

盈利模式：通过与全国各地众多酒店、各大航空公司合作以规模采购大量降低成本，同时通过消费者在网上订客房、机票积累客流，客流越多携程的议价能力越强其成本就越低，客流也会更多，最终形成良性增长的盈利模式。

创新性：立足于传统旅行服务公司的盈利模式，主要通过“互联网+呼叫中心”完成一个中介的任务，用IT和互联网技术将盈利水平无限放大，成为“鼠标+水泥”模式的典范。

八、招商银行

从产业价值链定位来看，抓住信息技术与传统金融业相结合的机遇，以“金融电子化”建立服务品牌，先后推出国内第一张基于客户号管理的银行借记卡、第一家网上银行，第一张符合国际标准的双币信用卡、首个面向高端客户理财产品的金葵花理财、首推私人银行服务及跨银行现金管理等业务。

盈利模式及盈利能力：通过扩大服务面、延伸服务线取得多方面的利息收入与增值收入。

创新性：将信息技术引入金融业的发展，并以“创新、领先、因你而变”时刻不断推出新服务，引领金融业的发展。

九、苏宁电器

从产业价值链定位来看，以家电连锁的方式加强对市场后端的控制，同时加强与全球近 10 000 家知名家电供应商的合作，打造价值共创、利益共享的高效供应链，强化自身在整个产业价值链中的主导地位。

盈利模式：基于 SAP 系统与 B2B 供应链项目、通过降低整个供应链体系运作成本、库存储备并为客户提供更好的服务这一“节流 + 开源”的方式实现营收。

创新性：以家电连锁的方式加强对市场后端的控制力，并以此为基础加强向上游制造环节的渗透，使零售与制造以业务伙伴方式合作提高整个供应链的效率，进而打通整个产业价值链以谋求更高价值回报。

十、比亚迪

从产业价值链定位来看，依托某一产业领域的技术优势，在相关产业转型或兴起的背景下，将其产业优势向这一领域进行逆向的产业转移，形成跨领域的、稳步攀升的产业扩张。

盈利模式：在产业转移与扩张的过程中，通过改变产业近况、设定新的游戏规则、合并细分市场、整合顾客需求进行价值创新，以蓝海战略实现营收。

创新性：基于电池领域的绝对竞争优势与产业优势，在已有商业领域取得成功后，以较强的复制能力、稳定性、技术创新等，集中利用内部资源、整合各业务群中的优势元素塑造向新兴领域或转型产业进行产业布局的转移与调整，繁衍一个又一个新业务，实现塑造蓝海、产业扩张与价值创造的统一。

对上述商业模式的分析：

第一，“十大成功商业模式”从年代的角度来看呈现出“两端少、中间多”的格局，所涉及的企业实现了持续经营并具有较强的盈利能力和一定的体量。

第二，“十大成功商业模式”可进一步划归为“基于技术突破与创新”和“主要依托产业价值链融合与分解”两类，并在不同的领域与产业价值链条上做出了不同程度的创新。

这表明，成功的商业模式非常一样而又非常不一样。非常一样的是创新性地将内部资源、外部环境、盈利模式与经营机制等有机结合，不断提升自身的营利性、协调性、价值、风险控制能力、持续发展能力与行业地位等。

非常不一样的是在一定条件、一定环境下的成功，更多的具有个性，不能简单地复制，而且必须通过不断修正才能保持企业持久的生命力。借鉴基础上的创新永远是商业模式中商业智慧的核心价值。①

第二节 创业计划书的编写

逐步将创业构想转化成文字的过程，其实就是写作创业计划书主要内容的过程。了解创业计划书编写过程中的技巧，能够使编写的创业计划书更具有吸引力和可信度。

一、创业计划书的编写原则

创业计划书的撰写时应该遵循目标明确、优势突出，内容真实、体现诚意，要素齐全、内容充实，语言平实、通俗易懂，结构严谨、风格统一，有理有据、循序渐进，详略得当、篇幅适当等原则。

适合的篇幅一般为20～35页，包括附录在内。

二、创业计划书的编写技巧

创业计划书在编写时如果能对以下11个问题有清晰的认识，则一方面可以提高创业计划书的易读性，另一方面可以提高企业融资的概率。

第一，五分钟的考试。一般来说，风险投资家或评阅专家阅读一份创业计划书的时间在5分钟左右，主要关注业务和行业性质、项目性质、资产负债表、团队、吸引人的地方等内容，因此，创业者在编写创业计划书时要着重从前文五个方面予以重视。

第二，内容要完整。一份好的创业计划书起码要涉及以下内容：计划摘要、产品与服务、团队和管理、市场预测、营销策略、生产计划、财务规划、风险分析。创业计划书不应该遗漏任何要素。

第三，投资项目中最重要的因素是人。对于创业团队一定要按照团队组建原则和优秀团队特征等知识点进行如实描述，对团队成员的构成及其分工情况应进行重点介绍。

第四，提高编写水平的途径是阅读他人的创业计划书。阅读他人的创业计划书是帮助创业者提高自己写作能力的有效途径之一。编写创业计划书之前阅读十几份他人的创业计划书将会有很大帮助。

---

① 案例选自360个人图书馆，http：//www.360doc.com/content/17/0912/06/7639283_686398675.shtml。

第五，记住43.1%规则。一位风险投资家一般会希望在5年内将其资金翻6倍，相当于每年的投资回报率大约是43.1%。因此，一份承诺40%～50%的创业计划书对于风险投资家来说比较靠谱；如果是借款则需要有还本付息计划。

第六，打中11环。做最充分的准备，对创业计划进行最详细的论证，准备回答所有和创业计划有关的负面问题，以降低创业风险。另外，在会见风险投资者之前，创业者可以将所有负面问题的答案以“小纸条”的方式进行准备，给自己足够的心理支持和勇气。

第七，熟悉吸引投资者的方法。取得风险企业家名录是一种事半功倍的吸引投资者的方法。获取风险投资机构的地址和目录，可以帮助创业者增进对风险投资者的认识和了解，以便有针对性地展开融资活动。

第八，准备回答最刁钻的问题。对于创业者来说，也许“你的创业计划书给其他风险投资者看过吗?”是一个两难的问题，建议创业者遵循诚实守信的原则，如实回答。

第九，对待被拒绝。审阅创业计划书是风险投资者日常工作的一部分，拒绝大多数的创业计划也是风险投资者的工作常态。创业者没必要因为创业计划被拒绝而伤心欲绝，而是应该把其当作不断完善创业计划书的手段。如果创业者在每一次被拒绝之后，都能够很好采纳风险投资者的建议，进一步优化其创业计划，则被拒绝一次就离被接受近一步。

第十，创业计划书中最重要内容。对于投资者来说，创业计划书中最重要的内容是资产负债表以及团队的介绍。资产负债表说明企业的财务状况，能否及时偿债以及有多少尚未分配的利润归属于投资者；创业团队的介绍则是创业项目能否成功的关键。

第十一，把本收回来。任何人进行投资，其最低的要求都是把本金收回来，因此，在融资时能够基于这条原则进行阐述，使投资者在最短时间内将本金收回，则得到资金的概率会大为增加。

可以用“火箭发射与汽车驾驶”来进一步理解创业计划书。太多的创业计划看上去更像是火箭发射，而不是汽车驾驶。火箭发射必须依据最精确的动作指令发射，包括每次推进、每次助推器点火，以及每次改变航向，在发射时哪怕最微小的失误，也会导致过后远在千里之外的灾难性结果。如果能有这样精确的计划创业当然最好，可惜没有。创业计划书应该有助于创业者“驾驶汽车”。创业者要知道目的地所在和通往目的地的路线，在行驶过程中通过方向盘不断调整，坚持在事先知道的路线上行驶，遇到情况甚至需要改变路线。

三、创业计划书展示技巧

精心准备和经常演练是使创业计划书展示变得精彩的基本方法。巧妙构思展示的内容、制作专业的展示 PPT，可以提高展示者的信心，使展示获得满意的效果。

1. 展示准备

展示准备和即将展示的内容一样重要。展示准备包括演讲前的准备和演讲过程中的准备两个方面。

在展示自己的创业计划之前，首先需要搜集听众的相关信息，以便和听众建立各种联系。通过搜索风险投资网站，可以了解参加展示的风险投资家或者天使投资者的信息，分析自己的创业计划和这些听众之间是否存在某种联系，或者演讲者本人与这些听众之间是否有个人联系。如果创业计划能够和听众的某些活动联系起来，或者演讲者曾经和听众有过同学关系，或者有相同的兴趣爱好，则会让投资者感觉到听众给予支持可能带来的益处，或者和演讲者形成融洽的交谈关系，展示工作会达到事半功倍的效果；准备和展示场合相符合的服装，按照合理分配的展示时间多进行练习，尽可能多了解展示场地的信息，都是准备阶段应该做的工作。

展示过程的第一步就是决定由谁来负责展示，一般的创业计划大赛都会要求所有创业团队成员参加展示，但是并不要求所有成员都进行陈述，因此选择合适的人员进行陈述是成功的关键因素之一；其次，展示过程中的核心元素是展示的人，而不是展示的幻灯片，展示的幻灯片一定要做得简明扼要，只提供展示的总体框架以及强调发言内容的重点，展示者一定要将听众的目光吸引在自己身上；最后，想方设法使展示生动有趣、充满激情。

2. 展示内容

展示的重点一定要放在观众而不是演讲者感兴趣的地方；展示的 PPT 应尽可能简单，一些专家给出了 6－6－6 法则，即每行不超过 6 个词语，每页不超过 6 行，连续 6 张纯文字的 PPT 之后需要一个视觉停顿等；一场二三十分钟的演讲最多不超过 12 张的 PPT。

展示的 PPT 往往从标题幻灯片开始，该张 PPT 包括企业的名称、标志、创造人姓名和联系方式。

第一张 PPT：概述。对产品或服务进行简要介绍，对演讲要点做一简介，对该项商业活动带来的潜在收益等进行简要说明。

第二张 PPT：问题。说明亟待解决的问题；通过调查证实的问题；问题的严重性如何。

第三张 PPT：解决方法。说明企业的解决方法与其他解决方案相比的独特之处；展示本企业的解决方案在多大程度上可以改变顾客的生活，以及企业的解决方案有什么进入壁垒。

第四张 PPT：机会和目标市场。要清楚定位企业具体的目标市场，对目标市场的广阔前景进行展望；通过图表的方式展示目标市场的规模、预期销售额和预期市场份额等信息，说明拟采取什么方法实现销售计划。

第五张 PPT：技术。介绍技术或是产品或服务的独特之处，对技术的描述尽可能通俗易懂，切忌使用专业术语进行陈述；展示产品的图片、相关描述或者样品，如果产品已经试生产结束，则最好展示样品；说明可能涉及的知识产权问题，以及企业采用的保护措施。

第六张 PPT：竞争。详细阐述直接、间接和未来的竞争者，展示创业计划书中的竞争者方格，说明和竞争对手相比的竞争优势。

第七张 PPT：市场和销售。描述总体的市场计划、定价策略、销售过程以及销售渠道。说明消费者的购买动机、企业激起消费者欲望的方法，以及产品或服务如何到达最终的消费者手中。

第八张 PPT：管理团队。介绍现有管理团队，说明管理团队存在的缺陷和不足，如果有顾问委员会最好予以介绍。

第九张 PPT：财务规划。介绍未来 3 ~5 年企业总体的盈利状况、财务状况及现金流状况，尽量将规划的内容显示在一张 PPT 上，而且只显示总体数据，同时做好回答和数据相关问题的心理准备。

第十张 PPT：现状。用数据突出已经取得的重大进展，介绍启动资金的来源、构成和使用情况；介绍现有的所有权结构，企业采用的法律形式及其原因。

第十一张 PPT：财务要求。如果有融资计划，介绍想要的融资渠道及筹集资金的使用方式，同时介绍资金筹集后可能取得的重大进展。

第十二张 PPT：总结。总结企业最大的优势、团队最大的优势，同时介绍企业的退出策略，并征求反馈意见。

第三节　创业项目路演

一、大学生路演常见问题

问题一：不知所云

这是最常见的问题，也是最严重的问题之一。具体表现就是在路演的过程中，以自我为中心，演讲已完成，但评委还不知道你做的是什么，要干什么事。

对策：尽量用3句话表达清楚，让普通人能听懂要干的是什么。

问题二：技术展示

因为创新创业大赛是科技部主办的大赛，很多参赛选手都是学者、教授。科研人员通常讲起技术滔滔不绝，但讲解中完全不涉及运作情况、商业模式和财务数据，导致投资人评委无法做出判断。

对策：在1分钟之内，论述技术实验的基本原理、研究成果和应用即可。

问题三：盲目乐观

表现为企业负责人对未来市场盲目乐观，自身预期远大于实际情况，导致评委及投资人没有沟通的欲望。

对策：客观冷静的评判项目，建议参赛之前和三位以上的投资人进行相关情况的沟通。

问题四：超出时间

大赛的时间是严格控制的，选手务必在规定的时间内完成路演，否则，会影响到下一个环节的进行。通常，评委也认为不能严格把握时间的企业不守规矩，打分上一般会有所考量。

问题五：弄虚作假

有一部分项目，为了取得更好的名次或者吸引注意力，会编造数据或者提供假的证据，这在比赛中是坚决不允许的。其实，基本上一有造假行为就会被发现。一经发现，就严重影响信誉。所以，这一点一定要注意。

对策：实事求是，坦诚面对。

问题六：答非所问

最后一个环节，一般是评委提问环节，需要选手作答。但是一部分选手往往会出现答非所问、有意拖延的情况。这样的回答往往没有太大作用，而且耽误时间。

对策：建议在30秒到1分钟的时间内，回答每个问题。一般来讲，回答问题越多，越有利于展示企业形象，增进评委了解。

问题七：荣誉说明

参加大赛的团队，很多都是已经取得一定成绩和成就的。比如著名学者、人大代表、杰出人士。关于这方面，一般来讲，团队在介绍成员荣誉时点到即可，一切的路演论述，需要以项目为核心。很多关于核心人员、外部资源的介绍，往往对项目帮助并不大。

对策：如实说明各个板块，不要喧宾夺主。

二、路演技巧

1. 明确创业计划的展示对象

（1）企业内部。表述清晰的书面商业计划，有助于澄清创业目标，协调团队的各项工作，增强团队凝聚力和行动力，激发团队一致行动向目标前进。

对于企业职能部门经理而言，通过分析各环节和未来战略目标的商业计划，能确保自己所做的工作与企业整体计划方向一致。

（2）投资者和其他外部利益相关者。投资者、潜在商业伙伴、潜在客户、前来应聘的关键员工等外部利益相关者是创业计划的第二类读者。

要吸引这些人，创业计划不要过分乐观，过分乐观会破坏创业计划的可信度。

创业计划必须明确显示商业创意可行，并与那些风险更小的投资选择相比，商业创意能给潜在投资者带来更高的资金回报；对于商业伙伴、客户和前来应聘的关键员工而言，仍须如此。

创业计划必须论证其商业创意的可行性，并开发出一套行之有效的商业模式，并深入认识所处的竞争环境。并注意要展现的事实，即用事实说话。

2. 向投资者陈述创业计划的技巧

（1）陈述准备。与投资者会面之前，创业者一定要准备好幻灯片，而且内容要与预订的陈述内容相符。

陈述的首要原则是严格遵守会议时间、地点安排，做好充分准备。如果需要视听设备，应事先准备好。

（2）陈述的关键点和技巧。陈述仅需要使用 10 ~ 15 张幻灯片，不追求全面，要抓重点，尤其是投资者可能感兴趣的部分。

公司：用 1 张幻灯片迅速说明企业概况和目标市场。

机会：这是陈述的核心内容，最好占 2 ~ 3 张幻灯片。

解决方式：企业将如何解决问题或如何满足需求，该项内容需要 1 ~ 2 张幻灯片。

管理团队：用 1 ~ 2 张幻灯片简要介绍每个管理者的资格和优势。

产业、目标市场：用 1 ~ 2 张幻灯片介绍企业即将进入的产业及目标市场状况。

竞争者：用 1 ~ 2 张幻灯片简要介绍直接和间接竞争者，并详细介绍企业如何与目标市场中的现有企业竞争。

知识产权：用 1 张幻灯片介绍企业已有的或待批准的知识产权。

财务：简要说明即可。强调企业何时盈利，为此要多少资本，以及何时实现现金流持平，最好用2~3张幻灯片。

需求、回购和退出战略：用1张幻灯片说明企业需求的资金数目及设想的退出战略。

3. 现场答辩和反馈

创业者要敏锐预见投资者可能会提出什么问题，为此创业者应提前做好准备。

投资者可能会用很挑剔的眼光看创业计划，这时，创业者可能会很泄气。其实，投资者仅仅是在做分内的事情，提出的问题可能会对创业者有很大帮助和很大启发的。

回答问题阶段非常重要，此时投资者往往考察创业者是否挖掘到问题的本质，以及对新创企业了解多少。

现场回答投资者要注意的问题：

（1）对投资者问题的要点有准确理解，回答具有针对性而不是泛泛而谈；

（2）能在投资者提问结束后迅速做出回答，回答内容连贯、条理清楚；

（3）回答问题准确可信：回答问题建立在准确的事实和可信的逻辑推理上；

（4）特定方面的充分阐述：对投资者特别指出的方面能做出充分的说明和解释；

（5）整体答辩的逻辑性要求：陈述和回答的内容有整体一致性；

（6）团队成员在回答时有较好的配合。能协调合作，彼此互补，对相关领域的问题能阐述清楚。

案例故事

Uber帝国的商业模式

Uber是一家按需交通服务企业，他们在全世界的范围内掀起了一场革命，彻底改变了出租车行业。该公司独特的商业模式，让每个用户只需要点击一下手机就能够找到一辆出租车，车辆会在最短的时间内到达用户的所在地点，并且将用户送至他们想去的地方。

传统出租汽车公司存在的问题

早前的时候，人们要想打车，就必须站在街上，而且还要做到“眼快、手快、腿快”，发现空车马上招手，然后尽快上车，免得被其他人“捷足先登”。这种打车的方式造成了很多不方便，例如长时间等待，而且很多出租车还存在车费过高的问题。这种问题困扰着每个有打车需求的人。究其根本，是出租车数量过少，而且出租车公司定价过高。

出租车的定价缺少监督和控制，但是人们又没有其他的选择。除此之外，还有另一个问题更加让人难以忍受：那就是在一些高峰时间段，例如上下班时段，在马路上找到空车基本就是一件不可能的事情。

Uber 的成立

Uber 看到了这个“打车难”的问题，并且希望用技术手段来解决这个问题，于是他们开发了一个移动端应用。这个应用让人们可以在手机上就完成整个打车操作。其迅速在用户之间得到了普及，继而在出租车行业中掀起了一场革命。Uber 的应用于 2010 年正式上线，由于很好地解决了人们所面临的问题，也在极短的时间内完成了传播。

Uber 应用使用中的四个步骤

第一步（叫车）：Uber 商业模式中的第一个步骤，其根本就是创造需求。人们在智能手机中安装他们的应用，这个应用可以让他们实现即刻叫车操作，也可以让他们提交其他时间的用车需求。

第二部（配对）：当用车请求创建成功之后，你的个人信息和用车信息会以通知的形式发送给离你最近的司机。司机有权接受或者拒绝订单。如果司机拒绝接单，那么这个通知则会发送给处于同一区域的另一位司机，直到有人接单为止。

第三步（乘车）：当有司机接单之后，用户可以查看司机信息，以及司机的行驶路径，除此之外还可以查看司机预计抵达时间。用户上车之后，应用中的计价器机会自动开始工作，在用户端的应用中，用户还可以查看车辆全程的行驶路径。而在乘车的过程中，司机的职责则是对乘车人员保持友好的态度，并且为乘车人提供舒适的乘车体验。

第四步（支付与评分）：在将乘车人送达目的地之后，乘车人除了需要支付车费之外，还可以对司机的服务进行评分。这个评分系统是 Uber 商业模式中非常重要的一环，因为它可以让用户在打车之前对司机的服务有所了解，并且在乘车人和司机之间建立信任。

毫无疑问，Uber 不仅仅是在出租车行业内掀起了一场革命，而且还建立起了一种新的商业模式，这个模式可以让企业接触到更多本地的消费者。很多后来的初创企业都在复制 Uber 的商业模式，而且他们中很多企业还对这种商业模式进行了发展。凭借这种商业模式，无数创业者已经在许多垂直领域中都建立起了成功的初创企业。①

---

① 案例选自《深度分析 Uber 帝国的业务模式与营收模式》，创业邦，2015 年第 10 期。

拓展阅读

一篇文章让你走出对商业模式的迷思

有一种现象：不论是传统企业还是新兴企业，也不论规模大小，管理者一谈到商业模式这个词都很兴奋。很难看到其他任何管理理论有这么大的魅力。美国高原资本的合伙人希金斯在谈到商业模式时，说了一句非常决断的话——“回顾我们公司的发展，我们认为每次失败都归于技术，每次成功都归于商业模式。”

商业模式的本质是交易结构

关于商业模式的定义大概有40多种，缺乏共识。我们从2004年开始关注这个领域，那时关于它有30多个定义，猛一看觉得有些讲得挺对的，仔细一想好像又不太对，总是这样似是而非。

于是，我们先把30多个关于商业模式的定义打印出来，放在案头，有空就看上一遍，同时不断撰写商业模式案例。当案例写到100多个的时候，两年过去了，突然有一天，脑子里跳出来这样一个概念：某个公司跟它的内外部利益相关者形成了一个交易结构，这个交易结构就是人人都在说的“商业模式”。

商业模式的本质就是一群利益相关者把自己的资源能力投进来，形成一个交易结构。这个交易结构持续交易，会创造出新的价值，每一方会按照一定的盈利方式去分配这个价值。如果每一方分到的价值超过了它投入资源能力的机会成本，这个交易结构就会越来越稳固。

过去的管理理论不提交易结构，现在它却变得很重要，是因为技术进步导致了交易成本的变化，又使得重新构建不同交易结构的可行性空间变得更大了。我们构建了一个六要素商业模式模型，从六个不同的维度去分析这个交易结构。

1. 定位：企业满足客户需求的方式。

2. 业务系统：企业选择哪些行为主体作为其内部或外部的利益相关者。

3. 盈利模式：以利益相关者划分的收支来源以及相应的收支方式。

4. 关键资源能力：支撑交易结构背后的重要的资源和能力。

5. 现金流结构：以利益相关者划分的企业现金流流入的结构和流出的结构以及相应的现金流的形态。

6. 企业价值：未来净现金流的贴现，对于上市公司而言，直接表现为股票市值。

六要素商业模型

六个要素中，任何一个要素发生变动，都会产生新的商业模式。

一个公司有好的商业模式，固然不错，但还不如有一套制定商业模式的能力，有商业模式制定能力则不如有商业模式的思维。

我们接触过的企业精英管理者，大多不具备商业模式思维，而是战略思维和管理思维。商业模式思维就是：做任何事情的时候，先想一想交易结构是什么样子，会与哪些利益相关者发生什么样的交易。这说起来容易，但需要管理者花时间去关注，并通过对一些概念的解读来慢慢培养商业模式视角和思维。

商业模式创新 VS. 技术创新

国外有一个研究统计发现，人们认为商业模式创新比产品技术创新更重要。但我们不采纳这个观点。商业模式创新与产品技术创新并不是谁更重要的问题，本身就是两件事情，就像问“脑袋和心脏哪个重要”一样没有意义。

我们更主张：同一个产品和技术，完全可以给它配上很不一样的商业模式，都可以产生出运营出色的企业。当然，其中一定有一个能把产品技术价值变现到最大的商业模式。不管是企业经营者还是产品技术开发者，每当产生一个新的产品或技术时，就要马上思考怎么样为它设计一个商业模式，让企业价值能最大限度地变现。

反之，如果先设计出一个商业模式，要想发挥出它的最大价值，就一定要有产品技术去支撑这个模式的实现，也就是说，一个好的商业模式也可以引领产品技术的研发方向。

我们过去说产品技术的研发方案一般有两个来源：用户需求和技术本身的生长路径。企业开发一些新的产品，或者组合一些已有的产品技术去解决用户需求问题，这就变成新的产品技术了，属于用户需求驱动。现在，商业模式驱动是第三个来源，由它来引领产品技术的发展方向。

商业模式的演化和重构

商业模式的变化有两种：演化和重构。演化，即缓慢地变化，今天多出一个利益相关者，明天又派生出一个来，交易方式可能因此发生各种变化。稳定一段时间后，在某个很短的时间内发生一系列剧烈变化，就是重构。

演化和重构在方向上，往往遵循着一些规律。一般而言，有从重资产向轻资产转化的趋势。我们不反对重资产，但企业可以想办法让自有资金投入得很少，举重若轻。

普罗斯是做工业地产的公司，它在全世界买地盖房子，再租给世界制造 1 000 强企业，它却是个轻资产公司，每到一地都发行一个基金，创造一些利益主体，然后把租金的一部分分给这些投资人，用少量的自有资金撬动了全世界的资源，全球基金将近 400 亿美元，这就是商业模式的成功。

同时，一般而言，好的商业模式变动都是从高固定成本结构朝着高变动成本结构转移。另一点是，利益相关者角色会越来越多元化。过去顾客就是顾客，设计人员就是设计人员，现在顾客不但是顾客，还可以是口碑传播者、设计师、质量监督者、员工，甚至投资人。商业模式变得越来越灵活，就像金属液体那样。

商业模式不等于战略

商业模式与战略不同，战略首先是选行业，但商业模式不是选行业，同一个行业可以有很多很不一样的商业模式，同一个商业模式也可以用于不同的行业。把同一个模式用于不同的行业，这也是商业模式创新的一个很重要的来源。

大家常说一个模式是 B2B 的还是 B2C 的，其实这只是战略的差异，不是商业模式的差异。有时，在商业模式上可能是一样的，所以严谨点，要从交易结构来看它们的异同。这样，人们就会发现：在一个行业里有一个模式做得很成功，而另一个企业要想成功的最好办法就是跟这个模式不一样，尤其是在互联网与全球化时代。

在传统社会里，一个行业里最后会剩两三家企业，彼此的战略不一样。而在互联网时代，一个行业会剩下很多家企业，每一家都是垄断的，因为它的商业模式是唯一的。比如，大家说微信免费，所以短信就没戏了，这个假定是有问题的。如果微信遇到 WhatsApp，后者是收费的，第一年免费，第二年收 1 美元，这两个公司谁打得赢谁？答案是：一定都会活得很好。这意味着，同一行业完全可以有很多模式很不一样的公司。

与战略不同，商业模式关注的是结构，以及在这个结构里面"跑"的东西。所以，同样的结构，可以用到不同的行业，而战略是不可以的。

商业模式的五重境界

因为存在无数新的组合，这也为商业模式创新提供了很多空间。我们把商业模式升级重构划分为五重境界：

第一重，境界最低的就是老产品、老模式，企业只能通过战略、管理、渠道建设去形成与竞争对手的差异化。

第二重，产品是老的，但是模式不一样，创造价值会不一样。

第三重，在这个行业引入一个新产品，用新模式做这个新产品，这是更高的境界。

第四重，我们不先有产品，我们先设计一个模式，然后再设计一个产品跟它去匹配。

第五重，为利益相关者（不完全是客户）设计商业模式，让自己平台的用户成为他人的客户，这是最高境界。

最后强调，商业模式对全世界所有的公司都是一个非常重要的事情，而关于它的创新其实是很不容易的。①

课外实践

撰写创业计划书

利用网络搜索或者对身边的创业项目团队进行访谈，了解他们的商业模式。与团队成员进行讨论，确定创业项目的商业模式，按照创业计划书的模板撰写创业计划书，并制作创业路演 PPT 为创业项目路演进行准备。

① 选自魏炜：《一篇文章让你走出对商业模式的迷思》，华章管理，2017 年 4 月 10 日。

第八章

新企业创办与融资

学习目标

1. 了解企业创办的流程
2. 理解创业资金筹集的渠道
3. 掌握企业创办所需要资金的测算方法
4. 明确企业创办过程中有关的税收知识

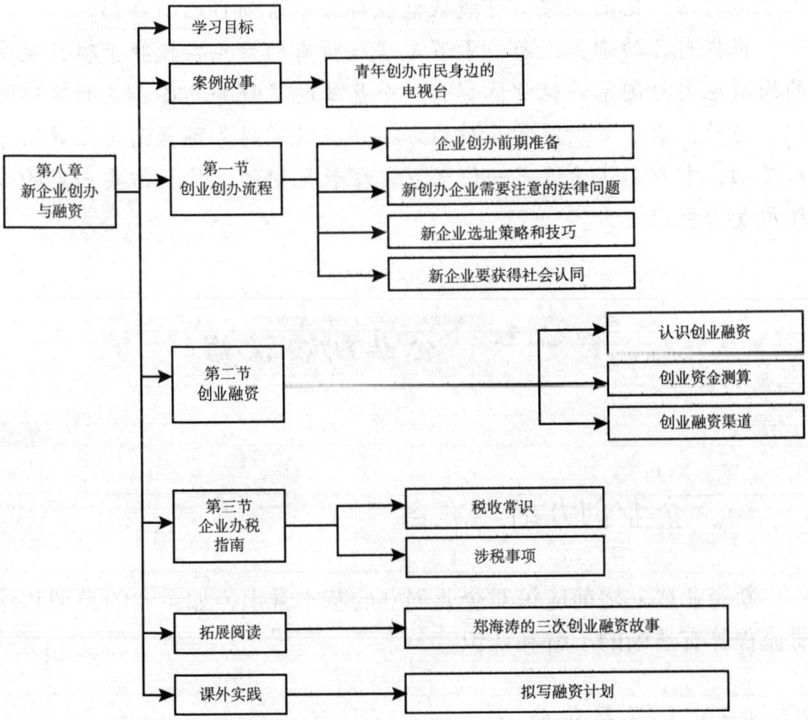

案例故事

青年创办市民身边的电视台

24岁的卡罗尔·比尔坦居住的波旁市是一座人口严重老龄化的城市，由于缺乏与外界的信息交流，城市的居民很少积极组织和参与公众活动，整座城市由此显得人情淡漠且缺乏生气。在得知该市接通了有线电缆后，卡罗尔决定成立一家有线电视台，为市民提供与社会进行沟通和联系的渠道，同时激发其参与公众活动的热情，提高公民意识。波旁市政厅和“青年挑战”基金会分别对此项目给予了资金和场地的支持，卡罗尔于是很快开始独立拍摄、剪辑和制作，直至几个月后迎来了另外一位合作伙伴。

节目在每天的17：30～21：00播出，内容包括新闻简讯、当地名人访谈以及信息服务等。由于节目的最大特点就是贴近生活，因此观众人数在不断地攀升。波旁市的温泉资源全国闻名，每年约有13 500名游客来此疗养，由于可以通过这些节目更多地了解波旁市当地的风土人情，这些游客对电视台的节目也是赞不绝口，而且如果幸运的话，他们还极有可能从电视屏幕中看到自己的身影。

根据自己的亲身经历，卡罗尔建议所有的青年在投身于项目运营的同时也要对国家的税收体制有一个基本的了解并具备相关的法律常识。另外，由于必须经常面对地方公众，及做财务预算向企业财团寻求赞助，卡罗尔认为这是一份艰巨却增长见识的工作，需要一定的心理承受力和应变力。①

第一节　企业创办流程

一、企业创办前期准备

新企业成立之前应该对企业创办的基本常识，如企业的类型和注册流程等有清晰的了解和认识。

（一）什么是企业

企业是从事生产、流通或服务性活动的独立核算经济单位。它是

① 案例选自百度文库：《创新创业典型案例集》，https：//wenku. baidu. com/view/27b436d276。

依法设立的经济组织，是在商品经济范畴中，按照一定的组织规律，有机构成的经济实体。企业一般以营利为目的，以实现投资者、客户、员工、社会大众等利益相关者利益最大化为目标，通过提供产品或服务满足社会需求，同时获得收入和盈利。

（二）企业的类型

根据企业的规模大小不同，可分为大型企业、中型企业和小型企业；根据企业的不同组织形式，可分为个体企业、合伙制企业和股份制企业；根据经济成分可分为国有企业、集体企业和私营企业；根据资源密集程度可以划分为劳动密集型企业、资源密集型企业和技术密集型企业；根据经营性质可分为工业企业、商业企业、农业企业、金融保险企业、房地产开发企业、交通运输企业、旅游服务企业等；根据企业的法律形式分为有限责任公司、合伙企业、股份有限公司、个人独资企业。下面针对企业注册时根据不同法律形式登记的企业进行介绍。

（三）企业的法律形式

创业者在开办新企业的时候，首先应该选择一个法律组织形式，选择主要取决于创业者和公司投资者的目标，并考虑纳税地位、承担的法律责任以及企业经营和融资活动的灵活性。根据我国现行法律规定，个人创立新企业的法律形式主要包括个人独资企业、合伙企业、有限责任公司、股份有限公司等。不同的企业类型有着不同的设立条件和注册资本限额。

个人独资企业即独资企业，是由个人出资经营、归个人所有和控制、由个人承担经营风险和享有全部经营收益的企业。以独资经营方式经营的企业有无限的经济责任，破产时债权方可以扣留企业主的个人财产。

合伙企业，是指自然人、法人和其他组织依照《中华人民共和国合伙企业法》在中国境内设立，由两个或两个以上的自然人通过订立合伙协议，共同出资经营、共负盈亏、共担风险的企业组织形式。合伙企业一般无法人资格，不缴纳企业所得税，只缴纳个人所得税。类型有普通合伙企业和有限合伙企业，其中普通合伙企业又包含特殊的普通合伙企业。

有限责任公司，简称有限公司，是指根据《中华人民共和国公司登记管理条例》的规定登记注册，由五十个以下的股东出资设立，每个股东以其所认缴的出资额对公司承担有限责任，公司以其全部资产对其债务承担责任的经济组织。

股份有限公司是通过发行股票筹集资本，并且由等额股份构成全部注册资本。公司以其全部资产对公司债务承担有限责任的企业法人。

各种组织形式的优劣对比如表 8－1 所示。

表 8－1　　企业组织形式优劣势对比

企业类型	优势	劣势
个人独资企业	（1）手续简便、费用低 （2）所有者拥有企业控制权 （3）可迅速对市场变化做出反应 （4）只缴纳个人所得税无须双重纳税 （5）技术易保密	（1）承担无限责任 （2）过多地依赖创业者个人 （3）筹资比较困难 （4）企业寿命有限 （5）投资流动性较差
合伙企业	（1）手续简便、费用低 （2）经营比较灵活 （3）企业可以拥有更多人的能力 （4）企业信用高筹资容易	（1）承担无限责任 （2）绩效依赖合伙人能力企业规模受限 （3）企业会因合伙人死亡或退出而解散 （4）投资流动性较差产权转让困难
有限责任公司	（1）产权多元化 （2）公司具有独立寿命，易于存续 （3）创业股东只承担有限责任，风险较小 （4）可吸纳多个投资者资本，易于集中	（1）创立程序麻烦费用较高 （2）双重纳税，税负较重 （3）不能公开发行股票，筹资规模受限 （4）产权不能充分流动，产权运作受限
股份有限公司	（1）公司具有独立寿命，易于存续 （2）筹资能力强 （3）创业股东只承担有限责任，风险较小 （4）有职业经理人的高水平管理 （5）产权可以以股票形式流动	（1）创立程序麻烦费用较高 （2）双重纳税，税负较重 （3）定期公开财务状况，不能严格保密 （4）政府限制较多，法律法规要求严格

资料来源：李家华：《创业基础》，清华大学出版社 2015 年版。

（四）申领营业执照

2016 年 6 月 30 日，国务院办公厅发布了《关于加快推进“五证合一、一照一码”登记制度改革的通知》，自 2016 年 10 月 1 日起正式实施“五证合一、一照一码”，“五证合一”是指营业执照、组织机构代码证、税务登记证、社会保险登记证和统计登记证合并为一证的登记制度，该办证模式，采取“一表申请、一窗受理、并联审批、一份证照”的流程（如图 8－1 所示）。

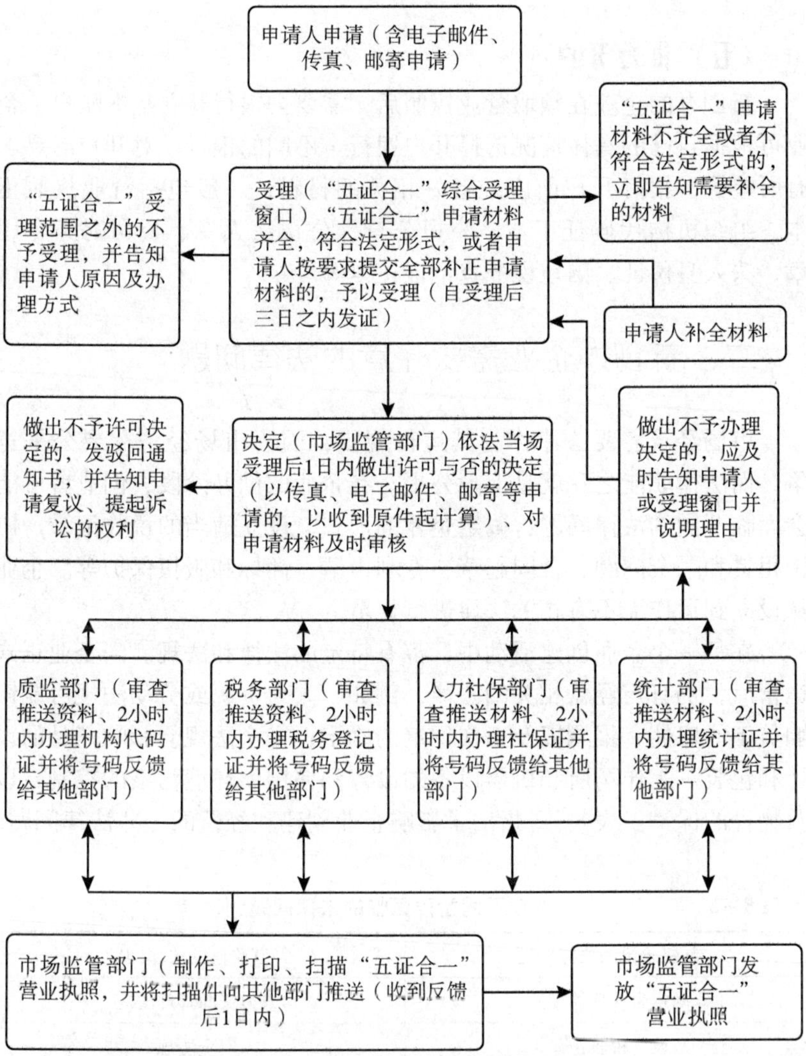

图 8－1　"五证合一"办证流程

资料来源：《"五证合一"的办理流程》，会计网，2016 年 7 月 12 日。

首先，办证人持工商网上申报系统申请审核通过后打印的《新设企业五证合一登记申请表》，携带其他纸质资料，前往大厅"多证合一"窗口受理；其次，窗口核对信息、资料无误后，将信息导入工商准入系统，生成工商注册号，并在"五证合一"打证平台生成各部门号码，补录相关信息，同时，窗口专人将企业材料扫描，与《工商企业注册登记联办流转申请表》传递至质监、国税、地税、社保、统计五部门，由五部门分别完成后台信息录入；最后，打印出载有五个证号的营业执照。办证模式的创新，大幅度缩短了办证时限，企业只需等待 2 个工作日即可办理以往至少 15 个工作日才能够办结的所有证件，办事效率得到提高。

（五）银行开户

新创办的企业在领取营业执照后，需要去银行开立基本账户，企业可根据自己的具体情况选择开户银行。不同的银行，对开户的要求有所差异，银行开户前应准备好相关的材料，一般包括营业执照正本、组织机构代码证正本、公司公章、公司法人章、公司财务专用章、法人身份证、国地税务登记证正本等。

二、新创办企业需要注意的法律问题

市场经济需要法律作为其运行规则，因为市场经济需要公平竞争，而法律职能之一就是保障公平。在企业的创办阶段，创业者可能会面临不同的法律问题：确定企业的形式、设立适当的税收记录、协调租赁和融资问题、合同起草、专利申请、商标和版权保护等。企业从设立到运作无不有相关法律进行规范。

在每一个企业创建活动中，都有特定的法律和法规。当企业正式运营后，仍有与经营相关的法律，例如，人力资源或劳动法规可能影响员工的雇佣、报酬以及工作评定的确定；安全法规会影响产品的设计和包装、工作场所和机器设备的设计和使用、环境污染的控制，以及物种的保护。表 8 -2 指出了影响企业创建和经营的一些法律问题。

表 8 -2　　企业不同阶段面临的法律问题

创建阶段的法律问题	经营阶段的法律问题
确定企业法律形式	人力资源管理法规
设立税收记录	安全法规
租赁和融资谈判	质量法规
起草合同	财务法规和会计法规
申请商标权、专利权和版权保护	市场竞争法规

资料来源：李家华：《创业基础》，清华大学出版社 2015 年版。

知识产权（intellectual property）指“权利人对其所创作的智力劳动成果所享有的专有权利”，一般只在有限时间内有效。知识产权是创业过程中经常涉及的问题，各种智力创造比如发明、文学和艺术作品，以及在商业中使用的标志、名称、图像以及外观设计，都可被认为是某一个人或组织所拥有的知识产权。主要类型有：专利权、商标权、著作权（版权）等。对于企业来说，大多数都拥有对其成功起关键作用的知识、信息和创意。对于创业者来说，为了有效保护自己的知识产权，同时避免违法侵犯他人的知识产权，需要熟知相关法律（如表 8－3 所示）。

表 8－3　企业不同部门可能涉及的知识产权及保护

部门	知识产权	保护方法
营销部门	名称、标语、标识、广告语、广告、手册、非正式出版物、未完成的广告副本、顾客名单、潜在顾客名单及类似信息	商标、版权和商业秘密
管理部门	招聘手册、员工手册、招聘表格和清单、书面培训资料和企业的时事通讯	版权和商业秘密
财务部门	有关财务绩效合同、有关财务绩效幻灯片等有关财务的材料、员工薪酬材料	版权和商业秘密
管理信息系统部门	网站设计、互联网域名、公司特有的计算机软件和设备使用手册、计算机源代码、电子邮件名单	版权、商业秘密和注册互联网域名
研究开发部门	新有的或者已有的发明和商业流程、记录发明状况的备忘录	专利和商业秘密

资料来源：李家华：《创业基础》，清华大学出版社 2015 年版。

（一）专利和专利法

专利（patent）从字面上讲，是指专有的利益和权利，是指某个政府机构根据申请颁发的文件。它被用来记述一项发明，在这种情况下，专利发明通常只有经过专利权所有人的许可才可以被利用。专利制度主要是为了解决发明创造的权利归属和发明创造的利用问题。专利法可以有效保护专利拥有者的合法权益。创业者对其个人或企业的发明创造应及时申请专利，以寻求法律保护，使自己的利益不受侵犯，或者在遭到侵犯的时候，有法律依据提出诉讼，要求侵害方给予赔偿。

我国于 1984 年 3 月 12 日颁布了《中华人民共和国专利法》，并于 1992 年 9 月 4 日进行了修订，2001 年 6 月 15 日国务院颁布《中华人民共和国专利法实施细则》，自 2001 年 7 月 1 日起实施。

（二）商标和商标法

商标是商品的生产者、经营者在其生产、制造、加工、拣选或者经销的商品上或者服务的提供者在其提供的服务上采用的，用于区别商品或服务来源，由文字、图形、字母、数字、三维标志、声音、颜色组合，或上述要素的组合，具有显著特征的标志，是现代经济的产物。在商业领域，商标包括文字、图形、字母、数字、三维标志和颜色组合，以及上述要素的组合，均可作为商标申请注册。经国家核准注册的商标称为“注册商标”，受法律保护。商标通过确保商标注册人享有用以标明商品或服务，或者许可他人使用以获取报酬的专用权，而使商标注册人受到保护。注册商标的有效期是 10 年，可以续展注册，其有效期也是 10 年，商标注册的申请人必须是依法成立的企业、事业单位、社会团体、个体工商户、个人合伙以及符合《中华人民共和国商标法》第九条规定的外国人或者外国企业。

《中华人民共和国商标法》于 1982 年 8 月 23 日颁布，1993 年 2 月 22 日进行第一次修订，2001 年 10 月 27 日完成第二次修订。

（三）著作权和著作权法

著作权，又称为版权，分为著作人格权与著作财产权。其中著作人格权包括了公开发表权、姓名表示权及禁止他人以扭曲、变更方式利用著作损害著作人名誉的权利。著作人身权是指作者通过创作表现个人风格的作品而依法享有获得名誉、声望和维护作品完整性的权利。该权利由作者终身享有，不可转让、剥夺和限制。作者去世后一般由其继承人或者法定机构予以保护。

根据《中华人民共和国著作权法》（以下简称《著作权法》）的规定，著作人身权包括：发表权，即决定作品是否公之于众的权利；署名权，即表明作者身份，在作品上署名的权利；修改权，即修改或者授权他人修改作品的权利；保护作品完整权，即保护作品不受歪曲、篡改的权利。著作财产权是作者对其作品的自行使用和被他人使用而享有的以物质利益为内容的权利。通过复制、翻译、改编、表演、广播、展览、拍制电影、电视或录音等方式获得经济效益。著作权人可以许可他人行使著作权中的财产权，并依照约定或者有关规定获得报酬。著作权人可以全部或者部分转让著作权中的财产权。著作权的保护期限是作者有生之年加上去世后 50 年。根据我国《著作权法》的规定，著作权是自作品创作完成之日起自动产生的，无须经过任何批准或登记手续。此外，无论作品是否发表，只要作品已经创作完成就能取得著作权的保护。

《著作权法》于 1990 年 9 月 7 日颁布，2001 年 10 月 27 日进行修订。

创业者和新创企业不但需要了解知识产权的相关法律法规，还需要对反不正当竞争法、合同法、产品质量法、劳动法等进行全面的关注和认识。

三、新企业选址策略和技巧

创业者选择新企业的注册与经营地点包括两个方面：第一，选择地区。主要考虑因素：地区和城市的经济、技术、文化、政治等总体发展状况。第二，选择具体地址。包括商业中心、住宅区或市郊等。主要考虑因素：交通、资源、消费群体、社区环境、商业环境等。

案例分析

世界公司之都——特拉华州

特拉华州是全美第二小的州，人口不足100万。但却拥有80多万家公司，其中包括61%的“财富500强”公司，75%的在美国首次上市的公司，一半以上在纽约证券交易所和纳斯达克上市的公司。如肯塔基、麦当劳、可口可乐、雅虎、谷歌、沃尔玛等等都是在特拉华州注册。虽然这些公司在特拉华州注册，但是它们的工厂、它们的运作和销售网络可以分布在全美各地甚至世界各处。每年有4万多家新公司在特拉华州成立或注册。最近，特拉华还在中国上海开设了办事处，负责招商引资，协助国际公司注册。这是因为特拉华州拥有开明公平的法院、自上而下的重商传统和注册优势。

开明公平的法院。美国商业协会委任824名律师对美国各地的法庭声誉作了问卷调查，结果：特拉华州的法庭制度在所有10个调查项目中都排列第一，包括立法审判的及时性、法官的公正性、陪审团的公平性。近80%的回答都表示法律环境影响了投资者在该州投资的决定。

自上而下的重商传统。负责公司注册的特拉华州州务卿办公室更像是一个注重效率的企业组织。州政府给注册单位配备了最先进的办公条件和一流的服务人员。工作人员视注册公司如同衣食父母，办事殷勤，态度友好，手续简单、快捷、经济，大部分的公司可以在一小时内完成全部的注册手续，不需要股东亲自前往注册。

注册优势。不要求有公民身份，没有最低资本要求，它不要求公司必须在该州有办公场所，公司档案也可以不在特拉华保管，特拉华州不征收销售税。在特拉华州注册，而公司位于其他地方、业务运作在其他地方进行的公司，不用缴纳公司所得税。如不在本土经营业务，可免收任何税款。投资环境自由，可用公司名义买卖物业。①

（一）创业选址的重要性

第一，创业选址直接影响企业竞争力。据香港工业总工会和香港总商会的统计，在众多开业不到两年就关门的企业中，因选址不当所

① 案例选自崔培良：《全球避税天堂之最：特拉华州》，崔培良的博客，2009年12月22日。

导致的企业失败占50%。第二，创业选址的重要性还在于区域竞争优势的独特性和集群等效应。

（二）影响创业选址的因素

创业选址是创业者需要面临的一个重要问题，对于一个没有经验的创业者来说，创业选址几乎无从下手。其实，只要创业者了解影响创业选址的因素，然后加以评定，就会让创业选址工作顺利进行了。影响创业选址的因素有以下几点：

1. 根据经济因素选址

根据经济因素选址是新企业最先考虑的策略之一，因为选址是最消耗资金的一件事情。地址选得好，利用得好，将会给新创企业带来巨大的资金优势。这些资金优势能在各方面帮助企业更快更好地发展。

2. 根据技术因素选址

根据技术因素选址也是创业者优先选择的策略之一。它不仅可以节约成本，还能加强技术上的合作，从而使双方能在一定程度上获得利益。

3. 根据政策因素选址

国家和地方为了招商引资，通常会有很多优惠政策帮助企业快速成长和发展。如果符合资格，并且利用好这些有利政策，能够给大学生创业者带来很多优势。

4. 根据市场因素选址

市场因素于销售商品或提供服务的企业来说，是一个非常重要的因素，它直接决定企业未来的发展。没有根据市场因素选址，或者不会利用市场因素选址，就会导致创业者创办的企业经营不畅，最后无疾而终。

5. 根据自然因素选址

自然因素一般针对对自然资源有所要求的企业。这样的选址，通常能够使企业不至于违反国家的一些环保法规，或者方便创业者和创业公司利用好自然资源为企业带来优势等。

（三）创业选址应注意的问题

创业选址通常要经历市场信息的收集、多个选点的评价及确定最终地点三个环节。

创业选址要注意一些细节问题，如交通便利；接近人们聚集的场所；选择人口增加较快的地方；要有“傍大款”意识；要选择有广告空间的店面等。

案例分析

麦当劳的选址

业内曾经流传这样一种“傍大款”的说法：“选铺跟着麦当劳、肯德基走，肯定没错!”下面是麦当劳的选址“心经”。

（1）只选择在适合汉堡包生存的地方开店。包括生活节奏、支付能力和思想状况。

（2）先标准后本土的思想。一般不会花巨资去开发新市场，而是去寻找适合自己的市场；选择尽可能实现完全“拷贝”母店的店址。他们不会给每个人量体裁衣，他们需要做的只是寻找能够穿上他们衣服的人。

（3）核心秘诀：“选址，选址，还是选址”。连锁企业发展的标志就是规模扩张，它的前提是总部统一控制发挥整体优势；而实现这一目标的第一步就是通过选择合适的店址，进行最大限度的拷贝，使分店更加标准化，使总部经营管理更加简单化。

（4）选址步骤。首先，市场调查和资料信息的收集，包括人口、经济水平、消费能力、发展规模和潜力、收入水平以及前期研究商圈的等级和发展机会及成长空间。其次，对不同商圈中的物业进行评估，包括人流测试、顾客能力对比、可见度和方便性的考量、市场价格、面积划分、工程物业配套条件及权属性质等方面。最后，更多地关注市场定位和价格水平，既考虑投资回报的水平，也注重中长期的稳定收入。①

四、新企业要获得社会认同

企业注册开张营业后，要获得社会认同，除遵纪守法外，还需要符合道德标准，主动承担社会责任。企业社会责任（corporate social responsibility，CSR）的概念已经广被接受，但就国际社会而言，还没有一个统一的定义。但从国际组织对企业社会责任给出的定义可以看出，其基本内涵和外延是一致的，它是指企业在创造利润，对股东利益负责的同时，还要承担起对企业利益相关者的责任，保护其权益，以获得在经济、社会、环境等多个领域的可持续发展能力。利益相关者是指企业的员工、消费者、供应商、社区和政府等。企业得以可持续经营，仅仅考虑经济因素对股东负责是远远不够的，必须同时考虑到环境和社会因素，承担起相应的环境责任和社会责

① 本案例改选自豆丁网《麦当劳肯德基选址秘笈》，http：//www.docin.com/p-408155485.html。

任。企业社会认同的三个要素为经济、社会和环境（如图 8－2 所示）。

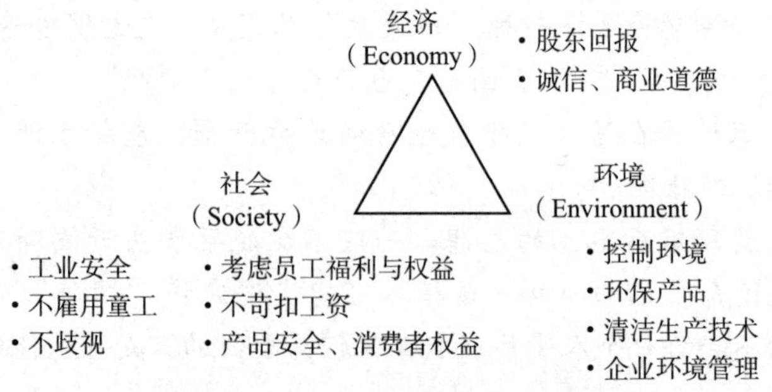

图 8－2　企业社会认同的三要素

第二节　创业融资

一、认识创业融资

（一）创业融资的定义

狭义的融资，就是货币资金的融通，当事人通过各种方式到金融市场上筹措或贷放资金的行为，即是一个企业的资金筹集的行为与过程；广义的融资，不仅包括资金的筹集，也包括资金的运用。

创业融资是创业者为了将某种创意转化为商业现实，通过不同渠道、采用不同方式筹集资金以建立企业的过程。创业者应该根据新创企业在不同时期的不同资本需求特征，结合创业计划和企业发展战略，确定资本结构以及资本的合理需求数量。

（二）创业融资的重要性

每个企业的发展都需要资金的支撑。在新创企业的经营活动产生现金流之前，企业进行广告宣传、技术研发、员工培训、购买设备、购买材料都需要不断地投入资本以实现规模经济效应，有些产品或服务的开发周期还比较漫长。所以，新创企业在初期就需要筹集一定数量的资金。

对创业者来说，融资的重要性不言而喻。首先，资金是企业的基石。资金是企业开始生产经营的起点，也是企业持续发展的基础。资金链的断裂可能导致企业破产。其次，适当的融资可有效降低创业风险。创业企业从各种渠道筹集到的资金，都有资金成本。所以，融资渠道和融资方式的选择至关重要，合适的融资组合有利于降低资金成本，能够使创业企业的财务风险控制在一定范围之中。最后，企业可持续发展依赖于科学的融资决策，正确的融资决策才能保证创业企业的可持续发展。

（三）创业融资难的原因

据调查，创业者面临的最大挑战是缺少创业所需资金及创业资金筹集难的问题。创业企业的不确定性大、信息不对称以及资本市场欠发达等是创业企业融资难的根本原因。

1. 新创企业的不确定性大

与成熟的企业相比，新创企业在资产、销售和雇员等方面均处于弱势地位，具有很大的不确定性。不确定性也客观上使得新创企业在企业技术、产品或商业模式上具有走向成功的可能性，同时影响了风险投资者提供资本的决策；不确定性会增大创业企业与外部投资者签订依赖特定条件或状态的合同的难度，使得外部融资的成本增加。所以，由于创业活动的不确定性，外部投资者难以评估商业机会的真实价值和创业者把握机会的实际能力。

2. 信息不对称

企业和资金提供者在融资过程中的信息不对称主要有下面几个方面：首先，创业者具有信息优势。创业者对创业活动的商业模式、创意、技术、团队素质、自身能力、产品或服务、企业的创新能力和市场前景等的了解要远远多于投资者。所以，创业者具有信息优势，而投资者则位于信息劣势的地位；其次，创业者会对创业信息保密。由于创业者在融资时担心商业机密的泄露，会保护自己的商业机密与开发方法，尤其是进入门槛低的行业的创业者。而创业者对创业信息的保密会使投资者对信息甄别的时间和成本增加，那么投资者在其有限信息的条件下很难判断项目优势，进而影响其投资决策；最后，新创企业的经营和财务信息的透明性差。新创企业常常处于筹建期，经营记录比较少，规模也比较小，经营活动和财务信息的透明度较差，这会让潜在投资者难以了解和把握创业者和创业企业的相关信息。

3. 资本市场欠发达

与发达国家资本市场相比，我国的资本市场还不够完善，从事中小企业融资的金融机构和专门针对创业企业特点的融资产品都比较匮乏，而我国对企业上市的较高要求、产权交易市场落后、投资群体素质整体不高，都增加了创业企业融资的难度。

4. 创业融资难的其他原因

与成熟企业相比，创业企业在融资方面的劣势很突出，包括缺乏抵押和担保、单位融资成本较高、资金安全性评估困难以及创业者人力资本难以定价等等。

二、创业资金测算

（一）创业资金分类

根据不同的标准，创业资金可以进行不同的分类，不同种类的创业资金有利于创业者在估算创业资金时充分考虑各种可能的资金需求。

1. 按照资金占用形态和流动性的分类

按照资金的占用形态和流动性，可以分为流动资产和非流动资产。流动资产是包括原材料、半成品、库存商品以及用于支付薪酬和各种日常支出的资金；非流动资产是指用于购买机器设备、建造厂房、购买无形资产等的资金。流动资产的流动性较好，使用和变现比较容易，具有短期资金的性质，一般情况下可在一个营业周期内收回和耗用，创业者在进行创业资金需求估算时需考虑其持续投入的特性，短期筹资方式筹集相应资金是比较常见的选择；非流动资产占用的时间较长，短期内不能收回，属于长期资金的范畴，可以在 1 年以上的经营过程中给企业带来经济利益的流入，创业者在估算创业资金需求时，一般采用长期筹资的方式筹集相应资金。

2. 按照资金投入时间的分类

按照资金投入企业的时间可分为投资资金和营运资金。投资资金包括在筹建期间企业为取得原材料、库存商品等流动资产投入的流动资金；执照费、市场调研费、专家咨询费和技术资料费；为构建厂房、机器设备等固定资产以及为购买或研发专利权、版权等无形资产投入的非流动资产等。营运资金是指企业从开始经营之日起发生的各种支出资金，是开业后投资者向企业投入的资金。企业在做到收支平衡前的时期称作营运前期，其资金投入主要是流动资金，包括占用在流动资产上的资金和用于日常开支的费用性支出所需资金。

创业企业初始阶段，企业的产品或服务很难得到消费者的认同、市场份额较小和不确定的特性都决定了企业难以在初始阶段形成一定规模的销售额。往往在企业开业后相当长的一段时间内，销售额度有限和不稳定性、赊销中导致的应收账款都使现金流入无法满足日常的生产经营需要，从而要求创业者对企业追加投资。

大多数的行业，营运资金的需求要远远大于投资资金的资金需求，充分认识营运资金的重要性有利于创业者对创业所需资金的数量做出充分测算，便于及时、足额地筹集资金。

（二）投资资金的测算

投资资金包括企业开业之前的流动资金和非流动资金投入，以及开办费用所需要的资金投入。通常情况下，大部分创业者均会估算房屋建筑物和机器设备购置费、材料支出、员工薪酬支出和广告费，但机器设备安装费用、创业者的工资支出、市场开拓费、厂房装修费用、营业税费等开业前可能发生的其他大额支出常常会被忽略，下面采用表格的形式，明确投资资金的项目，用以估算创业资金的需求（如表8－4所示）。

表8－4　投资资金估算表　单位：元

行次	项目	数量	金额
1	厂房、建筑物		
2	机器设备		
3	办公家具		
4	办公用品		
5	员工薪酬		
6	创业者工资		
7	市场开拓费		
8	房屋租金		
9	材料购置费		
10	宣传费		
11	水电费		
12	电话费		
13	保险费		
14	设备维护费		
15	软件费		
16	开办费		
17	……		
n	合计		

对表8－4有关项目的内容做以下说明：

表格中第1～3行的是非流动资金支出，计算创业资金时一般作为一次性资金需求予以考虑。其中，厂房、建筑物的支出包括厂房的装修费用，若企业打算使用租来的房屋办公，那么要把相应的支出填写在第 8 行的房屋租金中，另外还要注意房租的支付方式，租金的形式包括押一付三和押一付一两种，一般情况下都是预先支付租金的形式；如果按半年付费或按年付费的方式支付房租，那么房屋租金的支出额会更多；机器设备的支出包括机器设备的购置费用和安装调试费用，而且不能忽略安装调试的时间对企业生产运营的影响。

表格中第 4 ~ 15 行是流动资金支出，在测算创业资金时应考虑其持续性投资的问题。创业者在估算投资资金时，必须要考虑员工薪酬、市场开拓费、营业税费和设备维护费等项目。

表格中第 16 行是创业企业的开办费用。开办费用是企业筹建期间发生的各项费用支出。包括筹建期间的员工薪酬、印刷费、办公费、差旅费、人员培训费、注册登记费以及不计入固定资产和无形资产等构建成本的汇兑损益和利息支出。支出的开办费用不形成特定资产，企业可以从开始经营的当年利润中一次性的扣除，或者在一定期间内分期均摊计入不同期间利润之中。不同行业所需要的开办费用有所差异，例如高科技行业筹建期间的员工薪酬和员工的培训费相对较高，进入门槛比较高的行业筹建期相关费用较高等。

不同行业的资金支出不同。所以，创业者需根据调查，将本行业所需支出在 17 行及以下表格中给予补充，并在最后一行给出投资资金的合计数。

需要注意的是：创业者在进行资金估算时，不但要考虑所需的各种资金，避免漏掉某些项目，而且还要考虑到创业初期资金筹集的困难性和迫切性，创业者要想办法节省开支，通过租赁厂房、采购二手设备等手段减少投资资金的花费。

（三）营运资金的测算

营运资金（working capital），也叫营运资本。广义的营运资金指一个企业投放在流动资产上的资金，具体包括现金、应收账款、有价证券、存货等占用的资金。狭义的营运资金是指某时点企业的流动资产与流动负债的差额。

创业者要测算企业的营运资金，要通过财务预测的方式实现，需要根据企业的销售收入、成本和利润等情况来确定。

1. 营业收入的测算

营业收入是指企业在从事销售商品、提供劳务和让渡资产使用权等日常业务中所形成的经济利益的总流入。新创企业只有先进行营业收入的测算，才能够编制财务计划和预计财务报表。进行营运资金测算之前，创业者要先进行市场调研和行业分析，然后根据试销经验和市场调研资料预算业务量和单价，最后根据推销人员专业意见、专家咨询意见或市场序列分析方法估算每个会计期间的营业收入。如表 8 - 5 所示的营业收入预测表，创业者可以作为参考。

表 8 - 5 **营业收入预测表** 单位：元

项目		1	2	3	4	……	合计
产品一	数量						
	单价						
	收入						
产品二	数量						
	单价						
	收入						
……							
合计	收入						

2. 预算利润表的编制

利润表是用来反映企业在一定会计期间经营成果的财务报表。以“收入 - 成本 = 利润”作为依据，编制顺序为：营业利润、利润总额和净利润，是一个时期内的动态报表。企业要编制预计利润表，首先要以营业收入测算时的业务量为依据进行营业成本的测算；以拟采用的营销策略和组合为依据进行营销费用的测算；以企业战略和业务规模为依据进行管理费用的测算；以融资渠道和融资成本为基础进行财务费用的测算；以行业标准和相应的政策基础进行营业税费的测算；然后就可以根据营业收入和相关费用的差额计算出预计利润。表 8 - 6 和表 8 - 7 分别为预计营业成本表和预计利润表。

表 8 - 6 **预计营业成本表** 单位：元

项目		1	2	3	4	……	合计
产品一	数量						
	单位成本						
	成本						
产品二	数量						
	单位成本						
	成本						
……							
合计	成本						

表 8-7　　　　预计利润表　　　　单位：元

项目	1	2	3	4	……	n
一、营业收入						
减：营业成本						
营业税金及附加						
销售费用						
管理费用						
财务费用						
二、营业利润（损失以“-”号填列）						
加：营业外收入						
减：营业外支出						
三、利润总额（损失以“-”号填列）						
减：所得税费用						
四、净利润（损失以“-”号填列）						

新创企业在初始阶段的业务量不稳定，难以获得市场认可，营业收入和营业成本也难以达到平衡，所以应该按月进行营业收入、营业成本及各项其他费用的测算，并且要按期对企业的利润状况进行评估。通常情况下，企业在实现收支平衡之前，应该按月编制企业利润表。达到收支平衡之后，可以根据公司情况和公司业务战略编制季度、半年度或年度利润表。

3. 预计资产负债表的编制

资产负债表是反映企业在某一特定日期全部资产、负债和所有者权益状况的报表。依据“资产 = 负债 + 所有者权益”这一平衡关系进行编制，按照流动资产、非流动资产、流动负债和非流动负债进行列示，并按照一定要求进行静态时点会计报表的编制。

创业者要编制预计资产负债表，首先应该以营业收入预算额和企业的信用政策为依据测算营业收入中的货币资金和应收账款；以原材料和库存商品的进销存状况为依据测算存货的情况；以行业的税费标准和预算的收入为基础测算企业的应交税费；以预计利润表中的利润金额为基础计算所有者权益，并以此为依据确定外部筹资额。表 8-8 所示的预计资产负债表，创业者可以以此为参考。

通常情况下，在实现收支平衡之前，企业应该按月编制资产负债表，实现收支平衡之后，可以根据公司情况和公司业务战略编制季度、半年度或年度资产负债表。

表 8-8　　　　　　　　预计资产负债表　　　　　　　　单位：元

项目	1	2	3	4	……	N
一、流动资产						
货币资金						
应收账款						
存货						
其他流动资产						
流动资产合计						
二、非流动资产						
固定资产						
无形资产						
非流动资产合计						
资产合计						
三、流动负债						
短期借款						
应付账款						
应交税费						
其他应付款						
流动负债合计						
四、非流动负债						
长期借款						
其他非流动负债						
非流动负债合计						
负债合计						
五、所有者权益						
实收资本						
资本公积						
留存收益						
负债和所有者权益合计						

企业资金来源的另一种方式是企业经营过程中留存收益的增加额，是一种内部融资渠道。企业当期实现的利润和利润留存的比率决定了企业的留存收益。通常情况下，在企业的初始阶段，企业的利润分配率比较低或者为零，那么企业经营所获得的大部分或者全部利润均能够留存在企业，用于企业今后的发展。当企业发展到一定规模，

仅仅依靠留存收益无法满足企业的发展需要时，企业就要从外部进行资金筹集。

三、创业融资渠道

融资渠道是指协助企业的资金来源，是企业筹集资本的方向和通道，体现资本的源泉和流量。融资渠道主要由社会资本的提供者及数量分布决定。目前，我国创业融资的渠道包括私人资本融资、机构融资、风险融资、政府扶持基金和知识产权融资等。

（一）私人资本融资

私人资本包括创业者个人积蓄、亲友资金、天使投资等。据调查，我国私有中小企业在创业初始阶段较大程度都依靠自筹资金。其中，90%以上的初始资金是由主要业主、创业团队成员及家庭提供的，银行和其他金融机构贷款所占的比例较小，私人资本在企业融资中具有不可替代的地位。

1. 个人积蓄

个人积蓄是创业融资最根本的渠道，大部分创业者都向新创办的企业中投入个人积蓄。其创业成本较低，而且创业者在试图引入外部资金时，外部投资者会要求企业有创业者个人资金的投入。

个人积蓄对创业企业具有重要的意义。第一，创业者个人积蓄的投入代表企业者对于项目前景的看法，只有当创业者看好未来的项目时，他才会投入自己的积蓄。第二，创业者投入积蓄越多，未来会在生产经营中投入的更多，是对未来的一种保障。第三，个人积蓄的投入保障了对债权人的债权，因为在企业破产清算时，债券人的权益优于投资者的权益。第四，个人积蓄的投入有利于创业者分享投资成功的喜悦。但是个人积蓄的投入规模有限，并不是根本的解决方案。

2. 亲友资金

向亲友拆借是最为保守的融资途径。相比其他融资渠道而言，亲人之间借钱的手续要简单得多。除了借条之外，应当主动提出还本付息的承诺。适合有固定收入和定期存款，仅仅是一时资金周转困难的人士。

3. 天使投资

天使投资（angel investment），是权益资本投资的一种形式，是由拥有较多资产的个人出资帮助有专门技术或独特概念的原创项目或小型初创企业，进行一次性的前期投资。属于风险投资的一种。但与风险投资有着较大差别。天使投资是非组织化创业投资形式的一种，其资金大多数来源于民间资本。

天使投资的门槛比较低，只要有发展的潜力就能获得资金，是比较适合创业者的一种融资选择。虽然天使投资的金额一般较小，但是天使投资对企业的审查不严格，大多时候是基于投资人的主观判断来决定的，而且是一次性的投入。一般情况下天使投资是个人投资，大多是对创业者的难处比较了解的企业家，也有可能是创业者的邻居、公司伙伴、朋友、家庭成员或供应商，是个体或者小型的商业行为。如果天使投资人是知名人士，他们带来资金的同时，也可以提高公司的声誉。对于创业企业来说天使投资是优选融资方法。

（二）机构融资

与私人融资相比，机构融资能获得更大规模的资金，且能够提升企业的社会地位，有利于维护企业形象。包括银行贷款、非银行金融机构贷款、交易信贷、融资租赁和从其他企业融资等。

1. 银行贷款

银行贷款融资是指证券公司通过向银行借款以筹集所需的资金。企业向银行融资主要通过银行信贷。银行信贷资金供应量大、操作灵活、可根据需要进行长短期贷款搭配的优点；而且相对债权和信托等渠道，银行信贷融资手续简单，成本低。抵押和担保是比较适合创业者的两种方式，但是在严格的金融监管和银行风险意识加强的条件下，抵押和担保的要求也非常严格，这就在一定程度上限制了企业的融资金额，两外信贷资金有还本付息的压力，尤其是短期借贷压力更大，对企业的资金流向要求很高。

（1）抵押贷款。抵押贷款是指债务人在法律上把财产所有权转让给债权人，但债权人并不占有财产，债务一经偿还，财产所有权的转让即告结束，设置抵押的目的是保障债权人在债务人不履行债务时有优先受偿的权利，可以通过将抵押的实物形态变成值来实现的这一优先受偿权，所以抵押对象是抵押人所有的实物形态的财产。抵押品一般包括国债、有价证券、房地产，以及货物的提单或其他各种证明物品所有权的单据。

（2）担保贷款。担保贷款，是指由借款人或第三方依法向银行提供担保而获得的贷款。担保贷款包括保证贷款、抵押贷款和质押贷款。适合创业者的担保贷款形式有以下两种：一是自然人担保贷款。自然人担保贷款是指经由自然人担保提供的贷款。由抵押、权利质押、质押加保证三种方式。二是专业担保公司担保贷款。政府或民间组织的专业担保公司都可以为初创企业提供融资担保。而这些担保公司大多属于公共服务性非营利组织，创业者都可以通过申请获得所需资金。

（3）信用卡透支贷款。创业者可以通过信用卡取现和透支消费两种方式进行信用卡透支贷款。透支取现是银行为持卡人提供的小额现金借款，在持卡人急需时助持卡人灵活调度资金。主要包括透支取现和溢缴款取现两种方式。

透支取现的额度根据持卡人用卡情况设定，最低不超过持卡人信用额度的30%，最高的是100%额度，除不同银行规定不同的取现手续费外，境内外透支不享受免息待遇，需要支付利息。而需要支付利息的话，其利息一般都很高，其利息是按照日息万分之五，而且还是计算复利。再者透支取现的手续费很高，一般是一次性收取1%以上手续费。

溢缴款取现是指信用卡客户还款时多缴的资金或存放在信用卡账户内的资金，取出溢缴款时需要支付手续费用。该笔款能够增加信用卡的可用额度或直接用于消费还款。如果信用卡内有溢缴款，则先扣溢缴款，再扣信用额度，只要溢缴款大于消费金额就不会形成透支。

对于信用卡透支消费交易，中国银行一般提供20～50天的免息还款期，如果在免息还款期前全额还款将不计利息；如果在免息还款期前未全额还款，会按分段计息的方式计收透支利息。创业者可以通过信用卡透支来获取企业急需的资金。

（4）政府无偿贷款担保。根据国家和地方政府的有关规定，很多地方政府都为当地的创业者提供无偿贷款担保。目前，国内大多数省份的应届大学毕业生都可以享受国家小额无偿贷款的优惠政策。自主创业大学生可申请的贷款担保额度最高为100万元，并享受贷款贴息。

（5）中小企业间互助机构贷款。中小企业的互助机构指中小企业在向银行融通资金时，根据合同规定，由依法设立的担保机构以保证的方式为债务人提供担保，在债务人不能依约履行债务时，由担保机构承担合同约定的偿还责任，从而保障银行债权的实现的一种金融支持制度。信用担保为中小企业创业融资提供便捷有力的途径，分散了融资风险，有利于银企合作的顺利进行。

（6）其他融资。创业者也可以将个人消费用于创业融资，如可以用拟购置的房子作为抵押向银行申请商业用房贷款；可以通过办理汽车消费贷款购置创业所需车辆等。虽然银行提供抵押、担保或保证的条件比较苛刻，但只要创业者准备的材料符合相关规定，根据国家鼓励创业的政策，能够得到相应的银行贷款。

2. 非银行金融机构贷款

非银行金融机构贷款是指向除银行之外从事金融业务的机构借入的各项贷款。根据有关法律规定，非银行金融机构包括城市和农村信用社、保险公司、典当行、金融信托投资公司、证券公司、财务公司、金融租赁公司等公司机构。创业者可以同通过这些机构获得所需的经营资金。

（1）保单质押贷款。保单质押贷款是投保人把所持有的保单直接抵押给保险公司，按照保单现金价值的一定比例获得资金的一种融资方式。保单质押贷款的期限一般比较短，最多不超过6个月，不同保险公司对保单贷款比例有不同的规定，一般在70%～80%。保单贷款的利率按照中国保监会规定的预定利率与同期银行贷款利率较高者再加上20%计算，若创业者到期不能履行相应的债务责任，当贷款本息积累到退保现金价值时，保险公司有权终止保险合同效力。寿险展业过程中，在条款里加入保单质押贷款，已经成为一种时尚。

（2）实物质押典当贷款。实物质押典当贷款就是以财物作质押，有偿有期借贷融资的一种方式。这是一种以物换钱的融资方式，创业者只要有较高价值得物品质押在典当行就能取得一定数额的贷款。但是典当费率要远远高于同期银行利率，而质押贷款额一般为质押品价值的50%～80%。但是只要创业者在约定时间内还本并支付一定的服务费（包括当物的保管费、保险费、利息等），就可赎回质押物。

（3）小额贷款公司。小额贷款公司是由自然人、企业法人与其社会组织投资设立，不吸收公众存款，经营小额贷款业务的有限责任公司或股份有限公司。与银行相比，小额贷款公司更为便捷、迅速，适合中小企业、个体工商户的资金需求；与民间借贷相比，小额贷款更加规范、贷款利息比较灵活，可通过双方协商确定。只要经营时间超过六个月，可为创业者提供免抵押、免担保的贷款服务，可提供高达30万元人民币的贷款，而且发放速度比较快，2～3天内就可以放款。

3. 交易信贷

交易信贷是指企业在正常的生产经营中通过延期付款或预售账款形式所形成的企业之间的信贷关系。创业者在初建期和生产经营中可以通过交易信贷获得资金时间价值方式筹集部分资金。例如，在购买原材料和商品时，可以通过延期付款形成应付账款，获得延期期间免费试用供应商资金的权利；在销售商品时，采用预收账款的方式免费使用商户的资金等。

4. 融资租赁

创业者也可以通过融资租赁获得购置设备等长期资产所需的资金。融资租赁是指出租人对承租人所选定的租赁物件，进行以其融资为目的购买，然后再以收取租金为条件，将该租赁物件中长期出租给该承租人使用。融资租赁转移了与资产所有权有关的全部风险和报酬，其所有权最终可能转移，也可能不转移。这种融资方式下创业公司只须付少量资金就能使用到所需设备进行生产，相当于为公司提供了一笔中长期贷款，解决了企业资金不足的问题。融资租赁是集融资与融物、贸易与技术更新于一体的融资方式。由于其融资与融物相结合的特点，出现问题时租赁公司可以回收、处理租赁物，因而在办理融资时对企业资信和担保的要求不高，所以非常适合中小企业融资。中小企业通过融资租赁所享有资金的期限可达 3 年，远高于一般银行贷款期限。在还款方面，中小企业可灵活选择分期还款，极大地减轻了短期资金压力，防止中小企业本身就比较脆弱的资金链发生断裂。

5. 从其他企业融资

一般情况下，企业都是资金的需要方而不是提供方，但是在不同行业的企业或者是在企业的不同发展时期，一部分企业会把部分闲置资金对外提供，特别是一些公用事业企业和发展到成熟期的企业，这些企业的现金流比较充足，需要通过对外投资的方式获得收益，而创业者可以向这些企业借款，形成债券资本，或者吸收其资金形成股权资本，实现双赢。

（三）风险投资

风险投资（venture capital，VC），作为一种资本组织形态，最早出现于 19 世纪末 20 世纪初期。当时美国和欧洲的投资集团贷款给美国企业，主要以铁路、钢铁、石油及玻璃等新兴工业作为主要投资对象，1911 年开始投资于计算机产业，1946 年哈佛大学商学院教授多利奥特（George Doriot）和新英格兰地区的一些企业家共同组建了美国研究与发展公司（简称“AR&D”），它们专门对一些处于早期阶段的非上市公司进行股权投资，从而揭开了现代风险投资的序幕。

广义的风险投资是指具有高风险、高潜在收益的投资；狭义的风险投资是指以高新技术为基础，生产与经营技术密集型产品的投资。根据美国风险投资协会的定义，风险投资是由职业的金融家投入到新兴的、迅速发展的、具有巨大竞争潜力的企业中的一种股权资本。在我国，关于风险投资的概念，目前尚未有统一的观点，较为普遍的观点是：风险投资是由专业机构提供的投资于极具增长潜力的创业企业并参与其管理的权益资本。

风险投资既不需要抵押，也不需要偿还。如果投资成功，投资人将获得超额的回报，如果失败，投进去的钱就算“打水漂”了，但是创业者也不会因此背上债务。对创业者来说是一种值得尝试的融资方式。

风险投资是由资金、技术、管理、专业人才和市场机会等要素所共同组成的投资活动。它具有以下特点：以股权方式投资，实现对新兴企业的投资；积极参与投资企业的创业过程，参与企业的重大决策活动；投资风险大、收益高，并由专业人员循环的进行各项风险投资；只期望获得收益，而不以所有权为目的；风险投资公司与创业者是基于相互信任与合作的基础上建立的合作关系；一般把具有高成长潜力高科技的企业作为投资对象。

1. 创业者寻求风险投资的步骤

一般情况下，创业者寻求创业投资需要十个步骤，如图 8－3 所示。

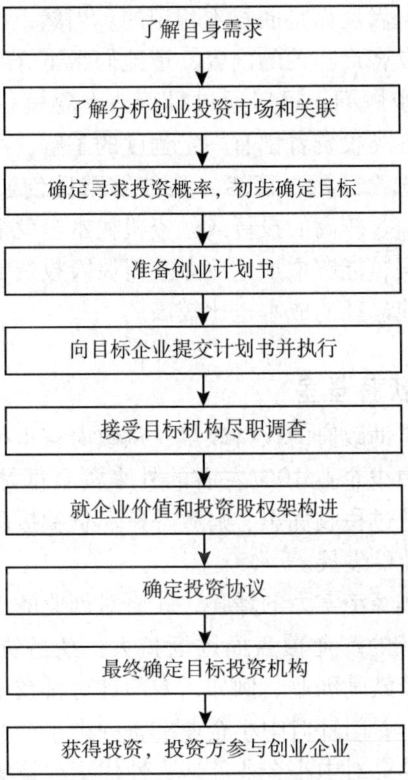

图 8－3　创业者寻求风险投资的步骤

2. 创业者获得风险投资的渠道

创业者可以通过给投资者发送邮件、参加行业会议、请朋友介绍和通过融资顾问的渠道获得风险投资。

（1）给投资者发送邮件。通过这种方式获得创业投资是最简单的方法，因为风险投资一般都有自己的专业网站，会提供有关邮箱等各种信息，创业者可以将自己的有关需求和创业计划书发送到相应的邮箱，以获得投资者的关注和投资。这种方式的成本较低，但是获得成功融资的只占 1%，成功率较低。

（2）参加行业会议或创业训练营。在行业会议和训练营上会可以接触到很多的投资人，创业者可以把握机会，尽可能多的与投资人交流，向投资者阐述自己的创业想法和前景，去说服投资者，并且尽可能留下有兴趣的投资者的联系方式，后期可以有进一步的交流，以此获得投资。

（3）朋友介绍。如果朋友是做融资行业的，可以借助朋友在使用风险投资并取得经营成功的名片，借由朋友把创业者的项目介绍给投资人，由于朋友的名片会使得创业者获得投资者的初步肯定。不过，创业者圈子的局限性，会使得朋友介绍的投资类型不适合自己，而适合自己的投资者反而是朋友不相识的。当然，也可以多向已经取得风险投资的朋友咨询相关的内容，请他们帮忙介绍。

（4）通过融资顾问。可以通过投行或者融资机构来寻找风险投资，这些机构对各类投资者都有一定程度的了解，可以通过自身的经验帮助创业者挑选合适的投资者，也能够帮助创业者与他们进行沟通，另外，有些信誉较高的投行或融资机构本身就能够为创业者项目的成功性提高筹码，能够增加创业者获得风险投资的概率，不过通过这种方式相比其他途径的成本也比较高。

（四）政府扶持基金

创业者可以借助政府的扶持政策，从政府获得融资支持。世界各国的情况表明，中小企业 10% 左右的外来资金都是来自政府的资金支持，政府主要通过税收优惠、财政补贴、贷款援助和风险投资等方式来支持中小企业的发展。

随着我国整体经济实力的增强，政府对创业的支持力度有了很大的提高，政府扶持的产业覆盖面逐渐扩大，扶持资金额度也逐步增大，政策上也积极鼓励创业。例如，专门针对科技型企业的科技型中小企业创新基金、专门针对中小企业准备的中小企业国际市场开拓资金等，包括许多的针对中小企业的地方性优惠政策等，创业者应该多关注国家政策，善于通过相关的扶持政策来发展企业。

1. 再就业小额担保贷款

小额担保贷款是由政府出资设立担保基金，由就业担保机构提供贷款担保，再申请银行专项就业小额贷款来解决失业人员、未就业大学毕业生、农村转移劳动力和复员（转业）军人在创业过程中缺乏启动资金和信用担保，无法获得银行贷款的问题。从事个体经营的再就业人员最多贷款不超过 5 万元；对再工商管理部门注册登记的合伙经营的小额担保贷款可达到 20 万元；对于已经通过小额担保贷款取得成功，并且按时归还利息的具有良好信誉的企业，可以为其提供最高额度为 30 万元的第二次小额担保贷款；对于 30% 以上职工持有《再就业优惠证》、签订一年以上劳动合同并按规定缴纳社会保险费、被有关部门认定的劳动密集型小企业可申请额度 200 万的企业贷款；小额担保贷款期限最长为 2 年，若到期需延长贷款期限的，经审批可展期一年，展期不贴息。

2. 科技型中小企业技术创新基金

1999 年经国务院批准设立的科技型中小企业技术创新资金旨在促进科技型中小企业创新能力，并且由科技部、科技型中小企业和技术创新基金管理中心统一实施用于支持科技型小企业技术创新的政府专项基金。扶持的基金主要通过无偿资助、贷款贴息、资本金投入的方式发放，对每个项目的资助限额一般不超过 100 万元人民币，个别重大项目不超过 200 万元人民币。创新基金主要用于支持技术含量高、市场前景好、风险较大的在产业化初期的科技型中小企业项目，因其不具备商业性资金进入的条件，只能靠政府资金的支持，为其后期的产业化扩张和商业性资本介入打下良好的基础，提高科技型中小企业的技术创新能力，促进科技型中小企业的科技成果转化能力。

3. 天使基金

上海市大学生科技创业基金会于 2005 年 3 月启动的公益性的不以营利为目的创业“天使基金”。主要是为了扶持大学生自主创新创业的“种子基金”。只要是按时完成学业，能取得学位证书或毕业证书、无不良信用及违纪记录的拥有科技创新能力者，可以为具有科技开发价值的项目申请 5 万 ~ 30 万元的天使基金。

4. 其他基金

科技部的“863”计划、火炬计划等，同科技型中小企业技术创新基金一起，每年都有 10 亿左右的资金用于支持科技型中小企业的科技创新研发和成果转化；财政部也通过国家重点新产品补助基金、高新技术更新改造项目贴息基金等支持创业发展；国家发改委通过节能产品贴息项目计划和产业技术进步资金资助计划等支持中小企业发展。各省市也相继出台相关政策支持创业发展。只要包括人力资源和社会保障部的小企业担保基金专项贷款、中小企业贷款信用担保和大学生科技创业基金等。

创业者要多关注相关政策，结合自身状况，通过利用政府基金来降低融资成本，增加创业成功的概率。

（五）知识产权融资

知识产权融资也是中小企业者应该关注的一种全新的融资方式。知识产权融资和设备融资租赁相类似，在租赁期间，承租方获得知识产权所有权之外的所有权利。租赁期满，若知识产权还在有效期内，则根据约定确定知识产权的归属。在国外具有很多成功的案例。下面介绍两种主要的知识产权融资方式：知识产权作价入股和知识产权抵押贷款。

1. 知识产权作价入股

根据2014年3月1日实施的《中华人民共和国公司法》（以下简称《公司法》）规定："股东可以用货币出资，也可以用实物、知识产权、土地使用权等可以用货币估价并可已发转让的非货币性财产作价出资。"知识产权可以作价入股，指出知识产权可以作为生产要素。而且《公司法》还规定，无形资产可以百分之百出资，不在限制发起人或股东的货币出资比例。所以说发起人可以使用专利、软件著作权和商标等无形资产进行百分之百出资，这就大大减轻了股东货币出资的压力。

根据《公司法》规定，除了法律、行政法规规定不得作为出资的财产以外，股东可以用非货币性资产作价出资，但是应该核实财产，必须经过专业的知识产权评估，不得高估或者低估作价。

2. 知识产权抵押贷款

知识产权质押贷款是指以合法拥有的专利权、商标权、著作权中的财产权经评估后向银行申请融资。在我国，知识产权质押融资处于起步阶段，相关法律还不完备，银行对知识产权担保方式认识的缺乏性以及知识产权自身不易变现、价值难以确定的特点，知识产权质押贷款开展还具有一定的困难性。2006年我国首次出现知识产权质押贷款，2008年把浙江等作为知识产权质押贷款试点省份。2010年财政部、工业和信息化部、国家版权局、中国银行监督管理委员会、国家工商行政管理总局和国家知识产权局共同发布了《关于加强知识产权质押融资与评估管理，支持中小企业发展的意见》通知，使得知识产权质押融资工作取得进一步的进展。

知识产权质押融资具有质押、质押加保证和质押加其他抵押担保三种形式。质押就是只把知识产权作为贷款的担保；质押加保证是把知识产权作为主要担保形式，并且辅助第三方连带责任（担保公司等）保证的贷款方式；质押加其他抵押担保是把知识产权作为主要担保形式，以土地等固定资产质押或者个人连带责任保证等作为补充担保的形式。

案例故事

商道：成就巨头企业的融资历程

创业伊始，内部融资

1999年2月，阿里巴巴静悄悄地诞生在杭州湖畔花园的一间小公寓里。门上连一个牌子都没有挂，简陋、质朴、无名。马云决定在杭州成立公司，远离当时已成为IT中心的北京和深圳，这样会使公司运营成本更低。

阿里巴巴成立那天的第一次集会也成了筹资会。马云让参会的18人（都是马云任杭州科技大学英语老师时夜大英语班的学生，被称为阿里的“十八罗汉”）拿出自己的存款来，最终他们凑了50万元，作为初始投资。

小有名气，天使投资

很快，阿里巴巴网页发布了。马云很快就进入了外媒的视野。互联网是个烧钱的行业，它的规模效应比其他行业都重要，所以对资本最为渴求。马云需要风投资金。到了1999年底，钱已经成了公司的最大问题。1999年10月，高盛的500万美元天使投资把阿里巴巴从悬崖边拉了回来。

成长阶段，二轮融资

2000年1月18日，马云收到软银2 000万美元的融资。就在同年4月，美国纳斯达克市场IT泡沫破灭，股价暴跌。这之后再没有投资者向中国的IT企业投资，而阿里巴巴却有充裕的资金度过寒冬。

快速扩张，三轮融资

2004年2月17日，马云在北京宣布，阿里巴巴第三轮融资8 200万美元，软银牵头出资6 000万美元，其余2 200万美金由富达、TDF和GGV出资。这笔投资是当时国内互联网金额最大的一笔私募投资。三轮融资过后，阿里巴巴的持股结构改变为：马云及其团队占47%、软银占20%、富达占18%、其他几家股东占15%。三轮融资合计1.12亿美元，并没有改变马云在阿里巴巴大股东的地位。

上市准备，雅虎入股

2005年8月11日，阿里巴巴创始人马云与雅虎全球首席运营官丹尼尔罗森格高调宣布，阿里巴巴收购雅虎中国全部资产，同时得到雅虎10亿美元投资。而雅虎获得阿里巴巴40%的股权及收益权和35%的表决权。这是中国互联网史上最大的一起资本运作。完成收购后，阿里巴巴公司新董事会共有4席，其中，阿里巴巴两席、雅虎公司一席、阿里巴巴的投资人日本软银公司一席，阿里巴巴创始人马云仍将担任公司的CEO与董事会主席。

港交所首次IPO融资

自2007年以来，阿里巴巴就一直寻求在香港上市。2007年，阿里巴巴进行了第一次重大的重组，在香港上市了公司的一部分，成功筹集到15亿美元的资金。之后在2012年2月21日，阿里巴巴集团和阿里巴巴网络有限公司联合宣布，阿里巴巴集团向旗下港股上市公司阿里巴巴网络有限公司董事会提出私有化要约。

在阿里巴巴私有化要约中，回购价定为13.5港元/股，巧合的是，这一价格与2007年11月阿里巴巴在港上市时的发行价一样。5

年的轮回，马云此番私有化代价是否“平进平出”？

实际上，仅从账面盈余看，对马云及其背后团队而言，这是一笔划算的生意。5 年间，马云用与最初相同的价格买下了净利润增长 6 倍多、现金增长 25 倍的企业股权。相当于在这五年之间阿里巴巴使用了一笔 15 亿美元的无息贷款。从这一角度考虑马云赚大了。

纽交所二次 IPO 融资

当然这并不是马云及阿里巴巴集团的终点。如外界所料，本次私有化只是暂时退市，马云采取的是以退为进的策略。阿里巴巴集团终究还会向资本市场发起冲击。果然，两年后马云再踏征途。美国时间 2014 年 9 月 19 日，马云将在纽交所敲钟，阿里巴巴正式登陆纽交所，股票代码 BABA。

阿里巴巴此次上市成为了全球最大规模 IPO。十几年前马云在杭州湖畔花园的一间小公寓里创立的“阿里巴巴”，终于在 19 日晚叩响美国资本市场大门。在纽交所上市交易首日开盘价 92. 70 美元，收于 93. 89 美元，市值为 2 314 亿美元，超越 Facebook 成为仅次于谷歌的世界第二大互联网公司。

案例分析

在阿里巴巴成功的融资史上，总共使用了多种融资方式，首先是创业初期内部融资的启动资金，其次是高盛作为天使投资人投资的种子资本，之后第二轮、第三轮融资都来自于软银等 VC 集团的风险投资，然后作为上市之前最大的一笔股权融资雅虎的 10 亿美元也同样非常关键。最后就是两次分别在港交所和纽交所上市的 IPO 融资。回顾以上阿里的融资历程，其中最关键的当属阿里发展进入正轨之后，高速发展阶段的两次软银等 VC 集团的风险投资了。

那么为什么阿里能在自己最需要钱的时候为企业引入风投呢，关键点在于阿里的领导者马云对于风投的态度。有两件事情可以体现：

第一件事是马云并不会盲目地去融资，马云知道他要拒绝什么，接受什么。1999 年 7 月，当时阿里巴巴因为财务危机已经站在了悬崖的边缘。这时，一个国内的风险投资者打电话给马云，要求一见，马云带着首席财务官陈蕾一起去。尽管陈蕾督促马云签约，因为“阿里没钱了”，但马云最终拒绝了投资者 100 万美元的提议。

他认为，阿里的第一轮融资需要的不仅是钱，还需要能够通向海外资源的通道，正因如此，马云在公司财务最困难的时候，前前后后拒绝了 38 个投资者。最终马云等到了他想要的由高盛牵头的天使投资。

第二件事是在 2000 年，阿里巴巴成长速度很快，准备引入第二轮投资。这时，马云收到了摩根士丹利国际金融控股公司分析师苏尼尔·古普塔（Sunil Gupta）的一封电子邮件："世界级的风险投资家想见你。想必会成为你今后人生非常重要的存在。"同年年底，马云为见这位"世界级的风险投资家"赶往北京。

没有资金的支持，小企业很难成长。阿里巴巴从一间小公寓里创立的小公司成长为今天的国际性巨头级企业，风险投资人在其中扮演了重要的角色。阿里巴巴的融资经历，为中小企业家了解怎样跟风险投资人合作以及企业在不同的发展阶段宜采用何种融资方式提供了借鉴范本。①

第三节　企业办税指南

一、税收常识

（一）税收定义

税收是伴随国家的出现而产生的一个行政范畴，是国家为满足社会公共需求，按照法律法规的有关规定、以社会管理职能为依据，参与国民收入分配的一种规范形式。可以反映公司的运营状况，同时又是国家行使职能、取得财政收入的一种途径。具有强制性、无偿性和固定性的特点。

税收是国家以社会管理者的身份，用法律、法规等形式对税收加以规定，并按照法律强制征收的。在国家税法规定的限度内，具有纳税义务的创业者必须依法纳税，否则将会受到法律的制裁；国家取得税收以后，税款就成为财政收入，不用再直接归还给纳税人，也无须支付任何报酬；国家会按照税收法令预先规定的纳税人、课税对象、税目、税率、计价办法和期限进行征税，征纳双方都遵循或改变这个固定的比例或数额相关的标准和制度。

新创企业也应该依法纳税，同时要善于依据国家税收优惠政策来合理、合法减轻税收负担，降低企业成本。

（二）公司常用税种与税率

就实体法而言，我国现行的税制是新中国成立以后经过几次较大

① 案例选自伏弘霖：《商道：成就巨头企业的融资历程》，百度文库，2014 年 9 月 28 日。

的改革慢慢演变而来的，主要是经过1994年税制改革后形成的。根据征税对象可以分为以下五类：

第一，商品（货物）或劳务税类。主要是生产、流通或者服务业中发挥调节作用。包括增值税、消费税和关税。

第二，所得税类。主要是在国民收入形成后，对生产经营者的利润和个人的纯收入发挥调节作用。包括企业所得税和个人所得税。

第三，财产和行为税类。主要是对某些财产和行为发挥调节作用。包括房产税、车船税、印花税和契税。

第四，资源税类。主要是对因开发和利用自然资源差异而形成的级差收入发挥调节作用。包括资源税、土地增值税和城镇土地使用税。

第五，特定目的税类。主要是为了达到特定目的，对特定对象和特定行为发挥调节作用。包括城市维护建设税、车辆购置税、耕地占用税、船舶吨税和烟叶税。

在2016年5月全面营改增后，我国开征的税种共有27种，对于一般的创业公司而言，缴纳的税只有6~10种，除去不经常发生且税率较低的小税种后，普通创业者需要重点关注的只有4种，分别是增值税、消费税、企业所得税以及个人所得税。

1. 增值税

增值税是以商品和劳务在流转过程中产生的增值额作为征税对象而征收的一种流转税。按照我国增值税法的规定，增值税是对在我国境内销售货物、提供加工修理修配劳务（即应税劳务），销售服务、无形资产及不动产（即应税劳务），以及进口货物的企业、单位和个人，就其销售货物、提供应税劳务、发生应税行为的增值额和货物进口金额为计税依据而课征的一种流转税。

（1）增值税税目和税率。具体的税目和税率如表8-9所示。

表8-9　　增值税税目和税率表

征收范围	税率（%）
纳税人出口货物（符合规定的跨境应税行为）	0
纳税人提供电信服务、金融服务、现代服务（租赁服务除外）、生活服务、转让土地使用权以外的其他无形资产	6
增值税一般纳税人提供交通运输、邮政、基础电信、建筑、不动产租赁服务、销售不动产、转让土地使用权 增值税一般纳税人销售或进口粮食、食用植物油、自来水、暖气、冷气、热水、煤气、石油液化气、天然气、沼气、居民用煤炭制品、图书、报纸、杂志、饲料、化肥、农药、农机、农膜、国务院及其有关部门规定的其他货物	11

续表

征收范围	税率（%）
提供有形动产租赁服务以及除上述活动以外的增值税一般纳税人销售或进口货物、提供应税劳务、发生应税行为	17

资料来源：中国注册会计师协会：《税法》，中国财政经济出版社 2017 年版。笔者根据实际情况略有改动。

（2）增值税计税方法。一般纳税人销售货物、提供应税劳务或发生应税行为适用一般计税方法，即

当期应纳增值税额 = 当期销项税额 - 当期进项税额

一般纳税人发生、销售或提供财政部和税务局规定的特定货物、应税劳务或应税行为，以及小规模纳税人销售货物或者提供应税劳务或者发生应税行为，采用简易计税方法。即：当期应纳增值税额 = 当期不含增值税销售额 × 征收率。

2. 消费税

消费税是指国家规定的用以调整消费税征收与缴纳相关权力以及义务关系的法律规范。现行消费税法的有关规范，是 2008 年 11 月 5 日经国务院第 34 次常务委员会议修订通过并颁布的，自 2009 年 1 月 1 日起实行的《中华人民共和国消费税暂行条例》和 2008 年 12 月 15 日财政部、国家税务总局颁布的《中华人民共和国消费税暂行条例实施细则》。新创企业在中华人民共和国境内生产、委托加工和进口消费暂行条例规定的消费品，以及销售国务院确定的《中华人民共和国消费税暂行条例》规定的消费品都需要缴纳消费税。

（1）征税范围。消费税的征收范围包括：生产、委托加工、进口、零售、移送适用应税消费品以及卷烟批发，消费税适用环节征税的方法。对生产应税消费品在生产环节征税；对委托加工应税消费品在委托加工环节征税；对进口应税消费品在进口环节征税；对零售应税消费品在零售环节征税；对移送使用应税消费品在移送使用环节征税；对批发卷烟在卷烟批发环节征税。

（2）税目和税率。根据《中华人民共和国消费税暂行条例》的相关规定，参照国家经济发展和环境保护等国家大政方针，目前我国对奢侈品和非生活必需品等共计 15 种商品进行消费税的征收，部分税目还进一步划分了若干子目。消费税征收形式包括比例税率和定额税率两种，同时根据不同的税目或子目确定相应的税率和单位税额，具体情况如表 8 - 10 所示。

表 8-10　　消费税税率、税目（额）

税目	税率（额）
一、烟	
1. 卷烟	
（1）甲类卷烟（生产或进口环节）	56%加0.003元/支
（2）乙类卷烟（生产或进口环节）	36%加0.003元/支
（3）批发环节	11%加0.005元/支
2. 雪茄烟	36%
3. 烟丝	30%
二、酒	
1. 白酒	20%加0.5元/500克（或500毫升）
2. 黄酒	240元/吨
3. 啤酒	
（1）甲类啤酒	250元/吨
（2）乙类啤酒	220元/吨
4. 其他酒	10%
三、高档化妆品	15%
四、贵重首饰及珠宝玉石	
1. 金银首饰、铂金首饰和钻石及钻石饰品	5%
2. 其他贵重首饰和珠宝玉石	10%
五、鞭炮、焰火	15%
六、成品油	
1. 汽油	1.52元/升
2. 柴油	1.20元/升
3. 航空煤油	1.20元/升
4. 石脑油	1.52元/升
5. 溶剂油	1.52元/升
6. 润滑油	1.52元/升
7. 燃料油	1.20元/升
七、小汽车	
1. 乘用车	
（1）气缸容量（排气量，下同）在1.0升（含1.0升）以下的	1%
（2）气缸容量在1.0升以上至1.5升（含1.5升）的	3%
（3）气缸容量在1.5升以上至2.0升（含2.0升）的	5%

续表

税目	税率（额）
（4）气缸容量在2.0升以上至2.5升（含2.5升）的	9%
（5）气缸容量在2.5升以上至3.0升（含3.0升）的	12%
（6）气缸容量在3.0升以上至4.0升（含4.0升）的	25%
（7）气缸容量在4.0升以上的	40%
2. 中轻型商用客车	5%
八、摩托车	
1. 气缸容量在250毫升的	3%
2. 气缸容量在250毫升以上的	10%
九、高尔夫球及球具	10%
十、高档手表	20%
十一、游艇	10%
十二、木制一次性筷子	5%
十三、实木地板	5%
十四、电池	4%
十五、涂料	4%

资料来源：中国注册会计师协会：《税法》，中国财政经济出版社2017年版。

3. 企业所得税

企业所得税是以企业生产经营所得、其他所得和清算所得为征税对象的一种税。在我国境内，除个人独资企业、合伙企业外的企业均应该缴纳企业所得税。居民企业以及在我国境内设有机构、场所且所得与机构、场所有关联的非居民企业，适用于企业基本所得税率25%。但是在我国境内未设有机构、场所或者虽然设有机构、场所但所得与机构、场所没有关联的非居民企业，适用于低税率20%。

企业所得税的征收方式有查账征收和核定征收两种。查账征收是根据企业的收入减去成本、费用后得出利润，再乘以相应的税率；核定征收是根据企业的收入直接乘以一个比率，得出的就是企业的利润，再乘以相应的税率。不考虑企业的成本费用。除个人独资企业和合伙企业以外的其他企业，需要在利润的基础上缴纳企业所得税，公司赚取利润后，需要按照规定缴纳企业所得税。但是，缴纳完企业所得税后并不意味着剩余利润就可以完全分给股东。因为股东从企业分红，还需要缴纳个人所得税。在缴纳完个人所得税后剩余的部分才归股东合法所有。不少创业者在不清楚税务风险的情况下，擅自分红且未缴纳个人所得税，这样存在较高的税务风险。

另外，国家会对某一部分特定企业和课税对象给予减轻或免除一定的税收负担。新办企业要注意关注相关政策。国家会通过免税、减税、加计扣除、加速折旧、减计收入和税额抵免的方式给予企业所得税优惠。主要包括以下几个方面：

（1）国家对重点扶持和鼓励发展的产业和项目，给予企业所得税优惠。

（2）国债利息收入；符合条件的居民企业之间的股息、红利等权益性投资收益；在中国境内设立机构、场所的非居民企业从居民企业取得与该机构、场所有实际联系的股息、红利等权益性投资收益；符合条件的非营利组织的收入免交企业所得税。

（3）农、林、牧、渔业项目所得；国家重点扶持的公共基础设施项目投资经营所得；符合条件的环境保护、符合条件的技术转让所得和节能节水项目所得免征、减征企业所得税。

（4）符合条件的小型微利企业，减按 20% 的税率征收企业所得税。

（5）国家需要重点扶持的高新技术企业，减按 15% 的税率征收企业所得税。

（6）民族自治地方的自治机关对本民族自治地方的企业应缴纳的企业所得税中属于地方分享的部分，可以决定减征或者免征。自治州、自治县决定减征或者免征要报省、自治区、直辖市人民政府批准。

（7）开发新技术、新产品、新工艺发生的研究开发费用；安置残疾人员及国家鼓励安置的其他就业人员所支付的工资可以在计算应纳税所得额时加计扣除。

（8）创业投资企业从事国家需要重点扶持和鼓励的创业投资，可以按投资额的一定比例抵扣应纳税所得额。

（9）企业的固定资产由于技术进步等原因，确需加速折旧的，可以缩短折旧年限或者采取加速折旧的方法。

（10）企业综合利用资源，生产符合国家产业政策规定的产品所取得的收入，可以在计算应纳税所得额时减计收入。

（11）企业购置用于环境保护、节能节水、安全生产等专用设备的投资额，可以按一定比例实行税额抵免。

（12）软件产业、集成电路产业、证券投资基金发展、节能服务公司和西部大开地区企业给予一定的税收优惠。

4. 个人所得税

个人所得税是对中国公民、个体工商户、个人独资企业、合伙企业投资者、外籍人员（包括五国籍人员）和港、澳、台同胞从中国境内取得的所得征收的一种税。包括工资薪酬所得、个体工商户生产经营所得、企事业单位承包经营和承租经营所得、劳务报酬所得、稿酬所得、特许权使用费所得、利息所得、股息和红利所得、财产租赁所得、股票转让所得、偶然所得和国务院财政部门确定征收的其他所得等都需要缴纳个人所得税。个人所得税涉及面较广且计算复杂，但正因为如此，就有了税收筹划（合理避税）的空间。

税率。自 2011 年 9 月 1 日起个人所得税起征点是 3 500 元，工资、薪金所得适用七级累进税率。如表 8 – 11 所示。

表 8 – 11　　工资、薪金所得适用个人所得税累进税率表

级数	全月应纳税所得额		税率（%）	速算扣除数
	含税级距	不含税级距		
1	不超过 1 500 元的	不超过 1 455 元的	3	0
2	超过 1 500 元至 4 500 元的部分	超过 1 455 元至 4 155 元的部分	10	105
3	超过 4 500 元至 9 000 元的部分	超过 4 155 元至 7 755 元的部分	20	555
4	超过 9 000 元至 35 000 元的部分	超过 7 755 元至 27 255 元的部分	25	1 005
5	超过 35 000 元至 55 000 元的部分	超过 27 255 元至 41 255 元的部分	30	2 755
6	超过 55 000 元至 80 000 元的部分	超过 41 255 元至 57 505 元的部分	35	5 505
7	超过 80 000 元的部分	超过 57 505 元的部分	45	13 505

资料来源：中国注册会计师协会：《税法》，中国财政经济出版社 2017 年版。

个体工商户的生产、经营所得和对企事业单位的承包经营、承租经营适用五级超额累进税率，如表 8 – 12 所示。

表 8 – 12　　个体工商户生产、经营所得和对企事业单位的承包经营、承租经营所得适用税率表

级数	全年应纳税所得额		税率（%）	速算扣除数
	含税级距	不含税级距		
1	不超过 15 000 元的	不超过 14 250 元的	5	0
2	超过 15 000 元至 30 000 元的部分	超过 14 250 元至 27 750 元的部分	10	750
3	超过 30 000 元至 60 000 元的部分	超过 27 750 元至 51 750 元的部分	20	3 750

续表

级数	全年应纳税所得额		税率（%）	速算扣除数
	含税级距	不含税级距		
4	超过60 000元至100 000元的部分	超过51 750元至79 750元的部分	30	9 750
5	超过100 000元的部分	超过79 750元的部分	35	14 750

资料来源：中国注册会计师协会：《税法》，中国财政经济出版社2017年版。

稿酬所得适用20%的比例税率，并按应纳税额的30%减征。

劳务报酬所得适用20%的税率，对劳务报酬所得特别高的加成征收。如表8－13所示。

表8－13　　　　劳务报酬所得个人所得税税率表

级数	含税级距应纳税所得额	税率（%）	速算扣除数
1	不超过20 000元的	20	0
2	超过20 000元至50 000元的部分	30	2 000
3	超过50 000元的部分	40	7 000

资料来源：中国注册会计师协会：《税法》，中国财政经济出版社2017年版。

以上四种税（增值税、消费税、企业所得税和个人所得税）是绝大多数公司都能遇见的税种，无论对企业和财政收入来说，上述税种都是名副其实的主要税种。除此以外，附加税（城市维护建设税、教育费附加、地方教育费附加）、印花税等也较为常见，但它们税负水平较低、计算简单、税收筹划空间小，创业者重点应该放在四个大税种上。

二、涉税事项

自2016年10月1日起，实行“五证合一、一照一码”登记制度后，新创企业在领取了“一照一码”营业执照后，登记信息由企业登记机关发送给税务机关，纳税人无须再进行税务登记，无须再领取税务登记证，但是需要到税务部门办理后续涉税事宜。后续涉税事项包括登记为一般纳税人、领用发票、申报纳税、企业涉税事项变更等。

（一）一般纳税人登记

一般情况下，年销售额在50万元以上的生产或提供加工或修理修配劳务的企业、年销售额80万以上货物批发零售业、年销售额在

50 万以上的工业企业、年销售额在 80 万以上的商品流通企业都被制定为一般纳税人。反之，则被认定为小规模纳税人。

根据《营业税改征增值税试点实施办法》第三条规定，应税服务年销售额超过规定标准，但不经常提供应税服务的单位和个体工商户可选择按照小规模纳税人纳税。根据《中华人民共和国增值税暂行条例实施细则》第二十九条规定，个体工商户以外的其他个人必须按小规模纳税人纳税，“非企业性单位”和“不经常发生应税行为的企业”可选择按小规模纳税人纳税。新创企业在初始阶段可以预计未来 12 个月的生产经营规模或实际生产经营的需要做出选择。若登记为一般纳税人，增值税纳税人要提供如图 8 －4 所示《增值税一般纳税人资格登记表》的资料信息。

增值税一般纳税人资格登记表

纳税人名称			纳税人识别号		
法定代表人（负责人、业主）		证件名称及号码		联系电话	
财务负责人		证件名称及号码		联系电话	
办税人员		证件名称及号码		联系电话	
税务登记日期					
生产经营地址					
注册地址					
纳税人类别：企业□　非企业性单位□　个体工商户□　其他□					
主营业务类型：工业□　商业□　服务业□　其他□					
会计核算健全：是□					
一般纳税人资格生效之日：当月 1 日□　次月 1 日□					
纳税人（代理人）承诺： 上述各项内容真实、可靠、完整。如有虚假，愿意承担相关法律责任。 经办人：　法定代表人：　代理人：　（签章） 年　月　日					
以下由税务相关填写					
主管税务机关受理情况	受理人：　主管税务机关（章） 年　月　日				

填表说明：1. 本表由纳税人如实填写。

2. 表中“证件名称及号码”相关栏次，根据纳税人的法定代表人、财务负债人、办税人员的居民身份证、护照等有效身份证件及号码填写。

3. 表中“一般纳税人资格生效之日”由纳税人自行勾选。

4. 主管税务机关（章）指各办税服务厅业务专用章。

5. 本表一式二份，主管税务机关和纳税人各留存一份。

图 8 －4　增值税一般纳税人资格登记表

资料来源：会计网，http：//www. kuaiji. com/shiwu/2414756。

新创企业在做出选择后要清楚小规模纳税人和一般纳税人之间的区别：

1. 使用票据不同

小规模纳税人不可以使用增值税专用发票，只可以使用普通发票，购进货物时，增值税专用发票和普通发票均可以，但是收到增值税专用发票后依旧按全额计算成本。一般纳税人在收到增值税专用发票后只有价款部分计入成本，税款部分计入“应交税金——应交增值税——进项税额”科目。

2. 计算方法不同

一般纳税人按销项减进项后的余额交税，即按“抵扣制”计算税金。而小规模纳税人按含税收入计算应交税款。

3. 税率不同

小规模纳税人除免税的以外均按 3% 的税率，而一般纳税人分情况有 0%、6%、11%、17% 四档税率。

（二）领用发票

新创企业首次向主管税务机关申请领用发票时，需要提供加盖公章的《纳税人领用发票票种核定表》、发票专用章印模、经办人的身份证和营业执照。

（三）申报纳税

纳税人在进行纳税申报时可以选择网上申报纳税，也可以到办税服务厅进行纳税申报。在进行纳税申报时要注意纳税申报期限。

纳税申报期限是指纳税人和扣缴义务人向税务机关办理申报和纳税的期限。根据各个税种的特点、征收对象、计税环节、纳税人的经营情况、纳税人财务会计核算、应纳税额的大小的不同，每个税种的申报期限也有所差异。分为按期申报纳税和按次申报纳税两种方式。纳税人以发生纳税义务的一定期间为纳税申报期限的称为按期纳税申报，否则为按次申报纳税。如果纳税人和扣缴义务人遇到元旦、春节、国庆节或双休日这些公休假日时可以顺延。

（1）增值税与消费税的申报期限。增值税与消费税的纳税期限为 1 日、3 日、5 日、10 日、15 日或 1 个月。由主管税务机关根据纳税人应纳税额的大小决定纳税人的具体纳税期限。纳税人和扣缴义务人以 1 个月为一期纳税的，自期满之日起 10 日内申报纳税；以 1 日、3 日、5 日、10 日或 15 日为一期纳税的，自期满之日起 5 日内预缴税款，于次月 1 日起 10 日内申报纳税；以 1 个季度为一期纳税的，自期满之日起 10 日内申报纳税。新创企业以税务登记办理完毕的次月开始纳税申报。

（2）企业所得税的申报期限。企业所得税按年计算，分月或分季预缴。月份或季度终了后10日内申报并预缴税款，年度终了后45日内申报，4个月内汇算清缴。

（3）个体工商户的生产经营所得税，按年计算，分月预缴，月份终了后10日内申报并预缴税款，年度终了后3个月内汇算清缴。

（4）城市建设维护税、教育费附加、地方教育附加。应与增值税和消费税同时缴纳。

（5）资源税。纳税人纳税期限为1日、3日、5日、10日、15日或1个月，由主管税务机关根据实际情况具体核定。不能按固定期限计算纳税的，可以按次计算纳税。纳税人以1个月为纳税期的，自期满之日起10日内申报纳税；以1日、3日、5日、10日或15日为一期纳税的，自期满之日起5日内预缴税款，于次月1日起10日内申报纳税并结清上月税款。

（6）土地增值税。纳税人应当自转让房地产合同签订之日起7日内向房地产所在地主管税务机关办理纳税申报，并在税务机关核定的期限内缴纳土地增值税。

（7）房产税。房产税按年征收、分期缴纳。纳税期限由省、自治区、直辖市人民政府规定。

（8）车船税。车船税的纳税义务发生时间为车船管理部门核发的车船登记证书或者行驶证书所记载日期的当月。车船税按年申报缴纳。具体申报纳税期限由省、自治区、直辖市人民政府确定。

（9）烟叶税。烟叶税的纳税义务发生时间为纳税人收购烟叶的当天。纳税人应当自纳税义务发生之日起30日内申报纳税。具体纳税期限由主管税务机关核定。

（10）耕地占用税。获准占用耕地的单位或者个人应当在收到土地管理部门的通知之日起30日内向耕地所在地地方税务机关申报缴纳耕地占用税。

（11）城镇土地使用税。土地使用税按年计算、分期缴纳。缴纳期限由省、自治区、直辖市人民政府确定。对新征用的耕地，自批准征用之日起满1年时开始缴纳土地使用税；对于新征用的非耕地，自批准征用次月起缴纳土地使用税。

（12）印花税。应纳税凭证应当于书立或者领受时贴花（申报缴纳税款）。同一种类应纳税凭证，需频繁贴花的，应向主管税务机关申请按期汇总缴纳印花税。汇总缴纳限期额由地方税务机关确定，但最长期限不得超过1个月。

（四）企业涉税事项注销

“一照一码”企业办理注销登记，可以通过向主管税务机关提出清税申报并填报《清税申报表》。在税务机关结清滞纳金和罚款、多退（免）税款、应纳税款、缴销发票和税控设备后，由受理方税务机关向纳税人出具《清税证明》。然后申请人持税务机关出具的《清税证明》，向企业登记机关申请办理注销登记（如图 8 –5 所示）。

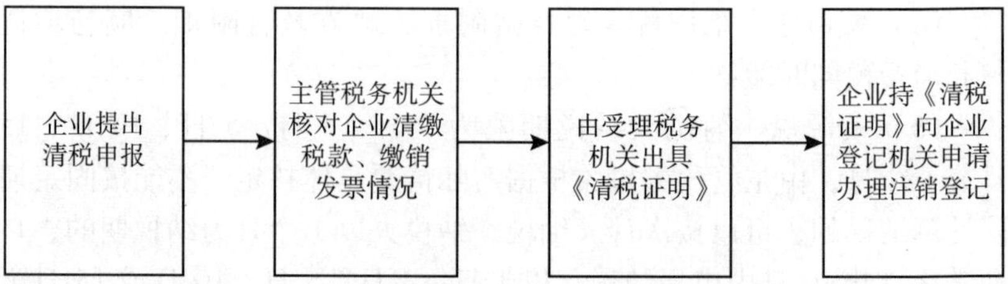

图 8 –5　企业涉税事项注销流程

拓展阅读

郑海涛的三次创业融资故事

2003 年中关村科技园区评选出的 10 位优秀创业者中，北京数码视讯科技有限公司总裁郑海涛身在其列。作为一家成立于 2000 年的高新企业总裁，在与国外大公司和华为等国内领先企业的竞争中，郑海涛通过两次重要的融资使该公司在 3 年的时间里取得迅猛的发展，2002 年的销售收入甚至是 2001 年的 2 000%。而更令许多创业者羡慕的是，该公司的第三次融资也正在谈判之中。同样是创业者，同样是高科技企业，郑海涛成功融资的秘诀是什么呢？

郑海涛认为，创业可以分为三种。第一种是为了生存的创业；第二种是因为有了一个好的机会促使创业者创业；而第三种是事业型创业，是创业者为了追求更高的人生事业；他自己就属于第三种。从 1992 年清华大学计算机控制专业硕士毕业后，郑海涛在国内知名的通信设备公司中兴通讯公司任职了 7 年。从搞研发到做市场，从普通员工到中层管理人员，郑海涛在中兴的事业可以说十分成功。但是具有强烈事业心的郑海涛并不满足于平稳安逸的工作。在经过一番市场调查后，2000 年他带着自筹的 100 万元资金，在中关村创办以生产数字电视设备为主的北京数码视讯科技有限公司。

来之不易的第一次融资

公司成立之初，郑海涛将全部资金投入到研发。不料，2001 年互联网泡沫破灭，投资形势急转直下，100 万元的资金很快用光，而后续资金还没着落。此时，郑海涛只得亲自捧着周密的商业计划书，四处寻找投资商，一连找了 20 家，都吃了闭门羹。投资商的理由是：互联网泡沫刚刚破灭，选择投资要谨慎；数码视讯产品还没有研发出来，投资种子期风险太大，因此风险投资商们宁愿做中后期投资或短期投资，甚至希望跟在别人的后面投资。

在最困难的时候，郑海涛也曾动摇过，但他从来都没有放弃。他曾应邀参加了中央电视台的《对话》节目，嘉宾是柳传志。在现场他问了柳传志两个问题：在你成功的过程中，机遇起了多大作用？在创业过程中，是否有过动摇？郑海涛回忆说，这些问题与其说是在问柳传志，不如说是在问自己。柳传志的回答是，机遇当然重要，但更重要的还是自身的努力和实力。这位鼎鼎大名的创业前辈给了郑海涛很大的信心。

2001 年 4 月，公司研制的新产品终于问世，第一笔风险投资也因此有了着落。清华创业园、上海运时投资和一些个人投资者共投 260 万人民币。郑海涛回忆说，这笔资金对公司十分重要，但没有现实的产品在当时的情况下休想拿到合理的风险投资，公司凭借的就是过硬的技术和领先的产品。

谈到创业初期的第一笔资金，郑海涛认为选择投资者十分重要。他举了一个例子：在 2000 年春节前，也曾经有一个投资机构愿意投资，但条件十分苛刻，要求对企业控股 50%。在当时资金十分紧张的情况下，郑海涛明明知道是一个不合适的交易，但也不得不同意合作，唯一的条件是资金必须在两周内到位。结果由于种种原因，投资方的资金没有按时到位，合作协议也就终止了。郑海涛说，这是公司的一次幸运，如果当时被别人控股，公司的发展将不会按照自己原有管理团队的意愿进行，能不能发展到现在的规模就很难说了。

水到渠成的第二次融资

2001 年 7 月，国家广电总局为四家公司颁发了入网证，允许它们生产数字电视设备的编码、解码器。这四家公司除了两家国外领先企业和国内知名的华为公司外，还有一家就是成立一年多的北京数码视讯有限公司。郑海涛不无自豪的介绍，在当时参加测试的所有公司中，数码视讯的测试结果是最好的。也正是因为这个原因，随后的投资者蜂拥而至。一个月内清华科技园、中国信托投资公司、宁夏金蚨创业投资公司又对数码视讯投了 450 万元人民币。郑海涛说，他看中的不仅是这些公司肯掏钱，更重要的是这些公司能够为数码视讯在会计、法律、IPO 等方面出谋划策，为以后公司上市奠定好的基础。

拿到第二笔投资之后，公司走上了快速发展之路。2001 年 10 月，在湖北牛刀小试地拿到 10 万元订单后不久，公司就参与了江西省台的竞标。虽然招标方开始并没有将数码视讯列在竞标单位之内，但在郑海涛的再三游说下，还是决定给他一个机会。结果几乎和广电总局的测试一样，数码视讯又在测试中拿到了第一。很顺利地公司拿到第一笔大订单，价值450万元。此后，公司产品进入了29个省市，2002年盈利达730万元，2003年预计盈利1 200万元。

扩大发展的第三次融资

在公司取得快速发展之后，郑海涛现在已经开始筹划第三次融资，按计划这次融资的金额将达2 000万元人民币。郑海涛认为，数字电视行业是一个具有巨大潜力的市场，在全球都还处于起步阶段。据预测，中国的数字电视设备市场将达1 000亿元人民币，而世界数字电视设备市场在2005年将达1 000亿美元以上。面对这样巨大的市场，郑海涛绝不甘心公司现在的规模。

郑海涛认为，一个企业要想得到快速发展，产品和资金同样重要，产品市场和资本市场都不能放弃，必须两条腿走路，而产品与资本是相互促进、相互影响的。郑海涛下一步的计划是通过第三次大的融资，对公司进行股份制改造，使公司走向更加规范的管理与运作。此后，公司还计划在国内或者国外上市，通过上市进一步优化股权结构，为公司进军国际市场做好必要的准备。①

课外实践

实践练习一：中小企业融资

上网搜索中小企业融资，了解民生银行、招商银行、阿里银行等机构探索出一些什么样的中小企业金融服务项目，分析这些项目是否有助于解决不确定性和信息不对称性等问题，是否有助于缓解中小企业融资难的现状？

实践练习二：拟写融资计划

假如你是一位即将毕业的大学生正准备创业，结合本章介绍的融资渠道，拟订一份融资计划。要求如下：

（1）列出可能寻求的主要融资渠道。

（2）你所在城市、大学或你计划投入的行业是否有对创业活动的扶持政策，请尽量搜集这些信息，讨论哪些可能为你提供创业资金。

另外，建议以小组为单位，选择当地国有大型银行（如中国银行、中国建设银行等）的中小企业部、一家村镇银行、一家开展贷款业务的典当公司、一家风险投资公司，联系他们的工作人员或负责人进行访谈，比较这些机构在创业和中小企业融资服务方面的规划和具体做法，对本章的内容会有更深刻的理解。

---

① 笔者改编自张松：《我的第三次融资：访北京数码视讯科技有限公司总裁郑海涛》，经济参考报，2003年11月21日。

实践练习三：思考题

1. 为什么融资成为创业的一大难题？
2. 创业融资需求有什么特点？
3. 创业融资的渠道主要有哪些？
4. 天使投资和创业投资有什么不同？

第九章

网络营销技术实践

学习目标

1. 了解什么是网络营销以及网络营销的特点
2. 了解新互联网时代网络营销的方式
3. 掌握新互联网时代基于社交网络的新营销方式
4. 掌握基于云技术的网站营销方法

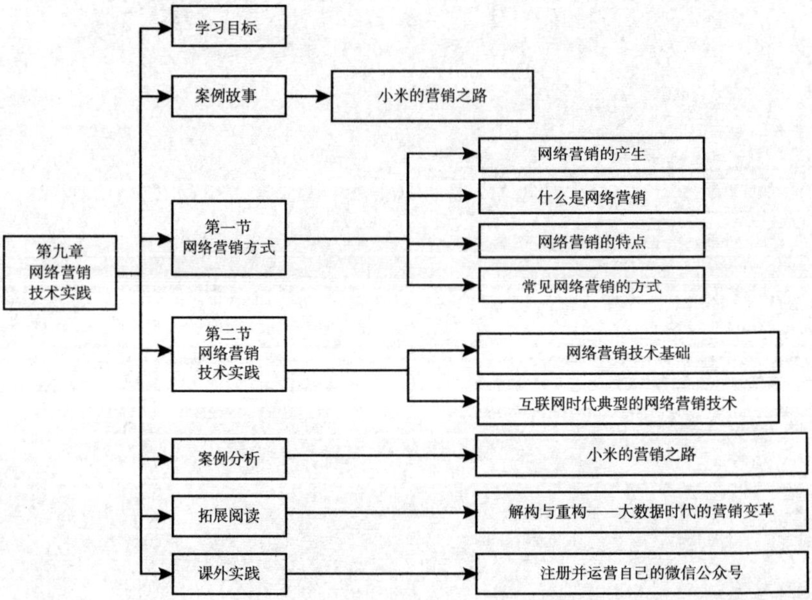

案例故事

小米的营销之路

2010 年 4 月，前 Google、微软、金山等公司的顶尖高手组建成立小米公司，获得知名天使投资人、Morningside 风投、启明投资的支持。2010 年，小米蓄势待发。

2011 年 7 月创始团队正式亮相，8 月小米手机正式发布，发售一万台工程纪念版小米手机。9 月，小米手机正式开放网络预订，半天内预订超 30 万台。2011 年，小米公司成为传统手机行业的颠覆者。

2012 年 1 月小米手机第二轮网上销售开放购买，半小时 10 万台全部售完。小米实现 7×24 小时开放购买。2012 年，小米成为了发展最快的公司，拥有 25 种语言、18 个国家粉丝站，已达到 1 500 万人使用 MIUI 系统。

2013 年 4 月，小米官网发布四款新品：MIUIV5 手机系统、小米手机 2 增强版 2S、小米手机 2 青春版 2A、小米盒子。9 月公布小米 3 于 10 月开始进行第一轮抢购。2013 年，小米争取更多合作，取得更多的电商平台的支持。

……

从 2010 年至今，小米已成为一家茁壮成长的公司，发展过程时刻都离不开互联网。从小米手机发布到 2012 年 6 月底，销售额达到 60.5 亿人民币。2012 年，小米销售手机 719 万台，实现营收 126 亿元。2013 年小米公司出售 1 870 万台手机，增长 160%，MIUI 用户达 3 300 万，小米电视、小米盒子 287 天销量过百万台，年销售额为 213 亿元。……估值从 2.5 亿美元上涨到 450 亿美元；2015 年上半年手机销量 3 470 万台，连续 5 个季度国内手机销量第一。小米公司飞速的发展得益于互联网营销，小米的互联网营销模式适合小米的发展，造就了小米的成功。

小米手机官网是小米手机进行网站营销的主阵地，不仅是官方发布信息的重要平台，早期还是购买小米手机的唯一通道，功能上还包含小米论坛、系统资源、商城、米聊的功能平台。在早期的小米产品抢购活动中，只能通过小米手机官网进行预约和抢购。如今，虽然有天猫、京东等途径，小米商城网站仍然是最重要的预约和抢购途径。

微博更是小米营销的重要阵地，小米动用公司、产品、员工、粉丝后援团等角色的微博账号带动转发，并集合新浪一系列官方微博账号联合转发，如@微博 Android 客户端等。其营销力量主要分为三股势力。首先是“小米军团”，主要是由小米公司各类官方微博，员工微博组成，其中不少粉丝众多的大号，例如@雷军、@小米手机、@小米公司、@黎万强等。第二大势力则是“草根大号军团”，主要由微博上知名的草根营销大号组成。例如@冷笑话精选、@微博搞笑排行榜、@全球热门排行榜等。还有一股势力则来自“新浪军团”，主要由新浪微博的各类官方大号构成。例如@微博客服、@微博Android客户端、@手机微博等。

在微信平台上，小米开通了公司、产品、互动公众号，包括小米之家、小米手机、小米手环、小米商城等。利用公众号推送产品信息、活动信息等，达到营销的目的。小米之家公众号2017年3月23日的一篇文章“小米MIX、小米note2现货，还有直降、返券”的文章的阅读量达到10万以上，还有大量的留言。仔细查看小米各公众号推送的活动类文章的阅读量都在10万以上。小米还开发了小米商城LITE小程序，为米粉提供小米商城、小米官网的活动信息，以及产品信息。可以在小程序中直接购买商品，并使用微信支付。

小米在推广的文章中内置二维码，通过长按图片识别二维码，就会弹出小米公司的公众号，关注之后才能参加活动。小米公司、小米手机推送的活动形式都是识别二维码，关注微信公众号后才能参加活动。

2017年4月，小米6发布，在产品发布之前，小米手机等微信公众号连续推出“双摄四曲面，小米6惊喜未完”等文章，从不同的角度介绍小米6的创新功能，在文章中，通过投票、留言等形式增加互动。这篇文章有10万多次点击，4 300多次点赞，还有大量留言，其中网友王囡囡的留言“始于颜值，陷于性能，忠于拍照，醉于续航，痴于黑科技”有1.5万次点赞。在微博中，小米公司等账号也极力宣传小米6，小米手机微博号4月19日发布的小米手机工艺的视频得到了68万次播放和6 600多次转发。

综合以上数据不难看出，小米的营销活动综合了时下流行的诸多新技术、新玩法，微博、微信、网站、论坛、二维码、搜索引擎，都成为营销的工具。在小米产品推广、活动策划中把营销技术运用得淋漓尽致，是营销技术的最好案例。[①]

① 笔者根据百度文库、知网和微博平台等文章摘编而来。

第一节 网络营销方式

一、网络营销的产生

20 世纪 90 年代，计算机技术和电子技术迅速发展，尤其是互联网技术的发展逐渐渗透到社会生活的各个领域，彻底改变人们的传统思维方式和行为方式。企业和其他营销主体也纷纷利用互联网提供的技术和服务扩展业务范围，调整内部结构，探索新的营销和管理方法。互联网为营销的参与者提供了多向交流的可能性和便利性，企业可以通过大数据分析了解客户的消费行为和趋势，并针对客户的习惯提供个性化的定制服务。传统的营销模式已经不能完全适应新网络时代的需求，而“互联网 + 营销”的网络营销应运而生。

二、什么是网络营销

互联网技术的产生和发展对经营性行为产生了深重的影响。电子商务已经改变了人们对买和卖的认识，进而对网络营销的认识逐步深入。

学者们对于网络营销的定义一直没有统一的认识，各自从不同的角度对网络营销做了定义。在国外，网络营销就有 Electronic Marketing、Digital Marketing、Internet Marketing、Web Marketing 和 Online Marketing 等不同的表述方式，虽然他们之间存在着差别，但是人们还是经常将他们混用。在国内，学者从各自的研究领域对网络营销的概念做了表述。这些表述中，都强调了网络营销中互联网的地位和作用，又各有侧重，但又不是十分完整。

本书认为网络营销是借助于互联网技术、工具和资源开展营销活动，将营销学的理论和互联网实践相结合的营销方式。它是以现代营销理论为基础，借助于计算机技术、网络通信技术、数字多媒体技术来实现营销目标的营销活动，是顺应科技进步、价值观念转变和全球化市场竞争趋势的必然产物。

1. 网络营销包含线上线下两个途径和市场

网络营销并不是只针对线上的虚拟市场，同样适用于线下的有形市场，包括三个方面：在线上开展的针对线上虚拟市场的营销活动；在线上开展的针对线下传统有形市场的营销活动；在线下丌展的针对线上虚拟市场的营销活动。

2. 网络营销活动的主体并不局限于企业可以是个人或者是组织

市场营销的主体并不局限于企业，在企业之外的其他领域也有成功的案例。网络营销的主体也应该包含企业营销之外的营销主体，如政府营销、理念营销等。但是本书讨论的重点是企业的网络营销，对于其他营销主体也会涉及。

3. 网络营销是建立在传统营销理论基础之上

网络营销是市场营销的一个组成部分，是传统市场营销在网络社会中的新的发展和延伸。虽然网络已经改变了很多传统的生活方式，但是经营活动仍然脱离不了人所生活的真实世界，许多市场行为仍然要在传统市场上进行。企业在进行营销策划时应该根据产品和经营目标细分市场，整合网络营销与传统营销策略，协调不同的营销手段，使营销效果达到最佳。

三、网络营销的特点

随着互联网技术的发展以及互联网应用的普及，互联网将企业、团体、组织以及个人跨时空联结在一起，使他们之间信息的交换变得快捷、安全。市场营销中最重要、最本质的是组织和个人之间进行信息传播和交换。网络营销在互联网技术的支持下开展营销活动，呈现出与以往营销活动所不同的特点。

1. 综合性

网络营销的综合性体现在营销理论综合性、资源综合性和营销方式的综合性等方面。网络营销是在众多新的营销理念的积淀、新的实践和探索的基础上发展起来的。网络营销理念在传统诸如4P、4C理论的基础上吸纳了众多新的营销理念的精髓，但又不同于任何一种营销理念。在网络营销的过程中，对多种资源进行整合，对多种营销手段和营销方法进行整合；对有形资产和无形资产的交叉运作和交叉延伸进行整合。互联网的数据传输有很多种方式，从早期的邮件到现在的微博、朋友圈等自媒体，网络中信息传递的方式越来越多，效果越来越明显。网络营销借助于互联网信息传递的优势，也呈现出了多样化的营销方式，将多种技术和手段综合为一体。尤其是当下热门的自媒体，是网络营销的新宠儿。自媒体营销提供了更加个性化、精准化的营销策略，是传统营销所不能比拟的。

2. 广域性

互联网无界限，网络的互联互通决定了网络营销的广域性，同时，也决定了网络营销的开放性。网络营销的目标不再局限于一定的区域性，而是在一种无国界的、开放的、全球的范围内去寻找目标客户。市场的广域性，文化的差异性，交易的安全性，价格的可比性，需求的可选择性，决定了网络营销的跨国性和营销市场的全球性。但是同时，网络营销又是有针对性的，借助于互联网技术，网络营销可以针对目标客户的不同兴趣和爱好、不同的文化背景而传递不同的营销内容。

3. 经济性

网络中信息传播具有快捷性、低成本的特点。因此，将极大地降低网络营销的成本，提高企业利润。形成和促成网络营销经济性有诸多原因：如资源的广域性、地域价格的差异性、交易双方的最短连接性、市场开拓费用的锐减性、无形资产在网络中的延伸增值性以及所有这一切对网络营销经济性的关系和影响，都将使我们极大地降低交易成本，给企业带来经济利益。网络营销的经济性以及由此带来的明显效果，必将清晰地、鲜明地显现出来。这种经济性也带来了明显的挑战。通过资源、技术等手段在更广阔的目标环境中争取一批现实客户，获取一些显在商机。

4. 技术性

网络营销是建立在计算机技术、网络技术和多媒体技术等前沿技术基础之上的，策划、实施网络营销都需要有一定的技术支持。网络营销的信息传播需要建立在互联网软硬件的基础之上，借助于相关软件和应用将信息传递到客户面前；营销内容不再是简单的文字加图片，丰富的多媒体技术和自媒体技术让营销内容更具动感，富有视觉冲击力。网络营销参与者的交流是实时的。企业可以单向向消费者传递企业信息、商品信息、供应信息、服务信息以及用户体验信息等数据；同时，消费者可以向企业反馈本人体验信息、购买意向等数据；消费者之间还可以交流体验信息、产品评价、服务评价等数据。实践是营销手段革新的重要途径，并在实践的过程中不断总结和升华营销理论，并促进网络经济理论研究的深入。

四、常见网络营销的方式

网络营销是以网络技术为基础的营销活动，与网络技术的结合十分紧密。不同的营销方式正是与网络技术的不同应用相结合的结果。传统的网络营销技术主要是与当时的网络技术相关联，如 Email 营销、交换链接营销、论坛营销、网站营销等；进入新互联网时代后，网络技术应用有了新的发展，更突出互动和个性化需求，网络营销也开始注重互动和个性化需求，出现了微博营销、微信营销、App 营销和搜索引擎营销等，传统的网站营销模式也借助于云技术，强化了网站的服务能力，投入较小的资金，获得更强大的网站服务平台。

1. 交换链接

交换链接就是合作网站在页面上放置对方网站的LOGO和链接，用户通过点击链接进去链接的网站，达到互相推广的目的。交换链接是搜索引擎营销的重要方法。

交换链接的作用主要表现在以下几个方面：获得访问量、增加用户浏览时的印象、在搜索引擎排名中增加优势、通过合作网站的推荐增加访问者的可信度等。更重要的是，交换链接的意义已经超出了是否可以增加访问量，比直接效果更重要的在于业内的认知和认可。交换链接要注重对方网站的质量度，交换连接主要是通过工具查看对方网站的PR快照、收录数量、关键词排名等信息。对于创业公司而言，能够在行业权威、领军企业的网站上链接自己的网站，会吸引更多的优质客户以及增加网站上信息的可信度。

2. 网络广告

网络营销的主要目的是传递品牌信息和产品信息，在所有与品牌推广有关的网络营销手段中，网络广告的作用最为直接。网络广告的形式有很多，如标准标志广告（BANNER）、浮动广告、弹出页面、下拉广告、交互广告、游戏广告、视频广告、自媒体广告等形式。网络广告也容易给浏览者带来干扰，经常被技术性屏蔽。随着技术的发展，网络广告的显示是基于Cookies分析等大数据技术，根据浏览者的兴趣、喜好显示相应的内容。

3. 邮件（Email）营销

Email营销是一种利用Email工具进行营销的手段，开展Email营销的前提是拥有潜在用户的Email地址，这些地址可以是企业从用户、潜在用户资料中自行收集整理，也可以利用第三方的潜在用户资源。传统的方式是用户在订阅平台上输入Email地址，订阅产品更新等信息内容，平台定期向邮箱推送内容，用户也可以退订。

常用的方法是利用邮件列表工具直接向用户发送促销信息，或者是发送其他有价值信息的同时附带广告内容。邮件列表的主要价值表现在四个方面：作为公司产品或服务的促销工具、方便和用户交流、获得赞助或者出售广告空间、收费信息服务。邮件列表的表现形式很多，常见的有新闻邮件、各种电子刊物、新产品通知、优惠促销信息、重要事件提醒服务等。对于技术型创业公司来说，邮件营销能够更好地向用户传递产品研发进度、技术革新等前言的信息，保持大量的忠实用户。

4. 网上商店

建立在第三方提供的电子商务平台上、由商家自行经营网上商店，如同在大型商场中租用场地开设商家的专卖店一样，是一种比较简单的电子商务形式，如淘宝、当当联营等。网上商店除了通过网络直接销售产品这一基本功能之外，还是一种有效的网络营销手段。

从企业整体营销策略和顾客的角度考虑，网上商店的作用主要表现在两个方面：一方面，网上商店为企业扩展网上销售渠道提供了便利的条件；另一方面，建立在知名电子商务平台上的网上商店增加了顾客的信任度。从功能上来说，对不具备电子商务功能的初创企业网站也是一种有效的补充，对提升企业形象并直接增加销售具有良好效果，尤其是将企业网站与网上商店相结合，效果更为明显，如早期的华为商城、小米商城等。

5. 病毒性营销

病毒性营销并非真的以传播病毒的方式开展营销，而是通过用户的口碑宣传网络，信息像病毒一样传播和扩散，利用快速复制的方式传向数以千计、数以百万计的受众。病毒性营销的典型应用就是朋友圈转发，一传十，十传百，形成以“我”为中心的链式传播。朋友圈中的事件营销就是病毒性营销的一种手段。

6. 论坛营销

论坛是互联网技术发展过程中非常重要的一项技术，为网民提供了一个交流和互动的平台，使网络不再像报纸、图书一样是静态的。早期的论坛营销就是借助于论坛的功能发布广告和发论坛帖子，通过文字、图片、视频等方式发布企业的产品、和服务的信息，从而让目标客户更加深刻了解企业的产品和服务。最终达到企业宣传企业的品牌、加深市场认知度的网络营销活动。对于技术性创业公司来说，论坛营销是吸引粉丝和技术提升的重要途径。

7. 电子杂志营销

电子杂志营销是利用电子杂志为载体的一种营销方式，电子杂志是一种非常好的媒体表现形式，它兼具了平面媒体与互联网媒体的特点，且融入了图像、文字、视频、音频等多媒体元素，是一种时尚的信息展示方式。

8. 大数据营销

大数据营销是基于多平台的大量数据，依托大数据技术，应用于互联网广告行业的营销方式。大数据营销衍生于互联网行业，又作用于互联网行业。依托多平台的大数据采集，以及大数据技术的分析与预测能力，能够使广告更加精准有效，给品牌企业带来更高的投资回报率。

大数据营销的核心在于让网络广告在合适的时间，通过合适的载体，以合适的方式，投递给合适的人。

9. 即时通讯软件（IM）营销

即时通讯营销是企业通过即时工具帮助企业推广产品和品牌的

种手段，常用的主要有两种情况：

第一种是网络在线交流。企业在建设网站时，会在网站的首页等显要位置放置即时通讯链接，或者是在页面上集成第三方的客服系统。目的是及时解答浏览者的提问或者在线推销产品。

第二种是广告。中小企业可以通过即时通讯营销工具，发布一些产品信息、促销信息，或者可以通过图片发布一些网友喜闻乐见的表情，同时加上企业要宣传的标志。

10. 自媒体营销

自媒体营销也称为社会化营销，是利用社会化网络，在线社区，博客，百科，贴吧，微博，媒体开放平台或者其他互联网协作平台媒体来进行营销、公共关系和客户服务关系建立和维护的一种方式。自媒体营销是目前一种主流的、有效的营销方式。自媒体营销是时下创业公司所推崇的一种营销方式，通过自媒体制造事件吸引关注度，从而达到宣传公司和产品的目的。但是如果把握不好尺度，容易触犯法律和违背道德规范。

11. 搜索引擎营销

搜索引擎营销，是英文 Search Engine Marketing 的翻译，简称为SEM。以搜索引擎为平台，以调整网页在搜索结果页上排名从而给网站带来访问量为手段，针对搜索引擎用户展开的营销活动。利用用户检索信息的机会尽可能将营销信息传递给目标用户。简单来说，搜索引擎营销就是基于搜索引擎平台的网络营销，利用人们对搜索引擎的依赖和使用习惯，在人们检索信息的时候尽可能将营销信息传递给目标客户。对于初创公司来说，搜索引擎营销效果明显，但是成本较高。

12. 网站营销

开展网络营销并非一定要拥有自己的万维网站，在无网站的条件，企业也可以开展卓有成效的网络营销。无网站的网络营销主要依靠电子邮件营销和虚拟社区营销。对于创业公司来说，拥有自己的营销网站能够让客户更好地了解产品和服务。

基于网站的网络营销是网络营销的主体，它的主要问题是万维网站的规划、建设、维护、推广以及与其他营销方法的整合问题。如果是电子商务型网站，基于网站的网络营销还会涉及产品、价格、渠道和促销等传统营销要考虑的各类问题。

13. App 营销

App 营销指的是应用程序营销。App 营销是通过特制手机、社区、SNS 等平台上运行的应用程序来开展营销活动，一般都是指基于移动客户端的。目前初创公司更愿意使用 App 去获取用户资源，与用户互动。

第二节 网络营销技术实践

一、网络营销技术基础

网络营销的产生和发展需要一定技术基础，这些关键技术包括互联网技术、移动电子商务技术、数据挖掘和数据分析技术、电子支付技术、信息检索技术等。要掌握好网络营销，熟练应用网络营销技术，就必须对这些技术有基本的了解。本节主要介绍最新技术的概念、功能和应用，对于TCP/IP、HTTP协议等基本的计算机网络技术概念不做介绍。

互联网的产生是在计算机技术、制造技术、电子技术等基础上发展起来的。互联网诞生之后发展迅速，在社会生活、医疗、教育、科研等领域有效地促进了相关领域的发展，取得了良好的效果。尤其是在商业方面的发展彻底改变了企业原有的运营模式和运营理念。网络营销就是在这样的背景下产生和发展的。

互联网发展的初期，为用户提供电子邮件、文件传输、远程登录、电子公告板和万维网等信息服务。这是互联网发展的第一个时段，我们称之为Web 1.0时代。21世纪初，以博客、维基和社交网站为代表的Web 2.0技术发展迅速，丰富了互联网的交互、个性化功能。Web 3.0时代是以人工智能、关联数据、物联网和语义网络构建技术为核心的智能化网络，形成人和网络以及网络与人的沟通，网络也具备了思考的基本能力。网络支付技术、智能搜索、自媒体技术、大数据技术等实用技术促使了网络营销变得智能化、精准化和更加个性化。目前，Web 2.0时代的一些技术经过筛选、优化、升级的方式淘汰了诸多不适应发展的技术，而且Web 3.0的一些相关技术已经开始普及应用，是互联网技术发展的新时期。

互联网时代，创业公司的营销策略应该对所在行业的“变”与“不变”进行深层次的思考，营销技术改变的是营销方式和手段，而不变的是应当继续关注消费者需求、体验和产品给消费者带来的意义，清晰定位产品目标。价值链的核心正越来越向终端用户转移。所以营销需要建立全面的营销策略，通过不同的技术、平台、渠道间协作，产生协同效应，分享资源、提升效率、降低成本，最终达到预想的效果。

还需要提醒初创公司的是，不能只关心每日新增的用户数，而不去关注每天能留下来多少用户。客户能否留存决定了未来成长的上限，而不仅仅是去关注增长。对企业服务来说，存留的用户决定了未来付费用户的基数。

二、互联网时代典型的网络营销技术

（一）微博营销

案例故事

爱情故事中的营销

顾客订花送刚分手的前女友。他说："在一起六年大学时很快乐。毕业后她每天学更多东西，我虽有梦想却行动缓慢，好像黏着她才是生活的动力，分手只是时间问题。很感动她坚持了这么久，只是我知道，She deserves better"……失去一个女人，让你明白应该成为Mr. Better。最终另外一个女人，得到你。男主角说恋爱时两人最爱校门外的土豆饼，分手后他把女孩的微博分组改成了土豆饼。他把女孩家楼下的密码告诉我们，嘱咐一定要把花送上楼。在信的结尾，他说："多希望我会是那一个 better，却又说好不再联系。希望分手也能带给我更多向梦想的动力。"

这是野兽派花店在官方微博（新浪微博平台）上的一条博文，发表于2013 年 8 月 9 日，简单的几百个字讲述了一则动人的爱情故事，吸引了2 000 多名粉丝的转发和300 多条评论。用故事感动人，用微博将感动裂变式的传播开来，成为谈资，影响更多人的情感进而影响他们的购买行为。野兽派花店，目前有84 万粉丝，是微博营销的成功案例。通过讲故事的形式，将花、故事、顾客联系起来，让每一束花都充满了故事和含义，同时又去聆听和分享顾客的故事，这些创造的、被分享的故事又被其他粉丝和顾客分享到他们的微博，进而形成了裂变式的传播。①

1. 什么是微博营销

微博是一个基于用户关系的信息分享、传播及获取平台，是一个最简化的信息传输媒介，却蕴含着巨大的营销能量。每一个用户尤其是已关注的粉丝都是潜在的营销对象，企业可以通过微博中的消息向网友传递企业信息、产品信息。

① 李新富：《中国企业微博营销现状研究》，内蒙古大学硕士论文，2014 年。

微博营销是指通过微博平台向商家、个人等创造价值而执行的一种营销方式，也是指商家或个人通过微博平台发现并满足用户的各类需求的商业行为方式。微博营销通过两种途径实现营销目的：一是建立品牌和用户以及潜在顾客之间的社会化网络关系，通过以朋友的身份和消费者互动来影响购买决策。二是监督公众观点，企业可以通过微博账户来回应用户的表扬或批评的观点。微博营销最大的优势是互动性强，包括博主与粉丝、粉丝与粉丝之间的互动。

2. 微博营销技术

对于营销者而言，微博是一种多功能的营销工具，可以执行网络营销任务，市场调研，产品推介，客户关系管理，品牌传播，危机公关，促销乃至直接销售。微博营销是一个技巧性很强的网络营销领域，需要从实际操作中来掌握微博营销的各种技巧。本书将从技术的角度来强调如何更好地利用微博进行营销活动。

（1）选择合适的微博平台。国内微博平台主要有新浪、腾讯和网易 LOFTER 等，其中用户较多的是新浪和腾讯。其中新浪微博平台还与淘宝合作推出了微博淘宝版，实现账号互通，淘宝卖家可以在新浪微博直接发布产品，并通过后台进行商品管理和商情监控。本书后续的微博营销技巧主要针对新浪微博。

（2）熟悉微博平台提供给用户的各种功能。微博的基本功能包括发布、转发、评论、赞、关注和私信，此外，还有热门话题、标签、@等功能，可以在网络营销过程中起到一定的促进作用。

（3）选用强大的微博管理工具。针对微博管理的应用软件有很多种，新浪微博应用平台（http：//app. weibo. com）就提供了大量的微博管理工具可供选择（如图 9－1 所示）。比较实用的是数据分析、互粉工具、微盘、微博秀等工具。大量的第三方工具逐渐退出市场，目前仍然应用广泛的是“皮皮时光机”。

“皮皮时光机”可以增强和扩展现有微博的一些功能，例如定时发送微博、定时转发微博、批量发布微博、微博互动、多人协同、微博分析、互听查询、微博内容库、微博图库、转播统计、群互推等。

（4）微博的装修。

①微博头像。头像最直观地体现了企业文化，你可以用清晰的企业 Logo，有意义的图标，也可以尝试用企业的形象代言人、吉祥物，甚至企业员工等素材设计头像，要简单清晰，容易让用户记忆，也可以尝试“拟人化”，能更好地拉近你和粉丝间的常规距离。

头像图片支持 JPG、PNG、GIF 格式，大小不超过 5M。上传后的图片可以通过预览功能查看图片在 100×100 像素等三种状态下的显示情况。微博头像一般都是圆形显示，所以在设计时应优先考虑圆形图。

图9-1　微博应用广场

资料来源：微博官网截图。

②页面模板。新浪微博有专业的设计团队提供的默认模板，但是如果您想让粉丝更为直观，更为便捷地感受企业、产品等营销信息，就需要用心设计和选择模板。微博模板的选择应该从配色、图片、文字、主题等元素进行考虑，与营销的主题相符合。在头部图片和背景图片中应该体现出营销主体的标志、代表性事物等，使微博具有一定的辨识度。也可以定制模板，将设计完成的图片上传，图片大小不超过5M，头部区域的尺寸建议为800×115像素，还可以通过“页面背景”“卡片背景”“封面图”“模板”进行细致的调整，模板自定义的部分功能需要微博账号经过认证或者成为会员。

③#话题。这是个很重要的功能，通过设置话题标签，微博更容易被浏览者检索到。单击话题链接，就会显示所有设置了相同话题的文章。可以用来描述企业关键词，如产品性质、所属行业；网络热词，观点等，这些用户有可能是目标受众。如#微博营销#，单击链接后，显示的是微博营销的话题和所有文章。营销者可以设计话题引导，通过一些热门事件、故事、争议等引导粉丝来转发或参与讨论一些话题，起到很强的传染性作用，然后将会引爆整个话题。话题的内容直接或间接再或者暗示营销的目标。如本节案例中的野兽派花店在微博中讲述的故事。

④微博营销团队。微博营销团队建设需要有一个经验丰富的领导人对整个微博营销团队进行领导协调，同时对职能不同的子微博进行管理，在重大营销活动中，各微博能够统一行动。在小米公司的相关

微博中有公司级别的@小米公司；产品级别的@小米手机、@红米手机、@小米电视、@小米盒子、@米聊、@MIUI_ROM；管理层级别的@雷军、@黎万强、@林斌_Bin、@小米王川等，以及大量的员工微博；粉丝类型的@小米社区、@小米粉丝会、@小米手机后援会等。

（二）微信营销

案例故事

《圈子不同，不必强融》的大数据

近日，选自黑天鹅新书《我只是敢和别人不一样》的《圈子不同，不必强融》一文，在朋友圈病毒式的传播引起了业内人士的注意。

黑天鹅图书的微信公众号在7月12日最先发出这篇文章，当晚的阅读量是4 000 +。到第二天，这篇文章阅读量就到了50 000 +，紧接着很快就过了10万。

7月13日，开始陆续有公众号联系作者和黑天鹅营销团队，要求转载这篇。当晚，拥有20万订阅户的账号HUGO转载了此文，而且阅读量突破10万。截至7月18日，五天的时间，这篇文章在HUGO的阅读量达到了132万，点赞数超过6 000。

7月14日，微信朋友圈几乎被这篇《圈子不同，何必强融》刷屏，富兰克林读书俱乐部、慢时光、灼见、金融八卦女、晚安少年等众多以阅读分享类为主的公号都发布这篇文章，头条推送，且都带上了作者周宏翔的简介、此文出处和新书《我只是敢和别人不一样》的封面。

根据我们的观察，这些账号上有关这篇文章的推送，阅读量都过了10万。

之后一周，这篇文章仍然持续地发酵中，一些知名阅读类大号也都持续转载了这篇文章，如清华南都、思想聚焦、十点读书、睡前故事等，更多不知名的公众号也都纷纷直接未经授权发布了这篇文章，截止到7月21日，搜狗上，输入这篇文章标题，得到的数据是9 052。也就是说，在过去的一周内，有9 000多个账号转载了这篇文章。

持续性、大规模、反复性地同样一篇文章的曝光，带来的直接影响就是销量的直接上升。7月15日，文轩天猫旗舰店单日销量数据为1 030本；当当最好的成绩是新书榜总榜第五，励志分类榜第二；亚马逊最好的排行是第23名；京东则持续几天都位列青春文学榜单

第一名；而天猫文轩的销量更是在过去一周内，从最初的300多本突破了5 000本。①

1. 什么是微信营销？

微信是移动互联时代的代表性产品，满足了人们随时随地无约束互动和沟通的需要。在微信上，有太多的社交功能和营销元素可以承载，月活跃账户数达到8.89亿，使其成为社交网络中的领头羊，同时，一个又一个朋友圈，高度精准了用户的特定属性，使得很多普通人也涉入营销领域。

微信营销是网络经济时代企业营销模式的一种创新，是伴随着微信的火热而兴起的一种网络营销方式。微信用户可以不受时间、空间的限制，根据自身需求主动关注企业微信公众账号，与企业形成一种紧密的联系。企业通过微信公众平台向微信用户提供他们所需要的信息，推广自己的产品，从而实现点对点、面对面的营销。微信营销主要体现在以安卓系统、苹果系统的手机或者平板电脑中的移动客户端进行的区域定位营销，商家通过微信公众平台，结合微信会员卡管理系统展示商家微官网、微会员、微推送、微支付、微活动，已经形成了一种主流的线上线下微信互动营销方式。微信营销常见的形式有公众平台、朋友圈、微店、微客服和群等，本书将重点介绍公众平台营销技术。

2. 微信营销的特点

作为一种新兴的营销工具，微信营销颇受企业和个人青睐，并且有不少的企业和个人从中收获成果。相对于其他营销方式而言，微信营销具有以下4个特点：

（1）成本低廉。一般而言，传统的电视、报纸、广播、电话以及互联网等营销方式都需要企业投入大量的资金成本，而微信提供的摇一摇、朋友圈等功能都是免费的，公众号的认证费用只有300元。

（2）即时性强。基于移动互联网的便利性，阅读不再仅限于电脑，利用智能手机用户可以随时随地获取各类信息。相对于个人电脑而言，智能手机不仅能实现各种功能，而且方便携带，用户可以在第一时间接收并反馈信息，这为企业进行微信营销并取得良好效果奠定了基础。

（3）互动性强。从某种意义上来说，微信的出现解决了企业在管理客户关系上的难题。当用户有欲望把对产品或进店服务的体验，以及个人提出的建议告知企业时，企业微信公众平台就能为他们提供

---

① 案例选自徐小妖：《圈子不同，不必强融》的大数据，知乎，https：//www.zhihu.com/question/32297088/answer/56220125。

有效途径。只要用户一发送信息，微信客服就能即时接收，并对信息做出相应回复和解释。企业与用户通过微信能够快捷且良好地互动，有利于维护客户关系，进而提升营销效果。

（4）针对性强。微信营销属于“许可式”营销，多数企业都是先通过推广将老客户拉入微信公众平台，然后再通过老客户的口碑传播以及自身宣传等方式将潜在客户加进微信公众平台。只有这些用户在主动关注某个企业微信公众平台之后，才会接收到它们的信息，而愿意对其作出关注行为的用户往往都是企业的目标人群，因此这种营销方式针对性较强。

微信营销作为一个社交平台，连接的是游戏，购物支付，衣食住行，媒体与社交分享。平台的依附力很大，连接到各方的需求与利益，构建的是生态系统。微信与线上的 QQ 互通，与线下的手机通讯录相连接，迅速将社会关系网络搭建起来，使通讯录中见过面的、有过线下接触的人和互联网上的 QQ 好友通过一个软件建立了联系。

3. 微信公众平台营销

微信公众号是一个自媒体平台，开发者或是商家在微信公众平台上申请的应用账号。通过公众号，商家可以在微信平台上实现和特定群体以文字、图片、语音、视频的方式全方位沟通、互动，进而形成了一种主流的线上线下微信互动营销方式。微信公众号主要实现了群发推送、关键字回复、1 +1 交流、自定义菜单、第三方应用程序接口等功能。

微信公众平台提供了三种服务类型，分别是订阅号、服务号和企业号：

（1）订阅号是为媒体和个人提供一种新的信息传播方式，订阅号可以针对个人或者是组织，定位是向用户提供咨询和服务，仅需要个人信息认证即可申请使用。

（2）服务号是以企业和组织为服务对象的，定位是提供功能服务，不适用于个人。

（3）企业号是专为企业客户提供服务的，为企业实现内部沟通与内部协同管理的功能。

订阅号和服务号的区别是：

（1）推送频率，订阅号是每天可以推送一条信息，服务号每月可以推送 4 条信息。

（2）提供功能：服务号开放更多高级功能，如客服功能。

（3）消息接收功能：服务号的新消息都显示在对话框中，订阅号显示在文件夹中。

4. 微信公众平台营销技术

本书以订阅号为例，简要说明微信营销公众账号使用方法。

（1）注册微信公众号账号。

①使用 PC 访问微信官网：http：//mp. weixin. qq. com/，按照提示填写用户信息。

②填写注册基本信息。之后在邮箱激活账号。

③选择账号类型。账号类型一旦选择，就不可以再更改（如图 9－2 所示）。

图 9－2　选择微信公众号类型

资料来源：根据微信实操截图得来。

④登记主体信息。个人、个体工商户可注册 5 个账号，企业、政府、媒体、其他组织可注册 50 个账号（如图 9－3 所示）。

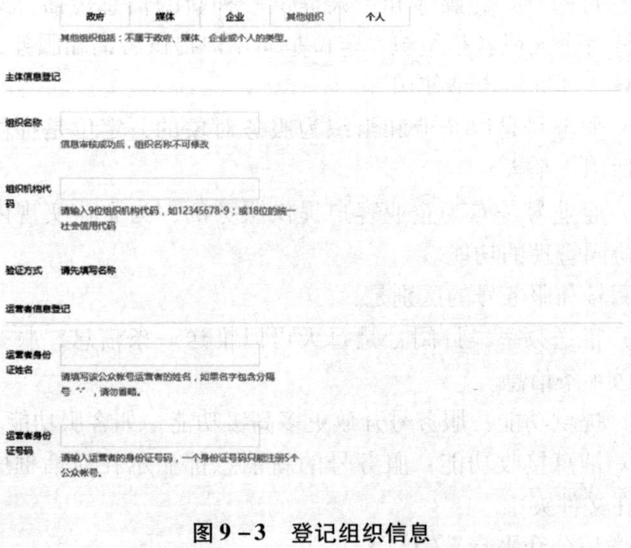

图 9－3　登记组织信息

资料来源：微信公众号注册截图。

如果是企业，点击企业的选项卡，需要提供企业的营业执照和法人代表的身份证照片，需要本人手持身份证拍照。如果是个人，只需要个人手持身份证拍照。

⑤运营者身份验证。为了验证你的身份，请用绑定了运营者本人银行卡的微信扫描二维码。本验证方式不扣除任何费用。注册后，扫码的微信号将成为该账号的管理员微信号。若微信没有绑定银行卡，请先绑定（如图 9－4 所示）。

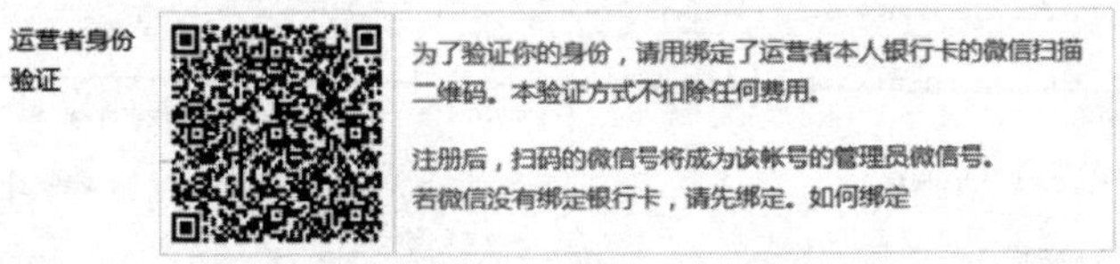

图 9－4　扫描二维码进行身份验证

资料来源：微信公众号注册截图。

⑥填写公众号信息。这个页面里面需要填写账号名称和功能介绍等基本信息，这些信息需要谨慎填写，个人账号的账号名称一年内只能申请修改 2 次，功能介绍每月只能修改 5 次。完成之后，账号申请成功。然后单击右上角的账号名称，进入账号详情页，填写公众账号其他详细信息（如图 9－5 所示）。其中部分信息填写后需要间隔一段时间后才能修改，每一项限制都在页面上有详细的说明（如图 9－6 所示）。

图 9－5　公众号信息页

资料来源：微信公众号注册截图。

图 9-6　账号详情页

资料来源：微信公众号注册截图。

（2）公众号功能。

①群发信息。登录公众号平台后，在功能区域有“群发功能”，进入新建群发消息对话框。群发消息可以给所有已订阅本号的用户发送消息，消息的类型包括图文消息、文字、语音、图片和视频。其中图文消息、图片、语音和视频都可以新创建消息，或者从素材库中选择。新创建的消息也会保存到素材库。之后可以通过“管理”区域的“素材管理”按钮查看和编辑。

②自动回复。自动回复有三种类型，分别是“被添加自动回复”“消息自动回复”“关键词自动回复”。通过“功能”按钮，可以分别设置三种回复方式，可设置的文字、语音、图片、视频为自动回复内容（如图 9-7 所示）。

三种自动回复效果也不同，被添加回复的效果是：粉丝在关注公众号时，会自动给粉丝发送预先添加好的信息，一般都是欢迎信息或者是功能介绍信息。设置后可根据需要“修改”或“删除”回复；消息自动回复的效果是粉丝给公众号发送信息，如果没有对应关键字，则自动回复一条信息；关键词自动回复需要预先设置不同的关键词以及关键词对应的内容，当粉丝给公众号发送一条信息里含有预设的关键词的时候，系统自动回复一条与这个关键词对应的消息（如图 9-8 所示）。

图 9-7 自动回复功能

资料来源：微信公众号注册截图。

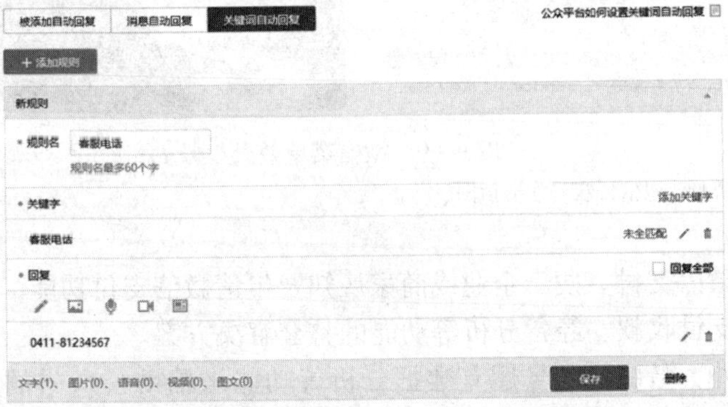

图 9-8 关键词自动回复功能

资料来源：微信公众号注册截图。

③自定义菜单。公众账号可以在会话界面底部设置自定义菜单，菜单项可按需设定，并可为其设置响应动作。用户可以通过点击菜单项，收到您设定的响应，如收取消息、跳转链接等。如果具备开发能力，可以在认证的公众号的菜单项上做更多的应用。

最多创建 3 个一级菜单，一级菜单名称字数不多于 4 个汉字或 8

个字母。

每个一级菜单下的子菜单最多可创建5个，子菜单名称字数不多于8个汉字或16个字母。

在子菜单下可设置动作。

• 发送信息：可发送信息类型包括文字、图片、语音、视频和图文消息等。但未认证订阅号暂时不支持文字类型。

• 跳转到网页：所有公众账号均可在自定义菜单中直接选择素材库中的图文消息作为跳转到网页的对象。认证订阅和服务号还可直接输入网址。

图9-9　微信菜单效果

资料来源：微信公众号注册截图。

④微信支付。便于企业或商家认知及申请微信支付功能，集推广销售、支付收款、经营分析等功能的整套解决方案。

此外，微信公众号还有数据分析等功能来辅助公众号的运行和管理。

（3）微信认证。微信认证是微信公众平台为了确保公众账号信息的真实性、安全性，对微信主体进行认证的一项服务，审核服务费每次300元，每年审核一次。微信认证的主要目的是获得更丰富的高级接口，向用户提供更有价值的个性化服务，同时用户将在微信中看到微信认证特有的标识，提高公众号的可信度。

微信公众账号微信认证，可以通过设置栏目下的微信认证按钮以及账号详情页面下的申请微信认证按钮来申请。

（4）开发者中心。成为微信公众平台开发者，你将可以使用公众平台的开发接口，在你自身服务器上接收用户的微信消息，并可按需回复，可以链接已有的应用程序。此外，还提供了更多更高级的接口来完善公众号的功能：

- 会话界面的自定义菜单
- 多客服接口，提供贴心快捷的客服
- 获取用户地址位置，精确提供服务
- 高级群发接口，实现更灵活的群发能力
- 用户分组接口，方便管理用户

5. 微店

微店有两种形式，一种是原生电商模式，另一种是由北京口袋时尚科技有限公司推出的基于移动端的电子商务平台——微店。微信公众平台的“微信小店”是基于微信公众平台打造的一套原生电商模式，具备添加商品、商品管理、订单管理、货架管理、维权等多种能力，开发者可使用接口批量添加商品，快速开店。“微信小店”的推出将极大地丰富微信以及微信支付的应用场景，提升用户体验。前提是要一个认证的微信公众号，其次要开通微信支付。微店是基于移动端的营销平台，任何人通过手机号码即可开通自己的店铺，并通过一键分享到 SNS 平台来宣传自己的店铺并促成成交。降低了开店的门槛和复杂手续，回款为 1 ~2 个工作日，且不收任何费用。

6. 朋友圈

朋友圈是微信的一个功能，通过朋友圈可以和好友分享图片、文字、视频等资源，朋友可以点赞，可以回复。利用朋友圈的信息分享功能开展营销活动也是微信营销的重要环节。朋友圈是一个巨大的关系网，通过互相转发形成了无限延伸的信任感强的关系链，是免费渠道中影响到最多的人的渠道。朋友圈营销中的关键不是刷屏而是内容和话题设计，如果因为讨人厌而被拉黑，营销效果就无从谈起。

7. 排版工具

微信公众号后台提供了简要的编辑器，但是功能简单，不能完全满足个性化设计需求，因此需要借助于第三方工具来设计公众号图文信息版式。微信公众号编辑器支持 HTML5，因此各类 HTML5 编辑器编辑的内容原则上都可以粘贴到编辑器中，而且能够保证已经设计好的版式相对稳定，不会发生变化。

目前流行的编辑器有：秀米、ipaiban 和 135 编辑器等，都提供了大量的素材和模板供选择，此外，还具有定时发送、一键导入微信编辑器等功能。

以秀米为例介绍一下基础操作的方法：进入秀米网站（http：// xiumi. us）。选择新建图文，输入标题和摘要，上传封面图片，开始编辑内容。按照提示，从左边的模板库中选择素材，输入文字、上传图片。编辑结束后，单击右侧上方的按钮，可以进行保存、预览以及拷贝到微信编辑器等操作。利用预览功能检查编辑的内容后，选择复制到微信公众号按钮，使用 CTRL + C 复制内容。下一步是打开微信公众号的后台管理界面，新建图文信息，使用 CTRL + V 粘贴内容，保存。

（三）网站营销

一般来说，电子商务都是基于企业网站而运营的，在我们的概念中，一般都是把电子商城等价于电子商务，实际上，电子商城网站只是电子商务的一种形式。企业一般都建设自己的网站来推销产品、与客户互动以及销售产品。例如，华为和小米都有企业和产品网站、论坛、商城等。基于网站的网络营销的基本内容是建设网站、推广网站以及利用网站完成特定的营销任务。

1. 什么是网站

网站，是指在因特网上，根据一定的规则，使用 HTML 等工具制作的用于展示特定内容的相关网页的集合。一般都是指万维网站，英文称之为 website，是可以通过浏览器访问的位于服务上的页面资源、文件资源以及数据资源的集合。

2. 网站采用的技术分类

静态网站：是指全部由 HTML（超文本标记语言）代码编写的页面组成的网站，所有的内容包含在网页文件中，服务端没有程序运行。静态是相对于服务器的服务而言，网页上也可以出现各种视觉动态效果，如 GIF 动画、FLASH 动画、滚动字幕等。

动态网站：在浏览页面的过程中，服务器端有数据库和应用程序在运行的网站。支持动态网站的程序设计语言有 ASP、PHP、JSP 等。

移动网站：主要是指为移动客户端开发的或者是更适合移动客户端浏览的网站，一般称之为移动网站。

虚拟现实网站：基于虚拟现实技术的网站。使用 X3D（3D computer graphics）以及 VRML（virtual reality modeling language）来创建三维立体的效果。虚拟现实技术可以让浏览者更真实地体验产品的应用效果。

3. 网站建设流程分析：

营销网站的建设是一个系统而且复杂的工程，网站的搭建需要有充分的前期论证和准备。本书将介绍从设计开始到网站运营的关键性技术。

（1）网站建设前的分析。网站的建设必须有定位和客户群体分析，进而设计网站的功能和美化。开始建站之前，要弄清楚四个具体问题：

第一，为什么建立网站？是树立企业形象、宣传产品还是电子商务以及市场开拓？不同的建站目的对服务器、软件的选择都有所不同。

第二，有哪些资源可以发布？根据资源的种类可以设计网站的模块和菜单。

第三，网站需要提供哪些辅助功能？例如，建设一个教育培训网站的目标是为接受培训教育的学生服务，并且吸引更多学生接受该校的教育培训，因此在建设网站时就要围绕这个目标确定网站的栏目。尽管建设网站的目标不尽相同，但是有一点必须明确，那就是目标控制得越详细，对今后的工作开展越有利。

第四，客户对网站的需求是什么？建设网站的目的是让客户能够通过网站了解企业、了解商品，因此网站需要能够被客户认可和愿意使用，那么就需要了解客户希望在网站获取什么？可以通过问卷、市场分析等途径获取信息，然后对网站进行规划。

（2）投资和预算。建设网站的支出有很多方面，域名费用、空间费用、带宽费用以及推广和运营的费用等。尤其是网络推广和运营的费用，要比网站建设本身高很多。

（3）网站结构、内容设计。网站的结构设计主要是指网站的组成模块、页面之间的逻辑关系和内容的层次结构。根据功能和定位的不同，网站的结构设计也不尽相同，但是总的指导思想是方便客户使用。

为了让用户快速找到所需要的资源，网站必须具备两个基本的功能，即导航和搜索。导航的作用类似图书的目录，让网站的内容构成一目了然。搜索可以让网站访问者迅速定位自己感兴趣的内容。

客户访问网站的目的就是为了获取内容，因此内容是网站的核心价值所在。网站内容的编写应该遵循以下几个策略：

时效性，网站上的内容应该以时间为准则，根据实际的变化及时更新，用户不希望看到3～4年前的企业介绍，意味着企业在这个时间段内没有任何长足的发展。更新的内容应该及时标记修改时间。

内容主题明确。文章的标题和内容应该是一致的，文中的图、视频等元素也应该与内容和标题保持一致。

设定关键词。文章应该设定关键词，便于客户搜索和搜索引擎抓取。可以利用关键词分析工具来研究特定关键词被使用的频率，选择最直接而有效的关键词。

页面的长度应该适中，太长或者太短都会降低访问者的耐心和收获感，从而影响客户对企业和产品的第一印象。

4. 选择域名

域名是由一串用点分隔的名字组成的 Internet 上某一台计算机或计算机组的名称，是字符化的服务器地址，是客户进入网站的指引，也是企业的形象展示，在互联网时代，域名就是企业的网上商标。

IP 地址是互联网上主机通信的数字型标识，由 4 段数字组成的数字串，是访问网站的最直接方式，但是 IP 地址不容易记忆，因此产生了域名，用字符来代替数字。域名由三部分组成，第一部分是主机名，第二部分是自定义的名称，第三部分是域名后缀，例如 www. baidu. com，www 是主机的名字，依习惯把默认主机的主机名设置为 www，也可以根据实际需要进行修改，例如百度文库的域名 wenku. baidu. com，wenku 就是主机名，类似的还有百度图片的域名 image. baidu. com，百度知道的域名 zhidao. baidu. com，其中的 wenku、zhidao 都是主机名；baidu 是域名的主体，可以根据企业名称、产品信息、营销主题等进行定义；com 是域名后缀，常见的域名后缀有 com、net、cn、org 等是已经设定好的，可以进行选择。域名的后两部分 baidu. com 是不能重复的。因此在定义好一个域名后，需要先查询以确认是否已经被注册。域名注册之后，需要将域名和主机地址进行绑定，绑定的操作在域名控制面板和主机管理面板中分别进行设置。设置之后需要 2 ~ 24 个小时后才能生效。

（1）域名的注册（如图 9 – 10 所示）。

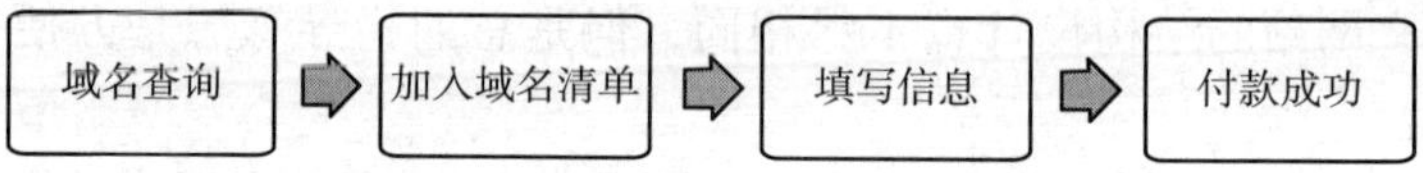

图 9 – 10　域名注册流程

①查询域名，加入清单。对想好的域名进行查询，查看是否未被他人注册，以确保您域名的唯一性；只有未被注册的域名才能新注册（如图 9 – 11 所示）。

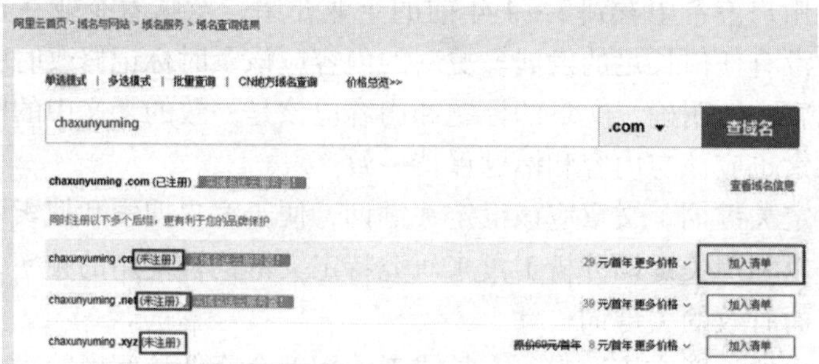

图 9 – 11　域名搜索

②结算域名清单（如图 9－12 所示）。

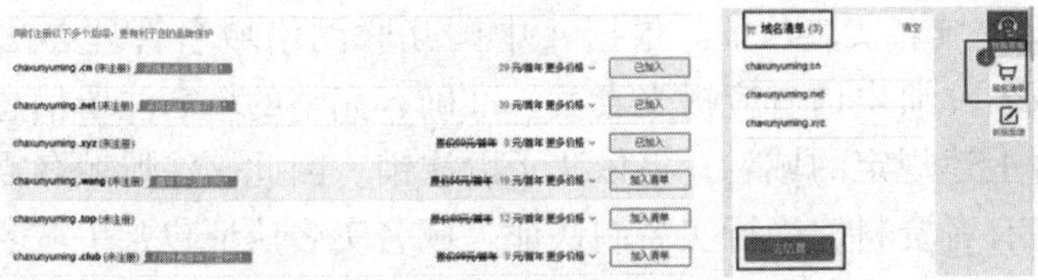

图 9－12　域名购买的清单

结算时，须对域名“购买年限”和域名“所有者类型”进行选择（若您注册的是 . gov. cn 后缀域名，域名持有者类型选择企业）如图 9－13 所示。

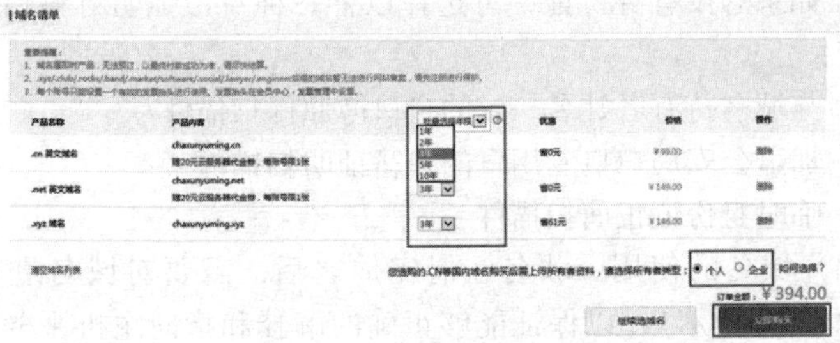

图 9－13　设置年限和类型

③填写域名注册信息。对购物车中的域名结算前，先要对域名注册信息进行真实填写。填写的信息主要是域名持有者信息和管理者信息，包括中、英文信息（如图 9－14 所示）。

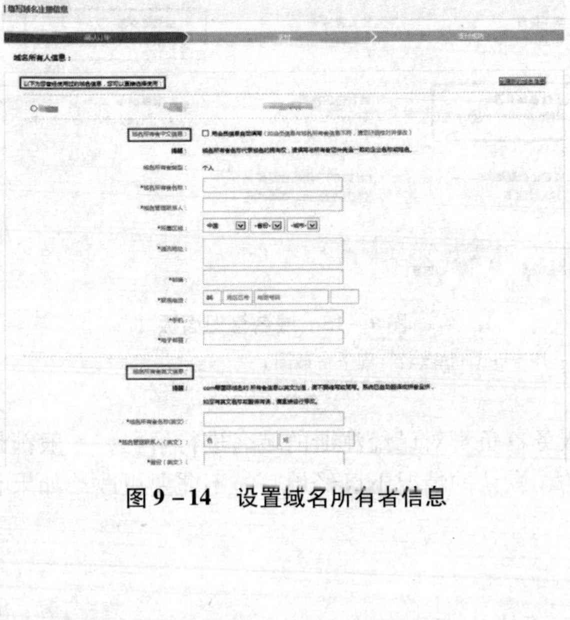

图 9－14　设置域名所有者信息

④付款结算，注册成功。域名属于即时产品，无法预订，只有最终付款成功才算注册成功，所以下单后请尽快结算。

（2）域名实名认证。根据《中国互联网络域名管理办法》的规定，域名注册申请者应提交真实、准确、完整的域名注册信息，对于不符合上述规定的域名，将依法予以注销。因此，注册域名需要提交域名持有者资料，进行实名制认证。域名实名认证包含了域名持有者的实名认证和域名本身的命名审核。审核成功后域名才能正常使用。

实名认证需要提交的资料内容包括：

- 域名持有者为公司、企业的，需提供有效的企业营业执照或组织机构代码证扫描件
- 域名持有者为个人的，需提供有效的域名持有者个人身份证正面扫描件
- 如果您没有身份证，可选择以下一种身份证明材料扫描件进行提交：
- 与域名持有者姓名一致的户口簿原件扫描件
- 加盖公安局户口专用章的户籍证明扫描件
- 临时身份证正面扫描件

（3）域名的使用。域名注册完成之后，需要对域名进行设置（如图 9－15 所示），以保证能够正确的解释和指向主机服务器。域名服务商提供了域名设置面板，登录面板之后，有两个设置必须完成，即，域名服务器和子域名服务器。以 ResellerClub 的域名管理面板为例，各域名提供商管理界面不完全相同，但是核心功能一致。

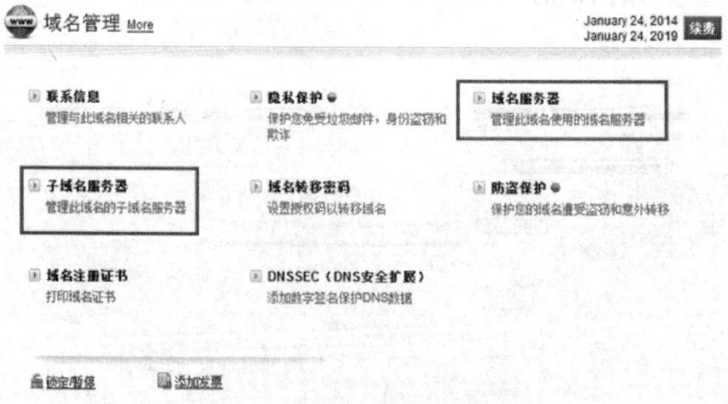

图 9－15　域名管理面板

资料来源：ResellerClub 域名管理平台截图。

域名服务器负责对已经注册的域名进行解释，一般都是由域名供应商提供的，默认的情况下已经填写，不需要更改。如果有其他域名

解释服务器，可以单击此处进行设置。例如，可以将域名转至国内著名的域名解释服务商 DNSPOD，在域名服务器对话框中填写 DNSPOD 的域名解释服务器地址：f1g1ns1. dnspod. net，f1g1ns2. dnspod. net。转到 DNSPOD 的目的是获得更快的解释速度和网站监测工具。

子域名服务器是在此域名下注册的主机，就是可以将域名解释和网站主机进行绑定。例如图 9－16 中的 www 主机和 IP 地址的对应关系。

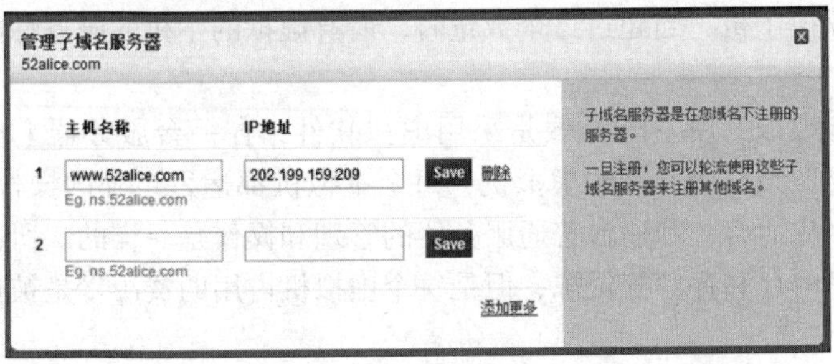

图 9－16　添加子域名

资料来源：ResellerClub 域名管理平台截图。

5. 选择网站服务器

网站服务器就是存放网站内容的载体。客户访问网站中的所有资源均需要放置在某一台服务器上。服务器的质量和访问速度直接决定着网站体验的优劣，因此服务器的选择非常重要。选择网站服务器主要是主机的选择、操作系统的选择、线路的选择以及服务器软件的选择等。

（1）选择主机。选择主机首先要考虑的是服务器的性能，评价服务器的性能主要是从 CPU 的性能、存储的性能、容错能力、可扩展能力以及稳定性、持续性等方面来考虑，还需要考虑主机存放的地址位置，不同的位置决定着访问的速度。其中容错能力和稳定性尤为重要。主机的选择有多种形式，可以根据自身的需要和财务能力进行选择，可以自己购置主机也可以租用 ICP 的主机，可以占用一台主机也可以租用小容量的空间。传统的解决方案有：虚拟主机、虚拟专用主机、独立主机、主机托管和专用主机等类型。

云计算技术普及之后，云服务器的应用发展迅速。云服务器（cloud virtual machine）① 是一种专业的高性能高稳定的弹性伸缩的计算服务，您可以在几分钟内轻松获取并配置计算服务。云服务器不仅

① 注：阿里云称之为 Elastic Compute Service，简称 ECS，百度云称之为 Baidu Cloud Computer。

提供了镜像复制、快照备份、弹性伸缩等灵活部署服务，帮助您根据业务需要快速扩展计算容量，而且提供高性价比的灵活计费方式，按实际使用的容量收费，节约计算成本。

各类主机的区别是：

①虚拟主机，也叫“网站空间”，就是把一台运行在互联网上的服务器划分成多个“虚拟”的服务器，每个存储空间都给予单独的FTP权限和Web访问权限。虚拟主机的硬盘、内存、CPU、并发人数、数据处理能力等资源都是共享的，因此一台主机只能支持一定数量的虚拟主机，当超过这个数量时，所有虚拟的主机的服务性能就会下降。

②虚拟专用主机VPS是采用虚拟软件，在一台服务器上虚拟出多个类似独立服务器的虚拟机，每个虚拟机都运行单独的操作系统，对于用户而言，和一台普通服务器的管理和操作是一样的。所有虚拟机共享内存和存储等资源，但是每个虚拟机占用的资源量是被预先限定的。

③云服务器是一种类似VPS服务器的虚拟化技术，云服务器是在一组集群服务器上虚拟出多个类似独立服务器的部分。资源是分布在不同的物理服务器上，集群中每个服务器上都有云服务器的一个镜像，从而大大提高了虚拟服务器的安全稳定性，除非所有的集群内服务器全部出现问题，云服务器才会无法访问。硬件资源是跨越物理服务器的，每台主机都被分配了独立的CPU、内存等硬件资源。创业公司选择云主机可以根据实际需要，先从1个CPU、1G内存的最低配置开始，再根据业务的发展进行扩容。

④独立主机和主机托管是借助于传统的服务器技术，具有独立的CPU、内存条、硬盘。存储数据的安全性不高，硬盘的浪费率比较高，在应用方面应用有局限性。独立主机需要具备网络接入端口，管理和维护均由自己来承担。主机托管是把主机交由服务商管理，不需要自己维护和管理。

（2）服务器系统和软件的选择。服务器软件的选择是与营销网站的开发技术相关联的，如果是使用了PHP脚本编写的网站，那么主机的服务器软件需要支持PHP脚本的解释；如果网站存储数据使用的数据库是Microsoft SQL Server，那么服务器主机也需要具备SQL数据库引擎。主流的服务器软件方案基本上有两种供选择：

①Windows + IIS + Microsoft SQL Server/ACCESS + ASP/ASP. NET

②Linux + Apache + PHP + MySQL

两套方案各有特点和优势，Windows系统的方案管理简单，安全性低，适合初创企业和大学生创业使用，Linux系统的方案管理复杂，安全性高，适合具备一定的技术能力的企业选择。不管选择哪种方案，服务器、软件和营销网站都必须保持一致才能获得最佳的应用效果。

6. 空间的管理

主机确定之后，先要对空间进行设置，绑定域名、修改 FTP 密码、访问限制等。以 hostinger 虚拟主机空间为例，配合 DNSPOD 的域名解释。

（1）绑定域名。首先，在 hostinger 主机控制面板上设置绑定的域名（如图 9 - 17 所示）。在控制面板中选择“域名” - “添加域名”，选择“我拥有的域名”选项，然后填写已经注册的域名。

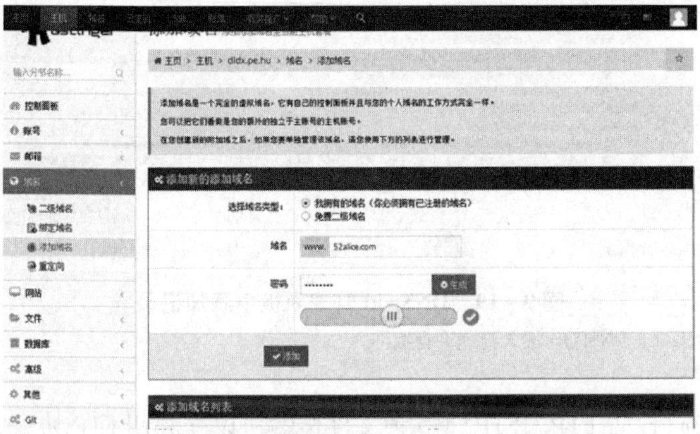

图 9 - 17　主机控制面板中的绑定域名

资料来源：hostinger 主机管理平台截图。

添加域名之后，系统会提示 NS 服务器信息，即域名服务器信息。如果没有提示，可以单击“主页” - “主机账号”，选择刚才添加的域名，进入管理界面。依次单击“账号” - “信息”，进入 NS 服务器信息页。拷贝 NS 服务器信息（如图 9 - 18 所示）。

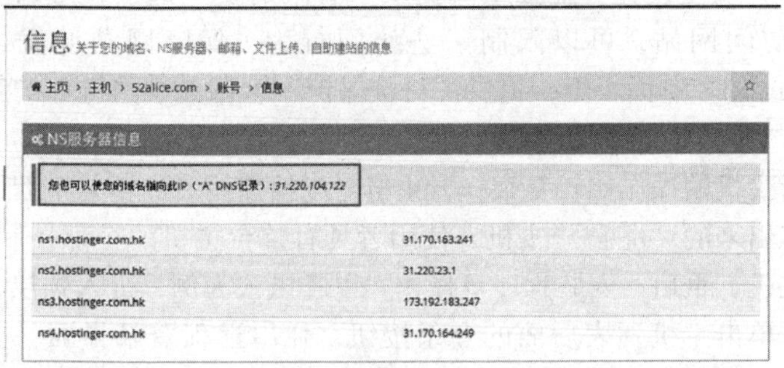

图 9 - 18　主机控制面板中的主机 IP 信息和域名服务器信息

资料来源：hostinger 主机管理平台截图。

在 DNSPOD 控制面板页，设置 A 记录。如果需要将域名指向一个 IP 地址，就需要添加 A 记录，A 记录的记录值 31. 220. 104. 122 是由 hostinger 指定的。新设置的域名解释需要一段时间后才能生效。

图 9－19　DNSpod 管理面板中添加记录

资料来源：DNSPOD 域名管理平台截图。

（2）设置 FTP。FTP 是一种文件传输协议，利用 FTP 协议，可以将制作完成的网站文件上传到主机空间上，之后网站才可以被访问。上传文件一般使用 FTP 工具，推荐 FlashFXP 或 Filezilla。FTP 地址、用户名和密码都可以通过控制面板中的文件菜单查看和设置。

（3）默认文档。访问网站的时候只要输入域名就可以打开网站的首页，首页也是一个网页文件，是由服务器软件的默认文档功能设置的，一般首页文件名都是 index 或者 default，部分虚拟主机提供了设置默认文档的功能，可以调整默认文档的顺序。

（4）安全设置。虚拟主机提供了有限的安全选项，可以限制部分 IP 访问网站，可以限制一些访问行为，保障网站的安全。在 hostinger 的控制面板里，提供了目录保护、IP 限制、热链保护等安全功能。不同的服务商提供的功能也不尽相同。

云主机的操作比较复杂，云主机分配给使用者的不是空间而是一台虚拟出来的“完整”主机，使用者具有整台主机的全部控制权限，可以关机、重启、安装程序等操作。以腾讯云为例，进入到控制面板之后，单击主机列表后面的登录按钮，弹出远程登录界面。登录之后，即可以设置服务器软件，配置访问权限等操作（如图 9－20、图 9－21 所示）。

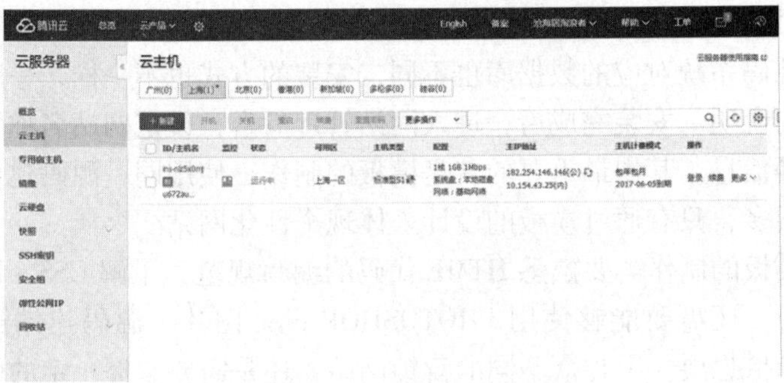

图 9－20 云主机控制面板

资料来源：腾讯云主机截图。

图 9－21 主机远程控制界面

资料来源：腾讯云主机截图。

7. 网站建设

网站建设是网络营销的重要平台，是电子商务平台的重要组成部分，担负着与客户进行沟通互动、向客户动态发布与传送信息的重要作用。

平台的搭建有多种形式，主要的有两种，一种是独立开发，请网络设计公司或者雇佣程序员定制开发的网络营销平台；另一种是采用已有的（经过授权的）源码系统搭建营销平台。前者的优势是与营销设计的吻合度较高，个性化明显，功能与设计相符合，缺点是开发周期长，成本非常高；第二种方式的优点是系统平台成熟，部署时间短，容易管理，成本低，缺点是功能不一定相符，增加定制的功能也需要付额外的费用，个性化不明显。第二种方式更适合初创企业和大学生创业。

目前成熟度较高的源码系统有动易、DISCUZ!、SHOPEX 等。不同的源码系统对应的数据库也不同，安装的方式也不一样，一般都有详细的说明。安装完成后，进入网站管理后台，设定网站名称、栏目名称等信息。其中最重要的就是模板的制作，使用同一源码建设的网站有很多，只有通过模板的设计来体现个性化网站。

模板的制作需要熟悉 HTML 代码的编写规范，了解 CSS + DIV 设计技巧，还需要能够使用 PHOTOSHOP 设计图片。源码建站虽然快捷，如果想要一个与众不同的营销网站，还是需要掌握一定的网页设计技术。

8. 网站备案

为了规范互联网信息服务活动，促进互联网信息服务健康有序发展，根据国务院《互联网信息服务管理办法》和工信部《非经营性互联网信息服务备案管理办法》的规定，国家对经营性互联网信息服务实行许可制度，对非经营性互联网信息服务实行备案制度。未取得许可或者未履行备案手续的，不得从事互联网信息服务，否则就属于违法行为。

通俗来讲，想要开办网站必须先办理网站备案，备案成功取得通信管理局下发的 ICP 备案号后才能开通访问。

以阿里云为例的备案步骤（如图 9－22 所示）。

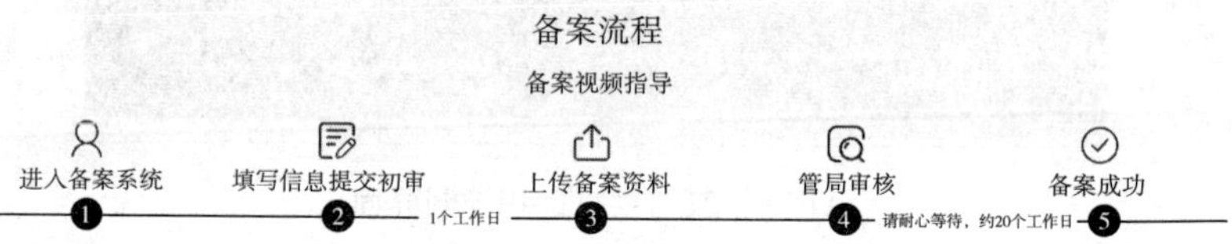

图 9－22　备案流程

资料来源：根据阿里云域名系统整理得来。

（1）登录备案系统。购买成功后登录备案平台。

（2）填写信息提交初审。验证备案类型，系统会自动判断您需要的备案类型，有三种类型：首次备案、新增接入、新增网站。如果是新增接入和新增网站，需要输入备案号和 ICP 备案密码，请确认输入正确的备案密码，系统是无法判断的，如果密码错误，最后会被管局直接以备案失败退回，其他流程三种类型备案基本一样。

备案类型验证后，请根据系统要求填写申请，填写时系统会根据您选择的备案省份显示当地管局规则要求。

（3）上传核验资料。请上传与系统填写一致的证件资料原件扫描件或拍照件，上传所需资料查看各省的规则。

备案通过初审后，网站负责人需提供当面核验照片，可登录备案系统后在首页申请邮寄，申请时收件地址及联系方式请填写真实有效信息，以便快递正常接收。各省的要求不同，在审核完成后建议您登录备案系统查看下一步的要求。

（4）管局审核。各地管局审核时间不同，一般为3～20个工作日，信息提交管局后，备案系统首页会显示当地管局大概的审核时长（此时间为估算的大概时间），审核成功后您会收到短信及邮件通知。

（5）备案成功。审核结果，管局会直接短信和邮件通知用户；

备案成功，请妥善保管备案号和备案密码，以便以后修改备案信息和增加网站时用。

备案失败，根据退回原因修改备案信息，修改后再重新提交备案信息。

（四）搜索引擎营销

案例故事

BMW在美国本土的搜索营销策略是激进的投放策略，即让旗下所有产品名称都置于搜索结果的第一位，并在此基础上，详细研究用户查询时可能出现的关键词组合方式，将有关产品名称的各种排列组合的关键词一并购买，并使之搜索结果排名也处于首位。

此外，BMW与搜索运营商达成精诚合作，利用搜索引擎分IP显示关键词广告的功能，联合分散在全美各城市的经销商，进行当地市场的品牌精准传播。用户输入BMW产品的名称后，在结果列表首位展示的是BMW美国的官方网站，结果列表次位展示的是当地经销商的网站。如果用户的IP来自西雅图，第二位结果则是西雅图的经销商网站。

BMW的这一创举，首先达成了品牌的大面积覆盖，关于BMW的一切产品都排在搜索结果首位，在用户心目中树立了良好的品牌形象。其次，达成了品牌的细分覆盖，能够根据用户所属地区提供有针对性的结果，为经销商的销售带来线索。最后，BMW与经销商联合进行搜索营销，使得BMW的整体品牌形象得到高度统一，同时节省了各经销商各自为战带来的高额广告预算。①

1. 什么是搜索引擎营销

搜索引擎营销，英文Search Engine Marketing，我们通常简称为“SEM”。就是根据用户使用搜索引擎的方式，利用用户检索信息的机会尽可能将营销信息传递给目标用户。简单来说，搜索引擎营销就

① 案例选自百度文库。

是基于搜索引擎平台的网络营销，利用人们对搜索引擎的依赖和使用习惯，在人们检索信息的时候将信息传递给目标用户。搜索引擎营销的基本思想是让用户发现信息，并通过点击进入网页，进一步了解所需要的信息。企业通过搜索引擎付费推广，让用户可以直接与公司客服进行交流、了解，实现交易。

一般认为，搜索引擎优化设计主要目标有 2 个层次：被搜索引擎收录、在搜索结果中排名靠前。SEM 所做的就是以最小的投入在搜索引擎中获得最大的访问量并产生商业价值。多数网络营销人员和专业服务商对搜索引擎的目标设定也基本处于这个水平。但从实际情况来看，仅仅做到被搜索引擎收录并且在搜索结果中排名靠前还很不够，因为取得这样的效果实际上并不一定能增加用户的点击率，更不能保证将访问者转化为顾客或者潜在顾客，因此只能说是搜索引擎营销策略中两个最基本的目标。

2. 搜索引擎营销的方法

包括搜索引擎优化（SEO）、竞价排名、精准广告以及付费收录等。

（1）搜索引擎优化（SEO）。SEO 是指在了解搜索引擎自然排名机制的基础之上，对网站进行内部及外部的调整优化，改进网站在搜索引擎中关键词的自然排名，获得更多的展现量，吸引更多目标客户点击访问网站，从而达到互联网营销及品牌建设的目标。

（2）竞价排名。竞价排名是搜索引擎关键词广告的一种特殊形式，按照付费高者排名靠前的原则，对购买了相同关键词组合的网站进行排名。如今，竞价排名是企业进行网络营销的一种主要方式。竞价排名的时效性强，目标精准。

在搜索引擎营销中，竞价排名的特点和主要作用如下：

①按效果付费，费用相对较低；

②出现在搜索结果页面，与用户检索内容高度相关，增加了推广的定位程度；

③竞价结果出现在搜索结果靠前的位置，容易引起用户的关注和点击，因而效果比较显著；

④搜索引擎自然搜索结果排名的推广效果是有限的，尤其对于自然排名效果不好的网站，采用竞价排名可以很好地弥补这种劣势；

⑤企业可以自己控制点击价格和推广费用；

⑥企业可以对用户点击情况进行统计分析。

（3）精准广告。百度于 2006 年 7 月在当年百度世界大会上公布的创新广告形式，以让广告呈现且仅呈现在他想要呈现的人面前为目标。

在移动互联网领域，精准广告也叫精准推送。是指广告主按照广告接受对象的需求，精准、及时、有效地将广告呈现在广告对象面前，以获得预期转化效果。这种服务模式也就是人们常说的点对点服务，特点是精准而高效。

（4）付费收录。付费收录（paid inclusion）就是在搜索引擎中尽量地将网站的页面都收录在搜索引擎中，这样可以更深入地描述网站的主题，使用户可以更直接地找到所需要的具体信息，并且也使得网站有更多的机会被用户找到。“付费收录”是目前国外付费搜索引擎广告常用的一种广告形式。

3. 搜索引擎营销策略

（1）搜索引擎优化。网站信息在搜索结果中的排名非常重要，在一个检索结果中。往往前面几页或者第一页的前几个的点击率最高，搜索引擎优化的目的就是要通过对网站关键字、标题、网站结构的修改，使网站更符合搜索引擎的检索规则。使网站更容易被检索，排名更靠前；当然，现在很多搜索引擎，例如百度，它采用竞价排名的方法，即在同类网页或网站信息之间用付费竞价的形式，谁出的价钱越高，谁就排在前面。

搜索引擎优化既是一项技术性较强的工作，也是一项同企业特点息息相关、需要经常分析和寻求外部合作的工作。实践证明，搜索引擎优化工作不仅能让网站在搜索引擎上有良好的表现，而且能让整个网站看上去轻松明快，页面高效简洁，目标客户能够直奔主题，网站发挥出了沟通企业与客户的最佳效果。

搜索引擎优化主要一般是从网站内部优化和网站外部优化两个方面着手，一是内部优化，包括 META 标签优化：例如：TITLE，KEYWORDS，DESCRIPTION 等的优化；内部链接的优化，包括相关性链接（Tag 标签），锚文本链接，各导航链接，及图片链接；网站内容更新：保持网站经常性更新，主要是内容更新等。二是外部优化，包括外部链接类别：博客、论坛、B2B、新闻、分类信息、贴吧、知道、百科、相关信息网等尽量保持链接的多样性；外链运营：每天添加一定数量的外部链接，使关键词排名稳定提升，和你网站相关性比较高，整体质量比较好的网站交换友情链接，巩固稳定关键词排名。创业公司的网站往往没有很高的 IP 访问流量，需要借助于搜索引擎的引导作用来吸引新用户，因此需要对网站的运营有所侧重。网站要定期更新内容，版式设计要整洁，还要经常到百度等搜索引擎上查看各关键字的排序，如果发现“失踪”或“下降”要抓紧排查网站内容。

（2）搜索引擎营销工具。搜索引擎营销是一种技术含量很高的营销方式，要开展高效率的搜索引擎营销就必须懂得常见搜索营销工具的使用。

①百度指数是一款基于百度网页搜索和百度新闻搜索数据库的关

键词研究工具。以百度海量网民行为数据为基础的数据分享平台，可以研究关键词搜索趋势、洞察网民需求变化、监测媒体舆情趋势、定位数字消费者特征；还可以从行业的角度，分析市场特点。使用方法很简单，只要输入一个关键词进行搜索，就可以查看到对应的指数数据。

网址是：https：//index. baidu. com/。

②Spyfu 是一款研究关键词工具，以搜集到竞争对手正在购买哪些搜索关键词和广告关键词。向免费用户提供两种服务，分别是关键词研究和关键词比拼。Spyfu 的关键词研究针对用户输入的关键词提供大量的有用信息，可以查看到每月的搜索量、点击价格、花费、点击率等。Spyfu 的关键词比拼功能可以研究两家公司在营销中使用关键词的情况，显示出用户指定的两家企业各自使用了多少关键词开展搜索营销。

③Keyword Discovery 是一款关键词发现工具，依据一个包含有 360 亿次实际搜索的数据库为用户提供同某一指定关键词以及与其相关的 100 个常用关键词组合的搜索次数数据。Keyword Discovery 从超过 200 个搜索引擎收集数据，包括 Google、Yahoo、Msn，提供来自 Ebay、Amazon 以及其他购物网站的关键词数据库，向你展示所有这些网站人们最想购买的产品有哪些。你可以搜索来自特定国家和地区的关键词数据库，比如：美国、澳大利亚、德国、英国、加拿大，甚至可以向你提供来自于类似 Google News 和 CNN 等新闻站点的搜索数据。

（3）关键词广告。所谓关键词，就是用户所关注信息中的核心词汇，用户就是用它通过搜索引擎查找自己期望的网页或网站，现在不少搜索引擎，比如 GOOGLE，百度等，充分利用用户对这些核心词汇的高度关注，在搜索结果的旁边显示关于它的产品广告，这就是关键词广告，事实证明，关键词广告是一种成功率很高的宣传媒体，成功率比其他网络广告高得多。现在也有不少网站用网页内容定位的方法，实质上，这种方法是关键词广告的一种拓展，它的基本做法是：在某些和搜索引擎友好的网站中的某些关键词旁，显示有关于这个关键词的广告链接。

（五）二维码营销

案例故事

美诺币构思二维码

在 2012 年广州网交会上，美诺彩妆给顾客带来了一场精彩的

"抢钱"活动。网交会是从线上走到线下再回到线上的O2O立异展会，是厂商发展网上分销商的主要渠道，明显，关于分销商来说最关心的即是"财富"。抓住分销商心里的诉求，美诺彩妆奇思妙想——现场发钱，不过，发的不是人民币，而是独创的美诺财富币（如图9－23所示）。

图9－23　美诺财富币

美诺财富币是以美诺海外出售的国家和地区的钞票为蓝本，从头规划，将美诺元素和二维码融合到美诺财富币，持有美诺财富币不只能够享用分销支撑优惠，用手机扫描、收藏美诺二维码，即可获取百元美诺彩妆天猫商城的兑换券，还能够在广交会现场登录美诺天猫商城，了解美诺彩妆品牌、商品等详细信息，方便快捷。

这其实就是将二维码重新设计和包装而得到的产物，只要设计得有趣，能够引起好奇心，用户就会主动去"解码"。①

1. 什么是二维码与二维码营销?

二维码（2－dimensional bar code）又称为二维条码，是用某种特定的几何图形按一定规律在平面（二维方向上）分布的黑白相间的图形记录数据符号信息的，使用若干个与二进制相对应的几何形体来表示文字数值信息，通过图像输入设备或光电扫描设备自动识读以实现信息自动处理。

二维码营销是指通过对二维码图案的传播，引导消费者扫描二维码，来推广相关的产品资讯、商家推广活动，刺激消费者进行购买行为的新型营销方式。用最简单的方法扫描二维码后，就能够实现线下到线上的连接，常见的营销互动类型有视频、电商，订阅信息，社会化媒体，商店地址等。

① 案例来源：摘编自经理人分享网站，http://www.managershare.com/wiki/%E4%BA%8C%E7%BB%B4%E7%A0%81%E8%90%A5%E9%94%80。

2. 二维码营销的特点与优势

二维码营销的核心功能就是将企业的视频、文字、图片、促销活动、链接等植入在一个二维码内，再选择投放到名片、报刊、展会名录、户外、宣传单、公交站牌、网站、地铁墙壁、公交车身等。作为企业、商家移动网络的入口，二维码能够第一时间把线下用户拉到线上，提升广告成功率，为商家提升销量。二维码凭借其强大的功能，给O2O营销带来了多种好处。二维码营销的优势和特点有：

（1）成效高。二维码营销借助于智能手机设备，为精准营销提供了广阔的空间。借助手机，二维码可以精确地跟踪每一个访问者的记录，为企业选择最优媒体、最优广告位、最优投放时段做出参考；通过不同的二维码，以及对扫码记录的分析，可以轻松统计出营销效果。

（2）成本低。对于大学生创业和初创企业来说，二维码营销是一种相对低廉和有效的传播方式。它可以轻松实现线上和线下的有机结合，引导信息从线上到线下，这种有效而廉价的入口方式，对应用范围没有任何限制。

（3）保密性强。扫码的过程，就是一个解码的过程，是编码的逆操作，如果在编码时经过加密处理，解码时则需要加密时的密钥信息。和条形码相比，二维码的保密性更好。通过在二维码中引入加密措施，更好地保护译码内容不被他人获得。如门票、车票等。

（4）信息容量大。二维码可容纳多大1 850个大写字母或270个数字或1 108个字节，比普通的条形码容量更高。

（5）应用范围广。二维码可以把图片、声音、文字、指纹等可数字化的信息进行编码。

（6）容错能力强。具有纠错功能，当二维码因穿孔、污损等引起局部损坏时，照样可以正确得到识别。

（7）译码可靠性高。二维码比普通的条码译码容错率低很多，误码率不超过千万分之一。

（8）容易调动积极性。应用二维码的信息传递模式，可以使消费者居于主动的地位，而非处于单方面接受信息的一方，在信息沟通的桥梁上创造了互动的模式，让消费者有较强的参与感。因此，比起一般产品以及服务的宣传方式，消费者对于结合二维码所推出的商品更抱有兴趣。

3. 二维码营销技术

随着移动终端的发展和普及，移动互联网技术已经遍布各个领域，各种运营商、服务商、销售商以及营销策划者都在二维码应用上发力，未来的政府、行业、企业、个人都将成为二维码的服务目标。对于大学生创业和初创企业来说，二维码营销正解决了创业初期营销经费不足的难题，一个免费的二维码就能引导用户访问企业信息、产品信息，在提升企业的品牌关注度的同时，还一并带动了市场销售。

（1）二维码营销方法。

①标明二维码的用途。二维码和文字标题、链接等形式不同，人并不能从二维码中直接读出数据，因此在提供二维码的同时，应该标明码的用途。即使是预先设计好的惊喜，也应该提示用户扫描之后会有惊喜。

②提高二维码的扫描率。二维码营销有个前提就是需要扫描之后才有效果，因此，二维码投放的位置和尺寸都需要考虑好。封闭的空间内、与人的距离太近的条件下，太大的二维码无法全部收进手机镜头，也就无法扫描；室外的二维码如果太小、太高，也一样无法被手机扫描。没有被扫描，二维码的投放就没有任何价值。

清晰度也是决定二维码扫描率的关键因素，宣传单、广告牌、户外喷绘、电视媒体、报纸等传统宣传途径上投放的二维码的印刷解释度必须要高，才能被快速、准确地扫描。我们无法要求用户站在原地不动，一次又一次地扫描二维码而没有任何结果。

二维码投放的途径既包括线下，也包括线上。

③增强二维码的体验度。二维码应用的价值不在于扫描之后显示的营销信息，而是营销信息中预先设计好的互动。利用二维码去引发消费者的互动，增强用户的体验度，并且强化消费者购买产品的意愿，达到提高产品成交转化率的最终目的。

用户扫码的过程中往往带着诱惑，能够满足用户物质上或者是精神上的需求。这种诱惑有三个层次：最初的体验是扫码之后能够获得优惠券或者是其他惊喜的噱头，任何人扫码后得到的结果都是一致的；中级体验是扫码之后可以获得附加体验，例如星巴克的二维码扫描之后可以下载音乐；高级层次是扫码之后获得不同的体验，这种不同的体验更容易引起用户在社交网络上分享自己的“成果”，达到链式传播的目的。

④利用数据精准营销。借助于大数据工具和其他统计工具，分析不同产品对应的市场的受众，为二维码选择最优媒体、最优广告位以及最优投放时段。在潜在客户区域投放二维码，不仅能够随时与客户进行互动，还可以让平台不再是障碍，让营销成本更容易、成本低、范围广。

（2）二维码工具。二维码的制作并不困难，但是需要借助于专业的编码工具。一般的 QQ 群、微信群、电子名片等软件都带有二维码生成工具。其他常用的专业编码工具有：草料二维码、联图网等。

草料二维码，网址是 http：//cli. im，是国内最大的二维码生成网站，能实现电话，文本，短信，邮件，名片，Wi－Fi 的二维码，还通过云技术，实现了文件（如 ppt，doc 等），图片、视频、音频的二维码生成。大部分基本服务都是免费的，针对企业和商品等高端服务的企业码、产品码等需要付费。

联图网，网址是 http：//www. liantu. com/，免费的二维码开放平台，能将文本、名片、短信、电子邮件、网址等格式的信息在线生成一个二维码图片。采用 http 协议接口，可简单方便地引用。

案例分析

了解了前文有关网络营销的基本知识之后，我们再来看小米的营销之路。提到小米，除了手机，大家想得最多的可能就是营销，尤其是饥饿营销，很多人都是因为小米才知道了什么是饥饿营销。其实在小米发展过程中，饥饿营销只是营销策略中的一种，粉丝营销、口碑营销、事件营销都是小米的惯用手法。在新互联网技术的支持下，小米的营销活动更是综合了多种营销手段，尤其是有新产品推出之前，围绕产品而展开的营销活动更是丰富多彩。

在“小米 6”的推广过程中，微信、微博平台推送产品文章，全面介绍产品信息，让粉丝从各个方面了解这款产品的价值。在微博营销中，利用转发赢得 F 码（一种直接购买小米手机的特权码）实现信息的更广泛的传播。在微信营销中，通过扫描二维码引导粉丝关注公众号，扩大传播覆盖面。在微信的文章中，嵌入调查、活动、游戏等环节，提高文章的可读性和吸引力，并且更容易引起转发。在自媒体平台中转发原文是互联网营销最有效的手段。最后引导大家进入小米商城，预约、排队、抢购、付款、收货、晒“幸福”，完美达到销售产品的终极目的。

营销的目的是引起受众的好奇心、兴趣，通过细节的展现，让人们更加了解这款产品；通过技术解读，让每个人都觉得自己已经成为专家，不需要再去听从其他产品导购信息的引导；通过活动、游戏环节，让参与者获得成就感，并主动转发以获得点赞。最终，营销活动将大家的好奇心转变为坚实的购买意愿，并最终转化为购买力，达到营销的目标。

小米营销活动是典型的互联网营销案例，小米的营销从不是一种技术的运用而是通过综合运用各种新技术，把产品推销给客户，利用多种途径的资源，让客户的好奇心转化为购买力，达到销售产品、扩大产品口碑的目的。

同样在案例《圈子不同，不必强融》中，营销方推出的信息除了在微信朋友圈上病毒式传播，同时也在微博上引发了火热传播。拥有 150 多万粉丝的大号“清华南都”转载了《圈子不同，不必强融》后，转发量很快超过了 7 000。7 月 21 日，拥有 1 072 万粉丝的微博大号“思想聚焦”转载之后，转发量更是达到了 4 800 多条，阅读量超过了 1 000 万。

所以说，网络营销师一种基于网络技术的综合营销手段，可以在同一时间内为同一商品进行多途径的营销策划和营销活动开展。

拓展阅读

解构与重构——大数据时代的营销变革

我们身处这样一个大数据的时代，消费者获取信息的渠道和范围已经大大增加。他们已经不再听任企业的摆布，而是追求更加个性化的产品和服务，并根据搜集来的各种信息做出判断、随时分享，将个人体验的影响扩大到更大范围的群体之中。

“二维码”时下可谓非常火爆，这个黑白小方格组成的矩阵图案，只需用手机轻松一扫，就可获得意想不到的丰富信息。移动互联网正在从贴身到贴心，移动广告也从“反感扰人”变得“亲切宜人”。

著名内衣品牌维多利亚做了一个很有范儿的户外广告，在模特前胸盖上二维码，广告文案更是赤裸裸地充满诱惑——“Reveal Lily's secret”（Lily 的真实秘密），让你急不可待地拿起手机拍摄二维码，原来二维码的后面是维多利亚的秘密内衣，真的如广告语所说的那样，“比肌肤更性感”。

而星巴克等商店利用二维码简化与顾客互动的方式。顾客不用再大排长龙等待付款，而只需把预付费卡和手机应用绑定，就可以更快捷地完成支付，还能更多地了解产品和商店的信息。

在未来，二维码能做得更多，比如匆忙上班的路上拿出手机拍个二维码，回到办公室前美味的早餐已等在桌上；下班回家，链接手机二维码，便能在家中试穿最新上市的时尚服饰；出外旅行不再需要导游，拍下二维码便能穿越时空，感受动态现场讲解。

事实上，数字时代来临，它所带来的变化已经直接影响到消费者。数字时代，消费者将变得更加独立，他们的自主意识正在增强，已经不再容易相信传统营销传播的“轰炸”和灌输。他们越来越喜欢质疑品牌和产品，并喜欢发表自己的观点；同时，消费者越来越看重他们对于品牌的价值，渴望被关注，希望品牌对他们的意见和问题能够迅速做出回应。漠视他们，无疑将带来用户的大量流失。这种环境下，传统形式的媒体营销传播日显“疲态”。

而营销传播理论在产生和发展半个多世纪以来，已为那些广告大师和理论家充分运用，从纸上推销，到 USP、ROI、4P 组合，再到市场细分、CIS、定位，最后索性提出了对前人理论的综合——IMC（整合营销传播），似乎一切营销难题都将迎刃而解、手到擒来。但不可否认的是，消费者正离我们越来越远。是消费者逃离了我们，还是我们自己的理论背离了消费者？

那些迷信“大数据”的营销管理人员也许需要问一下自己：复杂的市场会导致复杂的营销吗？海量的信息真的会让我心明眼亮吗？我要监控消费者的每一个行为吗？决策的过程真的那么复杂吗？

数据显示，Twitter 平均每天产生 3.4 亿的消息，而 Facebook 每日则有40亿的信息扩散。随着社交网络的全球扩张，数据大爆炸正在改写营销规则（如图 9－24 所示）。而基于对大数据营销价值的挖掘，成为在线营销领域面临的课题。

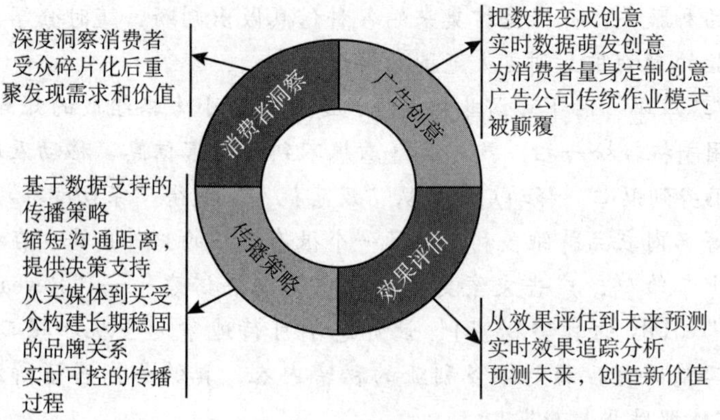

图 9－24　解构与重构——大数据时代的营销变革

数据已经成为一种新的经济资产类别，就像货币或黄金一样。

数据不仅仅正在变得更加可用，人工智能（AI）技术，包括自然语言处理、模式识别和机器学习等技术的发展，正在让数据变得更加容易被计算机所理解，这对企业在互联网时代的数字营销也提出了新的问题。物联网、兴趣图谱、关系图谱、行为定向、数据挖掘、云计算、精准营销等等都在成为企业营销领域面对的新词汇。

《大数据时代》作者维克托·迈尔－舍恩伯格指出，大数据带来的信息风暴正在变革我们的生活、工作和思维，大数据开启了一次重大的时代转型，并用三个部分讲述了大数据时代的思维变革、商业变革和管理变革。维克托最具洞见之处在于，他明确指出，大数据时代最大的转变就是，放弃对因果关系的渴求，取而代之关注相关关系。也就是说只要知道“是什么”，而不需要知道“为什么”。这颠覆了千百年来人类的思维惯例，对人类的认知和与世界交流的方式提出了全新的挑战。

全球畅销书《社会消费网络营销》作者拉里·韦伯认为，所谓大数据包括企业信息化的用户交易数据，社会化媒体中用户的行为数据和关系数据以及无线互联网中的地理位置数据。大规模个性化营销将会是核心竞争力。而目前已经到了收集数据的黄金时期，如何整合这些数据成为未来的关键任务。

身处这样一个大数据的时代，消费者获取信息的渠道和范围已经大大增加。他们已经不再听任企业的摆布，而是追求更加个性化的产品和服务，并根据搜集来的各种信息做出判断、随时分享，将个人体验的影响扩大到更大范围的群体之中。

“大数据”的意义并不仅仅在于“大容量”，更重要的是，通过对海量数据的整合、挖掘和分析，可以创造出新的价值。

根据IDC和麦肯锡对大数据研究结果的总结，大数据主要能在以下4个方面挖掘出巨大的商业价值：对顾客群体细分，然后对每个群体量体裁衣般地采取独特的行动；运用大数据模拟实境，发掘新的需求和提高投入回报率；提高大数据成果在各相关部门的分享程度，提高整个管理链条和产业链条的投入回报率；进行商业模式、产品和服务的创新。

中欧国际工商学院市场营销学教授陈宇新认为：“大数据”目前已经营造出了全新的营销环境。这种环境实际上是一个大数据与微时代的两面体，一方面是数据量在惊人地增长，另一方面则是产品、服务、客户洞察的精细化、个性化，企业必须面对一个个具体的消费者来做营销，进行个性化营销。

所有营销分析的第一步都是要找到目标受众，从而确定媒介投放策略。传统广告通过科学的手段探知受众，把握需求，以此做出市场预判。现实来看，互联网加剧了碎片化趋势，消费者的需求变得差异化、多元化、个性化，而同时互联网上的信息聚合和重构又提供了碎片重聚的可能；最为关键的是，大数据技术将这种可能变为现实，所有的这一切，都是为了把“消费者”还原成“整体的人”，“丰富的人”，而不是以前简单的“目标人群”。

大数据技术让我们看到解决未来预测问题的一丝曙光。来源于社交网站，如新浪微博、Facebook等公司的数据是大量的、鲜活的，代表了一个个具体网民的真实想法，反映了他们想做的事情，这些数据虽然价值密度低，但事关未来。企业营销者利用这些数据更加贴近消费者，深刻理解需求，还可以创造引领消费者需求。

课外实践

实践活动一：操作题。

注册微信公众号，开通自己的微信公众平台，尝试在一个月内连续推出原创文章，统计一下会获得多少关注？试图利用营销技术获得更多的关注。

实践活动二：思考题。

1. 如何让你的产品信息宣传最快显示在客户面前？
2. 大学生创业应该如何运用网络营销来推广自己的企业？

附表1 需改善的特性描述清单

1. 写出技术系统的名称：

2. 定义技术系统的目标，设计该系统的目标是：

3. 列出技术系统的主要成分及其功能：

（1）

（2）

（3）

（4）

（5）

4. 描述技术系统的操作：

5. 确定应该改善或去除的特性：

附表2　技术矛盾描述清单

1. 列出应该改善的优良特性。

a. 该特性是：

b. 列出改善该特性的传统方式：

c. 列出在1b条件下会变差的特性：

d. 以如下方式组成技术矛盾：如果特性（la）得到改善（列出具体方式）：

2. 列出需要减少、去除或中和的不良特性。

a. 该特性是：

b. 列出减少、去除或中和该特性的传统方式：

c. 列出在2b条件下会变差的特性：

d. 以如下方式组成技术矛盾：

如果引入2b而使2a特性减少，（写出如何做）：

则特性（2c）变差：

或其他不良特性会加强（描述）：

你想削弱的参数 / 你想改善的参数		运动物体的重量	静止物体的重量	运动问题的长度	静止物体的长度	运动物体的面积	静止物体的面积	运动物体的体积	静止物体的体积	速度	力	应力或压力	形状	结构的稳定性	强度	运动物体作用时间	静止物体作用时间	温度	光照度
		1	2	3	4	5	6	7	8	9	10	11	12	13	14	15	16	17	18
运动物体的重量	1	+	–	15，8，29，34	–	29，17，38，34	–	29，2，40，28	–	2，8，15，38	8，10，18，37	10，36，37，40	10，14，35，40	1，35，19，39	28，27，18，40	5，34，31，35	–	6，29，4，38	19，1，32
静止物体的重量	2	–	+	–	10，1，29，35	–	35，30，13，2	–	5，35，14，2	–	8，10，19，35	13，29，10，18	13，10，29，14	26，39，1，40	28，2，10，27	–	2，27，19，6	28，19，32，22	19，32，35
运动问题的长度	3	8，1，29，34	–	+	–	15，17，4	–	7，17，4，35		13，4，8	17，10，4	1，8，35	1，8，10，29	1，8，15，34	8，35，29，34	19	–	10，15，19	32
静止物体的长度	4		35，28，40，29	–	+	–	17，7，10，40	–	35，8，2，14	–	28，10	1，14，35	13，14，15，7	39，37，35	15，14，28，26	–	1，10，35	3，35，38，18	3，25
运动物体的面积	5	2，17，29，4	–	14，15，18，4	–	+	–	17，7，10，40		29，30，4，34	19，30，35，2	10，15，36，28	5，34，29，4	11，2，13，39	3，15，40，14	6，3	–	2，15，16	15，32，19，13
静止物体的面积	6	–	30，2，14，18	–	26，7，9，39	–	+	–		–	1，18，35，36	10，15，36，37		2，38	40	–	2，10，19，30	35，39，38	
运动物体的体积	7	2，26，29，40	–	1，7，4，35	–	1，7，4，17	–	+	–	29，4，38，34	15，35，36，37	6，35，36，37	1，15，29，4	28，10，1，39	9，14，15，7	6，35，4	–	34，39，10，18	2，13，10
静止物体的体积	8	–	35，10，19，14	19，14	35，8，2，14	–		–	+	–	2，18，37	24，25	7，2，35	34，28，35，40	9，14，17，15	–	35，34，38	35，6，4	
速度	9	2，28，13，38	–	13，14，8	–	29，30，34	–	7，29，34	–	+	13，28，15，19	6，18，38，40	35，15，18，34	28，33，1，18	8，3，26，14	3，19，35，5	–	28，30，36，2	10，13，19
力	10	8，1，37，18	18，13，1，28	17，19，9，36	28，10	19，10，15	1，18，36，37	15，9，12，37	2，36，18，37	13，28，15，12	+	18，21，11	10，35，40，34	35，10，21	35，10，14，27	19，2		35，10，21	–
应力或压力	11	10，36，37，40	13，29，10，18	35，10，36	35，1，14，16	10，15，36，28	10，15，36，37	6，35，10	35，24	6，35，36	36，35，21	+	35，4，15，10	35，33，2，40	9，18，3，40	19，3，27		35，39，19，2	–
形状	12	8，10，29，40	15，10，26，3	29，34，5，4	13，14，10，7	5，34，4，10		14，4，15，22	7，2，35	35，15，34，18	35，10，37，40	34，15，10，14	+	33，1，18，4	30，14，10，10	14，26，9，25		22，14，19，32	13，15，32
结构的稳定性	13	21，35，2，39	26，39，1，40	13，15，1，28	37	2，11，13	39	28，10，19，39	34，28，35，40	33，15，28，18	10，35，21，16	2，35，40	22，1，18，4	+	17，9，15	13，27，10，35	39，3，35，23	35，1，32	32，3，27，16
强度	14	1，8，40，15	40，26，27，1	1，15，8，35	15，14，28，26	3，34，40，29	9，40，28	10，15，14，7	9，14，17，15	8，13，26，14	10，18，3，14	10，3，18，40	10，30，35，40	13，17，35	+	27，3，26		30，10，40	35，19
运动物体作用时间	15	19，5，34，31	–	2，19，9	–	3，17，19	–	10，2，19，30	–	3，35，5	19，2，16	19，3，27	14，26，28，25	13，3，35	27，3，10	+	–	19，35，39	2，19，4，35
静止物体作用时间	16	–	6，27，19，16	–	1，40，35	–		–	35，34，38	–				39，3，35，23		–	+	19，18，36，40	
温度	17	36，22，6，38	22，35，32	15，19，9	15，19，9	3，35，39，18	35，38	34，39，40，18	35，6，4	2，28，36，30	35，10，3，21	35，39，19，2	14，22，19，32	1，35，32	10，30，22，40	19，13，39	19，18，36，40	+	32，30，21，16
光照度	18	19，1，32	2，35，32	19，32，16		19，32，26		2，13，10		10，13，19	26，19，6		32，30	32，3，27	35，19	2，19，6		32，35，19	+
运动物体的能量	19	12，18，28，31	–	12，38	–	15，19，25	–	35，13，18	–	8，15，35	16，26，21，2	23，14，25	12，2，29	19，13，17，24	5，19，9，35	29，35，6，18	–	19，24，3，14	2，15，19
静止物体的能量	20	–	19，9，6，27	–		–		–		–	36，37			27，4，29，18	35				19，2，35，32
功率	21	8，36，38，31	19，26，17，27	1，10，35，37		19，38	17，32，13，38	35，6，38	30，6，25	15，35，2	26，2，36，35	22，10，35	29，14，2，40	35，32，15，31	26，10，28	19，35，10，38	16	2，14，17，25	16，6，19
能量损失	22	15，6，19，28	19，6，18，9	7，2，6，13	6，38，7	15，26，17，30	17，7，30，18	7，18，23	7	16，35，38	36，38			14，2，39，6	26			19，38，7	1，13，32，15
物质损失	23	35，6，23，40	35，6，22，32	14，29，10，39	10，28，24	35，2，10，31	10，18，39，31	1，29，30，36	3，39，18，31	10，13，28，38	14，15，18，40	3，36，37，10	29，35，3，5	2，14，30，40	35，28，31，40	28，27，3，18	27，16，18，38	21，36，39，31	1，6，13
信息损失	24	10，24，35	10，35，5	1，26	26	30，26	30，16		2，22	26，32						10	10		19
时间损失	25	10，20，37，35	10，20，26，5	15，2，29	30，24，14，5	26，4，5，16	10，35，17，4	2，5，34，10	35，16，32，18		10，37，36，5	37，36，4	4，10，34，17	35，3，22，5	29，3，28，18	20，10，28，18	28，20，10，16	35，29，21，18	1，19，26，17
物质或事物的数量	26	35，6，18，31	27，26，18，35	39，14，35，18		15，14，29	2，18，40，4	15，20，29		35，29，34，28	35，14，3	10，36，14，3	35，14	15，2，17，40	14，35，34，10	3，35，10，40	3，35，31	3，17，39	
可靠性	27	3，8，10，40	3，10，8，28	15，9，14，4	15，29，28，11	17，10，14，16	32，35，40，4	3，10，14，24	2，35，24	21，35，11，28	8，28，10，3	10，24，35，19	35，1，16，11		11，28	2，35，3，25	34，27，6，40	3，35，10	11，32，13
测试精度	28	32，35，26，28	28，35，25，26	28，26，5，16	32，28，3，16	26，28，32，3	26，28，3，3	32，13，6		28，13，32，24	32，2	6，28，32	6，28，32	32，35，13	28，6，32	28，6，32	10，26，24	6，19，28，24	6，1，32
制造精度	29	28，32，13，18	28，35，27，9	10，28，29，37	2，32，10	28，33，29，32	2，29，18，36	32，23，2	25，10，35	10，28，32	28，19，34，36	3，35	32，30，40	30，18	3，27	3，27，40		19，26	3，32
物体外部有害因素作用的敏感性	30	22，21，27，39	2，22，13，24	17，1，39，4	1，18	22，1，33，28	27，2，39，35	22，23，37，35	34，39，19，27	34，39，19，27	13，35，39，18	22，2，37	22，1，3，35	35，24，30，18	18，35，37，1	22，15，33，28	17，1，40，33	22，33，35，2	1，19，32，13
物体产生的有害因素	31	19，22，15，39	35，22，1，39	17，15，16，22		17，2，18，39	22，1，40	17，2，40	30，18，35，4	35，28，3，23	35，28，1，40	2，33，27，18	35，1	35，40，27，39	15，35，22，2	15，22，33，31	21，39，16，22	22，35，2，24	19，24，39，32
可制造性	32	28，29，15，16	1，27，36，13	1，29，13，17	15，17，27	13，1，26，12	16，40	13，29，1，40	35	35，13，8，1	35，12	35，19，1，37	1，28，13，27	11，13，1	1，3，10，32	27，1，4	35，16	27，26，18	28，24，27，1
可操作性	33	25，2，13，15	6，13，1，25	1，17，13，12		1，17，13，16	18，16，15，39	1，16，35，15	4，18，39，31	18，13，34	28，13，35	2，32，12	15，34，29，28	32，35，30	32，40，3，28	29，3，8，25	1，16，25	26，27，13	13，17，1，27
可维修性	34	2，27，35，11	2，27，35，11	1，28，10，25	3，18，31	15，13，32	16，25	25，2，35，11	1	34，9	1，11，10	13	1，13，2，4	2，35	11，1，2，9	11，29，28，27	1	4，10	15，1，13
适应性及多用性	35	1，6，15，8	19，15，29，16	35，1，29，2	1，35，16	35，30，29，7	15，16	15，35，29		35，10，14	15，17，20	35，16	15，37，1，8	35，30，14	35，3，32，6	13，1，35	2，16	27，2，3，35	6，22，26，1
装置的复杂性	36	26，30，34，36	2，26，35，39	1，19，26，24	26	14，1，13，16	6，36	34，26，6	1，16	34，10，28	26，16	19，1，35	29，13，28，15	2，22，17，19	2，13，28	10，4，28，15		2，17，13	24，17，13
监控与测试的困难程度	37	27，26，28，13	6，13，28，1	16，17，26，24	26	2，13，18，17	2，39，30，16	29，1，4，16	2，18，26，31	3，4，16，35	30，28，40，19	35，36，37，32	27，163，1，39	11，22，39，30	27，3，15，28	19，29，39，25	25，34，6，35	3，27，35，16	2，24，26
自动化程度	38	28，26，18，35	28，26，35，10	14，13，17，28	23	17，14，13		35，13，16		28，10	2，35	13，35	15，32，1，13	18，1	25，13	6，9		26，2，19	8，32，19
生产率	39	35，26，24，37	28，27，15，3	18，4，28，38	30，7，14，26	10，26，34，31	10，35，17，7	2，6，34，10	35，37，10，2		28，15，10，36	10，37，14	14，10，34，40	35，3，22，39	29，28，10，18	35，10，2，18	20，10，16，38	35，21，28，10	26，17，19，1

注：带“+”的方格，表示产生的矛盾是物理矛盾，不在技术矛盾应用范围之内。带“–”方格表示没有找

矩阵表

运动物体的能量	静止物体的能量	功率	能量损失	物质损失	信息损失	时间损失	物质或事物的数量	可靠性	测试精度	制造精度	物体外部有害因素作用的敏感性	物体产生的有害因素	可制造性	可操作性	可维修性	适应性及多用性	装置的复杂性	监控与测试的困难程度	自动化程度	生产率
19	20	21	22	23	24	25	26	27	28	29	30	31	32	33	34	35	36	37	38	39
35，12，34，31	–	12，36，18，31	6，2，34，19	5，35，3，31	10，24，35	10，35，20，28	3，26，18，31	1，3，11，27	28，27，35，26	28，35，26，18	22，21，18，27	22，35，313，39	27，28，1，36	35，3，2，24	2，27，28，11	29，5，15，8	26，30，36，34	28，29，26，32	26，35，18，19	25，3，24，37
–	18，19，28，1	15，19，18，22	18，19，28，15	5，8，13，30	10，15，35	10，20，35，26	19，6，18，26	10，28，8，3	18，26，28	10，1，35，17	2，19，22，37	35，22，1，39	28，1，9	6，13，1，32	2，27，28，11	19，15，29	1，10，26，39	25，28，17，15	2，26，35	1，28，15，35
8，35，24	–	1，35	7，2，35，39	4，29，23，10	1，24	15，2，29	29，35	10，14，29，40	28，32，4	10，28，29，37	1，15，17，24	17，15	1，29，17	15，29，35，4	1，28，10	14，15，1，16	1，19，26，24	35，1，26，24	17，24，26，16	14，4，28，29
–		12，8	6，28	10，28，24，35	24，26	30，29，14		15，29，28	32，28，3	2，32，10	1，18		15，17，27	2，25	3	1，35	1，26	26		30，14，7，26
19，32	–	19，10，32，18	15，17，30，26	10，35，2，39	30，26	26，4	29，30，6，13	29，9	26，28，32，3	2，32	22，33，28，1	17，2，18，39	13，1，26，24	15，17，13，16	15，13，10，1	15，30	14，1，13	2，36，26，18	14，30，28，23	10，26，34，2
–		17，32	17，7，30	10，14，18，39	30，16	10，35，4，18	2，18，40，4	32，35，40，4	26，28，32，3	2，29，18，36	27，2，39，35	22，1，40	40，16	16，4	16	15，16	1，18，36	2，35，30，18	23	10，15，17，7
35	–	35，6，13，18	7，15，13，16	36，39，34，10	2，22	2，6，34，10	29，30，7	1，4，1，40，1	25，26，28	25，28，2，16	22，21，27，35	17，2，40，1	29，1，40	15，13，30，12	10	15，29	26，1	29，26，4	35，34，16，24	10，6，2，34
–		30，6		10，39，35，34		35，16，32，18	35，3	2，35，16		35，10，25	34，39，19，27	30，18，35，4	35		1		1，31	2，17，26		35，37，10，2
8，15，35，38	–	19，35，38，2	14，20，19，35	10，13，28，38	13，26		10，19，29，38	11，35，27，28	28，32，1，24	10，28，32，25	1，28，35，23	2，24，35，21	35，13，8，1	32，28，13，12	34，2，28，27	15，10，26	10，28，4，34	3，34，27，16	10，18	
19，17，10	1，16，36，37	19，35，18，37	14，15	8，35，40，5		10，37，36	14，29，18，36	3，35，13，21	35，10，23，24	28，29，37，36	1，35，40，18	13，3，36，24	15，37，18，1	1，28，3，25	15，1，11	15，17，18，20	26，35，110，18	36，37，10，19	2，35	3，28，35，37
14，24，10，37		10，35，14	2，36，25	10，36，3，37		37，36，4	10，14，36	10，13，19，35	6，28，25	3，35	22，2，37	2，33，27，18	1，35，16	11	2	35	19，1，35	2，36，37	35，24	10，14，35，37
2，6，34，14		4，6，2	14	35，29，3，5		14，10，34，17	36，22	10，10，16	28，32，1	32，30，40	22，1，2，35	35，1	1，32，17，28	32，15，26	2，13，1	1，15，29	16，29，1，28	15，13，39	15，1，32	17，26，34，10
13，19	27，4，29，18	32，35，27，31	14，2，39，6	2，14，30，40		35，27	15，32，35		13	18	35，24，30，18	35，40，27，39	35，19	32，35，30	2，35，10，16	35，30，34，2	2，35，22，26	35，22，39，23	1，8，35	23，35，40，3
19，35，10	35	10，26，35，28	35	3，5，28，31，40		29，3，28，10	29，10，27	11，3	3，27，16	3，27	18，35，37，1	15，35，22，2	11，3，10，32	32，40，25，2	27，11，3	15，3，32	2，13，25，28	27，3，15，40	15	29，35，10，14
28，6，35，18		19，10，35，38		28，27，3，18	10	20，10，28，18	3，35，10，40	11，2，13	3	3，27，16，40	22，15，33，28	21，39，16，22	27，1，4	12，27	29，10，27	1，35，13	10，4，29，15	19，29，39，35	6，10	35，17，14，19
–		16		27，16，18，38	10	28，20，110，16	3，35，31	34，27，6，40	10，26，24		17，1，40，33	22	35，10	1	1	2		25，34，6，35	1	20，10，16，38
19，15，3，17		2，14，17，25	21，17，35，38	21，36，29，31		35，28，21，18	3，17，30，39	19，35，3，10	32，19，24	24	22，33，35，2	22，35，2，24	26，27	26，27	4，10，16	2，18，27	2，17，16	3，27，35，31	26，2，19，16	15，28，35
32，1，19	32，35，1，15	32	13，16，1，6	13，1	1，6	19，1，26，17	1，19		11，15，32	3，32	15，19	35，19，32，39	19，35，28，26	28，26，19	15，17，13，16	15，1，19	6，32，13	32，15	2，26，10	2，25，16
+	–	6，19，37，18	12，22，15，24	35，24，18，5		35，38，19，18	34，23，16，18	19，21，27	3，1，32		1，35，6，27	2，35，6	28，26，30	19，35	1，15，17，28	15，17，13，16	2，29，27，28	35，38	32，2	12，28，35
–	+			28，27，18，31			3，35，31	10，36，23			10，2，22，37	19，22，18	1，4					19，35，16，25		1，6
16，6，19，37		+	10，35，38	28，27，18，38	10，19	35，20，10，6	4，34，19	19，24，26，31	32，15，2	32，2	19，22，31，2	2，35，18	26，10，34	26，35，10	35，2，10，34	19，17，34	20，19，30，34	19，35，16	28，2，17	28，35，34
		3，28	+	35，27，2，37	19，10	10，18，32，7	7，18，25	11，10，35	32		21，22，35，2	21，35，2，22		35，32，1	2，19		7，23	35，3，15，23	2	28，10，29，35
35，18，24，5	28，27，12，31	28，27，18，38	35，27，2，31	+		15，18，35，10	6，3，10，24	10，29，39，35	16，34，31，28	25，10，24，31	33，22，30，40	10，1，34，29	15，34，33	32，28，2，24	2，35，34，27	15，10，2	35，10，28，24	35，18，10，13	35，10，18	28，35，10，23
		10，19	19，10		+	24，26，28，32	24，28，35	10，28，23			22，10，1	10，21，22	32	27，22				35，33	35	13，23，15
35，35，19，18	1	35，20，10，6	10，5，18，32	35，18，10，39	24，26，28，32	+	35，38，18，16	10，30，4	24，34，28，32	24，26，28，18	35，18，34	35，22，18，39	35，28，34，4	4，28，10，34	32，1，10	35，28	6，29	18，28，32，10	24，28，35，30	
34，29，16，18	3，35，31	35	7，18，25	6，3，10，24	24，28，35	35，38，18，16	+	18，3，28，40	13，2，28	33，30	35，33，29，31	3，35，40，39	29，1，35，27	35，29，25，10	2，32，10，25	15，3，29	3，13，27，10	3，27，29，18	8，35	13，29，3，27
21，11，27，19	36，23	21，11，26，31	10，11，35	10，35，29，39	10，28	10，30，4	21，28，40，3	+	32，3，11，23	11，32，1	27，35，2，40	35，2，40，26		27，17，40	1，11	13，35，8，24	13，35，1	27，40，28	11，13，27	1，35，29，38
3，6，32		3，6，32	26，32，27	10，16，31，28		24，34，28，32	2，6，32	5，11，1，23	+		28，24，22，26	3，33，39，10	6，35，25，18	1，13，17，34	1，32，13，11	13，35，2	27，35，10，34	26，24，32，28	28，2，10，34	10，34，28，32
32，2		32，2	13，32，2	35，31，10，24		32，26，28，18	32，30	11，32，1		+	26，28，10，36	4，17，34，26		1，32，355，23	25，10		26，2，18		26，28，18，23	10，18，32，39
1，24，6，27	10，2，22，37	19，22，31，2	21，22，35，2	33，22，19，40	22，10，2	35，18，34	35，33，29，31	27，24，2，40	28，33，23，26	26，28，10，18	+		24，35，2	2，25，28，39	35，10，2	35，11，22，31	22，19，29，40	22，19，29，40	33，3，34	22，3，5，13，24
2，35，6	19，22，18	2，35，18	21，35，2，22	10，1，34	10，21，29	1，22	3，24，39，1	24，2，40，39	3，33，26	4，17，34，26		+					19，1，31	2，21，27，1	2	22，35，18，39
28，26，27，1	1，4	27，1，12，24	19，35	15，34，33	32，24，18，16	35，28，34，4	35，23，1，24		1，35，12，18		24，2		+	2，5，13，16	35，1，11，9	2，13，15	27，26，1	6，28，11，1	8，28，1	35，1，10，28
1，13，24		35，34，2，10	2，19，13	28，32，2，24	4，10，27，22	4，28，10，34	12，35	17，27，8，40	25，13，2，34	1，32，35，23	2，25，28，39		2，5，12	+	12，26，1，32	15，34，1，16	32，26，12，17		1，34，12，3	15，1，28
15，1，28，16		15，10，32，2	15，1，32，19	2，35，34，27		32，1，10，25	2，28，10，25	11，10，1，16	10，2，13	25，10	35，10，2，16		1，35，11，10	1，12，26，15	+	7，1，4，16	35，1，13，11		34，35，7，13	1，32，10
19，35，29，13		19，1，29	18，15，1	15，10，2，13		35，28	3，35，15	35，13，8，24	35，5，1，10		35，11，32，31		1，13，31	15，34，1，16	1，16，7，4	+	15，29，37，28	1	27，34，35	35，28，6，37
27，2，29，28		20，19，30，34	10，35，13，2	35，10，28，29		6，29	13，3，27，10	13，35，1	2，26，10，34	26，24，32	22，19，29，40	19，1	27，26，1，13	27，9，26，24	1，13	29，15，28，37	+	15，10，37，28	15，1，24	12，17，28
35，38	19，35，16	18，1，16，10	35，3，15，19	1，18，10，24	35，33，27，22	18，28，32，9	3，27，29，18	27，40，28，8	26，24，32，28		22，19，29，28	2，21	5，28，11，29	2，5	12，26	1，15	15，10，37，28	+	34，21	35，18
2，32，13		28，2，27	23，28	35，10，18，5	35，33	24，28，35，30	35，13	11，27，32	28，26，10，34	28，26，18，23	2，33	2	1，26，13	1，12，34，3	1，35，13	27，4，1，35	15，24，10	34，27，25	+	5，12，35，26
35，10，38，19	1	35，20，10	28，10，29，35	28，10，35，23	13，15，23		35，38	1，35，10，38	1，10，34，28	18，10，32，1	22，35，13，24	35，22，18，39	35，28，2，24	1，28，7，10	1，32，10，25	1，35，28，37	12，17，28，24	35，18，27，2	5，12，35，26	+

到合适的发明原理来解决。

参 考 文 献

1. 蒂姆·布朗:《IDEO，设计改变一切：设计思维如何变革组织和激发创新》，万卷出版公司2011年版。

2. 鲁百年:《创新设计思维：设计思维方法论以及实践手册》，清华大学出版社2015年版。

3. 汤姆·凯利，戴维·凯利:《创新自信力：斯坦福大学最受欢迎的创意课》，中信出版社2014年版。

4. 赵敏，张武城等:《TRIZ进阶及实战：大道至简的发明方法》，机械工业出版社2016年版。

5. 阿奇舒勒:《创新40法——TRIZ创造性解决技术问题的诀窍》，西安交通大学出版社2015年版。

6. 李家华:《创业基础》(第二版)，清华大学出版社2015年版。

7. 蔡剑，吴戈登:《创业基础与创新实践》，北京大学出版社2015年版。

8. 全国创业指导委员会组:《创业实训手册》，中国劳动社会保障出版社2010年版。

9. 张智，乔辉:《大学生创新创业入门教程》，人民邮电出版社2016年版。

10. 杜永红等:《大学生创新创业教育　基于互联网+视角》，清华大学出版社2016年版。

11. 崔著:《视界——互联网+时代的创新与创业》，清华大学出版社2016年版。

12. 张海霞等:《创新工程实践》，高等教育出版社2016年版。

13. 张志宏等:《大学生创新与创业训练教程》，现代教育出版社2017年版。

14. 刘敬东:《大学生创业基础教程》，现代教育出版社2017年版。

15. 江礼坤:《网络营销推广实战宝典》，电子工业出版社2016年版。

16. 孙洪义(香港城市大学):《创新创业基础》，机械工业出版社2016年版。

17. 唐兴通:《引爆社群：移动互联网时代的新4C法则》，机械工业出版社 2015 年版。

18. 邵鹏编:《链传播:一场互联网营销革命》,化学工业出版社 2016 年版。

19. 苏高:《赢在移动端:微博、微信、微视频、微电影、QQ、二维码微营销全攻略》,人民邮电出版社 2015 年版。

20. 张书乐:《实战网络营销:网络推广经典案例战术解析》(第 2 版),电子工业出版社 2015 年版。

21. 朱迪·斯特劳斯,雷蒙德·弗罗斯特:《网络营销》,中国人民大学出版社 2015 年版。

22. 赵玉明,杜鹏:《网络营销》,人民邮电出版社 2013 年版。

23. 刘向晖:《网络营销导论》(第 3 版),清华大学出版社 2014 年版。